人际关系与公共礼仪

RENJI GUANXI YU GONGGONG LIYI

（第二版）

张荷英 著

首都经济贸易大学出版社
Capital University of Economics and Business Press
·北 京·

图书在版编目(CIP)数据

人际关系与公共礼仪/张荷英著. --2 版. --北京:首都经济贸易大学出版社,2018.9

ISBN 978-7-5638-2819-7

Ⅰ.①人… Ⅱ.①张… Ⅲ.①人际关系学 ②礼仪 Ⅳ.①C912.1 ②K891.26

中国版本图书馆 CIP 数据核字(2018)第 148608 号

人际关系与公共礼仪(第二版)
张荷英 著

责任编辑 彭 芳 浩 南
封面设计 风得信·阿东 FondesyDesign
出版发行 首都经济贸易大学出版社
地　　址 北京市朝阳区红庙(邮编 100026)
电　　话 (010)65976483 65065761 65071505(传真)
网　　址 http://www.sjmcb.com
E-mail publish@cueb.edu.cn
经　　销 全国新华书店
照　　排 北京砚祥志远激光照排技术有限公司
印　　刷 北京泰锐印刷有限责任公司
开　　本 880 毫米×1230 毫米 1/32
字　　数 355 千字
印　　张 13.875
版　　次 2012 年 1 月第 1 版 **2018 年 9 月第 2 版**
2018 年 9 月总第 4 次印刷
书　　号 ISBN 978-7-5638-2819-7/C·150
定　　价 36.00 元

第二版前言

非常感谢广大读者对本书的厚爱。

2010 年 12 月，我受首都经济贸易大学出版社总编辑杨玲邀请编写本书，至 2012 年本书正式出版，已经过去了 5 年时间。在此真诚感谢广大读者对本书的厚爱。

在第二版修订过程中，我发现了一些问题，如用词不准确、文字疏漏、有些内容需要更新、排版不清晰等，再版对这些问题进行了修改、调整与完善。

本书修订的过程，也是我又一次学习、提高、受益和收获的过程。我感恩于各位专家、学界同仁的观点与见解，更被他们的渊博学识所吸引，遨游在知识的海洋里，享受到的是收获的喜悦。

本书在编写过程中，参考了相关的著作和教材，并引用了一些相关的材料与观点，已尽量在参考书目中列出。在此，对相关作者表示深深的敬意和谢意。另外，可能有参考文献仍然有因疏漏而未列出，谨在此向相关作者表示歉意。

由于本人编写学识、经验所限，书中肯定还会有不少疏漏和瑕疵，真诚希望读者和学界同仁提出宝贵意见。

本书的出版发行得到了首都经济贸易大学出版社的大力支持，特别是责任编辑对本书的修订提出了许多宝贵意见，付出了辛勤的劳动，在此一并表示感谢。

张荷英

目　录

第一部分　人际关系

第二部分　公共礼仪

第一部分

人际关系

第一章　人际关系概述

人是群体性的社会动物，不能离群索居，不能与世隔绝。人只有在与其他人交往和互动中才能生存和发展。人与人之间在相互交往中发生、发展和建立起来的关系就是人际关系。

当我们考察人际关系时，首先遇到的问题是：什么是人际关系？它有什么特点？它有哪些类型？本章主要回答这些问题。

第一节　人际关系的基本概念

一、人际关系的定义

人际关系同人类起源一样，是极其古老的社会现象，也是人类社会中最普遍、最常见的一种关系。也正是因为人际关系的古老、普遍、常见，所以，对什么是人际关系，人们众说纷纭，没有一个统一的说法。下面我们列举一些有代表性的观点：

第一，人际关系是人们在交往过程中产生和发展起来的人与人之间的心理关系。

第二，人际关系是在社会生活实践活动过程中，个体所形成的对其他个体的一种心理倾向及其相应的行为。它是通过人与人之间的交往而形成的人与人之间的心理关系。

第三，人际关系是指在人们共同的活动过程中，可以直接观察到的人与人之间的关系，或称为人与人之间心理上的距离。

第四，人们在劳动、工作、生活中相互交往，发生各种各样的联系，这种人与人之间互相交往与联系的关系，就叫做人际关系。

第五,人际关系是指在人们的物质交往与精神交往过程中发生、发展和建立起来的人与人之间的关系。

第六,人际关系是人与人之间遵循彼此所扮演的社会角色的规范,彼此相互影响的互动关系。

以上观点从不同的视角对人际关系的本质做了有益的探讨,对我们全面、深刻地认识人际关系有不同的启迪作用。这些观点虽然视角不同,文字表述不同,但揭示的基本含义没有本质上的区别。

在这里,我们把人际关系定义为:“人际关系,指的是人们为了满足自身生存和发展的需要,在进行物质和精神交往过程中所产生和发展起来的人与人之间的心理关系。”这条定义说明了以下几点含义:

第一,人际关系的主体是人。人类是具有自然生命力的,而自然生命的存在是人存在的基本前提,是人从事一切社会活动的物质载体,也是人得以存在和发展的物质基础。

第二,作为主体的人,不可避免地要与他人进行物质和精神的交往。人际关系(除了与生俱来的血缘、亲缘、地缘关系之外)是在人与人的交往中建立起来的,人际交往是人的本质表现,是人的本性的要求。人际交往在满足人们物质和精神的客观需求的同时,人与人之间的物质关系和精神关系也随之建立起来。物质关系、精神关系同属于利益关系。

第三,人际关系是一种心理关系。所谓心理关系,是指人与人之间心理距离的远近,或者说是人们彼此之间在思想感情上的差距或相互吸引、相互排斥等心理状态。人际关系反映了个人寻求满足其需要的心理状态。人际关系的变化和发展与双方各自从对方获得的需要满足的程度相关,这种满足程度与相互心理接近程度成正比:相互满足程度高,则心理关系就较密切;反之就较疏远。无论是亲密关系、疏远关系还是敌对关系,都是人际关系。

二、人际关系的特点

所谓特点,主要是指事物所具有的特征或特性。任何事物都有自己的特点,人际关系在形成和发展过程中,形成了自己独有的特点。人际关系的特点主要有以下几个。

（一）社会性

所谓社会性，是指通过人的社会关系表现出来的属性。人的社会性是人际关系的本质属性，即没有无社会性的人际关系，它把人的群体关系同动物的群体关系区别开来，把人类社会同自然界区别开来，社会性是人类区别于其他动物的标志之一。

人际关系的社会性，首先体现在人们在赖以生存的劳动中结成了相互依存的关系。因为在劳动中，人们相互之间必然产生一定的联系和关系，劳动从一开始就是社会性的活动，作为劳动的产物的人际关系，也必然是社会性的。其次，人际关系总是在一定的社会中得以建立和发展的。不论何种人，也不论人的何种活动，都离不开社会，都要受到社会各种因素的影响和制约。最后，人际关系的社会性，是随着社会的进步而发展的。在人类社会的初期，人际关系的自然性强，社会性弱。而在现代社会里，随着人们活动的社会化程度的提高，人际关系的社会性大大增强了。人际关系的社会性在现代社会更明显、更强化，人与社会的联系日益紧密、范围日益拓宽、内容日益丰富、渠道与途径日益增多。经济的全球化、国际化趋势更加凸显出人际关系的社会性。

（二）历史性

所谓历史性，是指人际关系所具有的发展变化及新旧交替的特征。在不同的历史阶段，人际关系的表现形式、原则要求、性质等也不同。人际关系是伴随着人类社会的产生而产生，伴随着人类社会的发展而发展，它贯穿于人类社会发展的始终。

例如，人类处于原始社会阶段时，人与人之间是平等相处的。到了封建社会阶段，人与人之间原有的平等关系被打破，取而代之的是森严的等级关系。现代社会提倡人人平等，提倡民主，人与人之间的关系是平等的。

再如，中国家庭中的人际关系也发生了历史性的变化，以夫权和家长制为代表的传统家庭的不平等的关系已逐渐被现代家庭的平等关系所取代，提倡夫妻之间、婆媳之间、父母与子女之间平等相待，建立平等、和睦的家庭。

在人际交往方式上，同样发生了历史性的变化，由过去单一的语言文字的人际交往沟通方式发展到今天的电话、电子邮件、手机短信、网络视频、微信、QQ 等多种人际交往沟通方式。

（三）客观性

所谓客观性，一是指人际关系是客观存在的社会现象；二是指它有其自身的形成和发展规律；三是指人际关系的功能具有客观性。

每个人都有自己的人际关系，没有人际关系的人是不存在的。即使是看破红尘出家当和尚或削发为尼的人，也不可能离群索居。一个人与他人之间关系的亲、疏、好、坏状况也是客观存在的。每一个社会成员必须承认并接受人际关系的客观性。同时，现实人际关系的调整与改变是不能凭想象去实现的，只有在人际交往的客观活动中通过主观努力去实现。

人际关系和其他事物一样，有其自身形成和发展的规律，这些规律具有客观性，是不以人的主观意志为转移的。首先，人际关系的确立条件具有客观性，即人际关系的主体——人、人际需要、人际接触或互动，这三个条件缺一不可。其次，人际关系的形成具有客观性。人际关系是在“人”的生产的基础上形成的。人类在不断生产出新生命的同时，也产生了构成人际关系的主体——人，产生了人与人之间的关系，如家庭关系、亲缘关系、地缘关系等等。再次，人际关系的发展规律具有客观性，这表现在：“人”的生产不仅产生了人际关系的主体，而且为人际关系的发展奠定了坚实的基础；物质生产也是影响人际关系发展的决定性的条件；人际关系的发展规律受社会发展规律的支配。

任何事物都有自己的功能，人际关系也不例外。人际关系的功能，即人际关系在人际交往过程中所显示出来的作用是客观存在的。现实生活中，不管什么样的人际关系，必然会发生这样或那样的作用，它只要存在着，就要发挥一定的作用。

（四）情感性

所谓情感性，是指人际交往具有明显的倾向性，而这种倾向性往往受到交往者情感的影响和支配。情感性特点是人际关系区别于其他社会关系的一个特点,也是人际关系最重要、最突出的特点。

在人类社会生活中,情感是人际交往的动力因素,如果没有情感,也就不会有人际交往。在人际交往中,人的情感可大致分为两类:一类属于结合性情感,具有积极性的特点,它使人们互相接近、吸引、接纳、沟通、理解等;另一类属于分离性情感,它具有消极性的特点,它使人们互相疏远、脱离、回避、紧张、不和谐等。在人际交往中,结合性情感越强烈,分离性情感就越薄弱,人们的交往程度就越高;反之,结合性情感越薄弱,分离性情感就越强烈,交往程度就越低。

(五)复杂性

所谓复杂性,是指人际关系是纷繁复杂的,其交往层次错综复杂,交往内容丰富多彩,交往形式多种多样。

在现实生活中,通常不同的关系主体分属不同的人际角色,不同的人际角色有不同的人际关系。尤其需要注意的是,同一关系主体,也会表现出不同的人际角色,从而形成更为复杂的人际关系,致使人际关系呈现出复杂性的特征。

为了了解人际关系的复杂性,我们用美国社会心理学家J. 霍姆斯研究的例子加以说明。有两个人,一个叫约翰,另一个叫亨利。表面上看来,是约翰和亨利两个人在交往,实际上是6 个人在交往。如图1 –1 所示。

约　翰	亨　利
实际的约翰	实际的亨利
自我意识的约翰	自我意识的亨利
在亨利印象中的约翰	在约翰印象中的亨利

图1 –1　两个人交往关系图

当约翰(或亨利)单独存在时,他只是实际的一个人,一旦约翰和亨利发生联系,他就变成了3 个人,实际的约翰、自我意识的约翰(即客观的自我和自我意识的自我常常不一致)、在亨利印象中的约翰(一个人的实际和他给别人的印象也常常不一致)。与此相适应,亨利也变成了3个人。这样本来是两个人的关系,却变成了6个人的关系。按照组合的数学规律,上述约翰和亨利一旦发生联系,就可能出现9种关系,而每种不同的关系都会产生不同的交往效果,这就使人际关系出现了复杂的局面。而这仅仅是指两个人之间的交往所发生的人际关系,如果3个人、4个人或更多的人进行交往,那么,人际关系就会变得更加复杂了。

(六)动态性

所谓动态性,是指人际关系不是一成不变的,而是不断变化的,具有多变性的特征。这个特点,在一定意义上是对复杂性特点的进一步说明。

首先,人际交往是在一定社会环境中的交往,社会环境的形成因素无时无刻不在变化,如政治因素、经济因素、文化因素、道德因素、习俗因素、科技因素等都处在不断变化之中。当社会环境中的这些因素发生变化时,人际关系也会随之变化。

其次,参与人际交往的双方都是能动的主体,人际关系也会随着交往主体的态度、行为的变化而变化,或亲密,或疏远,或友好,或仇视等。

总之,人际关系会随着时间、环境、人员成长、新成员加入、老成员离开等而产生变动,有的变好、有的变坏,有的更亲密、有的逐渐疏远。

认识人际关系的动态性特点对于我们有多方面的意义:首先,让我们以发展变化的眼光去看待人际关系,使我们有效地避免犯形而上学的错误;其次,有利于我们对人际关系变化发展的可能性做出正确分析和估计,使人际关系朝着好的可能性发展,保证人际关系的优化;最后,有利于做好人际关系的转化工作。

(七)网际性

所谓网际性,是指随着网络信息时代的到来而出现的一种新型的网络人际关系。这种网络人际关系,是以网络和数字信息为中介,在超文本多媒体链接中实现人—机—人互动基础上形成的人际关系。它具有多维性、全球性、虚拟性、不确定性、非中心化等新特点。

网络人际关系的出现和形成,不仅使人际交往在人们的心理和动机上发生改变,并且使人类的交往方式、交往结构和交往形式发生了重大变化,使网络人际关系呈现出不确定、复杂多变的特点,网络人际交往更快捷、更高效、更开放。毋庸置疑,在网络信息时代,它使人际交往的范围得到了最大化,赋予人际交往更广泛的意义和内涵上的升华。同时,也使人际关系变得越来越复杂。

三、人际关系的类型

在社会生活中,由于人们的交往范围十分广泛,由此形成的人际关系自然是丰富多彩、纵横交错、千差万别。为了探寻纷繁复杂、各式各样的人际关系的特点,把握人际关系的变化及发展规律,必须对人际关系加以科学的分类。

人际关系的划分方法主要有以下几种。

(一)按照人际关系的内容划分

按照人际关系的内容来划分,可将人际关系划分为经济关系、政治关系、道德关系、法律关系、宗教关系和伦理关系。

1.经济关系

经济关系是人际交往中最基本且最常见的一种关系。是指人与人之间在经济活动中发生或结成的关系,主要包括生产关系、分配关系、交换关系和消费关系等。

(1)生产关系。生产关系是一种最基本的经济关系。它包括生产资料所有制形式、人们在生产中的地位和产品的分配形式。由于人们在生产中的地位不同、分工不同,结成的关系也不同,因而生产领域有上下级关系和平级关系。

(2)分配关系。分配关系是指人们在对产品的分配、利润的分配及个人消费品的分配中所形成的关系。分配关系主要是由生产资料所有制的性质决定的。在原始社会中,生产资料是公有的,采取社会成员平均分配的方法;在有阶级的社会里,如奴隶社会、封建社会、资本主义社会,生产资料被统治者所占有,致使社会分配既不合理也不公平,分配关系极不平等。

(3)交换关系。交换关系是人们为了满足生活需求,在以其商品或货币进行交换的过程中建立起来的关系。真正合理的交换关系应该是交换双方都遵守公正、公平原则,尊重对方的物质利益,同时维护自己的正当利益,从而建立正常的人际关系。

(4)消费关系。消费关系是人们为了满足生产和生活的需要而在消耗物质财富和精神财富的过程中结成的相互关系。消费关系中包含个人消费关系、家庭消费关系和社会消费关系。无论哪一种消费关系,都应建立在平等互利的基础上。

2. 政治关系

政治关系是人们在一定的经济基础之上,围绕特定的利益,借助于社会公共权力来规定和实现特定权利的一种社会关系。政治关系一般具体地指阶级关系、民族关系、国际关系、党派关系等。政治关系是人际关系的一种,并非所有的人际关系都表现为政治关系,如一个政治党派成员与其家庭成员之间的关系。因而政治关系实际上指的是人们在政治活动中所发生的人与人之间的关系,并且政治关系在不同的社会制度下表现出不同的性质。

3. 道德关系

道德关系是指人们在属于道德规范调整的范围内所发生和结成的关系。道德关系是由一定的社会经济关系决定的,是人们社会行为的基本准则,是一定社会对人们共同生活及其行为提出的共同遵守的准则和规范。这些准则和规范是人们判断是与非、善与恶、正确与错误的标准,也是评价一个人道德不道德的标准。

我国公民的基本道德规范是:爱国守法、明礼诚信、团结友爱、勤俭自强、敬业奉献,同时强调遵守社会公德,如文明礼貌、助人为乐、保护环境、爱护公物、遵纪守法等。

4. 法律关系

法律关系是指人们在社会生活中依据法律规范而结成的关系。法律是由国家立法机关制定、受国家政权强制力保证执行的行为规则,体现一个国家统治阶级的意志。在人际交往中,虽然道德对人们的行为具有一定的约束力,但无法解决复杂的各类社会问题,因而必须借助于法律的约束力。必须加强法制建设,法律面前人人平等,使公民在社会生活的各个方面有法可依,做一个知法、懂法、守法的文明公民。

法律关系与道德关系的区别是:法律关系是强制性的,有法定的条文规定;而道德关系则是非强制性的,是人们在长期交往中逐步形成,有的没有文字记载或是口头流传的、约定俗成的。法律关系和道德关系是互相补充的。

5. 宗教关系

宗教关系是指人们在参与宗教活动中形成的关系。宗教属于上层建筑的范畴。我国宗教工作的基本方针是:"全面贯彻党的宗教信仰自由政策,依法管理宗教事务,积极引导宗教与社会主义社会相适应,坚持独立自主自办的原则。"

《中华人民共和国宪法》有关条文规定:公民有宗教信仰自由;任何国家机关、社会团体和个人不得强制公民信仰宗教或者不信仰宗教,不得歧视信仰宗教的公民和不信仰宗教的公民。

宗教关系是特殊而复杂的关系,一定要谨慎、妥善地处理和协调宗教关系中的各方面的利益关系。

(二)按照人际关系联结的内在纽带划分

按照人际关系联结的内在纽带来划分,可将人际关系划分为血缘关系、地缘关系、业缘关系、趣缘关系和友谊关系等。

1. 血缘关系

血缘关系是指以血缘为纽带而结成的关系。这种关系被看成是"人际第一关系",是人与生俱来的、无法切断且长久存在的关系,也是个人无法选择的。血缘关系的基础是血缘和情感,是人的一生中交往频率最高、持续时间最长的一种关系,它对人的成长和发展的影响很大。血缘关系主要包括两类:

(1)夫妻关系。夫妻关系是指男女两性合乎法律规定结合为夫妻而建立家庭的关系。相对于血缘关系来说,以婚姻为纽带的夫妻关系是后天产生的,是可变的、短期的。在现代社会中,夫妻离婚现象日益增多,这是当今人际关系变迁的一个重要方面。

(2)代际关系。代际关系是指上下辈两代人之间的关系,泛指青年人与老年人、父母与子女之间的关系。代际关系虽是骨肉关系，但是由于经历差异、年龄差异、心理差异，致使代与代之间存在着“代沟”问题。如何解决“代沟”问题，已成为当今突出的家庭乃至社会问题。

人际间的血缘关系是人类社会最原始、最久远的人际关系，是一种互动性最强、对人的影响力最大的人际关系，这种关系与人类共生存。随着社会的发展，血缘关系的范围和联系的程度也在不断变化，伴随人们迁徙的加快，人的生存越来越多地依赖于技术、职业等，血缘观念将逐渐弱化。

2. **地缘关系**

地缘关系是人们依据共同生活居住的地理位置而结成的关系。按地缘关系的范围划分，地缘关系是具有不同层次的。一般视国籍为最高的地缘关系，往下依次为省、市、县、乡、村。地缘关系主要有两类：邻里关系和同乡关系。

(1)邻里关系。邻里关系就是指左邻右舍之间的关系，常以家庭之间的联系为表现形式。邻里之间交往频繁，相互影响大。好的邻里关系对人们的生活产生正面的影响，俗话说“远亲不如近邻”，“邻里好，赛金宝”。但随着城市建设的加快，高层单元式住宅增多，邻里之间的交往往往呈半封闭或封闭的状态，邻里关系渐渐疏远。

(2)同乡关系。“老乡见老乡，两眼泪汪汪”，“美不美，家乡水；亲不亲，故乡人”，家乡情怀是最容易沟通同乡人的心的。同乡关系属于一种特殊的人际关系，它能联络感情，满足人的合群和交友的需要；能交流信息，得到帮助，促进合作。但我们也不能忽视同乡关系的负面作用，它容易使人形成狭隘的地方观念，容易使人们搞拉帮结派等不正之风。

地缘关系主要靠社会道德、公民道德、社会文化习俗来协调。从地缘关系的发展趋势看，随着人们接触的地理范围越来越大，在一个相对固定的地方居住的时间越来越短，人们由于地缘关系的密切程度将逐渐减弱。

3. **业缘关系**

业缘关系是人们以职业生活为纽带而结成的关系。业缘关系受职业活动的影响，它体现为人与人之间的直接角色联系。业缘关系的交往双方必须遵循自己在职业群体中的角色行为规范,表现出一种责任依从性,交往关系受到社会规范、职业规范和角色规范的约束。

在业缘关系中,影响最大的是同事关系、师生关系和同学关系。

同事关系,指在一起工作且同级间的横向关系,相互信任是维系这一关系的重要因素;师生关系,是以教和学为纽带而形成的人与人之间的关系,尊师爱生是维系这一关系的重要纽带;同学关系,是指同班或同校同学之间的关系。

从社会的发展趋势看,血缘关系、地缘关系在人际关系中的地位和作用将逐步降低,由于业缘关系是与社会生产、技术和职业分化联系在一起的,因此业缘关系的地位和作用将会逐步增强。

4. 趣缘关系

趣缘关系是指人们以自己的专业技术特长或兴趣爱好为纽带结成的人际关系。

趣缘关系以"专"会友,以"趣"结缘,活动方式多以聚会为主,结交面广。在以趣缘关系为基础的交往中,应注意互相尊重,平等相待,互教互学,取长补短,互惠互利,共同发展。

趣缘关系的建立有着积极的社会意义。它既能使学术理论得以深化和拓展,广泛传播学术思想和观点,又能使志趣相投者丰富业余生活,提高生活质量,从而促进社会主义精神文明建设。

5. 友谊关系

友谊关系是指人们在日常生活和社会交往中以友谊为纽带结成的人际关系,我们一般称为朋友关系。朋友关系按其密切程度,可分为知己型、亲密型和一般型。

(1)知己型。所谓知己型朋友,是与你心灵距离最近、关系最为密切的朋友,又称为知音。他或她不仅对你的各方面最为了解,并且能够与你分享喜悦,分担烦劳。人生在世,朋友好找,知音难觅。

(2)亲密型。所谓亲密型朋友,是指与其交往关系的亲密程度仅次于知己型朋友。亲密型朋友又可称为密友或挚友。在生活中,与亲密型朋友的交往频率可能是最高的,亲密的好友会在一起渡过闲暇时光,因而,亲密型朋友对交际者的影响是极其深刻的。

(3)一般型。所谓一般型朋友,是指交往者之间的亲密程度在

"一般"状态。我们通常所交的朋友大多数都是属于此类型。我们不能忽略一般型朋友的作用,他们虽然没有知己型朋友和亲密型朋友与你的关系那么密切、对你的影响那么深刻,但却是你人际关系网络中的一个主要组成部分,在很大程度上反映了你的社交能力。不可否认,一个人事业上的成功,是靠众多的一般型朋友的帮助才得以完成的。因而,注重维持并升格与现有的一般型朋友之间的友谊,并逐步地扩大一般型朋友的数量,应是人际关系的一项重要内容。①

(三)按照人际关系的其他形式划分

按照人际关系的其他形式来划分,可依据人际关系的性质、地位、倾向、程度等将其划分为不同的类型。

1. 按性质划分

按性质划分,人际关系可分为对抗关系和非对抗关系。

对抗关系主要指相互对立的、不可调和的关系,如敌我关系;非对抗关系主要指有矛盾但不是相互对立的、可以调和的关系,如人民内部的关系。对抗关系和非对抗关系并不是一成不变的,在一定条件下是可以相互转化的。

非对抗关系是人际关系的主流,它包含着和睦关系、协和关系和强制关系等。对抗关系是人际关系的支流,它包含着反感关系、竞争关系和斗争关系等。对抗关系是人际关系中的特殊形态。

2. 按地位划分

按人际关系所处地位的特征划分,人际关系可分为平等型、不等型和对立型 3 种。

平等型的人际关系,是指构成关系的各方在地位上是平等的,处于同一条水平线上,包括政治地位、法律地位的平等以及人格的平等。不等型的人际关系,是指构成关系的各方在地位上是不平等的,各自处于不同的地位,分属于不同的等级。对立型的人际关系,是指构成关系的各方处于对立的地位,存在着某种对抗和冲突。

这 3 种类型的人际关系,在任何社会中都是存在的。在社会主义社

① 以上内容参见李蔚、黄鹏主编:《社交谋略与技巧》,四川大学出版社,1997 年版。

会,人际关系的主流或基本方面是平等型的,社会的发展会逐渐消除不平等现象,但想根本消除不平等是不实际的。我们在人际交往中无论遇到哪一种不平等现象,都应学会以平等的态度去应对、去沟通、去协调,尽量创建一个平等的环境和平等的氛围,最终结成平等的人际关系。

3. **按倾向划分**

按人际关系的倾向划分,有两种划分方法。按第一种划分方法可将人际关系分为合作型、竞争型、应酬型和混合型4种。

合作型的人际关系,是指关系各方主动支援、互相帮助、共同合作、携手共进的关系。竞争型的人际关系,是指人与人之间在竞争的活动和过程中形成的关系。应酬型人际关系是指不带有功利性,只是应酬性质的人际关系。这种关系的特点是:在交往的时间上,是短暂的;在交往的程度上,是表面的、肤浅的。混合型的人际关系,是融以上3种情况为一体的人际关系。

人际关系的第二种划分方法是心理学家雷维奇从心理学的角度提出来的。他把人际关系分为:主从型、合作型、竞争型、主从—竞争型、主从—合作型、竞争—合作型、主从—合作—竞争型、无规则型8种。

主从型人际关系是指交往的一方处于主要支配地位,而另一方处于被支配或服从地位。合作型人际关系是指交往的双方有共同的目标,配合默契,有分歧时能互相谦让,求大同存小异,顾全大局,宽容忍让。竞争型人际关系是双方为了达到各自的目的,常常会不遗余力,这种人际关系的主要优点是充满活力,缺点是容易发生冲突。主从—竞争型人际关系是双方在交往中,在主从和竞争两种类型之间交替变换,是一种不稳定的人际关系。主从—合作型人际关系是一种较为理想的人际关系,在这种关系中,双方都能够和谐相处。竞争—合作型人际关系是一种自相矛盾的混合型人际关系,双方须保持一定的距离,双方的交往不宜过于频繁。主从—合作—竞争型人际关系是混合型的人际关系,常常会使交往的双方或一方陷入困境,交往中冲突也较多。无规则型人际关系是指交往的双方缺乏组织能力,并未形成明显的某一类人际关系,施加一点外力,就会转变成其他类型的人际关系,是一种不稳定的人际关系。

4. 按发展程度划分

按人际关系的发展程度划分，可将其划分为亲密型、团结型、和睦型、维系型、冲突型、疏离型和决裂型 7 种。

亲密型的人际关系是人际关系的最高层次，指构成关系的双方至亲至爱、亲密无间。它的突出特点是：交往频繁，相互依存，追求共享，互相接纳，心理相容。

比亲密型低一个层次的人际关系是团结型人际关系，指和睦、友好的人际关系。它是人们为了集中力量实现共同理想或完成共同任务，在联合或结合中形成的人际关系。其主要特点是：关系双方态度友好，感情融洽，合作共事，配合默契。

比团结型低一个层次的人际关系是和睦型人际关系。构成人际关系的双方虽然不是团结得很紧，但也互相合得来，相安无事，相处尚好。

维系型人际关系是指构成关系的双方能保持继续存在下去的一般关系。交往双方虽然存在一些矛盾和意见，但双方都有一定的理智和克制能力，没有发生直接面对面的冲突。

冲突型人际关系是指构成关系的双方矛盾已表面化、公开化，发生激烈冲突、争斗，不能维持正常联系的人际关系，需要用强制的手段制止冲突。这种关系恶化的结果便是疏离和决裂。

疏离型人际关系是指冲突后的双方逐渐疏远，甚至分离的关系。疏离是解决冲突的消极办法，但对缓解冲突、避免事态扩大、调整心态具有一定作用。

决裂型人际关系是指彻底决裂的关系。决裂之后，双方的关系就此绝断，不复存在，相互之间也不再有任何来往。

这种划分方法反映了人际关系由好到坏的变化过程。我们要尽量阻止人际关系的恶化，创建和谐的人际关系环境。①

四、人际关系的功能

人际关系的功能是指人际关系在现实生活中对个人、组织和社会所显示出来的影响和作用。显然，人际关系具有多元性功能，可从多

① 以上内容参见周向军、高奇主编：《人际关系学》，山东大学出版社，2010 年版。

个角度去诠释。在这里,我们只想从一般意义上讲人际关系如何对个人的工作、学习、生活及对组织和社会产生影响的。

(一)良好的人际关系可以产生合力

我们常说1加1不一定等于2。它会有3种情况:等于2,小于2,大于2。关键就在于个体之间是否有团结、协作、和谐的人际关系,若干人的力量集中在一起,能否产生合力以及合力的大小,不仅仅取决于每个人能力的大小,同时还取决于他们之间的人际结构。人多,感情融洽,关系和谐,团结一致,心情舒畅,互相支持,力量才大;人多,感情不和,关系疏远,你争我斗,四分五裂,内耗严重,也有可能产生“负合力”。正所谓“团结就是力量”,“人心齐,泰山移”,“众人拾柴火焰高”,良好的人际关系是形成集体合力的黏合剂,领导、组织的效能寓于良好的人际关系之中。

(二)良好的人际关系可以提高人的工作情绪和工作效率

一个人的工作效率不仅取决于他的专业素质、技术水平和熟练程度,更取决于他当时的情绪状态。研究表明,和谐的人际关系会使人心情舒畅,精神振奋,能使人产生积极的情绪体验。而这种积极的情绪体验可以提高人的活动能力,对工作效率起“增力”的作用。反之,人际关系不协调,心情郁闷,心理受压抑,就会产生消极的情绪体验。而这种情绪体验,会降低人的活动能力,对工作效率起“减力”的作用。

(三)良好的人际关系有助于人的身心健康

人是社会人,人有交往的需要、合群的需要。人们都希望通过与他人的交往而有所“归属”,获得心理上的安全感;希望与人友好相处,获得友情和支持,得到他人的信任和尊重,看到自己在社会中的地位和自我价值。而所有这些,都可以从良好的人际关系中得到满足。

人对环境的适应是多方面的,其中一个很重要的方面就是人对心理环境的适应,尤其是对人际关系的适应。人类的心理病态,有很多是由人际关系失调而来。所谓身心健康,包括生理健康和心理健康,这两个方面是相互联系、相互影响的,心理健全的人往往更容易战胜某些生理上的疾病。而一个人如果在交往中经常受挫,心情就会郁闷,影响身心健康,严重的甚至造成心理失常和机体功能的失调。

（四）良好的人际关系是社会主义精神文明建设的重要内容

社会稳定,人民幸福,是我国社会主义建设的目标。人人讲文明、讲礼貌,才能有和谐社会、和谐组织、和谐家庭。构建和谐,已成为时代最强音。和谐的第一要义就是指人与人的和谐。而人际关系和谐,人与人之间相互尊重、相互信任、团结互助、友好相处,正是社会文明的表现,也是社会主义精神文明的重要内容。

第二节　人际关系学的研究对象与范围

人际关系早已有之,有人的地方就有人际关系。但人际关系学成为一门独立的学科,只是近些年的事情,是一门新兴的正待发展的学科。

一、人际关系学的概念

人际关系与人际关系学是两个不同的概念。人际关系简单说就是人与人之间的关系,而人际关系学是一门新兴的学科,对这两个概念在使用时要注意区别。

任何一门学科都是研究本学科的客观规律的,人际关系与其他学科一样,有其独特的性质、方式和规律。把人际关系的形成和发展规律以及人际关系的性质、表现形式、作用等作为研究对象所建立起来的学科就是人际关系学。

人际关系学是一门研究人际关系的形成和发展规律,并以此规律指导人们实践,优化人际关系的科学。这门学科具有以下 4 个特征。

（一）人际关系学是一门社会科学

人际关系是随着人类产生、发展而出现的社会现象,人际关系的发展规律受社会发展规律的制约。目前,人们所公认的三大类学科是自然科学、社会科学和思维科学。从这种分类来看,人际关系学明显属于社会科学。因为它把人与人之间的关系作为自己的研究对象,而人与人之间的关系,归根到底是一种社会关系。

(二)人际关系学是一门新兴学科

人际关系作为人类关注的主题,虽然在人类社会早期就已有不少学者写下了许多有关的论著,但长期以来,一直没有被作为一门学科明确地提出来,给予系统的研究。提出"人际关系学"并对其进行研究,只是近些年的事情。相对于社会学、心理学、经济学等这些成熟的学科,人际关系学尚属于新兴学科。

(三)人际关系学是一门综合性学科

人际关系学作为一门独立的新学科,虽有其自身的性质、特点,但它的涵盖面广,与众多学科有着密切联系。如人际关系与人类学、心理学、社会学、伦理学、行为学、管理学、公共关系学、传播学等,都有着一定的联系。它综合了这些学科的研究成果,吸取了这些学科的某些原理、方法、观点和材料,从而形成了自己独具特色的学科体系。所以说,人际关系学又是一门综合性学科。

(四)人际关系学是一门应用性学科

人际关系学通过研究人际关系的客观规律,探讨现实生活中的人际关系问题,分析归纳出优化人际关系的原则、方法与技巧,用来指导人们的人际关系实践。相对于基础理论学科而言,人际关系学是一门应用性学科。

二、人际关系学的研究对象

人际关系学作为一门独立的学科,有其特定的研究对象、所属范畴以及探索的领域。人际关系学不同于社会关系学、公共关系学。社会关系学主要研究人类社会交往中的一切关系的总和,涉及世间的一切社会关系;公共关系学主要研究组织与相关公众之间的关系;而人际关系学则侧重研究人与人之间的关系。

概括地讲,人际关系学研究的是社会中人与人之间的关系及其发展规律。具体来讲,它包括以下内容:

(1)人际关系的主要理论;

(2)人际关系的形成与发展;

(3)人际关系的结构与功能;

(4)人际关系的类型;

(5)影响人际关系的主要因素;

(6)协调人际关系的原则;

(7)人际交往的心理障碍及克服方法;

(8)协调人际关系的技法;

(9)人际关系的研究方法和评估方法等。

三、人际关系学的研究范围

人际关系学的研究范围包括历史、理论和应用3个部分。

人际关系学的历史研究着重从历史的角度,考察和分析人际关系是如何产生、如何发展的。目的是从历史的变迁中了解人际关系是如何随着社会的进步、环境的变化而发展变化的,了解以往哪些做法应予坚持、哪些做法应予修改、哪些做法应予抛弃,以便探索和掌握人际关系发展的客观规律以及在此基础上建立和优化人际关系的主观指导规律。

人际关系学的理论研究可分为核心理论研究和基础理论研究。人际关系学的核心理论是紧紧围绕人际关系学这门学科的核心而提出的理论,人际关系作为一种社会现象,总是存在某种确定不移的客观规律性。这种规律性人们是可以认识到的。根据对人际关系客观规律的认识,人们又可以制定出相应的主观指导规律。对这两种规律的逻辑说明,就构成了人际关系学的核心理论部分。该核心理论比较窄小,内核较小,但却反映了该学科的质的规定性,把人际关系学与其他学科区别开来。

人际关系学是一门综合性的学科,它涉及社会学、心理学、语言学、传播学、行为科学等等,这些学科的许多理论虽然不是人际关系学理论"本身",只是从属或服从于人际关系学,但却是人际关系学必须研究的。因此,这些学科的许多理论就构成了人际关系学的基础理论部分,外延很大。人际关系学的综合性决定了它的基础理论的广阔性,学科知识的广博性。人际关系学的基础理论是其创立的理论基础。

人际关系学的应用部分内容最为丰富,主要研究如何应用人际关系学的原理去指导实践,达到好的效果。人际关系学研究的应用部分,主要包括两个方面的内容:一是关于处理人际关系的艺术和技巧,如交际的礼仪、语言的艺术、拒绝的技巧、体态语言的运用等;二是关于人际关系学一般原理与人际关系具体领域的有机结合,如领导人际关系、家庭人际关系、青年人际关系等。

人际关系学研究的应用范围,是人际关系学的重要组成部分。这不仅因为它能够使理论具体化、现实化,而且能在人际关系理论应用的过程中提供新的材料、提出新的课题,从而丰富理论研究本身。

四、人际关系学的研究方法

人际关系学属于社会学科范畴,在研究方面也大多参照社会学科的研究方法。掌握科学的研究方法很重要。巴甫洛夫曾说过:关于方法的问题,乃是一个重要的问题——方法是首要的、基本的东西。一切事情都在于有好的方法,在有好的方法时,才能不高的人,也能做出许多有价值的事情,而在没有好的方法时,即使是有天才的人来工作,往往也是徒劳无益,得不到有价值的成果。

人际关系学的一般方法有以下几种。

(一)文献法

文献法是指根据特定的研究目的,通过查阅文献资料等获取相关信息,从而全面、广泛、系统地了解所要研究的问题的一种方法。例如:查阅文献目录及索引、专家咨询、网上查询、抄录复印等;还可以利用互联网展开文献资料的收集工作,如网上发放问卷、对话等。在对原始社会、奴隶社会、封建社会人际关系的研究中,多采用文献法。

(二)观察法

观察法是指研究者运用人的视觉器官,对被调查对象进行观察和记录,从而获得资料的一种方法。运用观察法必须按照一定的科学程序和规则进行。例如:观察者必须在被调查对象处在自然状态时进行,否则便失去了真实性;观察必须是有目的、有计划的,而不是盲目的,对观察内容须有详细的记录;在观察过程中,必须防止主观片面,以确保观察的结果可靠和有效。

(三)实验法

实验法是指有目的地控制某些条件,观察和研究被试对象的活动情况和变化情况。实验法实际上也是一种观察法,只是它是在一种有控制的条件下进行观察的。著名的"霍桑实验"堪称实验法的经典,不仅为实验法作了经典示范,更重要的是通过对实验的总结,提出了人际关系学说。

(四)社会调查法

社会调查法是指通过直接向被调查对象提问而获取信息的方法。经常用到的调查方法有:普遍调查、抽样调查、典型调查、个案调查等。

社会调查法获取资料的工具是问卷。问卷可分为自填式问卷和访问式问卷两种。自填式问卷是将问卷交给被调查者自己填写;访问式问卷是由调查员按问卷上的问题向被调查者提问,并按被调查者的回答如实地填写。

问卷调查法是人际关系调查常用的方法。

(五)社会测量法

社会测量法是指通过量表对研究对象的人际关系加以测量的方法。测量法在自然科学研究中应用非常广泛,也很成熟。但在社会科学研究中,使用测量法还有一定难度,这是因为,社会科学测量的对象是"人"而非"物",其测量对象是能动的客体,存在着不确定性、可变性和复杂性,不像自然科学那样稳定。因此,在应用社会测量法测量人际关系时,必须注意把握好测量的科学性和客观性标准。

(六)统计法

统计法是指对经由研究者调查、访问、测量而获得的数据进行统计分析的方法。这种方法已被广泛应用于自然科学研究和社会科学研究之中。对数据既需要定量分析,也需要定性分析;既需要使用描述方法,也需要使用归纳推断方法。统计法的作用就在于对调查对象的描述和归纳。

(七)人际关系评估法

人际关系评估法是指通过运用科学的评估方法,了解社会个体人际关系状况的方法。通过评估,有助于我们去发现人际关系中最本质的东西、最具规律性的东西。通过评估,有助于了解个人人际关系状态,以便调节个人在人际关系中的地位,提高我们驾驭人际关系的能力。通过评估,有助于我们合理调整、建立良好的人际关系,以促进个人和整个社会的健康发展。

人际关系评估法主要有社会测量法、参照测量法、人物推定法、自然观察评估法和心理测评法等。

第三节　人际关系的发展演变

人际关系的形成与发展是一个极为复杂的过程。人际关系是人由动物进化之后而逐渐形成的关系,探讨人际关系的发展历程,需要以猿猴社会及其内部的"关系"作为研究人际关系现象的历史起点。在这里,我们只探讨人类社会发展的不同阶段以及人际关系所具有的不同的表现形态和基本特征。

一、人际关系的发展演变过程

(一)原始社会——血缘关系

在原始社会里,人与人之间的一切关系都是以血缘关系为轴心,血缘关系构成了整个社会的基础。

血缘人际关系在原始社会中具有不同的发展阶段。在原始社会的前、中期,在母系制氏族社会中,人与人之间的关系极其简单。人们只知生母,不知生父,每个氏族集团内部只有各代女儿的子孙,人际交往只限于部落内部,并具有明显的为满足生理需要和繁衍后代需要的特征。人与人之间的关系是平等的。

原始社会后期,随着生产力的发展,男人在生产中的地位提高。随着由群婚制向偶婚制过渡,父权制逐步代替母系制,父权制的建立使人际血缘关系发生了新的质变。子女的血统“按男方计算世系”,夫妻关系更加牢固,父系大家庭内出现了个体家庭。随着个体家庭的巩固及私有财产的增加,经济利益和缔结婚姻不可分割地联系在一起,使原始社会内部的人际关系变得复杂起来。原始社会开始走向瓦解。

(二)奴隶社会——依附关系

在奴隶社会中,人际关系的主要特征是依附关系。这种依附关系主要表现在以下两个方面:

一是奴隶对奴隶主的人身依附。奴隶主占有生产资料和奴隶,把奴隶当成会说话的工具,没有结婚和生育的自由。奴隶主对奴隶具有生杀予夺之权,可任意奴役和买卖。

二是女性对男性的依附。这主要表现在奴隶社会的家庭关系之中。无论何种家庭,都是男子奴役、控制女子,女子依附、屈从男子。在奴隶主家庭,妻子要严格保持贞操和忠诚,而男子可以随意纳女奴为妻。

随着奴隶社会奴隶主剥削、压迫奴隶,奴隶依附于奴隶主这种以阶级对立为特征的人际关系的逐渐形成,在人与人的交往中,也出现了虚伪、狡诈、欺骗、背信等恶劣风气。自私、贪婪、残暴等欲望吞噬了原始氏族社会中“自由”“平等”“博爱”的根本原则。

在奴隶社会中,调节人际关系的冲突和矛盾,主要是按尊卑等级的原则,通过传统习俗、道德规范来处理,或者由奴隶主国家的统治机关按照有关法律来处理。

奴隶社会人际关系的依附性特点是历史发展的产物,它在当时为保证奴隶社会强制性的大规模劳动协作的进行发挥了作用。当奴隶不堪忍受这种依附关系,不断起来反抗奴隶主的时候,以依附关系为主要特点的奴隶社会也就逐渐地走向灭亡。

(三)封建社会——宗法关系

封建社会的人际关系表现为宗法关系。这种关系表现为按宗族血统的远近区分亲疏贵贱的等级制度,它是以宗法制度为基础的。宗即家族,有大、小之分,嫡长子孙为大宗,其余子孙为小宗。按照宗法制度,大宗贵于小宗,小宗服从大宗。大宗享有同一宗族中的最高权力和地位,在家族之中就是以兄统弟,在政治上就是以君统臣。

宗法制度萌芽于原始社会的父系家长制,形成于奴隶社会,到封建社会日臻完备。封建社会的宗法关系具有以下特点:以血缘关系为基础;以等级差别为准则;以土地占有为标准。可见,在封建社会里,常常是"一人有罪,株连九族""一人当道,鸡犬升天"。宗法制度渗透到社会关系的各个方面,使人与人之间的关系成为一种宗法关系。

封建社会的宗法等级关系给了个人特别是广大农民一定的人身自由,减轻了人与人之间的依附程度,并且家族关系与社会关系相结合,治国与治家相一致,建立起相对稳定和统一的社会秩序,这对社会的发展起到了推动作用。但是,封建社会人际关系的宗法性、等级性、地域性以及稳定性,都不利于商品经济的发展。因此,当人类社会发展到商品经济阶段时,封建宗法关系就逐渐为资本主义社会的金钱关系所取代。

(四)资本主义社会——金钱关系

资本主义社会是商品经济高度发达的社会,雇佣关系和交换关系代替了宗法等级关系和人身依附关系,使人与人之间的关系变成了纯粹的金钱利益关系。

马克思和恩格斯深刻地指出:资产阶级"无情地斩断了人们束缚于天然尊长的形形色色的封建羁绊,它使人和人之间除了赤裸裸的利害关系,除了冷酷无情的'现金交易',就再也没有任何别的联系了。它把宗教虔诚、骑士热忱、小市民伤感这些情感的神圣发作,淹没在利己主义打算的冰水之中。它把人的尊严变成了交换价值,用一种没有良心的贸易自由代替了无数特许的和自力挣得的自由"①。

资本主义社会的进步在于扩大了人们自由交往的范围,为人们提供了共同竞争和在同一价值尺度下改变自身同他人关系的可能性,并增强了人的自主性。但由于资本主义社会以私有制为基础,以不平等为前提,加剧了人与人之间的不平等,扩大了人与人之间的贫富悬殊,也使得人际关系出现两极化、庸俗化和虚伪化。这也便成为阻碍社会

---

① 《马克思恩格斯选集》第1卷,人民出版社,1995页版,第274~275页。

和个人发展的阻力。

（五）社会主义社会——平等关系

社会主义社会消灭了生产资料占有关系上的不平等，建立了以公有制为主体的经济体制，人与人之间的关系是平等关系。

平等是社会主义人际关系的基本特征。其平等首先表现在经济上，每个公民都是生产资料的主人，实行按劳取酬、不劳动者不得食的原则，人与人之间逐步形成了以劳动和贡献为尺度的新型人际关系。其次，表现在政治上，生产资料的公有制保证了人民共同享有当家做主的政治权力。法律面前人人平等，没有高低贵贱之分。再次，表现在社会生活中的各个方面，如上下级关系、师生关系、父子关系、夫妻关系等，都是平等的、互相尊重的。

社会主义的人际关系，是一种新型平等的人际关系。同时，我们也应当承认，在社会主义社会还存在着一些不平等的现象，人与人之间仍然会发生各种各样的矛盾。建立真正的平等、和谐的新型社会主义社会人际关系仍然是我们努力奋斗的目标。在努力实现这个目标的过程中，必须以马克思主义和社会主义思想为指导，重视并应用协调人际关系的理论和方法，以改善人际关系的结构和状态，增强人与人之间的和谐和凝聚力，提高全民族的素质，培养一代有理想、有道德、有文明、有纪律的社会主义新人。

二、人际关系发展的新特点

人际关系源远流长，纷繁多变。随着我国经济的飞速发展，人际关系呈现出以下新的特点。[1]

（一）社会性增强，自然性减弱

纵观人类历史的发展进程，人际关系呈现出社会性增强、自然性减弱的发展趋势。在原始社会中，血缘关系和地缘关系占据主导地位，这正是自然性在人际关系中的表现，因而人际关系的自然性十分

① 参照冯兰主编：《人际关系学》，辽宁大学出版社，2005 年版。杨丹：《人际关系学》，武汉大学出版社，2010 年版。

突出。随着商品经济的发展和市场经济体制的建立,生产的社会化程度不断增强,人际交往日益广泛,人们更重视其所在的组织和所从事的职业,人与人之间的业缘关系更加紧密,致使人际关系的社会性不断增强。

(二)自主性增强,依赖性减弱

在我国古代社会,人际关系以依赖性为主要特点,而自主性则是次要的。这种依赖性是以"三纲五常""三从四德"的伦理道德和国家法规来加以确定的。而在当今社会,政治生活中的主人翁地位和经济条件的变化,使人们的自主性大大增强,人们主动参与交往,自主建立人际关系,主动处理人际关系中出现的问题,独立意识普遍增强。

(三)平等性增强,等级性减弱

随着人类社会的不断发展和进步,人际关系中的平等关系必将取代等级关系,这是不可逆转的发展趋势。这主要表现在两个方面:第一,人际关系由纵向控制为主发展到纵向联系与横向联系相结合。在等级关系占主导地位的社会里,人与人之间的联系主要是按等级而形成的纵向联系,横向联系很少见。而现代社会中,横向联系越来越多,例如:企业间的横向联合、相互协作;研究机构的学术交流;不同年龄、不同职业、不同经历的人相互交往;等等。第二,由单向交往发展到双向交往。在等级社会中,人际关系是自上而下,一方制约另一方;而在现代社会中,诸如家长、上级、男性拥有话语权的情景正在被双方共同参与、共同决定的关系所代替。

(四)开放性增强,封闭性减弱

封闭性的人际关系与封建社会自给自足的经济形态有着密切联系,"鸡犬之声相闻,老死不相往来"便是对此状态的真实写照。在我国,随着商品经济的发展和改革开放的不断深入,人与人之间的联系越来越广泛,人与人的交往范围越来越宽泛,并不断走向世界。人际关系由封闭性向开放性的转变是个人社会化程度提高的表现,人际关系越开放,人们的眼界就越开阔,适应能力和创造能力也就越强,这为事业的发展和成功创造了条件,奠定了基础。

（五）合作性增强，分散性减弱

现代社会，人际关系的一个很重要的特征是孤立分散的人际关系状态正在被迅速打破，而人与人之间的合作程度将越来越高。这是因为现代社会生产的专业化程度越来越高，分工越来越细，任何个人都无法独立完成产品的生产，只有进行密切有效的合作，才能更有效地实现目标。

（六）复杂性增强，单一性减弱

随着人类社会的发展变化，人际关系也呈现出由简单重复向复杂多变的发展趋势，这与由简单再生产向复杂再生产的转变与发展密切相关。现代社会，再生产过程必须增加知识含量或技术成分，必须加快生产速度，这些无疑加快了人际关系变化的节奏，加快了人际关系向多元化的转变，促使人际关系由重复向更新发展。

（七）功利性增强，情感性减弱

在以往的传统社会，人们交往的范围狭小，人际关系往往靠亲情、友情、乡情来维持，情味浓，情感性强。现代社会交友面大、交友速度加快，社会具有开放性与多元化，这些都从客观上促进了人们价值观念和价值追求的多元化，人们的交往被功利化、理性化和工具化，使人际关系蒙上了功利化的色彩。

（八）新型的网际关系

随着网络信息时代的到来，出现了新型的人际关系——网际关系。所谓网际关系，是指以电脑联网和数字符号信息为中介，在超文本多媒体链接中实现的人—机—人互动基础上形成的人际关系。虞晓骏在《网络社会中的人际关系》一文中列举了网际关系的 4 个特征：

1. 多维性

网际关系突破了种族、国家、地区等有形和无形的“疆界”，真正体现了全球范围内的人际交往，体现了人与人之间的“无限互联”及“无限关涉”。网际关系是迄今为止人类所面临的最复杂、最广泛、最宽阔、最开放的关系结构。

2. 虚拟性

网际关系的虚拟性根源于网络世界的人工构造性。交往主体隔着“面纱”,以某种虚拟的形象和身份沟通、交流着,交往活动也不像一般社会行动那样依附于特定的物理实体和时空位置。

3. 不确定性

在网络世界里,信息的庞杂性、虚拟性和超时空特征使得网络作为行为目的、意义和情感的传播通道并不是清晰可辨的。同时,网络世界是一个开放的、多元的世界,它跨越了时空的地理界限,但却无法聚合历史文化的差异。这些都使得发生在人与人之间的网络交往易变、混沌,网络世界中的人际关系也充满了不确定性。

4. 非中心化

网络交往突破了人们现实社会行为所具有的以自我为中心的互动特征。当你随着网络进入他人的行动空间,或进行在线交谈、网络讨论,或进行超文本的制作和阅读时,他人也同时进入了你的行动空间。没有了专家和平民之分,没有了作家和读者之分,每一个网络参与者都是处于一种交互主体的主体界面环境之中。互联网技术消灭了“客体”这个字眼,消灭了权威式中心化的主体意识,而代之以平等自由的主体间交往,所形成的网际关系是非中心化的。

网络社会中的人际关系,实现了人与人之间的真正平等,促进了人的完善和发展,但也带来了人与人之间道德情感日益淡漠、非理性行为激增、道德人格异化加剧等负面影响。

第四节 人际关系学的界定

所谓人际关系学的界定,是指通过将人际关系学与其他相关学科的比较,来说明其与相关学科的联系与区别,从而进一步明确人际关系学的学科性质。

一、人际关系学与关系学

人际关系学与关系学两者之间的关系最为密切。关系学也是一门新兴的学科,它是一个学科群,包含着许多分支学科,如社会关系学、人际关系学、公共关系学、领导关系学等。人际关系学被包含在关系学科整体中，是关系学的一个分支，人际关系学与关系学是整体与部分的关系。

人际关系学与关系学在研究的侧重点上是不同的：关系学研究的内容广泛，如社会关系学侧重从社会学角度研究人们的一般社会关系，公共关系学侧重研究组织之间的交往关系，领导关系学侧重研究领导与被领导、领导与领导之间的关系；而人际关系学则侧重研究个人与个人之间的交往关系。

二、人际关系学与社会学

社会学是研究社会现象、社会关系、社会生活以及社会问题的综合性学科，所以在研究对象上，社会学要比人际关系学复杂和宽泛，与仅仅研究人与人之间关系的人际关系学有着明显的区别。但两者之间的联系又是十分紧密的，社会学中关于社会关系、社会交往的内容，不仅与人际关系学的内容存在交叉、重合，而且是解释人际交往规律及其社会性特别重要的根据；同时，社会学的某些研究方法，如社会调查法等，可以为人际关系学所借用。

三、人际关系学与心理学

人际关系学与心理学既有联系又有区别。两者在研究内容上存在着显而易见的交叉、重合关系，即都是研究人际关系中的心理因素，并且心理学也把人际关系作为一个重要的研究内容。

人际关系学与心理学的区别在于：心理学把对人际关系的研究，重点放在影响人际关系的各种心理因素上，并没有把人际关系作为社会的、变化发展的客观存在加以全面、完整的说明。心理学由于其研究对象和理论体系所限制，既没有分析人际关系的社会和文化背景，也没有涉及人际关系运动的社会原则和道德规范。即使有对人际关系中心理因素的分析，也是着重于静态分析。实际上，人际关系现象及其过程是受多种因素制约的，是人们全部物质生活和精神生活的综合反映。因此，心理学关于人际关系中心理因素的分析，不能代替人际关系学的总体性研究。

四、人际关系学与行为科学

人际关系学与行为科学有着密切的关系：一方面，人际关系学是从行为科学中“人际关系学说”发展、演变、延伸而来的；另一方面，行为科学对于情绪行为、适应行为和沟通行为的研究，在很大程度上概括了人际关系学的一些重要问题。也正是因为如此，有人主张把人际关系学纳入行为科学体系。

但实际上，人际关系学与行为科学在研究对象和研究目的上是不同的。从研究对象上看，行为科学以个体行为模型为基础研究人类行为，是以人为“实体”研究的；人际关系学所要研究的对象主体是关系，它研究的模型是两个以上的人在交往中的行为关联性和必然性规律。从研究的目的上看，行为科学研究的目的，是通过掌握人行为的规律，提高对人的行为的预见性和控制力；而人际关系学研究的目的，是研究正确调整和改善人们交往中的思想和行为的规律，以使交往双方更快地相互适应和更好地建立积极的人际关系。

五、人际关系学与公共关系学

人际关系学与公共关系学既有联系又有区别。两者的区别在于：第一，主体不同。人际关系的主体是个人，处理的是个人与个人之间的关系；而公共关系的主体是组织，处理的是组织与公众之间的关系。第二，服务对象不同。人际关系服务于个人，关系的融洽或冲突、受益或受损，涉及的都是个人；而公共关系服务于组织，关系的融洽或冲突、受益或受损，涉及的都是组织。第三，交往范围不同。组织的公关部门要经常组织专门的活动，借助于新闻传播界扩大影响，沟通范围广；而人际关系的交往范围则小得多，也简单得多。

但是，两者又有着紧密的联系。首先，公共关系通常表现为人际关系。因为组织与组织之间的关系，往往表现为组织中的若干人与另一组织中的若干人之间的联系，即表现为人际关系。所以，公共关系经常要借助于人际沟通的方法来进行。其次，公共关系目标的实现，离不开人际关系的协调。只有协调好组织内外各种人际关系，才能取得良好的公共关系效果。

六、人际关系学与伦理学

伦理学是研究道德问题的科学。所谓伦理学，就是研究人们相互之间的关系应遵守的道德准则。这些准则，对于人际交往来说是十分重要的，决定着人与人之间关系的发展状态与趋势。在人际关系学体系中，与伦理学关系密切的只是人际关系运动的原则这一部分。因此，两者虽然联系紧密，却不能等同，也不能互相替代。

人际关系学具有自己独特的研究对象和研究领域，与多门学科发生联系，吸取了相关学科的研究成果，而又具有自己相对独立的、完整的理论体系。

延展阅读

1. 人们大部分时间都在干什么

人是社会性的动物，喜欢群居。研究表明，人们大部分时间都是与他人一起度过的。拉尔森等（Read Larson et al. 1982）对人们的时间利用情况进行了研究。他们分别组织了一群成年人和一群青少年作为研究对象，让这两个群体中的每一位被试在一周内随身携带一部呼机。每天从清晨到深夜，研究人员随机呼叫被试若干次，被试一被呼叫到就马上填写一份简短的问卷，说明他们正在做什么，是独自一人还是与其他人在一起。试验结束，统计结果表明，人们在将近3/4的非睡眠时间中都与他人在一起，只有在做家务、洗澡、听音乐或在家学习时才独自一人。当人们在学校或是工作的时候，与他人在一起的机会更多。可见，研究人际关系对人类来说是多么重要。

2. 三个和尚

话说有甲、乙、丙三个和尚在一座破庙中不期而遇。看着这座破庙，他们都疑惑不已："这庙为什么荒废了？"

甲说："必是和尚不虔，所以菩萨不灵。"

乙说："必是和尚不勤，所以庙宇不修。"

丙说："必是和尚不敬，所以香客不多。"

三个和尚各执一词.争论不休,最后他们决定以自己的实际行动来证实自己的观点。于是,三个和尚留了下来,甲礼佛念经.乙修理庙宇,丙化缘讲经。不久后,原本的破庙已是香火缭绕,一派兴旺景象。三个和尚欢喜过后开始居功。

甲说:“都因我礼佛虔诚,所以菩萨显灵。”

乙说:“都因我勤加管理,所以库务周全。”

丙说:“都因我劝世奔走,所以香客众多。”

三和尚就此争执无休,从此无心打理庙宇,庙况日渐衰落,最终不得不离开。离别之际,三人幡然醒悟:庙的荒废,既非不虔,也非不勤,更非不敬,而是不睦。可见,人际关系是多么重要。

3. 霍桑实验与人际关系理论

霍桑实验是在美国芝加哥西部电器公司所属的霍桑工厂进行的,并因此而得名。其目的是寻求影响劳动效率的因素。此实验从1924年开始至1932年结束,共分为4个阶段。

第一阶段——照明实验。

第一阶段的实验共抽调了12名女工作为被试,并将她们分成“控制组”和“实验组”两组,被试被安排在独立的两个房间工作。“控制组”的照明条件始终不变,“实验组”的照明条件却不断变化,但结果,两个组的产量都是上升的,并且不存在什么差别。

第二阶段——电话继电器装配实验。

这一阶段的实验同样分成“控制组”和“实验组”。“控制组”被试的工资报酬、间歇休息频率、工作时间等不做变动,而“实验组”的则处于变化中。但结果与第一阶段的相似,两个组的装配数量都是上升的,同样没有多少不同。

第三阶段——大规模的访谈实验。

1927年,心理学专家梅奥(G. E. Myao)和罗特利斯伯格(F. G. Roethlisberger)等人来到霍桑工厂,他们在分析了之前两个阶段的实验后,从1928年9月开始,花了大约20个月的时间,先后共对21 000多名工人进行了认真的访谈。在与每个工人的访谈中,他们都极力为工人营造宽松的气氛,使工人们得以畅所欲言,甚至是发泄情绪。结果发现,在其他条件未变的情况下,工人的劳动效率有了提高。

第四阶段——电话线圈装配工实验。

这一阶段的实验选择了14名男性工人作为被试,并让他们在可被观察的房间里进行绕线、焊接和检验工作,并实行计件工资制度。结果发现,被试的产量只是中等水平,与正常工人的平均日产量相当,这与实验者原来的设想大相径庭,奖励制度未使工人更加努力工作。深入调查后发现,工人间存在着非正式组织以维护他们群体的利益,并自发地形成了一些规范,不会因为计件工作而破坏规范。

霍桑实验通过控制一定的条件来寻求其与工人工作效率的关系,采取的是典型的实验研究法。通过霍桑实验得出的观点是:以"社会人"的人性假设代替"经济人"的人性假设;否定"以物为中心"的管理思想,强调应"以人为中心"进行管理,主张通过人的心理和社会方面激励工人的士气来提高生产效率;强调企业中的非正式组织及人际关系的重要性;强调加强对管理人员了解、诊断、调适人际关系技能的培养和训练。1933年梅奥出版的《工业文明中的人性问题》标志着人际关系理论的创立。霍桑实验在管理学和人际关系学发展史上产生了深远影响。

4. 六度间隔

1967年,美国哈佛大学的社会心理学家史坦利·米尔格兰姆(Stanley Milgram)通过研究得出一个惊人结论:"你和任何一个陌生人之间所间隔的人不会超过6个,也就是说,最多通过6个人,你就能够认识任何一个陌生人。"这就是所谓的"六度间隔"(six degrees of separation),又称"小世界现象"(small world phenomenon),即在我们这个社会中,任何两个人之间建立一种联系,最多通过6个人。无论这两个人是否认识,生活在地球上任何偏僻的地方,他们之间都只有六度间隔。

后来,美国哥伦比亚大学的邓肯·沃茨等通过"小小世界"研究对"六度间隔"加以证实。该研究在13个国家共随机挑选了包括警察、兽医、档案员等不同职业的18个人作为电子邮件的目标收件人,然后,招募了166个国家共6万多志愿者给目标收件人发信,但志愿者不能查找目标收件人的电子邮件地址直接给其发信,而必须通过自己所认识的人转发,并最终转发到18个目标收件人之一即可。研究结果显示,成功的志愿者平均只通过5~7次转发就可以将电子邮件传递给18个目标收件人之一。“六度效应”有力地证明了人际关系网络强大的信息传播能力。

5. 戴尔·卡耐基

戴尔·卡耐基(Dale Carnegie,1888—1995)是美国著名的成功学大师和人际关系学家。

戴尔·卡耐基从小家里很穷,高中毕业后就读于密苏里州华伦斯堡州立师范学院。由于家里负担不起市镇上的生活费用,他只能住在家里,每天骑马上学。他是全校600名学生中五六个住不起市镇的学生之一,他回到家里还要帮父亲干活。由于贫穷,卡耐基非常自卑。他决定学习公众演讲和辩论以出人头地,他参加了12次比赛,但屡战屡败。但他并没有放弃努力,后来他以《童年的记忆》为题的演说,获得了勤伯第青年演说家奖。大学毕业后,卡耐基做销售,推销咸肉、肥皂和猪油,后未又卖卡车。

1912年,卡耐基在纽约的一家夜校开设了公共演讲课,课程非常成功,从此声名鹊起。他不仅仅是给人讲授演讲技巧,而且帮助人们提高自信,增强勇气。在当时,美国经济正陷入萧条,人民为战争和贫困所困扰,而卡耐基开创了一条如何为人处世、走向成功之路,激励了无数陷入迷茫和困境的人,甚至包括“石油大王”洛克菲勒。卡耐基一生致力于人性问题研究,开创出一套独特的融演讲、推销、为人处世、智能开发于一体的成人教育方式,被誉为美国现代成人教育之父、人际关系学鼻祖。

卡耐基写了很多书,大都成为20世纪最畅销的成功励志经典,主要代表作有:《沟通的艺术》《人性的弱点》《人性的优点》《快乐的人生》《伟大的人物》《友谊的秘密》《人性的光辉》《卡耐基人际关系学》等,后收编在《卡耐基成功学全集》里。这些书出版之后,先后被译成几十种文字,风靡全球。

这里仅摘录卡耐基的几条告诫:

一个人事业上的成功,只有15%是由于他的专业技术,另外的85%要依赖人际关系、处世技巧。软与硬是相对而言的。专业的技术是硬本领,善于处理人际关系的交际本领则是软本领。

关心他人与其他人际关系的原则是一样的,必须出于真诚。不仅付出关心的人应该这样,接受关心的人也应当如此。

想交朋友,就要先为别人做些事——那些需要花时间、体力、体贴、奉献才能做到的事。

如果你要使别人喜欢你,如果你想他人对你产生兴趣,你注意的一点是:谈论别人感兴趣的事情。

一种简单、明显、最重要的获得好感的方法,那就是记住他人的姓名,使他人感觉你对于别人很重要。

如果希望成为一个善于谈话的人,那就先做一个愿意倾听的人。

太阳能比风更快地脱下你的大衣;仁厚、友善的方式比任何暴力更容易改变别人的心意。

6. 话说"关系"

有人说中国人最讲关系,每个人都有一张"关系网",网的大小影响甚至决定人的前途和命运。"关系"是看不见、摸不着的非实体,但它似乎无处不在,不仅是街谈巷议之话题,也是学者研究之领域。

有人认为,"关系"就等同于"拉关系,走后门",权钱色交易,"潜规则"等,是"不正之风"的代名词,利用"关系"可以达到不可告人的目的,这样的观点可认为是"关系庸俗论"。还有人认为,"关系"是万能的,有"关系"则无往而不胜,没"关系"则寸步难于上青天。甚至有人"归纳"出一句话:要办事,没"关系",则"门难进,脸难看,话难听,事难办"。这种观点可称为"关系万能论"。

"关系庸俗论"和"关系万能论"显然是错误的,但它们的影响范围非常广,甚至到了堂而皇之的地步。要消除"关系庸俗论"和"关系万能论"的负面影响,应先厘清"关系"的含义,正确理解"关系"。

测试题

1. 你留给人的第一印象如何

测试说明:每个人都很在意自己留给别人的印象,特别是第一印象,你一定也不例外,那就进行下面的测试吧。

(1) 与人初次会面,经过一番交谈,你能对他(她)的举止谈吐、知

识能力等方面能做出积极、准确的评价吗？____

A. 不能　　B. 很难说　　C. 我想可以

(2)你和别人告别时，下次相会的时间和地点是____。

A. 对方提出的　　B. 谁也没有提这件事　　C. 我提议的

(3)当你第一次见到某个人，你的表情是____。

A. 热情大方，自然诚恳

B. 大大咧咧，漫不经心

C. 紧张局促，羞怯不安

(4)你是否在寒暄之后，很快就找到双方共同感兴趣的话题？____

A. 是的，对此我很敏锐

B. 我觉得这很难

C. 必须经过较长一段时间才能做到

(5)你与人谈话时的坐姿通常是____。

A. 两膝靠拢　　B. 两腿叉开　　C. 跷起“二郎腿”

(6)你同他(她)谈话时，眼睛望着何处？____

A. 直视对方眼睛　　B. 看着其他的东西或人

C. 盯着自己的纽扣，不停地玩弄

(7)你选择的交谈话题是____。

A. 两人都喜欢的　　B. 对方所感兴趣的　　C. 自己所热衷的

(8)通常第一次交谈，你们分别所占用的时间是____。

A. 差不多　　B. 他多我少　　C. 我多于他

(9)会面时你说话的音量总是____。

A. 很低，以致别人听得较困难　　B. 柔和而低沉

C. 声音高亢热情

(10)你说话时姿态是否丰富？____

A. 偶尔做些手势　　B. 从不指手画脚

C. 我常用姿势补充言语表达

(11)你讲话的速度怎么样？____

A. 频率相当高　　B. 十分缓慢　　C. 节律适中

(12)假若别人谈到了你兴趣索然的话题，你将____。

A. 打断别人，另起一个话题　　B. 显得沉默、忍耐

C. 仍然认真听,从中寻找乐趣

计分表

试题号 \ 得分 \ 选择号	A	B	C
1	1	3	5
2	3	1	5
3	5	1	3
4	5	1	3
5	5	1	3
6	5	1	3
7	3	5	1
8	3	5	1
9	3	5	1
10	3	5	1
11	1	3	5
12	1	3	5

请根据计分表算出总得分。

判断说明:

2~22分:你给人的第一印象不是很好。虽然这不是你的本意,但你的行为却容易使人误解。建议你学习一下与人交往的技巧。

23~46分:你给人的第一印象一般。虽然别人不会对你印象恶劣,却也不会产生很强的吸引力。

47~60分:你给人的第一印象很好。你优雅的举止,不凡的谈吐,总能给人留下美好的印象。

2. 你是受欢迎的人吗?

测试说明:下面有32个问题,是根据国外专家的心理测验拟就的,目的是让你大致明了自己的性情以及你是否容易相处。请在每项问题后的括号里写上“是”或“否”。

(1)在匆忙的路上,别人向你打招呼:“你好啊!”你会停下脚步,

认真回答他们吗？(　)

(2)你是否自动地、不经思考地随便表示意见？(　)

(3)你喜欢独自进餐吗？(　)

(4)你看不看报上的社会新闻？(　)

(5)你是否觉得你的几位最好的朋友都不如你？(　)

(6)你是不是爱向别人吐露自己遭遇的挫折以及个人的种种问题，找别人"诉苦"？(　)

(7)你常向别人借钱吗？(　)

(8)你和别人一道出去，是不是一定要大家平均分摊费用？(　)

(9)有时你会与朋友谈论一些他们不感兴趣的话题，只因为这些话题引起你的兴趣？(　)

(10)打电话时你总是说个没完，让其他人在一旁等得着急吗？(　)

(11)你是否把自己喜欢的画片挂在大办公室墙的当中？(　)

(12)告诉别人一件事时，你是否喜欢独占谈话时的话题，并且把细枝末节都说得很清楚？(　)

(13)你肯不惜金钱招待朋友吗？(　)

(14)你认为自己说话毫不隐讳的态度是对的吗？(　)

(15)你跟朋友约会时，是否让别人等你？(　)

(16)你是否经常发现朋友的短处，要求他们去改进？(　)

(17)你真正喜欢孩子(不是你自己的孩子)吗？(　)

(18)你喜欢拿别人开玩笑，丝毫不顾别人的心情、自尊吗？(　)

(19)在打桥牌或玩类似的游戏时，你喜欢把牌散开再合起来并不停地反复吗？(　)

(20)你认为中年人恋爱是愚蠢、可笑的吗？(　)

(21)你确实不喜欢的人，超过7个了吗？(　)

(22)不到每个人都疲倦之极，你就不会告辞吗？(　)

(23)你讲话是不是常常用"坏透了""气死人""真要命"一类字眼？(　)

(24)电话接线员和商品推销员会惹得你大发脾气吗？(　)

(25)你讲的故事或轶事总是又长又复杂，别人得耐下心来才听得

进吗？（ ）

(26)你爱好音乐、书籍、运动，别人不喜欢，你是不是觉得他面目可憎、言语无味？（ ）

(27)你言而无信吗？（多想一想再回答）（ ）

(28)你是不是常常当面批评家里的人、好朋友或下属？（ ）

(29)你遇到不如意的事，是否精神沮丧、意志消沉？（ ）

(30)你自己运气坏而你的朋友成功的时候，你是不是真的替朋友高兴？（ ）

(31)你喜欢跟人聊天吗？（ ）

(32)你坚持要朋友阅读你认为有趣或值得一读的东西吗？（ ）

判断说明：

把你选择的答案和标准答案比较一下，彼此相同，就得1分。得分越多，就表示你越受人欢迎。最高的分数当然是32分。但是，假使你的分数不到32分，你也不要认为自己不受欢迎，只要有21分，你就是一个很讨人喜欢的人。

1	2	3	4	5	6	7	8
否	否	否	是	否	是	否	否
9	10	11	12	13	14	15	16
否	否	否	否	是	否	否	否
17	18	19	20	21	22	23	24
是	否	否	否	否	否	否	否
25	26	27	28	29	30	31	32
否	否	否	否	否	是	是	否

复习思考题

1. 什么是人际关系？它有哪些特点？
2. 人际关系有哪几种划分方法？
3. 解释：地缘关系、血缘关系、业缘关系、趣缘关系、友谊关系。
4. 简述人际关系的功能。
5. 什么是人际关系学？

6. 简述人际关系学的学科性质。

7. 简述人际关系学的研究对象。

8. 在人类社会发展的不同阶段，人际关系表现出的不同特征是什么？

讨论题

1. 在大学校园中存在哪些类型的人际关系？大学生人际关系有哪些特点？

2. 搞好人际关系对个人发展有什么意义？

第二章　人际关系原理

所谓原理，就是关于事物最初的、本来的道理或规律。人际关系的原理，就是关于人际关系的最初的、本来的道理或规律。人际关系离不开人际交往、人际吸引和人际沟通。

第一节　人际交往

人处于社会之中，就必然与他人交往。荀子说："人生不能无群。"当一些社会学家在社会调查中问道：如果你到一个荒无人烟的孤岛上去，首先要带的是什么？许多人都选择了收音机。马克思在《关于费尔巴哈的提纲》中讲到："人的本质不是单个人所固有的抽象物，在现实性上，它是一切社会关系的总和。"即人之所以为人，在于他与其他人的关系，在于人的社会性。

一、人际交往的概念与类型

（一）人际交往的概念

1. 人际交往的定义

所谓人际交往，是指人们运用语言符号和非语言符号相互交流信息和情感的活动。它包括两层意思：一是人际交往是信息交流与思想、情感交流的过程；二是在信息、情感的交流过程中，交流双方彼此间又相互作用、相互影响，即彼此影响对方，也受对方影响，即心理互动。

2. 交往是人际关系形成的基础

马克思指出："个人是社会存在物。因此，他的生命表现，即使不采取共同的、同其他人一起完成的生命表现这种直接形式,也是社会生活的表现和确证。”“人的本质不是单个人所固有的抽象物,在其现实性上,它是一切社会关系的总和。”①马克思的话说明了交往就是人们的社会生活方式,各种各样的交往关系构成了人们丰富多彩的社会关系。任何人只有通过与他人的交往,只有生活在社会中,才能成为真正意义上的人,体现人的本质存在。

人际交往首先是一个认知过程。认知过程是人际交往的前提和基础。认知是指在个体与他人的交往过程中,观察了解他人并形成判断的一种心理活动。任何人际交往都包含有认知的因素,并且建立在认知的基础上。生活中我们可以看到,大凡良好的人际关系,都是人们在交往活动中彼此在认知上容易达成共识,情感相投、志趣相似、观点相近;反之,不融洽的人际关系,会在交往中表现出双方的隔阂较深,彼此难以相容。

(二)人际关系是人际交往状况的表现

人际关系实质上是人们在物质生活和精神生活中,通过相互交往而形成和发展起来的人与人之间的相对稳定的关系。可见,人们通过人际交往而结成一定的人际关系,而人际关系便是人际交往的直接表现。

人际关系也是人们在交往过程中所建立起来的直接的心理关系。一开始,双方的交往还是表面的,随着交往的深入,双方就有了情感的投入,并形成相互的心理关系。人际关系不仅在人们的交往中产生,通过交往活动表现出来,而且也只有在交往过程中才能维持和发展。没有人际交往,就没有人际关系。

人际关系也影响人际交往的结果。和谐的人际关系有利于交往的顺畅进行;不良的人际关系会干扰交往的正常进行。无论什么人,只要相互往来,彼此就会建立性质不同的人际关系;反过来,人际关系的性质和亲疏、稳定程度又影响着人际交往的内容和交往的频率、广度和深度。

---

① 《马克思恩格斯全集》第42卷,人民出版社,1979年版,第123页。

(三)人际交往的类型

按照不同的划分标志,可以将人际交往划分为不同的类型。

1. **正式交往和非正式交往**

按照人际交往的归属,可将人际交往分为正式交往和非正式交往。

正式的人际交往是在实现正式团体的共同活动目标过程中所进行的交往,一般是通过组织机构明文规定的渠道进行,如上下级之间的交往。非正式的人际交往是在正式团体共同活动目标之外所进行的交往,如家庭聚会、私人聚会等。正式交往具有一定的法律效力,交往双方会受到一定的约束;而非正式交往,交往双方受到的约束相对较少,交往双方的信息和情感交流比较自由。人们在有些正式场合不便表达的观点、要求和愿望等,往往可以在非正式场合表达出来。

2. **直接交往和间接交往**

按照交往是否要通过一定的中间环节,可将人际交往分为直接交往和间接交往。

直接交往就是不通过任何中间环节,交往者面对面地进行交流;间接交往就是要借助一定的媒介实现的交往,如通过电话、邮件、网络等进行的交往。这两种交往形式各有优缺点:在面对面的直接交往中,交往双方的信息和情感交流较充分和及时,交流效果好;在间接交往中,由于交往是通过中间媒介进行的,信息和情感交流会受到一定的限制,交往的效果往往较弱。直接交往的成本比较高,交往花费的时间和精力较多,其覆盖范围和影响范围也比较有限;间接交往则可借助于媒介扩大覆盖面和影响范围。两者相辅相成、相互促进。

此外,按照信息传递的方向,可将人际交往分为单向交往和双向交往;按照交往主体的不同,可将人际交往分为个体与个体间的交往、个体与群体间的交往、群体与群体间的交往;等等。在此就不一一叙述了。

二、人际交往的需要、动机和行为

(一)交往需要

人为什么要交往?简言之,就是人有交往需要。需要是个体生理或心理的缺失或不足而引起的一种内部不平衡状态。它是人心理活动的动力系统,指向能满足人某种需要的对象。凡是人,都有交往的需要。交往的需要是人类的基本需求之一,它是推动人们去建立和发展人际关系的内在动机。

理解人际需要对于我们理解人际关系具有重要意义。关于人际需要,不同的学者提出了不同的理论。

1. 需要层次理论

需要层次理论是美国心理学家马斯洛(A. Maslow)提出来的。马斯洛认为,人的需要按其强度不同可以分为以下7种:

(1)生理需要。生理需要是人第一层次的需要,也是人类最基本、最重要的需要。人类要生存,就必须具有生存的条件,如食物、阳光、住房等以及基本生活设施。

(2)安全需要。安全需要是人第二层次的需要,当人的生理需要得到适当的满足后,寻求安全就成为起主导作用的需要。所谓安全需要,是指防御灾害疾病、获得福利和稳定的生活环境。

(3)社交需要。社交需要是人第三层次的需要,表明人希望与他人建立关系,并通过社会交往得到他人的关心和爱护、帮助和支持、建立爱情和友情等,从而获得一种归属感。

(4)尊重需要。这是人第四层次的需要,包括自尊与他尊。尊重需要包括渴望自由和独立、获得知识和能力,从而感到自信和自豪的需要;还包括对权力、地位和荣誉的追求。

(5)自我实现的需要。这是人在上述需要得到满足之后的一种更高追求。

(6)认识与理解的需要。人的这一需要须以安全、自由、社交、尊重以及自我实现为先决条件。认识与理解是人们生活幸福、事业成功的重要条件。

(7)追求完美的需要。追求完美是最高层次的需要,也是人类行为的普遍现象。

马斯洛的需要层次理论告诉我们,越是低层次的需要越是最基本的需要;人的需要是呈逐级上升趋势的,即当低层次的需要得到满足之后,才会追求更高层次的需要。

2. 三维人际关系理论

三维人际关系理论是由心理学家舒慈(W. C. Schutz)提出来的。舒慈认为,每个个体都有以人际交往建立一定人际关系的需要。他把这种需要分为3类:

第一,人与人之间"包容"的需要,即希望从交往中与他人建立和谐的关系。

第二,人与人之间"控制"的需要,即运用权力、权威影响他人。

第三,人与人之间"情感"的需要,即在友爱的基础上希望与他人建立并维持某种良好关系。

舒慈指出,这3种需要都可以转化为动机,产生一定的行为倾向,表现为主动性或被动性。这3种需要组合成6种人际关系的行为模式,见表2-1。

表2-1 人际关系的行为模式

需要 \ 行为倾向	主动性	被动性
包容	主动与他人交往	期待他人接纳自己
控制	支配他人	期待他人支配自己
情感	主动表示亲密	期待他人对自己亲密

3. 社会关系律

社会关系律是由心理学家魏斯(R. Weiss)提出来的。魏斯认为,正常的人际交往是人类的基本社会需求,人际交往能满足个体的6种需要:依附的需要、社会整合的需要、价值保证的需要、可靠同盟的需要、寻求指导的需要和关心他人的需要。

(1)依附的需要,是指亲密的人际关系提供给个体的安全感和舒适感。

(2)社会整合的需要,是指渴望与他人共享相同的观点、兴趣和态度的需要,并产生群体归宿感。这种需要能从朋友、同事和战友那里得到。

(3)价值保证的需要,是指希望得到他人的支持,以提高自信心,证实自己的价值和能力的需要。

(4)可靠同盟的需要,是指人们在遇到困难时希望得到他人帮助的需要。

(5)寻求指导的需要,是指希望别人给自己提供指导,丰富自己经验的需要。

(6)关心他人的需要,是指人们通过对他人的关心和照顾来满足自己被重视、被需要的感觉。

(二)交往动机

直接推动人去行动,以达到某种目标,满足某种需要的心理驱动力叫做动机。动机源于需要,有交往的需要和交往对象,在一定条件下,就会产生交往动机和交往行为。交往动机是引发并维持人的交往行为以达到一定目的的内在动因。

人的交往动机是比较复杂的,因人而异。有的人交往是为了信息交流,有的人是出于功利目的,有的人是为了寻找朋友,有的人是为了获得他人的赞许,等等。对此,一些专家、学者提出了有关人际交往动机的理论。

1. 自我呈现论

自我呈现论是社会学家戈夫曼(E. Goffman)提出的。他认为:人们在交往过程中试图借助于自己的言行向他人呈现与自己意愿相符的自我形象,借此对他人施加影响,控制他人对待自己的方式,这就是人际交往的动机。人生是一个大舞台,每个人都是这个舞台上的演员,都会按照社会剧本的要求,扮演不同的角色。戈夫曼的理论又可称为"戏剧论"或"印象管理"。他主张研究交往应该把注意力转移到人们呈现自我形象的各种技法上,仔细分析这些技法产生效果的原因。

2. 社会交换理论

社会交换理论是社会学家霍曼斯(G. C. Homans)受经济交易的启发而提出来的。社会交换理论指出:人际交往是一种交换关系,人们通过交换获得心理与物质酬赏,个人利益是人际交往背后的普遍动机。因此,人们会尽量寻求并维持所得大于付出的人际关系。通常,当一个人发现同另一个人交往是付出的多而获得的少时，他就会终止与其交往。人们从交往中获得的好处是人际关系形成与维持的一个重要原因。

霍曼斯的社会交换理论最富有成效的一项成果，就是他发展了“分配上的公平原则”。霍曼斯论证说，存在着一种制约社会交换的普遍规范，人们指望通过交往得到的报酬与他们付出的代价成正比。

由于社会交换理论不能解释许多交往现象，一些研究者又提出了公平理论。该理论认为，只有公平交换的关系，也就是当交往双方的所得和付出基本相同时，才是最稳定、最快乐的关系。过度受益和过度付出的交往，双方都会对这种关系感到不安。研究者认为，这可能是由于社会的公平原则和意识使获利不均的双方感到不舒服，进而产生重建公平的动机。

上述理论只是说明人的交往动机的某一个方面，人的交往动机是复杂的、多样的，不能简单地归为某一种动机。

（三）交往行为

人际交往表现为内在需要和动机，体现为交往行为。交往行为是个体的内在需要和周围环境相互影响的结果。人际交往行为大体上可分为两类：表现出接受、友好、支持等积极行为和表现出拒绝、嫉恨、损害等消极行为。一般来说，交往一方的积极行为会引起另一方相应的积极行为；交往一方的消极行为则会引起另一方相应的消极行为。

社会心理学家利瑞（M. Leland）研究了几千份人际关系报告，归纳出了 8 种行为模式。

（1）一方出现管理、指导、劝告、教育等行为，会导致对方出现尊敬、服从等反应。

（2）一方出现帮助、支持、同情等行为，会导致对方出现信任、接受等反应。

（3）一方出现同意、合作、友好等行为，会导致对方出现协助、温和等反应。

（4）一方出现尊敬、赞扬、求助等行为，会导致对方出现劝导、帮助等反应。

(5)一方出现害羞、礼貌、服从等行为,会导致对方出现骄傲、控制等反应。

(6)一方出现反抗、怀疑等行为,会导致对方出现惩罚、拒绝等反应。

(7)一方出现攻击、惩罚、责骂等行为,会导致对方出现敌对、反抗等反应。

(8)一方出现拒绝、夸大、炫耀等行为,会导致对方出现不信任、自卑、嫉妒等反应。

人际行为受许多因素的制约,交往双方的个性心理、社会地位、交往情境都会对人际交往行为产生重要影响,使人际交往行为错综复杂。

在人际交往中,需要产生动机,动机促成人际交往行为出现和持续进行,以实现需要的满足。其中,需要是交往的导火索,是前提。动机由需要引起,又是交往行为的推动力量。在人际交往过程中,如果需要和动机得到满足,个体能从中享受愉悦或得到利益,人际交往就能得以维持,否则就会因出现障碍而终止。由于人的需要是多种多样的,而且有可能随时随地发生变化,造成了人际交往行为的复杂性和人际交往模式的多样性。

三、影响人际交往的因素

(一)社会认知

社会认知是指个体通过人际交往,根据认知对象的外在特征,推测与判断其内在属性的过程,或者说是在个体与他人交往过程中,观察了解他人并形成判断的一种心理活动。人际交往与人际认知有着密切的联系,任何人际交往都包含有认知的因素,并且建立在认知的基础上。

社会认知包括 3 个方面:对自己的认知、对他人的认知、对自己与他人的关系的认知。对自己的认知称为自我认知,对他人及对自己与他人的关系的认知称为他人认知。

1. 他人认知

在人际交往中了解他人是非常重要的,是建立人际关系的基础,但这又是非常困难的。我们认识他人的途径是通过了解对方的外部特征开始的，如人的语言、表情、衣着等。随着认知范围的扩大和认知程度的加深，逐步了解对方的内在特征及属性。通过推断和判断，最后对他人形成完整的印象。

在我国古代，人们总结了许多识人的方法，如诸葛亮的“七观法”至今仍然有意义，很值得我们借鉴：

一观：问之以是非而观其志；

二观：穷之以辞辩而观其变；

三观：咨之以计谋而观其识；

四观：告之以祸难而观其勇；

五观：醉之以酒而观其性；

六观：临之以利而观其廉；

七观：期之以事而观其信。

就是说：通过问答来观察其志向；通过出其不意的问答来观察其应变能力；通过询问计谋来了解其学识；突然告诉说大难临头，看其表现就知他是否勇敢；人喝酒后，容易将自己的本性展现出来；用金钱来考验其是否清正廉洁；通过完成一件事来考察人的诚信和忠诚。

2. 自我认知

在人际交往中，了解自己也是非常重要的，人贵有自知之明，自知才能够知人。认识自我有以下几种途径：

(1)通过与他人的比较来认识自己。如判断自己的身高，就必须通过与他人进行比较，才能得到正确的答案。

(2)根据他人对自己的态度来认识自己。一般说来，与自己关系重大的人(如父母、爱人、直接领导)对自己的评价和自己所在群体对自己的评价，对个体的自我认识影响较大。

(3)自我观察。俗话说，“鞋子好不好，只有脚知道”。对自己的情况只有自己最清楚。有的人在他人的眼里是幸福的，收入高、社会地位高、家庭美满，但是他本人可能并不这样认为。

(二)态度

1. 态度的内涵

态度是指一个人对某一特定对象较为一贯的、相对固定的综合性的反应倾向。如果你家来了一位客人,你可能有 3 种态度,即欢迎他、不欢迎他和无所谓。态度不同,交往的效果就不一样。

态度是一种综合性的心理反应倾向,具有稳定性。态度包含了 3 个方面的内容:

(1)理性认知。它规定了态度总有一定的对象,或人,或物,或团体,或事物,或制度,或观念。

(2)情感好恶。它是指个人对态度的内心体验,如喜欢—厌恶、尊敬—轻视。

(3)行动倾向。它是指个人对态度对象的反应倾向,即行为的准备状态,如"我想参加公共关系协会"。

2. 态度的形成

态度是在与他人交往的过程中形成的。心理学家凯尔曼(H. C. Kelman)认为,任何态度的形成一般都要经过顺从、认同和内化 3 个阶段。

(1)顺从。顺从是指人为了获得物质与精神的报酬或避免惩罚而采取的表面顺从行为,也称为服从。顺从是态度形成的开始阶段,有自愿的,也有被迫的。人们此时的态度只是暂时的,当报酬或惩罚撤销时,就会恢复原来的态度。

(2)认同。认同是指个体不是被迫而是自愿地接受他人的观点、信念,使自己的态度与他人的要求相一致。

(3)内化。内化是指人们从内心深处真正相信并接受他人的观点而彻底转变自己的态度,并以这种观点自觉地指导自己的思想和行动。到此阶段,态度才最终形成,不易改变。

3. 态度的转变

(1)转变人的态度有以下途径:

• 说服宣传。通过交换意见、参观访问等方式劝说别人。

• 登门槛效应,即进去一只脚,就会进去整个身体。这个效应是美国社会心理学家弗里德曼(Friedman)等人于 1966 年在"无压力的屈从——登门槛技术"的现场实验中提出的。实验过程为:实验者让助手到两个居民小区劝人们在房前竖一块写有"小心驾驶"的大标语牌。在第一个居民区向人们直接提出这个要求,结果遭到大多数居民的拒绝,接受者仅为被要求者的17%。在第二个居民小区,先请求各位居民在一份赞成安全行驶的请愿书上签字,这是很容易做到的小小要求,几乎所有被要求者都照办了。几周后再向他们提出竖牌的要求,结果接受者竟占被要求者的55%。

实验说明,只要答应并从事了第一个小要求,就会改变个体的态度,那么个体就容易接受第二个大要求。这类似于"得寸进尺"的意思。

• 团体规定。团体所具有的约定、规章可以有效地改变人们的态度。实验证明,团体规定比个别劝说有助于转变人们的态度。

• 积极参加活动。要转变一个人的态度,必须引导其积极参与有关活动,参与活动比单纯说服效果要好。

(2)态度的转变类型有以下4种:

• 正向变化,指向与原有态度相同的方向变化。

• 反向变化,指向与原有态度相反的方向变化。

• 中立变化,指原来的极端态度转向缓和的变化。

• 转向变化,指原有态度退回到出发点,向别的方向重新前进的变化。

(3)态度变化的原因,有内因和外因两大类。

从内因分析上看,主要有以下原因:

• 个人认知体系的调整导致态度变化,如知识的占有改变了一个人的态度。

• 个人性格结构的改变而导致态度改变。

• 期待他人合作支持而导致态度改变。

(4)从外因分析上看,主要有以下原因:

• 由于群体态度的影响而导致个体态度的变化。

• 由于环境条件改变而导致态度改变。

• 因奖惩的缘由而改变态度。

• 由于交际一方的形象改变而导致另一方的态度改变。

• 信息沟通影响态度改变。

• 逆反心理的影响导致态度改变。

• 角色改变带来态度的改变。

(三)气质和性格

1. 气质的影响

气质是指人的稳定的心理活动的动力特点在行为方式上的表现。其主要表现在情绪体验的快慢、强弱,表现的隐性程度和动作的灵敏性等方面。

气质可分为4种:胆汁质、多血质、黏液质和抑郁质。不同气质的人在交往方面的风格是不一样的。

具有胆汁质特征的人,精力旺盛,朝气蓬勃,开朗外向,反应迅速。但脾气急躁,容易冲动,任性,心境变化剧烈,有过分过急的行为。

具有多血质特征的人,活泼好动,聪明伶俐,感情丰富,对人热情,适应能力强。但注意力不够稳定,兴趣转移快,缺乏人际关系的持久性,容易有轻浮、散漫的行为。

具有黏液质特征的人,内向,安静稳重,沉默寡言,情绪不易外露,遇事沉稳、冷静,显得庄重、坚忍,能保持持久稳定的人际关系。但不善于交际,行为反应缓慢。

具有抑郁质特征的人,情感深刻,具有很高的感受度,善于观察他人不易觉察的细节,动作迟缓不强烈,孤僻胆小。在交往中顾虑重重、多疑,一般很少与人交往,注重小节,行为孤僻。

在现实社会中,很少有典型单一气质的人,大多数人近似于某种气质类型,或是具有混合型气质类型特征。

2. 性格的影响

性格是指人对客观现实稳定的态度及与人相适应的习惯化的行为方式。

性格与社会生活内容的联系最为密切,对人际交往的影响也最强。性格的最基本的划分是根据瑞士心理学家荣格的观点,把人的性格分为内倾型和外倾型。这种分类被普遍采用。

内倾型的人一般表现为沉静、谨慎、多思、孤僻,反应缓慢,适应环境困难。这种人一般不喜欢与人交往,交往面较窄,一般不容易建立人际关系。但一旦建立了人际关系,就会稳定持久,具有得之不易、去之亦难的特点。

外倾型的人，一般表现为开朗、活泼，善于交际，情绪外露，不拘小节，易于适应环境。这种人愿意与人打交道，交往面也较广，一般容易建立人际关系。但持久性差，往往缺乏深交。

就个体独立性而言，性格可分为独立型、顺从型和反抗型。独立型的人，有自己的主见，不易受环境影响；顺从型的人，易于人合作，听从他人，对他人依赖性大，易受环境影响；反抗型的人，难以与人合作，易受环境影响。

在人际交往中，人们不喜欢这样的人：心胸狭窄，自私自利，为人虚伪，不尊重人，报复、嫉妒心强，猜疑心重，过分自卑，刚愎自用，孤僻冷漠，苛求于人，贪婪吝啬等等。

除上述心理方面的影响因素外，个人的社会地位、受教育水平、职业差异、地域和文化的不同，也会对人际交往构成影响。

四、人际交往的方法与技巧

要想建立良好的人际关系，我们不仅要学习和掌握人际交往的基本知识，还要了解和掌握人际交往的方法与技巧。

（一）人际交往中的礼貌原则

与人交往要礼貌在先。礼貌作为人际交往中的一条基本原则，要求人们在人际交往中懂礼、礼貌待人，这是交往者必须具备的基本素质，也是人们实现成功交往的必备条件。

1. 要恰当使用称呼

在交往中，特别是彼此初次见面时，恰当地使用称呼是交往者应有的基本礼貌。人们通常对其称呼是否恰当反应非常敏感，称呼往往影响交际效果。称呼的内容包括以下 3 点：第一，礼貌。礼貌就是在称呼中应表现出对他人的尊敬和自谦。具体体现在人际交往中不轻易对对方指名道姓、直呼其名或使用不规范的称呼。礼貌地尊称他人，应视具体情况而使用适当的称呼，一般对上级、长辈、女士、客人，应用特定的尊称。第二，亲切。就是通过称呼表达出对他人的热忱态度和亲切的情感，使对方感到温馨。例如，邻里可用亲属称呼，如果双方关系亲近,可免姓直呼其小名或乳名。第三,得体。就是称呼的使用要符合双方的身份,并切合对方的心理期待以及合乎场景要求。如在正式场合中,应以对方的职业称谓、职务称谓、学衔称谓相称,而不能用私下的"哥们""姐们"等称呼。在涉外交往中,应恰当使用外交场合的称呼,不违反称呼的禁忌。

在使用称呼时应明白,得当的称呼既要符合常理,也要照顾被称呼人的心理需求。一般而言,对于有身份者,应尽可能地以对方的头衔作为称呼,如总裁、法官、教授、律师等,这样可增强对方的一种权威感,并表达自己的敬意。但对可直呼其名的对象,切记要大声清晰地说出对方的姓名,卡耐基说:"名字对一个人来说,是世界语言中最甜美、最重要的声音。"一个人的名字是他在这个世界上的标志,是他独一无二的财富。所以,我们在与初次见面的人交谈时,可以试着在说话中提到对方的名字 3 次,相信对方听到自己的名字被反复呼出时,情绪和感受一定非常好。

2. 交往中的"3A"原则

曾担任过美国总统顾问、国际公关协会主席的布吉林先生认为,要和他人搞好关系,最重要的是善于向他人表示尊重和友善,并提出了他的"三大捷径"理论,即"布吉林的'3A'原则"。

接受(Accept)对方,也就是待人如已。要学会接受对方,尊重对方就是要尊重对方的选择。此外,善于接受他人的赞美也是一种做人的艺术。

重视(Appreciate)对方。接过对方名片一定要看,一定要让客人坐上座,说话时一定要注视对方,一定要记住对方的姓名……这些都是重视对方的表现。

赞美(Admire)对方。赞美很重要,但不能流于形式,否则容易让人觉得你缺乏真诚。只有在日常生活中善于观察他人,才能发现其与众不同的优点,从而给予恰当的赞美。

3. 举止优雅

英国哲学家培根认为:"在美的方面,相貌美高于色泽的美,而优雅合适的动作的美又高于相貌美。"优雅的举止,能够展现人类所独有的形体之美,具有无比的魅力,常常被人们羡慕和称赞,最能给人留下深刻的印象。

从人际交往来看，举止的得体与否，直接反映出一个人的内在素养。“举止是心灵的外衣”，举止是一个人思想、性格、品质、学识、情趣及综合素养的体现，它会直接影响他人对自己的印象和评价。即使一个人生理有缺陷，但举止端庄文雅、落落大方，也能给人以良好的印象，获得他人的好感。反之，一个人容貌俊美、衣着华贵，但没有相应的姿态美，也只能给人一种虚浮粗浅之感。因此，在人际交往中，切勿忽略了举止行为的规范与优雅。

4. 喜怒哀乐要有度

我们每个人都有喜怒哀乐之情绪。但要认识到，在交往过程中，个人的喜怒哀乐不仅是代表自己的情绪，而且还会影响到交往对方的情绪。因此，必须理智地加以控制，要有“大将风度”，处乱不惊，沉着稳健。

（二）人际交往中的方法与技巧

1. 注重交往的最初4分钟

美国的一位心理学家认为，人们在交往过程中，最初接触的4分钟往往决定以后交往的成功或失败。就是说，倘若一开始在很短的时间里就能给对方形成良好的印象，那么，随后的交往便会顺利进行下去；反之，倘若在刚开始接触的数分钟里，没有给对方留下良好的印象，那么，在随后的交往中，无疑将会增大交往的阻力。因此，在双方交往的最初4分钟我们应该注意：

(1)要创建一种和谐、友好的气氛。在交往开始的前数分钟里，双方的言谈举止、情绪态度都十分重要。必须集中全部精力，调动所有的感觉器官去捕捉对方身上所发出的信息，并十分慎重地对所获得的有关对方的印象进行分析。

最初接触对方时，眼神的运用要恰到好处，用祥和、友善的眼光正视对方的眼睛，切勿斜视或用眼睛看对方脸部以下的部位，但也不要盯住对方眼睛太久。在交谈时，要做到热情诚恳、随和大方，要尽量打破沉默、拘谨和陌生，创造温暖、和谐、愉快的交往气氛和心理环境。当然，不能信口开河、夸夸其谈，要根据对方的反应及时调整话题和谈话方式，以真诚、耐心的态度去容纳、理解对方。

(2)从共同的话题谈起。有些人在交往中只关心自己感兴趣的话题，根本无视对方的需要，最后往往出现唱“独角戏”的情景；有些人由于一味想满足对方的需要，从而完全置个人兴趣于不顾，同样无法发挥自身优势。这两种方式都会陷入“一头沉”“单相思”的境地。只有善于与交往对象“搭桥”，不失时机地把“热线”继续下去，才能使双方都产生交谈的兴趣。

因此，在最初的交谈中，应选择一些通俗的话题，如“衣、食、住、行”等来投石问路。一旦双方找到了共同感兴趣的话题以后，就可以深入下去了。倘若一开始便提出一些对方难以回答的话题，就有可能出现“话不投机半句多”的不利局面。

(3)掌握好交往的时机和火候。要想在初次交往时就给对方留下良好印象，还要把握好交往的时机和火候。有时，恰到火候的几句话，或许就能给交往带来成功的曙光。

首先，在交往开始的寒暄中，通过观察对方的情况来调整自己的交往策略，向对方进行适当的“自我暴露”。若信口开河，势必引起对方某种戒备心和防范心理；如果讳莫如深、消极被动，也容易拒人于千里之外。

其次，根据不同的交往对象，采取不同的方法。如果对方是青少年，可根据他们可塑性强的特点，尽量主动地多“暴露”自己，以感染他们；如果对方是年长者，要注意节奏，有张有弛，逐渐“暴露”自己，以引起对方的共鸣和回报。

最后，要根据对方的身心特点，对症下药。如果对方开朗、豁达，我们“暴露”自己的速度可快一些，范围可广一些；若对方冷漠、拘谨，则我们“暴露”自己的速度可慢一些，范围可小一些。总之，人们最初见面的4分钟往往是交往关键性的第一步。在这短短的时间里，我们要善于读取对方的心理，在彼此之间搭起沟通的心桥。

2. 把握机遇法

在人际交往中，抓住机会，把握机遇，也是一种重要的能力。如何才能做到呢？

(1)从身边的小事做起。有人认为，机遇是一种运气、天意，谁也无法把握它。其实,没有谁在自己的一生中不遇到机遇,也没有谁天生就能牢牢把握机遇,把握机遇的能力是我们在后天的社会生活实践中逐步提高和完善的。在我们的日常生活中,到处都充满了各种各样的小机会,我们只有善于发现它、把握它,才有可能在将要出现的机遇面前胸有成竹、得心应手。因此,我们不能忽略自己身边每天所发生的各种小事。培根说过:“善于识别和把握机会是极为重要的。在一些大事业中,在开始时要像千眼神那样察视时机,而在进行时要像千手神那样抓住时机。”

(2)利用和创造条件。常言道:机不可失,时不再来。一旦机会出现,就要善于利用和创造有利条件把握机遇。例如,美国新闻界著名人物肯明克斯在18岁的时候,来到纽约找工作。只在乡下的印刷所做过学徒的他,老是找不到适当的职业。后来,当他知道纽约的兹利平报馆的经理在少年时代也做过印刷馆的学徒后,他就直接去拜访这位经理,说了这段经历,结果他得到了工作,后来成为有名的人物。他的成功就在于抓住了与经理有共同经历这一有利条件,并且把握住了这一机遇。

3. 察言观色法

善于察言观色需要敏锐的观察力、高度集中的注意力、快捷的反应能力和准确的判断力。因为人的心理活动十分复杂,很难直接观察到,所以要调动所有感官进行观察,稍有疏忽,就会出现观察失误。例如,有一位初出茅庐的年轻女记者采访一位中年女科学家,下面是采访对话:

女记者:请问,您是毕业于哪所大学?

科学家:对不起,我没有上过大学,我搞科研全靠自学。

女记者:您已成功完成了这个科研项目,请问您的新课题是什么?

科学家:看来您并不了解我的工作,我一直致力于这个项目的科研,目前只是有了一些突破,但还远没有成功,所有,谈不上有什么新课题。

女记者觉得很尴尬,为缓和气氛,又问:您的孩子在哪儿学习?

科学家:我一直单身至今。请原谅,我的工作在等候我,恕不奉陪了。

上面这段话，使女记者不仅没有达到采访目的，而且伤害了女科学家，也使女记者自己陷入尴尬。问题就在于女记者不善于察言观色，从而导致采访的失败。可见，要想破译对方的心灵密码，要想打开对方的心扉，必须调动自己的所有感官进行观察、分析，才能进入“心有灵犀一点通”的境界。

4. 幽默诙谐法

一个具有幽默感的人，可以无须通行证而随意走进任何社交场合。幽默诙谐是广交朋友、调节人际关系特殊而有效的处方。

在人际交往中，幽默具有一种无形的力量，能够赢得公众、化解矛盾、摆脱困境。英国大文豪萧伯纳，有一次在街上行走时被一个骑自行车的冒失鬼撞倒在地，幸好没有受伤，只是一场虚惊。骑车人慌乱中将他扶起，忙不迭地连声道歉。可是萧伯纳却宽容而又不无惋惜地说：“你的运气不好，先生，你如果把我撞死了，你就可以名扬四海了。”还有一次，有一个大腹便便的资本家在街头巧遇萧伯纳，便取笑说：“一见到你，我就知道世界上正在闹饥荒。”萧伯纳是有名的瘦子，他听了这话，反唇相讥说：“一见到你，我却找到了世界上正在闹饥荒的原因。”

五、人际冲突

人际交往中，主体间由于各方面的原因而产生分歧，当分歧外化并为彼此所感知时，便成为人际冲突。人际冲突并非都是激烈的对抗，也可有温和的争论。

人际冲突在人际交往中是不可避免的，而关键是如何在冲突未外化之前加以认知和引导，在冲突表现出之后如何恰当处理，而且，冲突的结果不一定是消极的，如果处理妥当同样可以产生积极的效果。

（一）人际冲突产生的原因

人际冲突的产生原因是多方面的，最主要的有以下几个原因。

1. 个性特点

由于交往主体成长背景、受教育程度、脾气秉性、思维方式等方面的差异，会在交往中引起冲突，这是常见的冲突原因。

2. 价值观

价值观是交往主体为人处世的基本原则，如果对方的行为与其价值观不符或违背，就有可能导致冲突，甚至是较深层次的冲突。

3. 攸关利益

交往主体在同一群体中，由于资源的稀缺性，可能会导致为了各自的利益而产生矛盾和冲突，如出国名额、评职称、提拔等。

4. 沟通不畅

由于信息交流渠道不畅通，彼此间缺乏沟通，常常因相互间的猜疑或被对方误解而引起的冲突。其实，几乎所有的人际冲突都可以归纳为沟通的问题。

人际冲突在整个人际交往过程中都可能出现。交往初期，出现冲突的可能性较大，但对于交往主体的影响程度较小；在交往深入期，特别是激烈的冲突产生的可能性较小，但一旦出现，造成的影响会很大，如果不采取措施挽回，极有可能导致交往的破裂。

（二）人际冲突的解决

人际冲突分为潜伏期、爆发期和解决期3个阶段。对于潜伏期而言，对冲突的认知是非常重要的，把分歧消灭在萌芽状态，不仅可以收到事半功倍的效果，还可以降低冲突外化时的激烈程度。如果缺乏此环节或处理不当而导致了冲突，则必须妥善解决。人际冲突的解决方式主要有以下几种。①

1. 回避

回避是人际冲突出现之后并且没有造成严重后果时采取的一种消极方式。就是有意忽视冲突的现实存在，以回避的方式，希望冲突在时间面前自动消失。这种方式可以解决一些无关紧要的、微不足道的冲突，但有时这些冲突往往在忽视和掩盖中酝酿着更大的冲突。

2. 利他

利他是指人际冲突出现后，把冲突归因于自己，做出利他的解释，以期以自我牺牲的方式迅速化解冲突。这种方式能够在短时间内化

① 周向军、高奇主编：《人际关系学》，山东大学出版社，2010年版，第204页。

解冲突，但如果冲突的根源并没有弄清楚并解决，将来有可能会再次出现。

3. 利己

利己是指人际冲突出现后，把冲突归因于对方，做出利己的解释，以期在冲突中握有主动权。这是一种美好的愿望，但往往事与愿违，当对方也采取此方式时，冲突会进一步激化。

4. 平缓

平缓是指人际冲突出现后，弱化双方的差异，突出共性，求同存异，从而降低冲突的紧张程度，为进一步解决冲突创造一种心平气和的氛围。这是解决冲突的较好方法。

5. 妥协

回避、利他、利己的冲突解决方式只是从单方面角度来考虑，往往带有一厢情愿的色彩，缺乏或根本不存在沟通；平缓的方式已经开始有了彼此的沟通，强调共性，进入到双方解决冲突的层次；而妥协是冲突双方彼此退让，以折中的方式解决冲突。这种方式有冲突双方共同参与，有彼此的沟通，这是解决冲突的好方法，实际生活中人们经常用到。

6. 合作

合作是解决冲突的最好方法。冲突双方诚心诚意面对冲突、讨论冲突、认识冲突、寻找冲突的根源，进而寻求双方满意、共赢的解决方案，以彻底解决冲突，杜绝后患。合作的关键是沟通，从某种意义上说，一切产生冲突的原因都是沟通的问题，即使彼此差异很大，通过沟通相互了解后，也可以在交往中注意彼此的差异，减少分歧产生的可能性。即便产生了冲突，也能及时找到冲突的根源，控制冲突。因此，合作的方式是解决人际冲突的最理想的方式，是具有建设性的解决方式。

六、中国传统人际交往的特点

（一）面子第一

中国人很看重面子。所谓“人要脸，树要皮”。给人面子，实际上就是在交往中尊重对方，满足人的自尊心。给人面子是人际交往中最基本的礼貌。人们在某一场合见了面，无论是领导还是下属，无论是熟悉的还是不熟悉的，都要打招呼。如果不打招呼，就是缺礼，是对对方的不尊重。

其次，不要做不给人面子的事。例如，不要轻易批评人，再温和的批评，也会使对方心里不舒服，面子上不好看。指出别人错误时，要特别注意场合和方式。一般情况下，不在第三者面前批评人，特别是不要在公共场合批评人，因为这会让对方感到很没有面子；对于上级的错误尽量不要直谏，因为这会让上级下不来台；对于下属也不要轻易批评，因为这样会伤了下属的自尊心。

（二）重人情

中国的传统是重人伦，由亲人间的感情推及到人与人的感情。在人际交往中，往往顾及“人情”或“面子”，过于讲求“关系”，喜欢“送人情”“做人情”，重视人与人之间的“礼尚往来”，经常会“求个人情”“欠个人情”等，用“情感”来维系人际关系。这种关系通常情况下比较稳定、持久，但也包含着许多不确定因素。

（三）中庸

中国文化传统的主流是儒家，而儒家的精髓之一是中庸之道。“枪打出头鸟”“木秀于林，风必摧之”“勇于敢则杀，勇于不敢则活”“明哲保身，但求无过”等等，“中庸”二字真是道尽了传统的处事之道。鲁迅批评那种“不为最先，不耻最后”的中庸之道没有竞争意识，它能使活人死，能叫死人活。谁出头，谁是众矢之的，不出头，万一事情办坏了，可以随时溜之大吉。这种思想延续到今天，仍然对人们的交往产生影响。

朱熹将中庸之道解释为：“中者，不偏不倚，无过不及之名。庸，平常也。”在日常交往中，容易被误解为“和稀泥”“两面派”“随风草”等。其实，中庸的真正含义是：“做事要恰如其分，不过不及”。我们提倡以下做法。

1.做人既要低调，又要恰当地表现自己

中国传统要求谦虚谨慎，做人要低调，谦虚的人才能容人、容物。中华民族是有自尊心的民族，一方面，希望他人对自己尊重；另一方面，也看不惯别人张扬的个性和行为。鹤立鸡群会引起其他人的愤愤不平，其结果必定是"枪打出头鸟"。但同时，也不能处处低调，默默无闻，这样别人会认为你是无用的人，也会被人瞧不起。该出手时就出手，找准机会就要充分表现自己，展示自己的才华和能力。

2. 做人既要随和忍让，也不要一味迎合别人

"与人为善，平易近人""退一步海阔天空""吃亏即是福"，这些都是我们待人的良好传统，但在交往中也不能太过忍让。太过忍让，未必有好人缘，往往不被人尊重，认为你牺牲自己的利益是理所应当的。一味迎合别人，也会被认为是溜须拍马，遭人唾骂。

3. 说话要留有余地

说话留有余地是保全自己的很好的方法。因为生活中往往"计划赶不上变化"，如果说得太具体、太明确，有可能落下"说话不算数"的名声。说话讲究点到为止，只要对方意会了，就不必明确地说出来。

第二节　人际吸引

拉尔森（R. Larson）1982 年的一项研究显示，人们除了洗澡、学习等特别情况外，有 3/4 的非睡眠时间是非独处的。也就是说，人们的大部分非睡眠时间是要与他人共同度过的，是要与人交往的。在交往过程中，你是否喜欢对方？交往的对方喜欢不喜欢你？喜欢的程度有多高？即彼此是否有吸引力？吸引力有多大？人际吸引力的大小，对人际交往的形成、发展和稳固具有重要的影响。

一、人际吸引的含义

所谓人际吸引，是指人们在交往过程中所形成的彼此接纳和喜爱的程度。它是交往双方在情感方面相互亲近的现象，是人际关系中的一种肯定形式。人际吸引力的高低，对人际交往的形成、发展和稳固具有重要的影响。

人际吸引的形成和人际吸引力的提升受到诸多因素的影响。由于人际吸引的形成和感受主体都是人自身，人自身的特性无疑是影响人际吸引力的重要因素和基础因素。

二、自身特性与人际吸引

(一)外表

当两个陌生人见面时,影响彼此喜欢与否及其程度的必然是人的外表,外表是人际吸引最直接的影响因素。有关研究显示,男性与女性对外表吸引的重要性的认识是一致的,而且,不同民族和文化的人对外表吸引的关注也趋同,也可以说是都有“以貌取人”的倾向。

美丽的外表为什么具有吸引力?美丽的外表能够满足人类对美的自然需求,愉悦人的情怀,正所谓“爱美之心人皆有之”。同时,还有晕轮效应、美丽辐射效应在起作用。

晕轮效应,有些学者称其为“美即是好的”刻板印象。即具有美丽外表的人往往让人愿意相信其在其他方面也优秀。刻板印象是一种普遍现象,存在于人们的日常生活中。

美丽辐射效应,即与美丽外表的人在一起,能无形中提高自身的吸引力。

外表吸引是一种整体吸引力、整体感觉,应是一个人修养、品质、性格等的综合外显,正如哲学家席勒(J. C. F. Schiller)所说:“美丽的容貌反映着内在的美、灵性与道德的美。”

(二)能力

人的能力有强弱之分,但人都有成为强者的美好愿望,当还未成为强者时,常以强者为榜样。这也是为什么人们倾向于与能力强、有才华的人交往,“宁给智者背行囊,不给愚者当军师”。

研究证明,一般情况下,能力与吸引力之间是正向关系。但在群体当中,最有能力的人并非是最受欢迎的人,当其能力被认为到了不可企及的地步时,其人际吸引力不升反降。若偶有小误,其吸引力反而有所增强。

(三)个性品质

能力诚然能够增强交往主体的吸引力,但须以个性品质为基础,能力强品质差也不会有吸引力。交往主体对品质需求的强烈程度要高于能力,并且品质对吸引力的影响更持久、更稳定。

安德森(N. H. Anderson)1968 年进行了一次个人品质与人际吸引力关系的大型测试,他向被试者列举了 555 个描绘个性品质的词语,然后让他们将这些词语按照对其吸引力的程度排序,结果排在前 5 位的个性品质是:真诚、诚实、忠诚、真实、可信。后 5 位的是:不诚实、冷酷、邪恶、装假、说谎。

我国学者谢百三等人在北京大学对 200 名学生做过的一项调查表明,男学生对女学生具有吸引力的品质是:开拓进取、热爱劳动、热爱生活、待人诚恳、有牺牲精神、风趣幽默、开朗乐观、深沉稳重、干练得体等;女学生对男学生具有吸引力的品质是:温柔、心地善良、热爱生活、爱学习、热情、娴静、活泼而不轻浮、富有青春活力等。显而易见,积极的个性品质在交往中容易形成吸引力,而像不尊重人、自私自利、心胸狭窄、贪婪吝啬等消极的个性品质不具有吸引力。

西南师大的黄希庭等人(1983 年)采用社会测量、访问与观察等方法,以大学生为对象(共 21 个班级),研究了人际吸引问题,得出如下结论:

第一,形成小群体的主要吸引力分为 3 类:①相似性吸引。指在态度、信念、价值观和追求目标上相似,因而互相吸引形成小群体。例如学生说:“我们兴趣、志趣相投,谈得拢”;“他有正义感,生活不庸俗,我们有共同语言”;等等。②接近性吸引。由于是同时入学、年龄相当、同住一寝室、同乡等原因,经常接触,互相了解。③补偿性吸引。如可以在思想上、学习上、生活上从对方得到帮助:“他成绩好,知识面广,可以帮助我”;“我们在一起,经常在思想上、学习上相互帮助”;等等。

第二,各个班级中都有极少数的嫌弃型学生及人缘型学生。嫌弃型学生无吸引力,人缘型学生有高吸引力。在对他们进一步了解分析后发现,个性品质是判断的关键。见表 2－2 和表 2－3。[①]

---

① 黄希庭、徐凤姝主编:《大学生心理学》,上海人民出版社,1988 年版,第 378～379 页。

表2-2 人缘型个性品质

次序	个性品质	人数	百分比
1	尊重他人,关心他人,对人一视同仁,富于同情心	39	100
2	关心集体活动,工作可靠和负责	37	94.9
3	持重,耐心,忠厚老实	37	94.9
4	热情,开朗,喜爱交往,待人真诚	36	92.3
5	聪颖,爱独立思考,成绩优良且乐于助人	35	89.7
6	重视自己的独立性和自治,有良好的品质	35	89.7
7	有多方面的兴趣和爱好	20	51.3
8	有审美的眼光和幽默感	15	38.5
9	温文尔雅,端庄,仪表美	5	12.8

表2-3 嫌弃型个性品质

次序	个性品质	人数	百分比
1	以自我为中心,只关心自己,不为他人的处境和利益着想,有极强的嫉妒心	55	100
2	对班集体的工作,或敷衍了事缺乏责任感,或浮夸不诚实,或完全置身于集体之外	55	100
3	虚伪,固执,爱吹毛求疵	50	90.9
4	不尊重他人,操纵欲、支配欲强	45	81.8
5	对人冷漠,孤僻,不合群	45	81.8
6	有敌对、猜疑和报复的性格	43	78.2
7	行为古怪,喜怒无常,粗鲁,粗暴,神经质	39	70.9
8	狂妄自大,自命不凡	38	69.1
9	学习成绩好,但不肯帮助他人甚至小视他人	35	63.6
10	自我期望很高,小气,对人际关系过分敏感	30	54.5
11	势利眼,想方设法巴结领导而不听取群众的意见	30	54.5
12	学习不努力,无组织无纪律,不求上进	24	43.6
13	兴趣贫乏	18	32.7
14	生活放荡	8	14.5

注:表2-2和表2-3中的人数指参与此项调查的学生人数;百分比指选择不同个性品质项目的学生占参与调查学生的比例。

（四）情感

情感是人际吸引的感情基础。人的情感是丰富的，有时候处于积极的状态，有时候处于消极的状态，甚至是交错状态。不同状态下的情感对人际吸引力的影响是：一般来说，在其他条件相同的情况下，当主体情感处于积极状态时更倾向于对他人做出积极评价，提高吸引力的评级；而当主体情感处于消极状态时，则容易做出消极评价，降低吸引力的评级。大量实验已证明，积极情感会产生积极评价，消极情感会产生消极评价。因此，在人际交往的过程中，应该做或说令人愉悦的事情，以提高吸引力；随时保持一个好心情，以有利于人际交往。

三、人际吸引的基本规律

（一）邻近性吸引律

俗话说，“远亲不如近邻”，这正体现了邻近性对人际吸引的影响。

邻近性主要是指空间距离较小，人们经常见面。现实生活中这种情况比比皆是。想一想，与我们有亲密关系之人是不是主要集中在我们居住、工作和学习等的环境中。大量的研究和实验结果也充分证明了邻近性的作用：一方面，距离的接近能够降低交往的成本；另一方面，甚至带有被“逼迫”的因素在其中，人们在很大程度上不能自由选择与其邻近的人，所以人们愿意相信与其邻近的人具有吸引力，设法营造一个良好的交际环境。另外，邻近性能够增加彼此见面的机会和交往的次数，增加彼此的熟悉度，容易形成情感倾斜，拉近交往主体心灵间的距离。

（二）熟悉度吸引律

熟悉度对人际吸引的影响力非常大，就是经常见面，也能产生吸引力，增强对对方的喜欢程度。俗话说的“混个脸熟”是有道理的。

当然，熟悉度对吸引力的影响更在于不断地进行实质性的接触，能够深入了解对方的各个方面，如能力、个性品质及情绪状态等，能够不断地对其进行再认识，加深了解，建立交往关系。因此，人际交往中应积极增加交往次数，克服空间距离远的不利条件，充分发挥主观能动性，“没有条件创造条件也要上”，创造交往的机会。

但是,也不是交往次数越多越好,交往次数要适度,否则会“过犹不及”。熟悉度对人际吸引力的影响也是两方面的:如果对方的能力、品质等良好,越接触、越熟悉,对其的喜欢程度就越高,吸引力就越大;反之,对方能力、品质等较差,越接触、越熟悉,对其的喜欢程度就越低,吸引力就越小。

(三)相似性吸引律

亚里士多德在2 000 多年前就指出:“我们喜欢那些与我们相似的人,以及那些与我们有共同追求的人。”

相似性无论是在实际中还是在理论上,都是人际吸引的重要影响因素。一般来讲,两个人越相似,他们之间的吸引力就越大。人际交往中相似性的范围很广,如相似的身体特征,相似的籍贯、年龄,相似的受教育经历和职业,相似的个性品质,相似的兴趣爱好,相似的价值观和人生观等,都能产生人际吸引,只是在程度上有所差别。

相似与吸引间的关系是双向的,相似引发吸引,而吸引又能创造出新的相似点。

(四)互补性吸引律

“金无足赤,人无完人”,每个人在能力、性格等方面总有令人不满意的地方,但人们又有追求完美的倾向,因而在交往的深入阶段,双方的互补特征往往容易产生人际吸引。

温奇(R. F. Winch)认为:除了态度和意见的相似性所产生的吸引力外,人际间的差异也是互为吸引的原因,可称之为需要互补原理。即A所具有的长处正是B所不具备的,而B所占据的优势正是A所没有的,他们互对对方的倾慕造成A与B的相互吸引。因为A与B各自都能满足对方的缺憾,双方一拍即合,这是以需要补足为前提的。

交往主体特征上的差异引发了吸引,但并非所有差异都能产生吸引力,前提是彼此都有满足对方需求的特征,能够形成需求平衡。简言之,即双方能够各取所需、取长补短才行,基础是彼此有相似的态度和价值观。离开了前提,互补性就无产生吸引的可能;离开了基础,互补性即使产生了吸引,也无法维持。

(五)强迫性吸引律

在人际交往中,常常能见到一种不由自主的强迫性吸引的现象。其特点在于被吸引的一方不是主动、自愿的,而是迫于某种原因,不得不顺从,不得不与之交往。这种吸引在表面上看却又不一定是被动或不情愿的。这种吸引主要有以下情况:

第一,为利害关系所驱使。包括权威、权势、利益等,都能使被吸引的一方顺从和依附。如虽然你对上级主管的人品、才能等极为不满,却仍然设法与之建立一种良好的关系,在表面上你可能还显得更为主动。

第二,为条件所限制。如选择某种产品,若独此一家,即使不合意,也只好选择这家的产品。

(六)男女异性吸引律

男性与女性互为吸引的首要条件是接近和交往。一般来说,擦肩而过的男性和女性不会互相吸引,最多互为欣赏地看一眼而已。只有在交往中对对方有所认知,才产生吸引。异性吸引有:"情爱"和"友爱"的区别。"情爱"往往引起激烈的思想波动和情绪波动,受对方吸引是希望会见和接触对方,见不到对方时会产生惘然若失的感觉,对对方愿说出一切心里话,没有秘密可言。"友爱"则具有较多的理性成分,表现为乐于与对方共处共事,与对方在一起时感到轻松愉快,但没有非见对方不可的欲望,不过是喜欢、信任对方而已。台湾学者张华葆教授说:"如果情爱是香醇的烈酒,友爱就是清淡的白开水。每个人都曾幻想过情爱的来临,然而,在日常生活中白开水却是生命不可或缺的恩物。"

男女之间的异性相吸,首先,是因为性别的相补相悦。双方在一起能自然体验到轻松、愉快、互为接纳的感受,这是由对方的性别、外貌、举止、气质引发的。其次,是因为性格的相似相慰。幽默坦诚、热情的性格更能增加异性间的相互吸引。再次,是对方的聪明、能力和地位的吸引。若是短期交往,地位属于不被重视因素,要是和对方做长期朋友,这一吸引的重要性则会上升。

长得漂亮,固然是吸引异性的因素,但不是决定因素。如果一位年轻女性很漂亮，然而与人交往时态度清高，说话拿腔拿调，扭捏作态，交谈空洞乏味，绝大多数男性是不会有热情与之深交的。另外，由于女性对男性传统的依赖心理、受保护心理，往往对男性的长相不甚苛求，却希望男性高大、健壮、果断、有力量、有事业心等，这也是许多女性不喜欢“奶油小生”之故。

上述影响因素为人际吸引提供了可能性，能否形成人际吸引，其能否持久，则需综合考虑。人际吸引力的形成有一个过程，在此过程中，各个因素的影响程度和重要性是有区别的，交往主体初次见面时，身体的自然特征产生最直接的吸引，而随着交往次数的增加，交往主体内在的特质，如个性品质、能力等逐渐展现，进而确知彼此是否相似或互补，从而决定了人际吸引力的程度。

在人际吸引形成过程中，对方是否喜欢我们在很大程度上影响着我们是否喜欢对方，这就是“相互喜欢”效应。在交往过程中，即使是温和的、善意的批评都会对吸引产生消极影响；而有奉承之嫌的赞美却对吸引产生积极影响。所以，交往中要不吝赞美，设法让对方知道你喜欢他，这对于人际吸引的形成非常有帮助，但也要把握好分寸。

第三节 人际沟通

沟通在现实生活中无处不在，无时不在。做人需要沟通，做事需要沟通，沟通可谓是人生成功的金钥匙。卡耐基说：“一个人事业的成功，15%靠的是他的专业技术，85%要靠他的人际关系和处世技巧。”他又说：“与人相处的学问，在人所有的学问中，应该是排在最前面的。沟通能够带来其他知识所不能带来的力量，它是成就一个人的‘顺风船’。”美国哈佛大学就业指导小组的一项调查结果显示：在500名被解职的男女员工中，因沟通不良而导致工作不称职者占82%。可见人际沟通的重要性。

一、人际沟通的过程与分类

（一）人际沟通的含义

所谓人际沟通，是指人们在社会交往中运用语言及非语言系统相互传递信息和交流情感的行为和过程。

沟通的英语单词是“communication”,有沟通、交流、交际、交往、通讯、传单、传播等意思,但其基本语义都涉及“信息交流”,因此,沟通的核心应该是信息的传递。

人际沟通作为沟通的一种形式,具有以下特点:

第一,主要是通过语言来进行的。

第二,不仅是信息的交流,而且包括情感、态度、思想、观念的交流。

第三,在沟通过程中,心理因素很重要。

第四,沟通过程中会出现特殊的沟通障碍。

第五,沟通在实质上是一个双向互动的过程。

第六,沟通的目的是与他人建立良好的人际关系。

人际沟通在本质上是人与人心理上的沟通,其主要目的是维系和发展人际关系,因而,沟通不只是普通意义上的交谈及“纯粹”的信息传递,而是人与人之间的情感、态度、兴趣、心理及人格特征的相互交流、相互感应的过程。它能够让彼此间有分歧而又互相依赖的人们达成理解和协议。因此,沟通是双方或多方都参与的有效交流过程,它是以达到与其他人建立良好的人际关系,以及借助外界的力量和信息解决问题为目的的。

(二)沟通的过程

沟通过程是一个发送者把信息通过沟通渠道传递给另一个接收者的过程。在人际沟通中,有时一个发送者可以同时与两个以上的接收者进行沟通。沟通的程序一般包括 7 个步骤:信息、编码、传输、接收、解码、理解和反馈,见图 2 - 1 所示。

信息——信息的发送者就是沟通的发起人。

编码——就是发送者把信息放入接收者能懂的符号中,常用的有书面的(文字)、口头的(声音)、非语言(如表情、手势、动作等)的。

传输——沟通渠道和方式。

接收——信息的接收者。

解码——接收者将接收到的信息转译成为具有特定含义的信息。

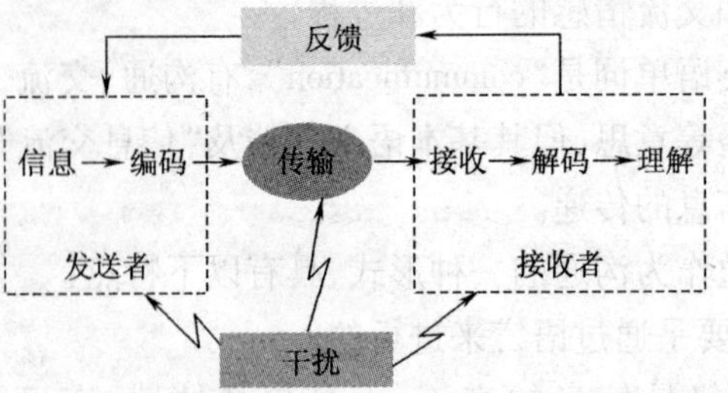

图 2－1　沟通过程图解

理解——接收者理解发送者传递的信息，一般要做出反应，有所行动，体现出沟通效果。

反馈——为核实、检查沟通效果，需要反馈，体现双向沟通。

（三）沟通的分类

1. 语言沟通和非语言沟通

语言沟通是指采用语言符号进行的信息交流。语言沟通是人际交往中最普遍的沟通方式，它可以详细而全面地表达人的思想和情感。它又有书面语言沟通、口头语言沟通、书面与口头混合沟通 3 种形式。有关研究表明，这 3 种沟通方式中，书面与口头混合沟通效果最好，口头语言沟通次之，书面语言沟通最差。

非语言沟通，是采用了非语言符号的信息交流，包括肢体语言、表情、声音的语音语调、身体距离等。由于人在沟通中会有意或无意地掩饰自己的真实想法，用语言所表达的意图有时不如非语言符号体现得更准确、更真实。

2. 正式沟通与非正式沟通

正式沟通是指经过组织机构规定的途径进行信息传递。正式沟通的渠道固定，信息传递比较准确，速度较慢。

非正式沟通采用了正式沟通之外的渠道，如私下交流、私人聚会、小道消息。其特点是传播速度快，信息易失真。非正式沟通有时比正式沟通更加有效。

3. 单向沟通与双向沟通

单向沟通指无反馈的沟通，信息传递的方向只由一方到另一方，如发布指示、演讲、报告会等。其特点是接收面广,速度快,但没有及时的反馈。单向沟通还有一种特殊形式,是自我沟通,即自己与自己的沟通,又叫人的内心交流。其表现形式是自言自语、自问自答、自我发泄、自我陶醉、自我反省、自我斗争、沉思默想等。

双向沟通是有反馈的沟通,信息在沟通的双方相互传递。沟通的双方是两个人,是一个人与另一个人之间的交流。其表现形式分为面对面无媒介的直接沟通和非面对面的直接沟通。前者一般通过语言、表情、手势、姿态等直接沟通,如谈话、讨论等,能立即得到反馈;后者通过电话、书信、便条等媒介进行沟通。双向沟通的优点是:使人感到亲切、真挚,容易建立感情;信息真实,传递准确可靠,不宜变形;信息反馈及时。但传递速度较慢。

4. 浅层沟通与深层沟通

浅层沟通是指把必要的信息传递给对方,如上级给下级布置任务,下级把工作情况汇报给上级,一般容易进行。

深层沟通指双方在个人情感、态度、价值观等方面进行双向的、深入的交流。一般不在工作时间内进行。

5. 上行沟通、下行沟通与平行沟通

上行沟通就是自下而上的沟通,是下级广大员工向上级领导汇报工作、反映情况、提出建议的正常渠道。上行沟通最好采用“直通”的方式,减少间接的沟通,避免出现失真和误时等现象。同时,进行上行沟通时,下级应采用不卑不亢的态度。

下行沟通就是自上而下的沟通。如上级领导将政策、命令、决议等传达给下级,传达的方式是多种多样的,可以是口头、书面的,或直接、间接的等等。下行沟通一般信息量较小,受到的干扰较多,直接影响沟通效果。进行向下级的沟通时,上级对下级的良好的态度是沟通的关键。

平行沟通是指组织或群体内同级部门或成员之间的沟通,是相互配合、彼此支持、解除误会、避免扯皮、消除冲突的重要方式。平行沟通有利于促进部门之间的协调,从而有利于提高工作效率和实现组织的目标。平行沟通不能仅仅依靠正式沟通,还应利用非正式沟通,如私人关系。

二、沟通与人际关系的相互性

(一)沟通是建立人际关系的基础

我们在阅读《鲁滨孙漂流记》时,常常会自忖,如果我也过这种与世隔绝的生活,受得了吗?的确,如果一个人完全与世隔绝,没有人与之交谈,人的神经很难经受住这种折磨。鲁滨孙至少还有个"礼拜五"来排遣他的寂寞。由此我们可以知道,人需要沟通,沟通行为是人类的一种基本行为,它与人俱在,与生共存。

在社会生活中,信息的交流与沟通是人们相互联系的重要形式,因而,沟通是人际交往的起点,也是建立人际关系的基础。据一项调查结果显示:作为普通人,除了 8 小时睡眠外,其余时间约 70% 都用在人际沟通上。

独"处"而无友,则寂寞难耐,在人生旅途上,踽踽独行不如朋友与我同行。在人们的成长历程中,如何交友已成为重要的学习内容。而沟通是开启友谊之匙,沟通使我们与别人建立关系、发展关系、培养友谊。

(二)沟通的程度决定人际关系发展的状态

人际沟通可以分为 3 个层次,即沟通的信息层次、沟通的情感层次、沟通的行为层次。人际沟通的不同层次,反映了沟通的程度,而沟通的程度决定了人际关系发展的状态。

1. 沟通的信息层次

信息层次是人际关系沟通的最基本层次。参与沟通的双方就是为了获得信息。沟通双方在信息交流的基础上,彼此有了一定的了解,产生了建立关系的基础。如果在这个层次上信息交流不能实现,人与人之间便不会有相互的了解,人际关系就不会建立。若是在信息交流中出现障碍,也会影响人际关系的进一步发展。

2. 沟通的情感层次

情感层次是人际沟通的第二层次,是比信息沟通更高的一个层次。参与沟通的双方经过多次的信息交流,良好的感情逐渐建立。在这个层次上,双方接受了彼此的个性特征,情感上产生共鸣,双方相互吸引，建立起良好的人际关系。如果沟通双方不接受对方的个性特征，就会产生感情排斥，拉大彼此间的距离，形成疏远和紧张的人际关系。

3. 沟通的行为层次

行为层次是沟通的最高层次，即行为互动层次。人际关系的最终目的是为了引起对方的行为。当然，需要根据沟通对象对自己的评价期望调整自己的行为。在此层次上，若双方都能不断调整自己的行为，就能建立起相互心理相容的关系；反之，则会出现人际冲突而导致关系破裂。西方国家在总统竞选时，总统候选人一定要与选民直接接触，进行沟通，联络与选民的感情，缩短彼此的心理距离，使选民对自己产生好感，达到改变其态度、影响其行动的目的。

随着沟通层次的提高，人际关系也在逐渐加深。而人际沟通的结果可能有两种：一种是双方增进了了解，发展了人际关系；另一种是造成了误会，引起冲突或导致人际关系的破裂。可见，沟通的程度决定人际关系的发展状态。因此，沟通不仅是建立人际关系的基础，更是维系和促进人际关系得以良好发展的重要途径。如何提高自身的沟通能力，是我们每个人都必须认真考虑的问题。[①]

三、有效沟通的技巧

（一）遵从对方的“言默之道”

所谓“言默之道”，其“言”是指对方运用语言表达，“默”则是指对方保持沉默状态。在交往中，顺着交往对方的“言默之道”来沟通，能收到较好的效果。一般来讲，人们往往有一个错觉，在与他人交谈时，必须多说、多问，才能达到有效沟通，并自认为了解对方，或者以为对方不说话便是默认。其实不然，在沟通中，往往是沟通客体掌握着“要不要听”和“要不要说”的主动权，因而，顺从沟通客体所关心的事情、所感兴趣的问题去沟通，则容易找到共同的话题，并达到沟通的目的。因此，作为参与沟通的主体，应多给对方开口说话的机会，并鼓励对方

① 参见杨丹编著：《人际关系学》，武汉大学出版社，2010 年版。

发表自己的观点和看法。其实,“默”也是一种沟通,用得恰当,则会收到“此处无声胜有声”的效果。

（二）巧妙运用“约哈里窗口”

“约哈里窗口”是约瑟夫 · 勒夫特(Joseph Luft)和哈里顿 · 英格拉姆(Harrington Ingram)提出来的,简称“约哈里窗口”(见图2-2)。它有助于我们研究沟通所产生的人际关系。

	自己了解	自己不了解
他人了解	1 开放区 公开自我	2 盲目区 盲目自我
他人不了解	3 秘密区 秘密自我	4 未知区 未知自我

图2-2 约哈里窗口

在人际交往和沟通中,自我和他人对自己信息的了解情况可以分为4个部分,就像一个窗口的4个窗格。

窗口1,即开放区。该区表示自己知道、他人也知道的信息。其中交往主体彼此相互了解,开诚布公,有良好的信息沟通,在交往中能够根据对方的准确信息而采取相应的交往方式,达到和睦相处。在此窗口中冲突产生的可能性很小。

窗口2,即盲目区。该区表示他人知道而自己不知道的信息,这是旁观者清、当局者迷的部分。其中交往主体对自己不甚了解,在沟通中容易对别人产生误解,容易“无意侵犯”他人,人际冲突会在不觉间产生。因此,我们要学会倾听,重视他人的反馈,从别人给我们的回馈中,更好地认识自己。

窗口3,即秘密区。该区表示自己知道而他人不知道的信息,这是当局者清而旁观者迷的部分。其中交往主体隐藏自己的信息,隐藏得太多,容易导致他人误解和曲解,他人在不知情之下也可能造成“无意侵犯”,造成冲突。为了达到有效沟通,在确保隐私的情况下要尽量开放自己的信息,让别人多了解自己。

窗口4,即未知区。该区表示自己不知道、他人也不知道的信息,这是当局者迷而旁观者也迷的部分。其中交往主体是在既不了解自己、也不了解他人的信息封闭区交往,就像关在黑屋子里的两个人一样,相撞、冲突的概率很大。

有效的沟通,主要在信息透明的公开区内进行。为了获得理想的沟通效果,就要积极地进行"自我暴露",扩大开放区域,缩小秘密区域。人际间的沟通深度,很大程度上取决于沟通双方"自我暴露"的程度,这是"约哈里窗口"给我们的重要启示。

(三)重视非语言沟通

非语言沟通包括肢体语言、表情、声音的语音语调、身体距离等。据研究,人际交流,尤其面对面的人际交流,65%是采用非语言手段,起到"此处无声胜有声"的效果。

1. 非语言沟通的种类

(1)目光语。目光语是指通过目光接触表达个体的各种情感、态度、观念等信息。人们常用"会说话的眼睛"来描绘眼睛的表达作用。的确,目光语是人类非语言中最复杂、最微妙、最富表现力的语言。

不同的目光语,传递的信息不同,所产生的效果也不同。例如:炯炯有神,坦荡执着——表明交往者正直敏锐、心胸开朗、为人正直、积极向上,交谈中使用这种目光容易获得对方的赏识和信任;神态呆滞,目光无神——表明交往者懈怠消极,缺乏自信,交谈中使用这种目光容易给对方以轻视、藐视的感觉;目光游移,眼神奸狡——表明为人轻浮和不诚实,使用这种目光会使人心存芥蒂,双方心理距离拉大,导致交际失败。

一般情况下,在交谈中始终保持与对方目光接触,能表现出对谈话有兴趣;若要睁大眼睛,瞳孔放大或连续眨眼睛,说明对谈话更感兴趣;而要表达否定的意思,则应用审视的目光注视对方。

(2)表情语。人的表情语主要依靠人的五官来表达。汤姆金斯(Tomkins)研究了情绪与面部表情的对应关系。他认为存在8种原始的情绪:兴趣、愉快、惊奇、悲痛、恐惧、羞愧、轻蔑和愤怒。每种情绪有相应的面部表情的模式:

- 兴趣:眉眼朝下,眼睛追踪着看,倾听。

• 愉快:笑,嘴角朝外朝上扩展,眼笑(环形皱纹)。

• 惊奇:眼眉朝上,眨眼。

• 悲痛:哭,眼眉拱起,嘴朝下,有眼泪、有韵律地啜泣。

• 恐惧:眼发愣,脸色苍白,脸出汗发抖,毛发竖立。

• 羞愧—羞辱:眼朝下,头低垂。

• 轻蔑—厌恶:冷笑,嘴唇朝上。

• 愤怒:皱眉,眼睛变狭窄,咬紧牙关,面部发红。

在表情中,微笑更能突出地体现表情的变化,实现传递信息的功能。微笑也被称为一种世界语,公认为"社交场所的常规表情"。作为内心自然情感的流露,真诚微笑不仅表示友好、愉悦、欢迎、欣赏、领略之意,也给交谈带来轻松、愉快及融洽的气氛。

有关研究表明,最动人的微笑来自于微笑者发自内心的愉悦,脸上的微笑比个体的人格更具魅力。美国心理学家戈恩宁认为,人的笑容大约有7种:

• 开怀大笑——坦率,热情,遇事决断迅速,但情感脆弱。

• 笑声干涩——冷漠,现实,能洞察别人的肺腑。

• 笑中带泪——富有同情心,热爱生活,积极进取。

• 笑声尖锐——冒险精神,精力充沛,感情丰富,乐观而忠诚。

• 笑声低沉——多愁善感,易受别人的左右和影响,易与人相处。

• 吃吃而笑——严于律己,富有创造性,想象力丰富,富有幽默感。

• 笑声柔和平淡——性格厚重,深明事理,事事为人着想,善于处理人际关系。

表情语在人类交往活动中有着独特的作用。美国的一位心理学家总结出一个公式:一个信息的传递=55%(表情)+38%(语音)+7%(语言)。社会学将其称为"55387定律",这个定律向我们揭示了表情语的特殊意义。

(3)肢体语言。所谓肢体语言,是指运用身体的动作如手势、站姿、坐姿等来传递信息。在肢体语言中,以手的动作最能反映人的心理变化,传递不同的信息。例如:

• 交叉手臂表示一种防卫意识。

- 摊开双手,表示无可奈何,或真诚与公开。
- 用手挠头,表示困惑、麻烦。
- 用手拍前额,表示忘记了某事。
- 用手拍颈部,意味着懊恼、后悔。
- 双手相搓,表示不安、着急、为难。
- 双手叉腰,表示挑战、示威,感到自豪。
- 双手握成拳,表示愤怒或情绪激动。
- 摆手,表示拒绝。

除了手势以外,人的脚和腿的动作也能反映人的心理变化。人无论是站还是坐,腿部一般都会有3种姿势,即双腿分开、并拢、交叉。

双腿分开,是开放性姿态,体现出自信、乐意接收外界的人或事物。

双腿并拢,则是保守性姿态,暗示人的性格比较谨慎、小心、严肃,心理上比较拘谨或紧张。

当双方坐着交谈时,交叠双腿的人,可能是显示自己的优势和地位。如果交叠双腿且晃动足尖或抖动小腿,则说明此人傲慢无礼或正思考问题。

走路匆忙、脚步乱的人,性格开朗直率;走路小心翼翼的人,多半是做事谨慎的人。

我们还可以从对方的颈部来判断其心理变化:脖子伸得长的人,可能比较傲气,而将脖子缩着的人,可能有点呆滞;如果对方正着头听人讲话,表现出庄重、正式,而偏着头听人讲话,往往是乐于关心他人,而且表现出对谈话有兴趣。

概括起来,非语言沟通的运用,其功能可以体现在以下4个方面:表达感情、调解相互关系、验证语言信息、维护自我形象。在一些商务礼仪的有关论述中,将非语言沟通的运用原则表述为“SOFTEN”:

S——微笑(Smile);

O——准备注意聆听的姿态(Open Posture);

F——身体前倾(Foreword Lean);

T——音调(Tone);

E——目光交流(Eye Communication);

N——点头(Nod)。

(4)交际距离。在人际交往中,人与人之间保持多大距离具有特定的含义。美国人类学、心理学的创始人霍尔(Edward T. Hall)博士通过大量的事例证明,人在文明社会中与他人交往而产生的关系,其远近亲疏是可以用界域或距离来衡量的。反过来说,人们在交往中的位置以及相互间的距离,也应由人们关系的亲疏程度来定夺。霍尔提出了亲密距离、个人距离、社交距离、公众距离4种不同的空间距离(见表2-4)。这种说法不一定完全科学,但对于我们合理地利用人际空间、恰当地保持交际距离,具有一定的借鉴意义。人际空间的一般距离会因人的地位、文化、性别以及环境等的不同而有所差别,研究在人际互动中如何使用空间和距离的学问,被称为"空间关系学"。

表2-4 人际交往的空间距离

距离(m)	类别	语意	适用
小于0.45	亲密距离	亲密无间、爱抚、安慰	恋人、夫妻、密友交流
0.45~0.75~1.2	个人距离	亲切、友好、融洽	朋友、同志、同事谈心
1.2~2.1~3.6	社交距离	庄严、严肃、认真	会见外宾、商务谈判
大于3.6	公众距离	公开、大度、开朗	演讲、报告、讲课

(5)辅助语言。辅助语言指说话声音的速率、声调、音量等。说话速率比较快的人可能性格比较急,较有能力。说话声音高的人,多自信;而说话声音比较低的人,多自卑。

2. 非语言沟通的特点

非语言沟通具有以下特点:

(1)非语言因素的信息负荷量大于语言因素的信息负荷量。"55387定律"告诉我们,在人际交往中,人们通过非语言因素传递的信息,比通过语言因素传递的信息要多得多。由于非语言信息多是无意识的,非语言信息一定比语言信息更加真实。

(2)非语言因素可以表达语言因素所不能表达的思想情感和意义。古人有"言不尽意"的说法,我们也常常说:"我此时此刻的心情无法用语言来表达。"无法用语言来表达的心理奥秘却可以借助于非语言因素来表达。

(3)非语言因素是语言沟通的辅助工具。在语言沟通中,非语言因素既有辅助作用,又可以补充表达某种意义。如英语“Come on”(过来),如果读升调,是比较礼貌的呼唤,即请别人过来的意思;如果读降调,则是很不客气的命令,像唤狗一样。

(4)非语言因素比语言因素更为普遍、简单和生动。一方面,非语言因素是人自发地获得,不需要学习;另一方面,非语言因素能生动形象地反映一个人的心理特征,给人留下深刻的印象。

(四)用好沟通中的“语言”

有一则流传已久的笑话:有位主人邀请了8位客人吃饭,约定的时间已过,只来了6位,等了许久,那两位客人还是没来。这时主人不耐烦地说:“该来的为什么还不来?”已到的6位客人中有两位听着不对劲,相互耳语:“如此说法,就是不该来的都来了,那我们走吧。”他们两个人便起身走了。这时,主人见走了两位,便急忙对另4位客人说:“你们看,不该走的都走了。”剩下的4位客人中,有两位听了顿觉不舒服,彼此商量着:“照他这么说,就是该走的不走,我俩也走吧。”主人一看只剩下最后两位客人,急得大声叫道:“我又不是说你们俩。”此时,最后两位客人一听,很不高兴地说:“你既然不是说他俩,那就是说我们俩。”于是,这最后的两位客人也气愤地走了。这则笑话充分说明了语言表达对于沟通的重要性。

在沟通中,语言选用一定要准确,不能“含糊”,否则,会给对方的“理解”和“接受”带来影响。应根据交谈对象的实际情况,选择合适的、对方容易接受的话语。要尽可能选用通俗易懂的语言,语意表达要清晰完整。

(五)巧用幽默

人们在交谈沟通过程中,言谈者所具有的幽默感,不仅能令其自身谈吐生辉,还能为交谈增添一种和谐、愉快的气氛,并可消除双方的疑虑和隔阂。所以,恰当地使用幽默故事、风趣诙谐的语言,不失为一种促进人际沟通的有效方式。2008年4月9日,澳大利亚总理陆克文在北京大学办公楼礼堂内进行中文演讲,诙谐的语言使会场掌声雷动，笑声、欢呼声四起。他在问候“女士们、先生们”之后，又加了一个“学生们”，然后“无厘头”地问，“你们为什么不去上课?”场下学生笑倒一片。

他接着说，“校长说我的普通话流利，客气了，我的汉语是越来越差。中国有句话叫‘天不怕，地不怕，就怕老外说中国话’。”陆克文的一句调侃，让本来就活跃的气氛更是轻松，同学们又一次报以热烈的掌声。

说到北大历史，他说：“贵校的历史比澳大利亚联邦的历史还要长3年”“北京大学是中国最有名的大学，别告诉清华大学”。陆克文再次赢得同学们的掌声。

我们敬爱的周总理在与一位美国记者交谈中，对方问道：为什么美国人走路是抬起头，而中国人走路是低着头？为避免出现尴尬局面，周总理十分幽默地回答：因为中国人走的是上坡路，而美国人走的是下坡路。周总理用幽默的话语化解了尴尬局面。美国著名心理学家特鲁·赫伯说过，幽默是现代人必备的文明品质，幽默是一种才华，是一种力量，是人类面对共同的生活困境而制造出来的一种超脱方式。

具体地说，幽默有以下几个方面的作用：一是有助于引起交谈者的兴趣和注意力；二是有助于提高形象化的语言表达水平；三是能创建和谐、轻松的气氛。幽默如同一座桥梁，沟通了人与人之间的关系，幽默是一种最有趣、最有感染力、最具有普遍意义的传递艺术。但是，在运用幽默风趣的语言时，一是要注意适度，不可用得太多；二是要注意场合，在一些肃穆、隆重的场合不宜用；三是要与交谈内容相协调，不要机械地运用，否则会适得其反。

（六）倾听的艺术

沟通首先要学会听。“上帝给人类两只耳朵一张嘴，就是要人们先学会听”。听不仅仅是指听见对方说话的声音，而且还指理解对方发出的信息，所以，“听”应是倾听或聆听。

美国前总统尼克松曾赞赏周恩来总理在谈判中倾听的专注神情。我们在以言语与对方进行沟通时，往往是对方掌握着“听”和“说”的主动权,所以顺着对方的言语进行交谈最为有效。

我们在说话之前,不但要了解听话者的需要,还要了解听话者的类型,根据不同听话者的特点,因势利导,达到顺利沟通的目的。听话者大体上可分为4种类型(见表2-5)。①

表2-5 根据听话者的类型采用适合的说话方法

漫听型听话者	不时地与这种听话者保持目光接触,使其专注于你的说话,并不断地提一些问题,讲些使其感兴趣的话题
浅听型听话者	面对这类听话者,应简明扼要地表述,并清楚地阐述你的观点和想法,不要长篇累牍,让听者心烦,也不要含义深奥、晦涩,可以经常说:"我的意思是……"
技术型听话者	面对这类听话者,应尽量多提供事实和统计数字,把自己的感受直接描述给这类听话者,多作一些明显的暗示和提示,让听话者积极进行反馈,如:"你认为我所说的……"
积极型听话者	面对这类听话者,应选择他们感兴趣的话题,运用表达技巧,与听话者多进行互动反馈。如:"我是这样想的,你认为如何?""你觉得什么时候……"

注意倾听表现了对对方的尊重,可以给人留下一个良好的印象。卡耐基曾经谈到,有一次在宴会上,他坐在一位植物学家旁边。他几乎没有说什么话,只是认真地倾听植物学家谈论植物的事情。宴会结束后,这位植物学家评论到,卡耐基将是最有前途的谈话者。

倾听才能做到知彼。知己知彼才能有效沟通。人际关系失败的原因,很多时候是你没有认真去倾听。你在不清楚对方要说什么以及在想什么的情况下,就急于发表自己的观点和意见,其结果是可想而知的。

学会倾听不仅对学会说话有重要意义,而且就听话本身而言,其重要意义有:第一,可增加信息量和智慧。有位哲人说过,善于听的人,别人欢迎,自己长智。我们知道的事情,85%来自积极的倾听,善

① 宋莉萍编著:《礼仪与沟通教程》,上海财经大学出版社,2010年版。

于倾听的人，把别人的想法吸收到自己的想法中来，无异于吸收营养，丰富和提高自己。第二，可减少误会和冲突。人与人之间的误会和冲突往往是由于彼此不理解而造成的，认真倾听，有利于相互理解。第三，可得到别人的尊重和回报。一个尊重别人的人往往能够得到别人的尊重，倾听体现了对说话人的尊重，而当自己说话时，也容易得到别人的尊重。让我们每一个人积极培养自己良好的倾听习惯，做一个高明的倾听者吧。

延展阅读

1. 鲁滨孙式的孤独

《鲁滨孙漂流记》一书中的主人公鲁滨孙在一次航行中由于船触礁而漂流到一个荒岛上，但他从触礁的船上找到了一只狗和两只猫，以及大量的生活必需品，还有几支滑膛枪、两支手枪、几支鸟枪，从此，他开始了荒岛生活。环境的恶劣使他更加坚强，但没有其他人的陪伴，又令他陷入无尽的孤独。直到25年后他救了“星期五”之后，孤独感才得到缓解。

《孤独》一书的作者伯尔本想体验孤独生活的宁静与安逸，因而，他只身来到北极探险，住在冰雪中的小木屋中，没想到只3个月他就陷入了深度忧郁，最终只坚持了6个月就结束了探险。伯尔并没有享受到宁静与安逸，而是被孤独痛苦所折磨。

18世纪末欧洲探险家史金克不幸流落到了一个荒岛上，他的适应能力很强，能够在生存环境残酷的荒岛上得到生存所需要的一切物质资料，还养了几只动物为伴，但是无法消除人际交往缺失所产生的强烈孤独感，以至于经过4年的无人际交往的荒岛生活重回“人间”后，却难以完全恢复以前的人际交往能力。

2. 曾国藩识人术

有一次，李鸿章带来3个人，想让曾国藩考察一下。曾国藩便让这3个人站成一排在庭院里等候，自己在旁边暗暗观察。

其中一个人不停地四处张望；另外一个年轻人则低着头规规矩矩

地站在庭院里；还有一个人神情镇定，目视前方，气宇轩昂。过了一会儿，前两个人显得有些焦急，而第三个人则依然很平静。

曾国藩把李鸿章叫过来说：面向厅门、站在左边的那位是个忠厚人，办事小心，可以做些后勤供应一类的工作；中间那位是个阳奉阴违、两面三刀的人，不能重用；而右边那位是个将才，可以委以重任。

李鸿章感到很惊奇，问是如何看出来的。曾国藩笑道：左边那个低头不敢仰视，行为拘谨，是一个小心谨慎的人；中间那位见我时很恭敬，可等我走过之后，就左顾右盼，可见此人是个阳奉阴违的人；而右边那人始终站立，前后一致，不卑不亢，当是一位将才，但其结局可能不好。

果不其然，第三个人就是后来鼎鼎有名的淮军名将刘铭传。

3.“互补”总是有吸引力的

现实生活中，独立性较强的人往往喜欢和依赖性较强的人在一起；性格倔强的人只有和性格随和的人在一起才有快乐；而脾气急躁的人往往喜欢和脾气温和的人相处。

一般而言，朋友之间相互吸引的互补，主要包含以下内容：

性格互补：冷静型与热情型，乐天型与不安型，孤独型与社交型，思考型与行动型，自卑型与自信型，独立型与依附型。

气质互补：胆汁质与黏液质、抑郁质，多血质与黏液质、抑郁质。

兴趣互补：一个会乐器，一个善美术；一个长文学，一个好哲学；一个好品尝，一个擅烹饪。

智能互补：操作思维型与抽象思维型，经验思维型与理论思维型，直觉思维型与分析思维型，发散思维型与收敛思维型，常规思维型与创造思维型。

知识互补：学理科的与学文科的，学哲学的与学心理学的，学天文的与学地理的。

能力互补：善主内与善主外的，举轻若重与举重若轻的，善组织与善社交的，善想象与善操作的。

（资料来源：参见李蔚、黄鹂主编《社交谋略与技巧》，四川大学出版社，1997 年版）

4. 小道消息的传播

1953 年，戴维斯(Davis)在一个商行里对小道消息的传播进行了研究，结果发现，只有10%的人是小道消息的传播者。非正式沟通的传播模式有4 种：单串型、饶舌型、集合型和随机型。

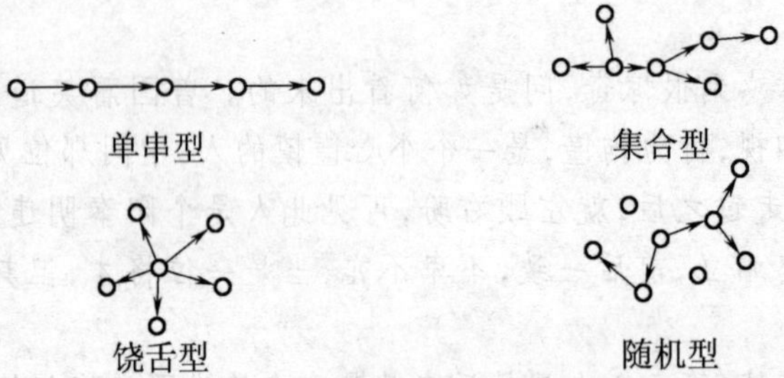

单串型：通过一连串的人把信息传播到最终的接收者。

饶舌型：由一个人主动把信息传播给其他很多人。

集合型：信息由一个人传递到几个特定的人，然后再由他们传递给另一些特定的人。

随机型：个人之间因偶然的机会相互转告。

正式组织的5 种沟通网络：

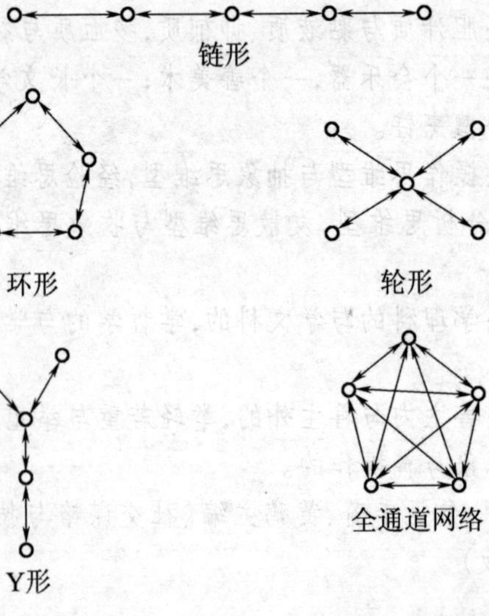

5. 努力地去实现自我

“走自己的路，让别人说去吧！”对但丁留下的这句名言，我们并不陌生。不过，我们在生活中是否要信奉它、实践它呢？

答案是肯定的。

贝多芬学拉小提琴时，技艺并不高明，他宁可拉他自己作的曲子，也不肯做技巧上的改善，他的老师说他绝对不是个当作曲家的料。

发表《进化论》的达尔文当年决定放弃行医时，遭到父亲的斥责：“你放着正经事不干，整天只管打猎、逗狗、捉耗子。”另外，达尔文在自传中透露：“小时候，所有的老师和长辈都认为我资质平庸，我与聪明是沾不上边的。”

苏格拉底曾被人贬为“让青年堕落的腐败者”。

美国职业足球教练文斯·伦巴迪当年曾被批评“对足球只懂皮毛，缺乏斗志”。

爱因斯坦4岁才会说话，7岁才会认字。老师给他的评语是：“反应迟钝，不合群，满脑袋不切实际的幻想。”

牛顿小学时的成绩一团糟，他曾被老师和同学称为“呆子”。

罗丹的父亲曾怨叹自己有个白痴儿子，在众人眼中，他曾是个前途无“亮”的学生，艺术学院考了3次还考不上。他的叔叔曾绝望地说：孺子不可教也。

试问：如果这些人不是“走自己的路”，而是被别人的评论所左右，怎么取得举世瞩目的成绩？

俄国作家契诃夫说得好：“有大狗，也有小狗。小狗不应该因为大狗的存在而心慌意乱。所有的狗都应当叫，就让它们各自用自己的声音叫好了。”

所以说，真正成功的人生，不在于成就的大小，而在于你是否努力地去实现自我，喊出属于自己的声音，走出属于自己的道路。

（资料来源：陈南编著《感谢折磨你的人全集》，中国妇女出版社，2007年版）

6. 有效沟通的7种方法

国外的学者认为：有效的沟通应该具备如下7项特征：

（1）完整：发送和接收的信息要完善，必要时要作适当的补充。

(2)简明:提供必要的信息,避免多余的词语和不必要的重复。

(3)体谅:从接收者的利益和“你”的观点出发,以肯定和乐观的态度去沟通。

(4)具体:以具体的数据、形象的表述和鲜明的动向与对方沟通。

(5)清楚:选择对方熟悉、明确和清楚的词语,组合成有效的沟通句式和段落。

(6)有礼貌:选择恰当的体贴、感激和尊敬的词语,避免有歧视性的词语。

(7)正确:数据、事实和词语的表述要精确,以可接受的书面方式和恰当的用语进行沟通。

(参见李家龙等编著:《人际沟通与谈判》,立信会计出版社,2005年版,第9页)

7. 情商

我们知道,智商(intelligence quotient,简写成IQ)是测量个体智力发展水平的一种指标,是智力年龄除以生理年龄的商数。一般说来,智商的大小反映了智力水平的高低。情商(emotional quotient,简写成EQ)又称“情绪智力”(emotional intelligence),是近年来心理学家们提出的与智商相对应的概念,指情绪智力的高低。“情绪智力”这一概念是由美国耶鲁大学的萨罗威和新罕布什尔大学的迈耶(P. Salovey & D. Maver,1990)提出的,是指准确地识别、评价和表达自己和他人的情绪,并适应性地利用这些信息来解决问题和调节行为的能力。也就是说,是一个人感受、理解、控制、运用情绪的能力。情商反映了一个人的情绪、情感、意志、信心、毅力、抗挫力、合作精神等方面的品质。

1995年,《纽约时报》专栏作家丹尼尔·戈尔曼(D. Goleman)在其著作《情绪智力》一书中明确提出:“真正决定一个人成功与否的关键是情商而非智商。”他把人的情商能力概括为五大能力:

第一,认识自身情绪的能力;

第二,控制自己情绪的能力;

第三,自我激励的能力;

第四,认知他人情绪的能力;

第五,人际关系处理能力。

到目前为止,人们对"情商"的提法和测量还存在着分歧和争议,但是,有关情绪智力是决定人们成功的重要因素的观念却正在被人们所接受。以往认为。一个人能否在事业上取得成功,智力水平是第一位的,即智商越高,取得成就的可能性就越大。一些研究人员对影响成功的因素作了多方面的调查分析,结果发现,智力因素占20%,其余因素(情商、社会背景、运气、健康等)占80%。甚至有人写下了这样一个公式:

$$20\%\,IQ + 80\%\,EQ = 100\%\text{成功}$$

在美国企业界,人们普遍认为"IQ决定录用,EQ决定提升",智商高达160的人总在为智商只有100的人打工。

智商和情商都反映了人的重要的心理品质,都是事业成功的重要基础。它们在"成功"中到底扮演怎样的角色,是智商和情商研究中的一个重要的理论问题。高情商的人能对自己和他人的情绪做出准确的认知和积极的调控,从而维持良好的身心状态,与家人、朋友或同事能友好相处,有较强的社会适应能力,在学习、工作和生活中较易取得更大的成功;而低情商的人处理人际关系能力则较差,会影响其能力的发挥。

测试题

1. 社交亲和力

测试说明:下列10道题将测试你的社交亲和能力如何,请选择一个你认为最合适的答案。

(1)在街上,一位陌生人向你询问到火车站的路径。这是很难解释清楚的,况且,你还有急事:

A. 你让他去向远处的一位警察打听

B. 你尽量简单地告诉他

C. 你把他引向火车站的方向

(2)一位朋友热情邀请你参加(他)她的生日庆祝会,可是,任何一位来宾你都不认识,这时:

A. 你借故拒绝，告诉(他)她说："那天已经有别的朋友邀请过我了"。

B. 你愿意早去一会儿帮助(他)她筹备生日庆祝会

C. 你非常乐意借此机会去认识他们

(3)你的一位好友到你家来，你已经有两个月没有见到过他(她)了。可是，这天晚上，电视上有一部非常精彩的电影：

A. 你让电视开着，与朋友谈论

B. 你说服朋友与你一块看电视

C. 你关上电视机，让朋友看你假期中的照片

(4)你的家人给你寄钱来了：

A. 你把钱搁在一边

B. 你买一些东西装饰一下你的卧室

C. 你和朋友们"小撮"一顿

(5)你的邻居要去看电影，让你照看一下他们的孩子。孩子醒后哭了起来：

A. 你关上卧室的门，到外面去看书

B. 你看看孩子是否需要什么东西。如果他无故哭闹，你就让他哭去，终究他会停下来的

C. 你把孩子抱在怀里，哼着歌曲想让他入睡

(6)如果你有闲暇，你喜欢干些什么？

A. 在卧室里听音乐

B. 到商店里买东西

C. 与朋友一起看电影，并与他们一起讨论

(7)当你的同事生病住医院时，你常常是：

A. 有空就去探望，没有空就不去了

B. 只探望同你关系密切者

C. 主动探望

(8)在你选择朋友时，你发现：

A. 你只能同与你趣味相同的人友好相处

B. 与兴趣、爱好不相同的人偶尔也能谈谈

C. 一般说来你几乎能同任何人都合得来

(9)如果有人请你在聚会上唱歌，你往往：

A. 断然回绝

B. 找个借口推辞掉

C. 饶有趣味地欣然应允

(10)在攀登一座秀美的山峰的途中,由于前面道路出现问题,需要抢修一段时间,你和一些素不相识的人被阻在半山腰。这时你:

A. 坐在路边发愣或打瞌睡

B. 与身边的人找共同感兴趣的问题聊天

C. 不停地问他人的身份、工作、家庭等问题

计分表

分数 答案 题号	A	B	C
1	1	2	3
2	1	3	2
3	1	2	3
4	1	2	3
5	1	2	3
6	1	2	3
7	2	1	3
8	1	2	3
9	1	2	3
10	1	3	2

请根据计分表算出总得分。

判断说明:

25~30分:你有很强的社交亲和力,你的朋友很多,他们非常爱你,因为你经常替别人考虑,朋友们都因为有你这样一位朋友而感到幸运。

15~25分:你的社交亲和力一般,你不喜欢独自一个人待着,你需要朋友围在身边。虽然你非常喜欢帮忙,但程度有限。

15分以下:你的社交亲和力较差,你是一位利己主义者,因此没有多少知心朋友。

2. 与难以相处的人之间的沟通能力

测试说明:如果对这个测试感兴趣,就请对下面的测试题做出"是"或"否"的选择。选择"是"记1分;选择"否"记0分。

(1)有很多人明明做事方法不对,还非要别人按着他的意见行事。( )

(2)和凡事都争强好胜的人待在一起使我的生活感到紧张。( )

(3)我不喜欢独断专行的上司。( )

(4)有的人整天牢骚满腹,而我觉得这种处境全是他们自己一手造成的。( )

(5)和天天抱怨的人打交道使我自己的生活也变得灰暗。( )

(6)有很多人总喜欢对别人的工作百般挑剔,而不顾及他人的情绪。( )

(7)当我辛苦做完一件工作而得不到别人的承认和夸奖时,我会大发雷霆。( )

(8)有些粗鲁无礼的人常常事事畅通无阻,这事真令我看不惯。( )

(9)生活中有很多人总是存心跟我过不去。( )

(10)碰到朋友,当我向他打招呼而他视若无睹时,最令我难堪。( )

(11)我讨厌和整天沉默寡言的人一块儿生活、工作。( )

(12)有的人哗众取宠,说些浅薄无深度的笑话,居然能博得很多人的喝彩。( )

(13)生活中庸俗趣味的人到处都是。( )

(14)和目中无人的人一起共事真是一种折磨。( )

(15)生活中有很多人自己不很出色还总是喜欢嘲讽他人。( )

(16)我不能理解为什么自以为是的人总能得到领导的器重。( )

(17)有的人笨头笨脑,理解缓慢,真让人生气。( )

(18)我不能忍受上课时老师为了迁就差生而把讲课的速度放慢。( )

判断说明:

0~6分:你很善于与难以相处的人进行沟通,你的城府和修养已达到了一定高度。

7~12分:你能容忍难以相处的人,虽然有时也会被激怒。

13~18分:你与难以相处的人很难沟通,建议你加强宽容精神和处事灵活性的培养。

3. 交谈能力

测试说明:善于交谈的人,能够左右逢源;不善于表达的人,总是很被动。如果你想知道自己与他人的交谈能力,就请进行以下测试。请将你选好的答案代号填入小括号内。

(1)你是否时常避免表达自己的真实感受,因为你认为别人根本不会理解你?( )

A. 肯定　　B. 有时　　C. 否定

(2)你是否觉得需要自己的时间、空间,一个人静静地独处才能保持头脑清醒?( )

A. 肯定　　B. 有时　　C. 否定

(3)与一大群人或朋友在一起时,你是否时常感到孤寂或失落?( )

A. 肯定　　B. 有时　　C. 否定

(4)当一些你与之交往不深的人对你倾诉他的生平遭遇以求同情时,你是否会觉得厌烦甚至直接表现出这种情绪?( )

A. 肯定　　B. 有时　　C. 否定

(5)当有人与你交谈或对你讲解一些事情时,你是否时常觉得百无聊赖,很难聚精会神地听下去?( )

A. 肯定　　B. 有时　　C. 否定

(6)你是否只会对那些相处长久,认为绝对可靠的朋友才吐露自己的心事与秘密?( )

A. 肯定　　B. 有时　　C. 否定

(7)在与一群人交谈时,你是否经常发现自己驾驭不住自己的思

路,常常表现得注意力涣散,不断走神?( )

A. 肯定　　B. 有时　　C. 否定

(8)别人问你一些复杂的事,你是否时常觉得跟他多谈简直是对牛弹琴?( )

A. 肯定　　B. 有时　　C. 否定

(9)你是否觉得那些过于喜爱出风头的人是肤浅的和不诚恳的?( )

A. 肯定　　B. 有时　　C. 否定

计分标准:选 A 记 3 分;选 B 记 2 分;选 C 记 1 分。根据计分算出总得分。

判断说明:

9 ~ 14 分:你很善于与人交谈,因为你是一个爱交际的人。

15 ~ 21 分:你比较喜欢与人交朋友。假如你与对方不太熟,刚开始可能比较少言寡语,可一旦你们熟悉起来,你的话匣子就再也关不上了。

22 ~ 27 分:你在一般情况下不愿与人交谈,只有在非常必要的情况下,才会与人交谈。你较喜欢一个人的世界。

复习思考题

1. 什么是人际交往?
2. 简述交往与人际关系的内在联系。
3. 马斯洛需要层次理论的内容包括哪些?
4. 舒慈三维人际关系理论的内容包括哪些?
5. 魏斯社会关系律包括的内容有哪些?
6. 自我呈现论和社会交换理论的主要内容有哪些?
7. 利瑞的 8 种行为模式是什么?
8. 简述影响人际交往的因素?
9. 什么是态度? 其包含的内容是什么?
10. 简述人际冲突产生的原因及解决方法。
11. 简述人际吸引的基本规律。

12. 什么是人际沟通？它有何特点？
13. 简述沟通与人际关系的相互性。
14. 非语言沟通包括哪些？
15. 简述相似性与互补性在人际吸引中的作用。

讨论题

1. 人际交往中有哪些技巧？
2. 简述我国人际交往的新特点。
3. 结合自身实际，谈谈人际沟通的技巧与应用。

第三章　影响人际关系的主要因素

唯物辩证法告诉我们：世界上的任何事物，都不是孤立存在的，而是存在于相互联系之中，受着多种多样因素的影响和制约。人际关系这种社会现象自然也是这样。人际关系的发生、发展及变化，受到多种因素的影响。我们分析人际关系的影响因素，对于深入理解人际关系的特点及成因，在实践中优化人际关系是大有裨益的。人际关系的影响因素很多，我们把它大体上分为两大类：内在的影响因素和外在的影响因素。

第一节　影响人际关系的内在因素

影响人际关系的内在因素指人际关系主体本身所具有的制约人际关系的因素。内在因素是人际关系发生、发展的基本动力，在人际关系中起决定性的作用，是人际交往成功与否的主要原因。它主要包括以下 3 个方面的内容。

一、生理因素

影响人际关系的生理因素主要包括个人的生理需要、生理特征和健康状况等。

（一）生理需要

生理需要是人际交往活动最原始、最根本的动机。生理需要主要指人对食物、水、氧气、住所、性、睡眠等的需要。这种作为人的需要的生理因素，不仅是人际关系发生发展的动因之一，而且制约着人际关系的多样性、持久性等。不同的生理需要会导致不同的人际关系。例如:人们对于食物的需要,往往促使人们不得不去建立能够满足这种需要的人际关系;由于人有性的需要,为满足这种需要,人们在婚配年龄就会寻求配偶,建立恋爱关系、婚姻关系,男大当婚、女大当嫁的说法说明人的生理需要常常促使人们进行积极的人际交往。生理需要的不同状况,也影响到人际关系的程度。一般来说,生理需要越迫切、越强烈,相应的人际关系建立得越迅速、越亲密;反之亦然。

(二)生理特征

生理特征包括多方面的内容,如肤色、性别、年龄、高矮、胖瘦、相貌等,这些生理特征在不同程度、不同性质上影响着人际关系。例如:同一年龄组的人之间更容易产生共鸣,建立交往关系;就相貌而言,貌美能使人感到轻松愉快,构成一种精神酬赏,人的相貌越吸引人,就越为人所喜爱;男性与女性在认识方式上存在差异,有学者研究表示,女性在语言表达、形象思维、记忆力等方面优于男性,而男性在空间知觉、分析综合能力以及对实验的观察、推理和历史知识的掌握方面优于女性。

(三)健康状况

所谓健康,指人体各器官系统发育良好、功能正常、体质健壮、精力充沛并具有良好劳动效能的状态。一般来说,身体健壮有力的人,在社会生活中往往充满信心,乐于与他人交往,而且能够正确认知他人,发展正常的人际关系;而体弱多病的人,常常表现出多愁善感或诚惶诚恐的心境,不容易认知他人。尤其需要指出的是,不同健康状况的人,会失去不同的人际关系,同时,也会得到不同的人际关系。

二、心理因素

心理因素对人际关系的影响是多种多样的,我们把它们归纳为3个方面:心理动力因素、心理特征因素和自我意识因素。

(一)心理动力因素

心理动力因素主要包括需要、动机、兴趣、理想、信念、价值观和世界观等,这些因素都不同程度地对人际关系发生制约作用。

需要和动机对人际关系的影响,突出表现在它是人际关系发生和发展的动因上。一般来说,需要是人际关系发生发展的决定性因素,而动机则是人际关系发生发展的直接推动力。需要和动机对人际关系的影响我们已在第二章中作了介绍。

兴趣是人的个性倾向的一种具体表现形式。它是人际关系的重要动力之一,是人际关系得以建立和发展的重要条件。许多人际关系的建立都是以兴趣的共同性或相似性为基础的。也就是说,具有共同或相似兴趣的人之间更容易建立、发展和保持人际关系。若一个人兴趣狭窄,对什么都不感兴趣,自然不易于被人接近,也不易与人产生共鸣,因而会阻碍自己人际交往的进行。所以,我们要重视个体兴趣的培养。

理想是对未来有可能实现的奋斗目标的向往和追求。它由职业理想、政治理想与道德理想所构成。职业理想是自己在将来的生活道路中从事哪方面的工作,政治理想是为实现什么样的政治目标而奋斗,道德理想说明做一个具有什么样的道德品质的人。这三种理想是联系在一起的。

信念是个性心理结构中较为高级的倾向形式,它表现在一个人对其所获得知识的真实性坚定不移并力求加以实现的个性倾向。信念可以分为政治信念、道德信念、科学信念和生活信念等。这些不同形式的信念也是彼此相联系的。

信念和理想密切相连,理想总是以一定的信念为基础,同时理想又促进信念的形成。理想和信念对人际关系的影响大体相同。拥有不同理想和信念的人,往往会建立不同的人际关系;共同的理想和信念是建立和发展人际关系的重要基础;理想的改变和信念的动摇都会引起人际关系的变化。

价值观又称为人生价值观,指的是人们对自己的人生意义、衡量人生价值的标准以及怎样实现人生价值等问题的看法。

世界观是人的个性倾向的最高表现形式,它是由一系列信念组成的逻辑系统。世界观有两种存在形式:一种是作为哲学研究对象的、以社会意识形态存在的阶级的世界观;一种是作为心理学研究对象的个人世界观。我们这里讲的世界观是后者,它属于个人意识的范畴。

人生价值观和个人世界观有紧密的联系。价值观是世界观的外在显现,世界观对价值观具有一定的调控作用。具有不同价值观和世界观的人,往往会建立不同的人际关系。正确的价值观和世界观有利于人际交往,而不正确的价值观和世界观则会形成发展人际关系的心理障碍。

许多实验证明,人们的态度和价值观等心理因素越是相似,则越容易建立亲密关系。这是因为,当人们有了类似的兴趣、态度、理想、信念和价值观时,就有了共同的语言,容易得到对方的支持。同时,交往中也容易理解对方的行为反应,容易相互适应,从而形成亲密关系。正如俗话所说:"物以类聚,人以群分""志同道合"。

(二)心理特征因素

心理特征因素主要包括性格、气质和能力。

1. 性格

关于性格对人际关系的影响,一直受到人们的关注。美国《今日心理学》月刊曾举办过一项大规模的问卷调查,了解读者对益友的意见。经过对收回的4万份问卷进行统计发现,按下列次序排列的8项性格特质是大多数人公认的选择益友的条件:

(1)值得信赖(89%);

(2)待人忠厚(88%);

(3)热心且富感情(82%);

(4)爱帮助人(76%);

(5)诚恳坦率(75%);

(6)有幽默感(72%);

(7)肯花时间陪我(62%);

(8)个性独立(61%)。

受人喜欢的性格也是影响人际关系建立的重要因素。人们总是喜欢与尊重他人、真诚、坦率、乐于助人、谦虚谨慎以及严于律己、宽以待人的人交朋友。

2. 气质

气质是一个心理学的概念,是指人的稳定的心理活动的动力特点在行为方式上的表现。一般把气质分为胆汁质、多血质、黏液质、抑郁质4种(见表3-1)。不同类型的气质对人际关系都有不同程度的影响。胆汁质的人精力旺盛、性格外向,多血质的人活泼开朗,这两种气质的人善于与人交往;黏液质和抑郁质的人喜欢安静和独处,性格内向,表现出不善与人交往的倾向。气质类型无好坏之分,每一种气质类型的人都有优点和缺点,具有相对的稳定性和可塑性的双重特征。在人际交往中,我们要做到,积极发挥自己气质类型中好的一面,克服或控制不好的一面,使我们有一个良好的人际关系。

表3-1　气质类型及其特征表①

气质类型	主要特征
胆汁质	精力旺盛、直率、热情、刚强、动作迅速、情绪体验强烈、智力活动具有极大灵活性、解决问题有不求甚解的倾向、易感情用事等,具有外倾性
多血质	活泼、好动、反应迅速、动作敏捷、思维灵活,但往往不求甚解、注意力易转移、情绪不稳定且易表露、易适应环境、喜欢交往、做事粗枝大叶,具有外倾性
黏液质	安静、沉稳、喜欢沉思、情绪不易外露、灵活性不足、比较刻板、注意力稳定、不容易习惯新的工作、反应缓慢、善于忍耐,具有内倾性
抑郁质	行动缓慢、敏感、情绪体验深刻、容易感觉别人不易察觉的小事物、易疲倦、孤僻,具有内倾性

在日常生活中,我们经常说某某气质特别好而大加赞赏,对气质的理解,更侧重于一个人由内向外散发出的一种美的个性魅力。这种魅力在人际关系中具有影响力,能够激活我们深藏的自我,从而释放出一种超越自我的潜能,并产生出更多的美好愿望。只要我们努力,一定也能使自身具有这种个性魅力。

3. 能力

所谓能力,是指直接影响活动效力、使活动得以顺利完成的个性心理特征。能力总是与活动相联系,在活动中形成,在活动中表现,是影响人际交往效率最基本、最直接的心理因素。

---

① 樊富珉、王建中主编:《当代大学生心理健康教程》,武汉大学出版社,2006年版。

人的能力是多种多样的。通常,人们把能力分为一般能力和特殊能力。一般能力是顺利完成各项活动所必备的基本能力,如注意力、观察力、记忆力、想象力、思维力等。这些在认识活动中表现出来的一般能力通常被称为智力,或智慧或智能。特殊能力是顺利完成某项特殊活动所必备的能力,如设计想象能力、音乐听觉能力、写作能力、数学能力等。特殊能力通常是几种一般能力的有机结合而在某一方面的突出表现。例如:社交能力是人们从实践中锻炼出来的特殊能力,对人际关系发挥重要的作用和影响。

能力对人际关系的影响首先表现在能力影响人际关系的形成和发展水平。能力水平高的人,往往表现为感知敏锐、观察全面、想象丰富、思维深刻、勇于创新等,这样一些优秀品质会直接或间接促进人际关系的建立和发展,使之提高到一个新的水平。相反,能力发展水平低的人,往往表现为视野窄、注意力不集中、缺乏抽象概括力、言语表达不清等,这些不良品质,会自觉不自觉地影响或阻碍人际关系的建立和发展。其次,能力是制约人际吸引的重要因素。为了满足物质和精神生活的需要,一般来说,人们喜欢与聪明能干的人交往和建立人际关系,不喜欢愚蠢无能的人。“与君一席话,胜读十年书”,这句话就含有能人更易吸引人的道理。但是,并不意味着能力强就一定有吸引力。生活中,能力强的人往往成为人们嫉妒的目标,这是能力制约人际关系的反证。例如我们经常看到:一个能力极强的人,往往成为有“争议的人”;一个聪明能干的人,往往怀才不遇。

(三)自我意识因素

自我意识是指一个人对自己与周围现实的关系的认识并由此对自身的一切思想、行为与潜力所采取的自觉态度。它包括自我认识、自我体验和自我调节。

自我认识,就是个人对自我的认识,又包括自我感觉、自我判断、自我观察、自我评价、自我想象等形式。自我体验是个人对自我的情绪和情感体验,包括自爱、自尊、自信或自卑、自贱、愧疚等形式。自我调节就是个人对自我的调节,包括自我控制、自我激励、自我约束、自我命令等形式。

自我认识、自我体验和自我调节是相辅相成的有机整体。自我认识是自我意识的基础,对自我的不同认识和评价既是产生不同自我体验的前提,又是自我调节的不同方向和强度的先导。自我体验是自我意识的核心,是对自我不同程度的肯定或否定体验,既影响个人对自我的认识和评价,也制约着自我调节的方向和强度。自我调节是自我意识的关键,作为更直接地表现自我动机和行为特征的自我调节,不仅对自我认识起着检验和深化的作用,而且对自我体验也起着强化或制约的作用。

自我意识因素对人际关系的影响,主要表现在自我意识的性质决定着人际关系的性质上。通俗地讲,有什么样的自我意识,就有什么样的人际关系。拥有正向自我意识的人,在人际交往中往往得心应手、人际关系融洽,他们从成功的人际关系中取得经验,从外界得到回馈,具有积极的预期效果,从而提升对自我的看法;拥有负向自我意识的人,在人际交往中总是与人格格不入,把人际关系弄得一团糟,从外界的反馈看自我,往往会向自我证实自己的不当,否定自己,使自己灰心丧气、郁闷、封闭。

20 世纪初,心理学家柯里也对这个问题提出了看法。他指出:"在人们的心理生活中,自尊和自卑的自我评价意识有很大作用。人们经常会把自己看作是有价值的、令人喜欢的、优越的、能干的人。如果一个人看不到自己的价值,只看到自己的不足,什么都不如别人,处处低人一等,就会丧失信心,产生厌恶自己并否定自己的自卑感,这样的人就会缺乏朝气,缺乏积极性。"但是,"如果一个人只看到自己比别人好,别人都比不上自己,这样就会产生盲目乐观情绪,自我欣赏,自以为是,因此就不能处理好人际关系,调动主客观双方的积极性,而且还会遇到社会挫折,产生苦闷。"①

(四)心理效应

在人际交往中,有些心理效应会对人们的交往产生重要的影响。这些心理效应运用得好,可以促进人际交往;运用得不好,会限制人际

---

① 时蓉华编著:《社会心理学》,上海人民出版社,1986 年版,第 253 页。

交往活动的进行。心理效应主要有首因效应、近因效应、晕轮效应、刻板印象、定势效应、投射效应等。

1. 首因效应

首因效应即第一印象，指的是人们在第一次交往中对他人形成的印象最深刻，难以改变，往往影响和左右以后的交往，这种现象称为“首因效应”，也称为“最初效应”。

首因效应的形成，主要受直接可见的人的外表或音容笑貌的影响。第一印象所具有的定势效应有很大的稳定性，如初次见面别人对其第一印象不好，以后虽有很大改变，别人仍然会对其印象不好。首因效应往往带有主观片面性，会对他人造成认知偏差，影响我们对一个人的正确判断。

首因效应又分为直接和间接两种情况。直接第一印象是交往双方初次见面时，通过直接感知所形成的印象。间接第一印象是通过中间人，如他人介绍、文字材料介绍等间接途径获得的印象。一般说来，直接第一印象的首因效应更明显一些；而间接第一印象的首因效应相对就没有那么明显。

在人际交往中，一方面，我们应尽量避免首因效应的影响，避免仅凭一次交往就轻易地对一个人下判断的草率做法，了解一个人需要很长时间，“路遥知马力，日久见人心”，不能仅凭第一印象；另一方面，我们也要利用首因效应，为第一次的交往做好充分准备，为建立良好的人际关系打下基础。

2. 近因效应

近因效应是指在人际交往中，最近的印象对人的认知具有强烈的影响作用。在人与人较长时间的交往中，最近了解的信息往往占主导地位，冲击了过去对他人的一贯了解。

在现实生活中，近因效应的心理现象很普遍，如某人一贯表现很好，但最近犯了错误，就可能改变周围的人对他的看法，以新近的判断否定以前对他的判断。也可以有相反的例子，某人一贯表现平平，但最近突然有所建树，人们对他刮目相看，视其为功臣。

首因效应是重视第一印象，近因效应是重视最后、最近的印象。在人际交往中，第一印象很重要，最近的印象也很重要。一般在对陌生人的认知中,首因效应比较明显,而对熟人或久别重逢的人的认知中,近因效应更明显。我们看一个人时,既不能只凭一时一事,先入为主,也不能以偏概全,而要用全面、发展的眼光去看,以免出现认知偏差。

3. 晕轮效应

晕轮效应又被称为"光环效应",是一种自然现象,当日光或月光通过云层中的冰晶时,经折射而形成一轮一轮的光圈,这种现象称为晕轮。晕轮效应是借用这一自然现象说明人际认知中的类似状况。

晕轮效应是指在人际交往中,人们常以对某人某一特性的认知推及其尚未被认知的其他特征上。如某人具有待人谦虚的品质时,便会由此推断到他具有对人真诚、友善、乐于助人等优秀品质;我们经常所说的"天下乌鸦一般黑""情人眼里出西施""爱屋及乌"等都是如此。这是一种以偏概全的主观印象或思维方式,对一个人突出品质的知觉遮盖了对这个人其他方面的品质的认知。

由于晕轮效应会使人们产生认知上的偏差,一方面,人们在认知中,要客观全面地认知人或事,尽量防止偏差的出现;另一方面,由于晕轮效应符合人们的认知规律,因此,人们往往宁愿让自己的认知结果有偏差,也予以保留由此所得的认知结果。所以,作为被认知者就要遵循这个规律,做到有效控制传达给对方的积极信息,避免对方对自己产生不良的晕轮效应。

4. 定势效应

定势效应是指当人们在一定的环境中工作学习时,容易形成一种固定的思维模式,使人们习惯于从固定的角度来观察事物或思考事物。有这样一个故事:有一个富人戴了一条漂亮的项链,大家见了都说好看;后来富人不戴了,大家说富人平易近人,不显富。有一个穷人也戴了一条项链,大家见了便说他没有钱还装富;后来穷人不戴了,大家又说他寒酸。这就是思维定式,不管戴不戴富人都是好的,而穷人则是不好的。定势效应会让人看问题戴上"有色眼镜",歪曲事实。

5. 刻板效应

刻板效应是一种特殊的心理定式,是指在人际交往中,对某人或某一类人进行简单概括归类,形成比较固定的印象或看法。

刻板效应常常表现为：第一，因认知对象的国籍不同而形成的刻板效应。如美国人直率、热情，法国人开放、浪漫，英国人传统、保守，德国人讲科学、讲秩序。第二，因职业、年龄不同而形成的刻板效应。如"无商不奸"是对商人的看法，老年人保守、思想不开化，年轻人不稳重、责任心不强等。第三，因性别不同而形成的刻板效应。如男性身体壮实，性格勇敢、胆子大、办事果断、粗心、有泪不轻弹等；女性温柔、娇小、依赖性强、善良文雅、细心、胆小、爱哭、体贴、善于关心人、有同情心等。

刻板效应是建立在一种不正确的意象及概念之上的，以此所得的认知结果会导致人际认知出现偏差。因此，在人际认知中，我们要克服刻板效应的影响，打破固定化，相对客观、准确地了解交往对象，防止出现认知偏差。

6. 投射效应

投射效应是指在人际交往中，认为别人具有同自己相同的想法或者倾向，即把自己的特性投到其他人身上。所谓"以小人之心，度君子之腹"，就是这种现象的描述。

（五）心理障碍

人际关系是一种建立在心理接触基础上的社会关系。在影响人际关系的心理因素中，心理障碍产生的影响很大，也更直接。这里所说的心理障碍不是指病态的心理障碍，如人格分裂、幻觉、幻听等，而是正常人在人际交往中的心理障碍问题，即交往中的人都是正常人，影响人际交往的负面心理都称为心理障碍。心理障碍主要包括：自傲心理、自卑心理、羞怯心理、孤僻心理、猜疑心理、嫉妒心理、自私心理、报复心理等。我们将在第四章作有关介绍。

三、社会因素

人作为人际关系的主体，既是一个生理实体、心理实体，也是一个社会实体。在人的身上，反映出多种多样的社会因素。这些因素从不同的方面影响着人际关系。在这些因素中，最基本的是社会地位、职业、知识层次3种因素。

（一）社会地位

所谓社会地位，是指关系主体所处的社会地位。从政治学和法律学的角度来说，是指由法律规定和公众认可的具有一定特权和专利的社会等级。从社会学角度看，是指人们在生活、工作和学习中所处的位置和所担任角色的总称。社会地位不仅包括经济地位、政治地位，而且包括家庭地位、群体地位、学术地位等等。

社会地位的不同会造成交往的障碍。社会地位对人际关系的制约或影响主要表现在3个方面：

第一，社会地位制约或影响人们的交往对象和人际关系的状况。一般而言，在人际交往中，上行沟通因为是社会地位低的人向社会地位高的人沟通，所以比较困难；下行沟通因为是社会地位高的人向社会地位低的人沟通，所以比较容易；平行沟通因为是社会地位相当的人之间的沟通，则难易相当。

第二，社会地位制约或影响着关系主体的交往热情和交往需要。社会地位不仅有高低之分，而且有主动和被动之分。在人际交往中，处于主动社会地位的人要比处于被动社会地位的人更富有热情和交往需要。无论社会地位高低，具有较高交往热情和明显交往目的的人往往处于主动地位，相反者往往处于被动地位。

第三，社会地位制约或影响着人的交往动机和诸多的交往心理。社会地位除了高低、主动、被动之分，还有援助和求助的区别。在社会生活中，处于求助社会地位的人要比处于援助社会地位的人具有更迫切的交往动机，同时具有更突出的徘徊和胆怯心理。

社会地位对于人际关系产生以上几方面的制约或影响，是由于人际关系是人类社会生活的一部分，它必然要受人的思想、感情、动机等因素的支配。而人们所处的不同位置和所担任的不同角色无疑影响着人们的需要、动机、思想、感情。德国唯物主义哲学家费尔巴哈说过：住在皇宫的人与住在茅草屋里的人，他们所想的事情不尽相同。

（二）职业类别

所谓职业类别，指的是关系主体所从事工作的类别，也就是做什么工作的，如是教师还是售货员，或是工人等。在社会交往中，职业类别对人际关系有一定的制约和影响。

1. 职业类别影响和制约着人际交往的对象

人们从事不同的职业,就会有不同重点的人际交往对象。如教师的主要交往对象是学生;公务员的交往对象主要是同事。职业类别与人际交往对象的这种关系,是职业类别对人际关系的第一制约和影响因素。

2. 职业类别影响和制约着人际关系的类型

社会心理学家荷尼在研究个体和他人的关系时,发现下列3种不同类型的人际关系都与职业有关。

(1)逊顺型。其特点是朝向他人。无论遇到何人,首先想到的是:“他喜欢我吗?”属于这种类型的人,多是社会工作者、医务人员和教育工作者。

(2)进取型。其特征是对抗他人。这种人所想要知道的是别人力量的大小或别人对他有无用处。属于这种类型的人,多是从事商业、金融、法律方面工作的人。

(3)分离型。其特征是疏离别人。这种类型的人常想到的是别人是不是会干扰自己或影响自己。属于这种类型的人,多是艺术创造者或科研工作者。

3. 职业类别影响和制约着人际关系的广度、深度或亲密度

不同的职业类别会满足人们的不同需要,如商业工作者能够满足人们购物的需要,家电修理技师能够满足人们修理家电的需要。从事满足需要越多的职业的人,越容易建立广泛的人际关系;从事满足需要程度越高的人,也越容易建立较深或较亲密的人际关系。

(三)知识层次

所谓知识层次,指的是关系主体自身所具备的知识结构和水平在社会知识系统中所处的层级。现实生活中,我们每个人都有自己的知识层次,一般来说,文化水平相近、知识层次相同的人之间更容易建立人际关系。

事实证明,知识层次相同的人,相互交往多,他们可以在平等的基础上进行科学、文化、情感等方面的交流,双方都可以从对方那里学到有用的东西,相得益彰;知识层次不同的人,相互交往少,双方往往谈不来,即使交往也难以持久下去。

需要指出的是,影响人际关系的内在因素远比我们所指出的要复杂得多,这些因素与其他因素相互作用、相互联系,共同对人际关系产生影响。

第二节 影响人际关系的外在因素

影响人际关系的外在因素,指的是关系主体之外制约人际关系的因素。这些因素从不同的侧面、以不同的方式对人际关系产生影响。

一、自然环境

自然环境对人际关系的影响是不可忽视的,具体表现在以下 3 个方面。

(一)恶劣的自然环境

当恶劣的自然环境威胁到人们的生存时,人们为了对付自然灾害,需要团结协作,这使人们感到他人存在的价值,人与人之间会产生强烈的吸引力,人与人之间的亲密关系会凸显。在人类社会的早期,人们在对付自然灾害、求得自己生存需要的满足的过程中,强烈地意识到他人对自己的意义,从而产生了与他人建立关系的需要。可以说,在人类原始社会时期,自然环境是促使人际吸引的最主要的情景因素。而在未遇到大自然的威胁时,人际关系往往会出现分歧、冲突和争斗的情景。如 1976 年的唐山大地震之后,几代人、不同的家庭、男女老幼挤在临时搭建的棚屋里,用一口锅,一碗饭大家分着吃,人际关系非常亲密。

(二)优美的自然环境

优美的自然环境可以强化人际交往过程中双方的积极情感,促进交往的顺利进行,增强人际吸引。人都有追求美好的要求,美好的环境会使人心情愉悦。现实生活中,正在热恋中的人往往选择花前月下、小桥河边谈情说爱,其交往双方愉悦的审美感受会部分地移情于交往对象,从而增加彼此的吸引。因此,善于交往的人往往会选择最适宜的环境和最有利的时机(对方心情好时)与人进行交往,以达到交往目的。

(三)自然环境影响人际交往行为模式

自然环境对人的生理、心理特征有一定的影响作用,与此相联系,自然环境也影响着人际关系,制约着人际交往行为模式。地理学派的创始人、法国的孟德斯鸠在其名著《论法的精神》中指出,生活在寒冷气候中的人性格刚强、勇敢,有很强的自信心,优越感强,不太多疑,不善于耍政治手腕,并且也不狡猾,而且总是像年轻人一样勇往直前。而生活在炎热气候中的人,对一切事物冷淡,对一切都不感兴趣,没有光明磊落的行为,不会做出宽宏大量的事情,而且较懦弱,对别人顺从,这些人宁愿忍受别人的惩罚,也不愿去工作。孟德斯鸠的观点虽然有些极端,但是他关于自然环境影响人的心理,进而影响人际交往行为模式的说法是有一定道理的。

二、空间距离

空间距离对人际关系有着密切联系和影响。这主要表现在以下几个方面。

(一)不同的空间距离反映不同的人际关系

一般来说,人际关系的建立总是以彼此距离的邻近性为前提的,空间距离的邻近性为人际关系的建立提供了现实和可能。空间距离越近,越容易建立人际关系,人际关系也越密切。俗语说"远亲不如近邻",就含有这样的道理。

爱德华·T. 霍尔(Edward. T. Hall)认为,社交中的人际距离可以区分为4种:

(1)亲密距离——父母与子女之间、情人与恋人之间;

(2)个人距离——朋友、同学之间;

(3)社会距离——上下级之间、师生之间、顾客与营业员之间;

(4)公众距离——正式交往的个体之间或陌生人之间。

可以看出,不同的空间距离反映不同的人际关系。在社交交往中，人与人之间要求的空间距离因不同的文化背景、不同的社会关系、不同的性格等大相径庭。例如：两位领导人见面时是拥抱还是握手，除了文化习俗外，不同的距离反映着不同的关系；日本人与英国人相比，日本人的个人空间小些，英国人的个人空间大些；性格外向者比性格内向者在人际交往中的距离近些；女人之间比男人之间的距离近些；熟人比陌生人靠得近些。

（二）距离远近的不同对人际关系的影响

一般而言，人们生活的空间距离越近，交往双方就越容易接近，彼此之间就越容易相互吸引；反之，交往的可能性就越小。根据社会交换理论，和邻近者交往，比和距离远的人交往所付出的代价小，人们可以以最少的时间、最少的精力去获得更多的信息、情感和帮助。

空间距离可以影响人们的交往频率。有关研究表明，交往的频率与距离的远近成正比关系。空间距离越接近，越容易增加交往次数；反之，就越少。空间距离的邻近，为人们交往的实现提供了机会，增加了交往频率，使关系主体之间有更多的了解机会和体验，更易于发现彼此的共同点，从而产生亲密的关系。“日久见真情”“日久生情”就是这个道理。苏联有一部电影，名叫《第四十一个》，讲述的是一个红军女战士在押送一个白军俘虏到一个荒岛的过程中，与部队失去了联系，为了生存，两人相依为命，在相当一段时间的接触中产生了感情的故事。这种现象在心理学上被视为一种强迫性吸引现象。现实生活中也有很多这样的例子。由于时空的限制，交往者缺乏更多的选择机会或者根本就没有其他可接近的人，这时他们通过了解有可能在此基础上产生友谊。若有更广阔的与人交往的空间，也许两人就不可能认识，更谈不上成为朋友。

需要指出的是，距离的远近并不是形成人际关系的主要因素，它只是影响人际关系的因素之一。在其他因素大体相同的情况下，距离的远近才会产生出作用。

三、习俗礼仪

习俗礼仪是人类最古老的社会现象，它是人们在社会生活中逐步形成并共同遵守的一种行为规范。习俗礼仪对人们的行为具有某些法律和道德所不能实现的约束力。

习俗礼仪对人际关系的影响主要表现在人们的生活方式、接人待物的风俗习惯对交往双方的影响等方面。诸如人们在交往时表达感情的动作、距离,男女交往的分寸,父子交往的规矩等,无不受着礼仪的影响。可以看到,不同国家、不同民族,有着不同的习俗,在人际交往上有着明显的差异,正所谓"十里不同风,百里不同俗"。如世界各地的见面礼,含义千差万别:欧美国家行拥抱礼和握手礼,日本及亚洲一些国家行鞠躬礼,东南亚一些国家行合十礼,还有的国家和地区行抬手礼、脱帽礼等。

在交往风格上,不同的国家和地区也有显著不同。例如:美国人乐于与人交往,而且不拘礼节,与人沟通坦率直言;中国人在人际交往中,习惯于谦虚、含蓄。

人们交往时在表达感情的动作上也是千差万别,有时同一个动作,在不同的国家和地区却表示不同的含义:大多数国家通常以点头表示肯定,但在孟加拉国则是将头往左右肩倾斜4次表示肯定。表示否定的动作也各不相同:俄罗斯人通常摆头,保加利亚人点头。在欧洲一些国家,非夫妻或非恋爱关系的男女之间可以公开接吻,这是习俗礼仪所允许的;在中国的风俗中,这种行为则意味着超过了"分寸"。在西方社会里,父子之间、母子之间可以直呼其名,但在中国,子女对父母直呼其名是非常不礼貌的行为,是习俗礼仪所不允许的。

社会习俗的差异,肯定会给人际交往,尤其是不同民族、不同国家、不同地区之间的交往带来一些影响。

四、道德规范

道德是一种社会意识形态,是调整人们之间以及个人和社会之间关系的行为规范。如中国历史上长期维护封建统治秩序的"仁、义、礼、智、信",就是封建道德的行为规范。我们现在大力提倡的"平等待人""互敬互爱""真诚守信""宽容大度""克己尊礼"等是社会主义的道德行为规范。道德作为人们共同生活的行为规范和准则,也是规范人际关系的行为准则,它制约着人们的人际行为。

道德规范对于人际关系的制约作用，是通过社会舆论和个人内在信念两方面力量相互作用而发生的。具体来讲，它是以道德评价的形式，依靠社会舆论、传统习惯和人们内心信念来维持的。在现实生活中，人们总是根据一定的道德标准，用善与恶、公与私、正义与非正义、诚实与虚伪等道德观念来评价人的交往行为，使人际关系得到调整和处理。当人们认为某种人际交往行为是善的、公正的、正义的、诚实的，就加以支持、赞扬；反之就会加以反对和批评，形成不同的社会舆论。同时，人们对自己的行为也在根据道德规范随时进行评判和调整。显然，如果交往中的关系主体讲究道德、诚实守信、平等互利、助人为乐，就能够营造一种良好、和谐的人际氛围，促进社会文明的进步；反之，如果交往主体不讲道德、损人利己、虚伪欺骗等，则会破坏人际关系，败坏社会风尚。因此，社会生活的正常秩序和人类文明的发展，客观上要求有一定的道德规范来调整各种人际关系。

道德规范对于人际关系制约作用的表现是多种多样的。从根本上讲，社会道德面貌影响和制约着人际关系的面貌，不同的道德规范导致不同的人际行为模式，道德规范的变化引起人际关系的变化。

五、价值观

所谓价值观，是指一个人对周围的客观事物的意义、重要性的总评价和总看法。简单说，就是指什么对你是最重要的，什么是不重要的。价值观就是人们对于价值的基本看法。由价值观所决定的主体行为的方向，就是价值取向。

在现实生活中，不同类型和性质的价值观以及与其相适应的价值取向，制约和影响着人际关系的性质、类型和行为模式。如金钱价值观，就是以个人所拥有的金钱和财富的多寡来衡量人生价值，认为人越有钱，就越有价值，把追求金钱作为人生的最大目标。这种金钱至上的价值观和价值取向，把金钱视为一切行为的第一推动力，并以金钱为目标构成重利主义的人际行为模式。这种人际行为模式，与视“金钱如粪土，仁义值千金”的价值观导致的重义轻利的人际行为模式是截然相反的。再如权力价值观念，把权力的大小作为判断人生价值的标准，认为人生的目的就是获取最大的权力，认为权力越大的人越有价值,并把追求个人的权力作为人生的价值目标。与此相联系,这种价值观和价值取向,促使人们在建立、发展和处理人际关系时,也往往以是否有利于自己得权、保权,以交往对方是否有权及其权力大小为转移。现实生活中,那种溜须拍马等庸俗的人际关系,不能不说与权力价值观和价值取向有着密切的关系。

组织行为学家史布兰格(E. Spranger)把价值观分为6类,拥有不同价值观的人对人际关系处理的侧重点各不相同。

(一)理性价值观

理性价值观是以知识和真理为中心的价值观。具有理性价值观的人把追求真理看得高于一切。"生命诚可贵,爱情价更高,若为自由故,两者皆可抛。"这脍炙人口的诗句只有为自由献身的有志之士才能写得出来。

凡是具有理性价值观的人,都有至死不渝的气概和精神。金钱、美女等都不会动摇他们追求真理的决心,因而他们在处理人际关系时,强调的是信念的一致性和坚韧性,强调的是大局观和民族利益。他们的这种追求和忘我的精神本身就具有感召力和凝聚力。

(二)政治性价值观

政治性价值观是以权力和地位为中心的价值观。持这种观念的人,在处理人际关系时很有心计,有些人为了权力和地位,可以"顺我者昌,逆我者亡",不择手段,投机钻营。

(三)社会性价值观

社会性价值观是以群体和他人为中心的价值观,把为群体、为他人服务作为第一要务。持这种价值观的人,具有社会责任感和无私忘我的精神,在处理人际关系时,想到的总是奉献、给予,而不是索取。因此,人们喜欢接纳他们、尊重他们,他们也有较强的感召力和凝聚力,有很好的人际关系基础。

(四)经济性价值观

经济性价值观是以有效和实惠为中心的价值观。持这种价值观的人,往往比较注重现实的经济利益,有些人见了有利可图的事就会去做,见了有利可图的人就去交结,常常被人们指责为"重利轻义"。但他们对经济的敏感性是无人能及的,所以搞经济是一把好手。

(五)宗教性价值观

宗教性价值观是以宗教信仰为中心的价值观。持这种价值观的人,重视信仰的一致性,注重团体内部人员的凝聚力。

(六)美的价值观

美的价值观是以外形协调和匀称为中心的价值观,持这种价值观的人,把美和协调看得比什么都重要。

持美的价值观的人,无论什么时候,都把服装、化妆等放在第一位。他们注重外表、形式,为了美不顾一切。因而他们在处理人际关系时,人外表的吸引力左右着他们,以貌取人是他们的通病,首因效应、晕轮效应也是他们在人际交往中常犯的错误。

总之,价值观通过影响个体行为、群体行为和组织行为来影响人际关系。

六、法律

法律是由国家立法机关制定或认可的,并由国家的强制力量保证其施行的一种行为规范。国家制定的法律任何人都必须遵守,对违反法律的行为,则要给予惩罚和制裁。如果说习俗、道德等对人的行为是靠一种内在的力量来约束的话,法律则是通过外在的强力来约束人的行为。

法律大体可以分为两种类型:一种是通用性法律,如宪法、刑法、婚姻法、民事诉讼法等,这是每一个公民都必须遵守的;另一种是专一性法律,它专门规范某一方面的行为规则,如环境保护法、森林法等。不管什么样的法律,都是规定人们应该怎么做、不应该怎么做,具有保护性和强制性的性质和特点。由于具有的这些性质和特点,法律自然也影响和规范着人际关系。

首先,法律对人际关系具有保护性。这是指在法律范围内,保障公民享有应有的权利,如享有广泛的民主和自由,有选举和被选举的权利,有言论、出版、集会、结社、旅行、示威的自由,有人身自由和宗教信仰自由等。人们在这个范围内进行交往活动、建立和发展人际关系，受到法律的保护。

其次，法律对人际行为具有强制性。这是指公民违法，不履行义务，就要采取一定的、必要的强制措施进行制裁，对犯罪人实行刑罚。因此，人们在交往活动中必须要依法办事。如父母认为打骂儿女是父母的权力，其实，法律并没有赋予父母这种权力，打骂过甚，造成儿女心理或身体伤害的，同样应受到法律的制裁。

法律对人际关系的制约性，与其自身状况有紧密的联系。例如：法律本身是否健全，即制定状况；法律能否落实，即实施状况。凡是法律健全并能认真实施的地方或时期，就往往能促使人际关系健康而正常地发展；凡是法律不健全、无法可依、实施不力、有法不依的地方或时期，人际关系也往往会出现许多不正常现象，如人际关系的恶化。

七、社会制度

社会制度是指在一定历史条件下形成的社会关系和与此相联系的社会活动的规范体系。其含有3个方面的含义：一是指社会形态，如社会主义、资本主义，这是广义上的层次；二是指具体的社会制度，如经济制度、教育制度、政治制度等，；三是指各种社会组织的规章制度，如考勤制度、奖惩制度、学习制度等，这是狭义上的层次。虽然对社会制度的理解和使用有层次上的差别，但它们都是社会关系和社会活动的全部或部分的规范。从这个意义上讲，社会制度是在一定的历史条件下形成的社会关系和与此相联系的社会活动的规范体系。

社会制度具有多样性，对人际关系都具有一定的影响作用。在现实生活中，不同类型的社会制度，对于人际关系的影响作用不是完全相同的，并带有自己的特点。如经济制度在影响人际关系方面较之政治制度、法律制度和文化制度更为直接，更为剧烈，也更为深刻。

从社会制度的总体上看，无论什么样的社会制度，对于人际关系都有以下影响作用：

第一，影响人际关系的性质和类型。如果从宏观上看，人际关系大体上可分为3种本质上相互区别的历史形态，这就是原始社会中朴素的、平等的人际关系，私有制制度下的对立、不平等的人际关系和社会主义制度下的平等互助、同志式的人际关系。很明显,这几种不同性质和类型的人际关系,从根本上说是由社会制度决定的。

第二,影响人际关系的发展和变化。社会制度是不断发展和变化的,也因此影响着人际关系的发展和变化。从宏观上看,每一种人际关系的演变都同社会制度联系在一起。从微观上看也是这样。在我国曾经有这样的说法,20 世纪 50 年代是人帮人,60 年代是人整人,70 年代是各人顾各人,80 年代是人坑人。虽然这种说法是片面的、不客观的,但在一定程度上反映出我国人际关系的某些变化。从其根源上看,仍然与我国的社会制度的某些变化分不开。

第三,影响人际交往的范围。人际交往的范围在不同时期、不同的地区是不一样的,其是与社会制度联系在一起的。例如:在较为开放的社会制度下,人际关系范围往往容易扩大;在较为封闭的社会制度下,人际关系范围往往狭窄、缩小。

第四,影响人际关系的行为模式。例如:在西方国家,强调个体的自由和价值要求,把个人自由放在首位,以自我为中心;而东方国家则重视集体价值,强调个体服从集体,往往忽视个人自由,抹杀自我,把服从他我、众我放在首位。

八、社会群体

人具有社会性,每个人都在一定的社会群体中生活和工作。所谓群体,是指以一定方式的共同活动为基础结合起来的人们的集合体。群体具有以下 4 个特点:第一,同属一群体的各成员在心理上意识到对方,具有相互认知与同属一群体的感受;第二,同属一群体的各成员在行为上相互依赖、相互作用、彼此影响,并且具有互补性;第三,同属一群体的各成员在目标上是共同的;第四,同属一群体的各成员共同遵守该群体的行为规范和规则。

人际关系的形成需要一定的机会和环境,社会群体则为其成员提供了人际交往的舞台,使交往主体能在群体中表露自己的内心世界,成为周围人们知觉和作用的对象,从而使其确认到自身的存在,能够表现自我和实现自我。人的交往是很广泛的,但其与群体内成员的交往才是最持久和最重要的。

社会群体对人际关系的影响有以下几个特点：

第一，最容易具有相似性。由于社会群体有共同的活动项目和目标，这有利于培养群体内成员之间的合作精神，增进相互之间的了解和信任。因为交往主体长期在一个群体内生活、学习和工作，自然受群体的影响。群体内成员彼此了解，相互信任，态度、爱好日趋一致，有和谐的人际关系。

第二，最容易具有接近性。社会群体成员日复一日地在一起，促使其相互接纳、认同，相互依赖、服从、扶持，心理安全感越来越强，归属感与日俱增。所以，社会群体有利于人际关系的融洽。

第三，最容易具有压力性。所谓压力性，是指当一个人在群体中与多数成员的意见有分歧时，在心理上感到的一种压力。来自社会群体的舆论、风气和规范等都能形成一种催人行动的心理压力，而群体压力容易使群体内成员形成从众心理。群体压力和从众心理对于群体内成员的人际交往既具有积极意义，也具有消极作用。其积极意义是，使群体内成员价值观、信仰、行为、兴趣、爱好逐步趋于一致，使人们有更多的交往理由，为人们和谐相处拉近了心理距离。它的消极作用是，群体内成员的创造性受到遏制，使其差异性越来越少，不利于人际间的长期吸引，也不利于群体外的人际吸引。

第四，社会群体的规模、结构、规范对人际关系的影响。

一是群体的规模是指群体成员人数的多少。一般而言，群体规模越大，人际交往范围较为广泛，人际关系越不容易以群体中的领导者为中心；在其他条件相同的情况下，越是规模较小的群体，人际交往范围较为狭窄，领导者对其内部成员的影响力就越大，成员间就越容易形成凝聚力。

二是群体的结构是指群体成员的组成成分，即群体成员的年龄、专业、知识、智力、性格等结构的有机结合，其实就是人员搭配问题。人员搭配得当，群体就会紧密团结，协调一致，人际关系融洽；反之，人员搭配不当，群体就会出现人际冲突、人心涣散、人际关系紧张。

三是群体的规范是指群体所确立的行为准则，群体内的每一个成员都必须遵守这些准则。群体规范并不是规定每个成员的一举一动，而是规定群体对其成员行为可以接受或能够容忍的范围。群体规范可以是正式的,也可以是约定俗成的。群体规范是社会群体得以生存、巩固、发展的支柱,同时,它为群体内成员提供了日常生活和处理人际关系的方式,限制了他们活动的范围,使群体成员知道为满足个人需要应该做些什么、不应该做些什么,从而最大限度地减少了内部成员之间的摩擦和冲突。

延展阅读

1. 王安石升迁之路

王安石未任宰相之前,一直得不到重用,心情压抑。

有一天,王安石和其朋友喝酒,感慨道:"我对人都坦诚以待,但他们却对我……唉!"

朋友打断了他:"你啊,你所交往的那些人都是小人。你把他们当成朋友,真心对待,可是他们却唯恐你将来会超过他们,又怎么会帮你呢? 你敌友不分,这才是问题的核心。"

王安石始有醒悟,连连称是。他的朋友告诉他:"当今朝廷,韩、吕两家为朝中大姓,势力强大,这两个人为人都很谦恭,平易近人,你若以他们为友,将来你会有出人头地的机会的。"

王安石听取了朋友的建议,此后与人交往有所区别,并积极同韩、吕两家交往,逐渐地名声响起来。

韩家的韩持国是宋神宗的老师,此时宋神宗为颍王。每当韩持国给宋神宗讲到精妙之处时,便会对他说:"王爷不知真情,微臣不敢隐瞒。其实,这都是我朋友王安石的见解,他才是真正的治国安邦的雄才啊。"时间长了,宋神宗对王安石的名字非常熟悉。

后来,当宋神宗为帝时,便任命王安石为宰相,于是就有了著名的王安石变法。

2. 短文两篇

(1)美国心理学家做过一项实验,利用3个星期的暑假时间,将22名12岁的男孩组织起来参加野营生活。

第一阶段是建立两个互不相干的群体,各自开展活动,很快使两个群体形成各自的规范,从而形成了群体意识——"我们",而对另一群体的成员产生一种敌对情绪。

第二阶段是开展两个群体之间的竞争,于是双方的纠纷接踵而来,相互攻击的广告增加。此时,实验者让每个个体进行朋友的选择,结果许多成员都是选择自己所属群体中的其他成员,说明群体内成员关系友好,而群体间的人际关系紧张。

第三个阶段是两个群体实现协作。开始时,两个群体持相互对立情绪,实验者试图创造条件与机会,使双方成员多联系与接触,如一起劳动、散步、看电影,并安排了必须由双方成员齐心协力才能办成事情的活动,造成双方为实现共同目标而分工合作的情境。例如:野营用的蓄水池已损坏,卡车陷入泥水中,需要许多人去帮助;看电影钱不够,必须由成员的负责人把钱凑集起来;等等。经过一系列为实现共同目标而齐心协力的活动之后,逐渐消除了双方成员之间的对立情绪,双方感到谁也离不开谁,而且在共同活动中增进了理解。野营生活结束时,实验者要每一成员再次进行朋友的选择,结果选择对方群体成员作为朋友的比例明显上升。

(2)美国一位心理学家做了一项实验:他给被试者看一些人的照片,这些人看上去分别是有魅力的、无魅力的和中等的,然后,要求被试者来评定这些人的一些特点。这些特点跟有无魅力是无关的。结果发现,有魅力的人得到的评价最高,无魅力的人的道德评价最低。这一研究表明,一个人漂亮、有魅力是一种好的品质,于是他的其他特点也被认知具有积极意义了,这显然是偏见引起的。

3. 要求别人之前,请先要求自己

西方不少哲人十分欣赏孔子的一句名言:"己所不欲,勿施于人。"他们认为这是一种充满了与人为善、善解人意的博爱与民主精神。这句话的意思是:凡是自己不愿意做、不愿意忍受的事,就不要强加到别人身上,因为别人和你一样,对强加给他的东西,同样是不愿意做也不愿意忍受的。站在别人的角度思考就是要推己及人,设他人之身,处他人之地。如果能多从别人的角度想想,就不难找到妥善处理问题的方法。以己度人、推己及人,就能获得别人的尊重,和别人和睦相处,甚至能够化敌为友。

世间万物都是相通的。我们在与人交往中，特别喜欢结交那些了解自己、顺着自己喜好的人。同样，我们也应该站在对方的立场上，考虑他们喜欢什么，不喜欢什么。

美国的欧文梅说："一个人能从别人的观点来看事情，能了解别人的心理活动，就永远也不必为自己的前途担心。"

生活中，我们要学会体谅别人，以别人的观点来看事情。这样一来，人与人之间的摩擦和冲突就会减少很多，人与人之间的关系也会变得更加和谐与融洽。

（选自陈南编著：《感谢折磨你的人全集》，中国妇女出版社，2007年版）

测试题

1. 你属于哪类气质

测试说明：首先请认真阅读下列各题，对于每一题，你认为非常符合自己情况的，在后面括号里填"+2"，比较符合的填"+1"，拿不准的填"0"，比较不符合的填"-1"，完生不符合的填"-2"。

(1) 做事力求稳妥，不做无把握的事。（ ）

(2) 遇到可气的事就怒不可遏，想把心里话全说出来才痛快。（ ）

(3) 宁肯一个人干事，不愿很多人在一起。（ ）

(4) 到一个新环境很快就能适应。（ ）

(5) 厌恶那些强烈的刺激，如尖叫、噪音、危险的镜头等。（ ）

(6) 和人争吵时，总是先发制人，喜欢挑衅。（ ）

(7) 喜欢安静的环境。（ ）

(8) 善于和人交往。（ ）

(9) 羡慕那种能克制自己感情的人。（ ）

(10) 生活有规律，很少违反作息制度。（ ）

(11) 在多数情况下，情绪是乐观的。（ ）

(12) 碰到陌生人觉得很拘束。（ ）

(13) 遇到令人气愤的事，能很好地自我克制。（ ）

(14)做事总是有旺盛的精力。( )

(15)遇到问题常常举棋不定,优柔寡断。( )

(16)在人群中从不觉得过分拘束。( )

(17)情绪高昂时,觉得干什么都有趣;情绪低落时,又觉得什么都没意思。( )

(18)当注意力集中于一件事时,别的事很难使我分心。( )

(19)理解问题总比别人快。( )

(20)碰到危险情境,常有一种极度恐怖感。( )

(21)对学习、工作怀有很高的热情。( )

(22)能够长时间做枯燥单调的工作。( )

(23)符合兴趣的事情,干起来劲头十足,否则就不想干。( )

(24)一点小事就能引起情绪波动。( )

(25)讨厌做那种需要耐心、细致的工作。( )

(26)与人交往不卑不亢。( )

(27)喜欢参加热烈的活动。( )

(28)爱看感情细腻,描写人物内心活动的文学作品。( )

(29)工作学习时间长了,常感到厌倦。( )

(30)不喜欢长时间谈论一个问题,愿意实际动手干。( )

(31)宁愿侃侃而谈,不愿窃窃私语。( )

(32)别人说我总是闷闷不乐。( )

(33)理解问题常比别人慢些。( )

(34)疲倦时只要短暂的休息就能精神抖擞,重新投入工作。( )

(35)心里有话宁愿自己想,不愿说出来。( )

(36)认准一个目标,就希望尽快实现,不达目的,誓不罢休。( )

(37)学习、工作同样一段时间后,常比别人更疲倦。( )

(38)做事有些莽撞,常常不考虑后果。( )

(39)老师或师傅讲授新知识、技术时,总希望他讲慢些,多重复几遍。( )

(40)能够很快忘记那些不愉快的事。( )

(41)做作业或完成一件工作总比别人花的时间多。( )

(42)喜欢运动量大的剧烈体育活动,或参加各种文娱活动。( )

(43)不能很快地把注意力从一件事转移到另一件事上去。( )

(44)接受一个任务后,希望把它迅速完成。( )

(45)认为墨守成规比冒风险强些。( )

(46)能够同时注意几件事物。( )

(47)当我烦闷的时候,别人很难使我高兴起来。( )

(48)爱看情节起伏跌宕、激动人心的小说。( )

(49)对工作抱认真严谨、始终如一的态度。( )

(50)和周围人们的关系总是相处不好。( )

(51)喜欢复习学过的知识,重复做已经掌握的工作。( )

(52)希望做变化大、花样多的工作。( )

(53)小时候会背的诗歌,我似乎比别人记得清楚。( )

(54)别人说我"出语伤人",可我并不觉得。( )

(55)在体育活动中,常因反应慢而落后。( )

(56)反应敏捷、头脑机智。( )

(57)喜欢有条理而不甚麻烦的工作。( )

(58)兴奋的事常使我失眠。( )

(59)老师讲新概念时常常听不懂,但是弄懂以后就很难忘记。( )

(60)假如工作枯燥无味,马上就会情绪低落。( )

计算分值:按照下列每种气质的题号,根据你的打分情况,分别算出每种气质的分值。

胆汁质:2,6,9,14,17,21,27,31,36,38,42,48,50,54,58。

多血质:4,8,11,16,19,23,25,29,34,40,44,46,52,56,60。

黏液质:1,7,10,13,18,22,26,30,33,39,43,45,49,55,57。

抑郁质:3,5,12,15,20,24,28,32,35,37,41,47,51,53,59。

判断说明:

如果某一气质的分值比其他3种高(高出4分以上),你就是该种高分值气质。

如果某两种气质分值接近(二者之差不超过3分),而又高于其他两种(高出4分以上),那你就是高分值的两种混合型气质。

如果某3种气质的分值均高于第4种气质的分值4分以上,且接近(三者之差不超过3分)那你就是高分值的3种混合型气质。

2. 性格综合测试题

本心理测试是由中国现代心理研究所以著名的美国兰德公司(战略研究所)拟制的一套经典心理测试题为蓝本,根据中国人心理特点加以适当改造后形成的心理测试题,目前已被一些著名大公司,如联想、长虹、海尔等公司作为对员工心理测试的重要辅助试卷,据说效果很好。现在已经有人建议将来作为对公务员的必选辅助心理测试推广使用。来测试一下吧!

注意:每题只能选择一个答案,应为你第一印象的答案,把相应答案的分值加在一起即为你的得分。

(1)你更喜欢吃哪种水果?

A. 草莓(2分)　B. 苹果(3分)　C. 西瓜(5分)
D. 菠萝(10分)　E. 橘子(15分)

(2)你平时休闲经常去的是什么地方?

A. 郊外(2分)　B. 电影院(3分)　C. 公园(5分)
D. 商场(10分)　E. 酒吧(15分)　F. 练歌房(20分)

(3)你认为容易吸引你的人是?

A. 有才气的人(2分)　B. 依赖你的人(3分)
C. 优雅的人(5分)　D. 善良的人(10分)
E. 性情豪放的人(15分)

(4)如果你可以成为一种动物,你希望自己是哪种?

A. 猫(2分)　B. 马(3分)　C. 大象(5分)
D. 猴子(10分)　E. 狗(15分)　F. 狮子(20分)

(5)天气很热,你更愿意选择什么方式解暑?

A. 游泳(5分)　B. 喝冷饮(10分)　C. 开空调(15分)

(6)如果必须与一个你讨厌的动物或昆虫在一起生活,你能容忍哪一个?

A. 蛇(2分)　B. 猪(5分)　C. 老鼠(10分)
D. 苍蝇(15分)

(7)你喜欢看哪类电影、电视剧?

A. 悬疑推理类(2分)　B. 童话神话类(3分)

C. 自然科学类(5 分)　D. 伦理道德类(10 分)
E. 战争枪战类(15 分)
(8) 以下哪个是你身边必带的物品?
A. 打火机(2 分)　B. 口红(2 分)　C. 记事本(3 分)
D. 纸巾(5 分)　E. 手机(10 分)
(9) 你出行时喜欢坐什么交通工具?
A. 火车(2 分)　B. 自行车(3 分)　C. 汽车(5 分)
D. 飞机(10 分)　E. 步行(15 分)
(10) 以下颜色你更喜欢哪种?
A. 紫(2 分)　B. 黑(3 分)　C. 蓝(5 分)
D. 白(8 分)　E. 黄(12 分)　F. 红(15 分)
(11) 在下列运动中挑选一个你最喜欢的(不一定擅长)。
A. 瑜伽(2 分)　B. 自行车(3 分)　C. 乒乓球(5 分)
D. 拳击(8 分)　E. 足球(10 分)　F. 蹦极(15 分)
(12) 如果你拥有一座别墅,你认为它应当建立在哪里?
A. 湖边(2 分)　B. 草原(3 分)　C. 海边(5 分)
D. 森林(10 分)　E. 城中区(15 分)
(13) 你更喜欢以下哪种天气现象?
A. 雪(2 分)　B. 风(3 分)　C. 雨(5 分)
D. 雾(10 分)　E. 雷电(15 分)
(14) 你希望自己的窗口在一座 30 层大楼的第几层?
A. 7 层(2 分)　B. 1 层(3 分)
C. 23 层(5 分)　D. 18 层(10 分)
E. 30 层(15 分)
(15) 你认为自己更喜欢在以下哪一个城市中生活?
A. 丽江(1 分)　B. 拉萨(3 分)　C. 昆明(5 分)
D. 西安(8 分)　E. 杭州(10 分)　F. 北京(15 分)

判断分析:

180 分以上:意志力强,头脑冷静,有较强的领导欲,事业心强,不达目的不罢休。外表和善,内心自傲,对有利于自己的人际关系比较看重,有时显得性格急躁,咄咄逼人,得理不饶人,不利于自己时顽强抗争，不轻易认输。思维理性，对爱情和婚姻的看法很现实，对金钱的欲望一般。

140～179 分：聪明，性格活泼，人缘好，善于交朋友，心机较深。事业心强，渴望成功。思维较理性，崇尚爱情，但当爱情与婚姻发生冲突时会选择有利于自己的婚姻。金钱欲望强烈。

100～139 分：爱幻想，思维较感性，以是否与自己投缘为标准来选择朋友。性格显得较孤傲．有时较急躁，有时优柔寡断。事业心较强，喜欢有创造性的工作，不喜欢按常规办事。性格倔强，言语犀利，不善于妥协。崇尚浪漫的爱情，但想法往往不切合实际。金钱欲望一般。

70～99 分：好奇心强，喜欢冒险，人缘较好。事业心一般，对待工作随遇而安，善于妥协。善于发现有趣的事情，但耐心较差，敢于冒险，但有时较胆小。渴望浪漫的爱情，但对婚姻的要求比较现实。不善理财。

40～69 分：性情温良，重友谊，性格踏实稳重，但有时也比较狡黠。事业心一般，对本职工作能认真对待，但对自己专业以外的事物没有太大兴趣，喜欢有规律的工作和生活，不喜欢冒险，家庭观念强，比较善于理财。

40 分以下：散漫，爱玩，富于幻想。聪明机灵，待人热情，爱交朋友，但对朋友没有严格的选择标准。事业心较差，更善于享受生活，意志力和耐心都较差，我行我素。有较好的异性缘，但对爱情不够坚持认真，容易妥协。没有财产观念。

3. 你的情绪稳定吗？

测试说明：以下各题选 A 得 2 分，选 B 得 0 分，选 C 得 1 分。

(1) 看到自己最近一次拍摄的照片，你有何想法？

A. 觉得不称心　　B. 觉得很好　　C. 觉得可以

(2) 你是否想到若干年后会有什么使自己极为不安的事？

A. 经常想到　　B. 从来没有想过　　C. 偶尔想到过

(3) 你是否被朋友、同事或同学起过绰号、挖苦过？

A. 这是常有的事　　B. 从来没有　　C. 偶尔有过

(4) 你上床以后，是否经常再起来一次，看看门窗是否关好、炉子是否封好等？

A. 经常如此　B. 从不如此　C. 偶尔如此

(5)你对与你关系最密切的人是否满意?

A. 不满意　B. 非常满意　C. 基本满意

(6)半夜的时候,你是否经常觉得有什么值得害怕的事?

A. 经常　B. 从来没有

C. 极少有这种情况

(7)你是否经常因梦见什么可怕的事而惊醒?

A. 经常　B. 没有　C. 极少

(8)你是否曾经有多次做同一个梦的情况?

A. 有　B. 没有　C. 记不清

(9)有没有一种食物使你吃后呕吐?

A. 有　B. 没有　C. 记不清

(10)除去看见的世界外,你心里有没有另外的世界?

A. 有　B. 没有　C. 记不清

(11)你心里是否时常觉得你不是现在的父母所生?

A. 时常　B. 没有　C. 偶尔有

(12)你是否曾经觉得有一个人爱你或尊重你?

A. 是　B. 否　C. 说不清

(13)你是否常常觉得你的家庭成员对你不好,但是你又确知他们的确对你很好?

A. 是　B. 否　C. 偶尔

(14)你是否觉得没有人十分了解你?

A. 是　B. 否　C. 说不清楚

(15)你在早晨起来的时候最经常的感觉是什么?

A. 忧郁　B. 快乐　C. 讲不清楚

(16)每到秋天,你经常的感觉是什么?

A. 秋雨霏霏枯叶遍地　B. 秋高气爽艳阳高照　C. 不清楚

(17)你在高处的时候,是否觉得站不稳?

A. 是　B. 否　C. 有时是这样

(18)你平时是否觉得自己很强健?

A. 否　B. 是　C. 不清楚

(19)你是否一回家就立刻把房门关上?

A. 是　　B. 否　　C. 不清楚

(20)你坐在小房间里把门关上后,是否觉得心里不安?

A. 是　　B. 否　　C. 偶尔是

(21)当一件事需要你作决定时,你是否觉得很难?

A. 是　　B. 否　　C. 偶尔是

(22)你是否常常用抛硬币、翻纸牌、抽签之类的游戏来测凶吉?

A. 是　　B. 否　　C. 偶尔

(23)你是否常常因为碰到东西而跌倒?

A. 是　　B. 否　　C. 偶尔

(24)你是否需要一个多小时才能入睡,或醒得比你希望的早一个小时?

A. 经常这样　　B. 从不这样　　C. 偶尔这样

(25)你是否曾看到、听到或感觉到别人觉察不到的东西?

A. 是　　B. 否　　C. 偶尔

判断分析:

总分0~20分,表明你情绪稳定、自信心强,具有较强的美感、道德感和理智感。你有一定的社会活动能力,能理解周围人们的心情,顾全大局。你一定是个性情爽朗、受人欢迎的人。

总分21~40分,说明你情绪基本稳定,但较为深沉,对事情的考虑过于冷静,处事淡漠消极,不善于发挥自己的个性。你的自信心受到压抑,办事热情忽高忽低,易瞻前顾后、踌躇不前。

总分在41分以上,说明你情绪极不稳定,日常烦恼太多,使自己的心情处于紧张和矛盾之中。如果你得分在50分以上,则是一种危险信号,你务必请心理医生作进一步诊断。

复习思考题

1. 影响人际交往的心理因素有哪些?
2. 简述首因效应、近因效应、晕轮效应、刻板效应的内容。
3. 影响人际交往的社会因素有哪些?

4. 简述能力对人际关系的影响。

5. 心理动力因素与人际关系的联系。

6. 态度转变的途径有哪些？

7. 说出空间距离对人际交往的影响。

8. 人体的仪表风度对人际交往有何重要意义？

9. 群体对人际关系的影响有哪些？

10. 自我意识对人际关系的影响有哪些？

讨论题

人际交往的困惑

一天，陈伟军来到了心理咨询室。他面容苍白，行为拘谨，一脸茫然，他正面临着人际交往的困惑。

陈伟军是某大学化学系本科二年级学生。他来自北方某省的农村，父母都是老实本分的农民，生活并不富裕。他头脑比较聪明，学习也踏实努力，在班里的成绩排名一直在前5名。全家人把希望都寄托在他身上，家里的事也不用他操心，让他专心学习。也许受家庭环境的影响，他的性格比较内向，不大爱说话，很少与人交往。

然而上大学之后，他开始感到许多事情总不顺心，与同学的关系比较紧张，跟同宿舍的人还发生了几次冲突。从此，他早出晚归，同宿舍的同学也很少见到他，集体活动也很少参加，也没有一个能说话的知心朋友。他感到特别的孤独和自卑，有时情绪烦躁。长期的苦恼和焦虑导致他经常失眠，胃口也不好。他曾想埋头学习来减轻痛苦，但是，由于睡眠不好，白天精力很难集中，成绩急剧下降，后来竟出现考试不及格的现象。他感到了震惊和恐慌，他无力摆脱这种困境。他对学校、同学、学习开始厌恶，不愿再在学校待下去。

如何帮助陈伟军走出人际交往的困惑？

第四章 人际交往的障碍及改善

在现实生活中,每一个人都希望与他人建立良好的人际关系,广结良缘,但不是人人都能如愿。人们发现,那些积极健康、乐观开朗、善解人意、胸怀宽广的人深受欢迎。人们在人际交往中表现出来的交往行为往往更多地受到心理因素的影响。不良的心理因素在人际交往中会形成一种障碍。人们要想建立良好的人际关系,就必须对交往中的心理障碍的表现、成因有所了解,以便有针对性地进行调节和改善。

第一节 人际交往的障碍

人际交往的障碍主要是心理障碍,从交往主体方面进行分析,其主观方面的心理障碍主要有以下3个方面。

一、认知障碍

认知是指个体在与他人交往过程中,根据认知对象的外在特征,推断与判断其内在属性的过程,或者说是在个体与他人交往过程中,观察了解他人并形成判断的一种心理活动。人际交往与认知有着密切的联系,任何人际交往都包含有认知的因素,并且建立在认知的基础上。在日常人际交往中,唯有主体的主观认知与客体实际相符,才能根据不同的对象采取相应的交往方式,促使交往顺利进行。

在认知过程中,常常受到人际认知心理效应的影响,形成心理障碍,出现心理偏差。这些效应主要有首因效应、近因效应、晕轮效应、刻板效应等。有关内容见第三章。

二、语义障碍

在人际交往过程中，由于民族、地域、文化背景、生活习惯以及性格、情绪、态度等方面的差异，往往形成语义障碍，使人们之间的语言沟通产生困难。

例如，中国人使用"爱人"一词时，指的是妻子或丈夫，而西方人中的"爱人"的含义是情人的意思。如果你问一个西方人爱人的情况，他会觉得十分尴尬，并认为你是一个很无礼的人。但这在中国人之间是十分正常的。我国北方人称"媳妇"为自己的妻子，而在我国南方则是指儿子的妻子。

有时，不同的语气和态度，不同的心态、情感、文化背景、时空环境等因素均可导致人际沟通中的语义障碍。比如"先生"一词，一般是指男士，特别是在社交场合来称呼与你初次见面或你不知其姓名的男士。同一个单位很熟悉的同事就不叫"先生"了，如果偶尔同事称你为"先生"，可能就有弦外之音了。另外，对有身份的女士也可称呼"先生"。所以，我们应不断提高语言能力，完善自身语言沟通的素质，以减少沟通中的误解和障碍。

三、情绪障碍

情绪是指人对所接触到的世界和人的态度以及相应的行为反应，就是快乐、生气、悲伤等心情。它不只会影响我们的想法，更会激起一连串的生理反应。

人非草木，孰能无情？在人际交往中，不仅仅有认知的过程，也有情感过程。人活着，就免不了要体验这些情绪。情绪左右了我们的决定和行为。

大体上，我们可以把情绪分为愉快和不愉快两种。

愉快的情绪包括喜悦、快乐、积极、兴奋、骄傲、惊奇、满足、热忱、冷静、好奇心、如释重负等等。

不愉快的情绪包括失望、挫折、忧郁、困惑、尴尬、羞耻、不悦、自卑、愧疚、仇恨、暴力、讥讽、排斥、轻视等等。

情绪又可以分为积极的情绪和消极的情绪。积极的情绪可以促进交往，而消极的情绪会抑制交往，形成交往中的障碍。一个人在生活中经常会遇到种种不如意，有的人会因此大动肝火，结果往往把事情搞得越来越糟，而有的人则能很好地控制自己的情绪，泰然自若地面对各种问题，在生活中处于不败之地。人愤怒时，往往会对阻碍自己的人有攻击言语或者行为，结果多半会使对方反过来攻击自己。所以，人际交往中有必要调控好自己的情绪，理智客观地处理所有问题。

四、心理品质障碍

在人际交往中，有一些属于心理品质的因素，如嫉妒、猜疑、自卑等造成的心理障碍，这些心理障碍对人际交往造成不同程度的危害。

（一）自傲心理

自傲心理是指在与人交往中表现出来的自高自大、目中无人、轻视对方及不尊重他人的心理。

有自傲心理障碍的人，在社交场合往往显得傲慢自大，瞧不起人，一副自命不凡、自视清高、自以为是的架势。自傲心理主要来自个体对自我认知的偏颇，如受一种自恃自傲心理的驱使，自认为自己才智超群、高人一等，别人都不如自己，唯我独尊，不把别人放在眼里，更听不进别人的话。这种心理障碍在人际交往中会伤害对方的自尊，久而久之，会导致人际关系的疏远或冲突。

一般而言，自傲心理与自卑心理存在于一种不对称、不平等的“权势关系”中，这种关系容易使一方骄傲自大，处于主动地位，而使另一方产生自卑，处于被动地位，如现实生活中的上下级关系。导致这种关系的根源，是双方在经济、社会地位上的不平等造成的，很难在一段时间内消失。

（二）自卑心理

自卑心理是人们对自己的能力或品质做出过低的评价，从而产生的一种情绪体验。它与自傲正好相反，是自己低估了自己，总认为别人事事都比自己强。

自卑心理是缺乏自信的表现，是自我认知偏差的心理障碍。这种人在与人交往中，总感到自己一切不如人，缺乏应有的自信。在遇到问题时，首先对自己的能力表示怀疑，易丧失信心；一旦受到讥讽、嘲弄，便会对交往对象表现出嫉妒、猜疑、暴怒等畸形心理；还可能表现出自我孤独、脱离群体、傲视一切、多愁善感、性格抑郁、消极悲观等。

自卑心理产生的原因是多方面的，因人而异。从主观上分析，容易自卑的人主要有以下几种：具有生理缺陷、内心孤僻的人，如相貌、身材、体质有明显缺陷的人；性格抑郁、不开朗、优柔寡断、谨小慎微、抑郁气质的人；在个人智能方面，如感知、记忆、思维、想象、语言表达、操作等智力水平偏低者，也易产生自卑心理。

从客观上分析，家庭环境和教育环境的不同会引起自卑心理。如家境贫寒、经济拮据或残缺畸形的家庭，其成员易产生自卑心理。父母是孩子的第一任老师，父母对孩子的教育方式和态度，对孩子自我意识的形成有直接影响。严厉型父母过于苛刻，使孩子受到某种压抑，容易产生自卑心理；老师对学生的斥责、偏见，也会使学生产生自卑心理。再从社会方面来看，如果出现不公平、不公正的现象，如农民工、弱势群体这些人在遭遇社会歧视的压力下，很容易产生自卑心理。

（三）羞怯心理

羞怯，指的是害羞、羞涩、胆怯。羞怯心理是指个体在人际交往中感到难为情、害怕与人交往的一种心理障碍。

羞怯是人际交往中常见的一种状态，一般表现为：害羞、脸红、手心冒汗、心跳加快、浑身发抖、说话结巴、手足无措、目光怯于与交往对象对视等。

羞怯心理产生的原因是多方面的，大致可归纳为以下几方面的原因：第一，气质方面的原因。如抑郁型的人在社交中易产生羞怯心理。第二，受挫经历的原因。如曾经受过挫折、刺激、打击和失败等，一与人交往就产生羞怯心理。第三，自我保护和社会实践少的原因。生活中，有些人特别是年轻人，社会交往和社会实践较少，因而缺乏社交经验，使心理平衡与调节能力得不到应有的训练机会，也会导致羞怯心理。

（四）嫉妒心理

嫉妒心理是因个体的欲望得不到满足或是在竞争中失败而产生

的一种羞愧、愤怒、怨恨、不服气、不愉快等组成的复杂情感体验，也是一种普遍的社会心理现象。

一般来讲，凡是自己不如人的方面，都有可能成为嫉妒的内容，如才华、荣誉、地位、机遇、相貌等。培根曾经说过，嫉妒是一切情欲中最顽固、最持久、最堕落的情感。甚至一些英雄人物也会嫉妒别人，如三国中的周瑜，因嫉妒诸葛亮，最后被气得箭伤复发而死。当嫉妒心理通过嫉妒行为表现出来时，其形式也会因人而异：较轻程度的表现是发泄一种不满、不服气、恼怒的情绪；而较重者则会出现对他人攻击、诋毁、欺辱的行为，更甚者会丧失理智，对他人和社会造成恶劣影响。

（五）猜疑心理

猜疑心理是以一种主观臆断、过分敏感、以假设为出发点的封闭性思想来看待对方言行的心理障碍。猜疑心理是一种对人际交往消极有害的心理现象。

具有猜疑心理的人通常表现为对交往对象不信任、不友好、不真诚；喜欢捕风捉影，疑心重重；担心他人会陷害自己，处处设防；等等。大家熟悉的“亡斧疑邻”的故事就是对典型的猜疑心理的描述。

猜疑心理产生的主要原因是，猜疑者往往思考问题不冷静，不深入调查研究，主观臆想，毫无根据地以假设为前提，并自圆其说，因而失去了对事实的判断标准，以至于真假不分，是非不分，黑白不分。同时，猜疑者缺乏与人的交流沟通，容易轻信谣言，并且过于自信，心胸狭窄等。显而易见，猜疑是人为制造的心理障碍，是人际交往中的一大顽症。

（六）自私心理

自私心理是一种只顾自己利益，不顾他人和集体的利益，以我为中心的心理。具有自私心理的人，心里只装着自己，遇事只为自己考虑，不考虑他人的利益和感受。

有较严重自私心理的人，在人际交往中往往表现出很强的功利性，对自己有利就交往，无利就拒绝，并常常做出损人利己、假公济私的行为。“人不为己，天诛地灭”是他们的价值判断。

自私心理是利己主义的表现，利己主义是自私心理发展的结果。

大多具有自私心理的人，在交往中强调的不是互惠互利，而是仅对自己有利。自私心理轻者会干扰和影响人与人之间的正常交往；重者则不仅会对人际关系起破坏作用，还会对他人、集体和社会产生一定的危害性。

（七）孤僻心理

孤僻是指孤独、不合群，性格怪僻，喜欢独处。有孤僻心理的人，主要表现为：少言寡语，离群索居，不愿与他人接触，待人冷漠，不愿参加群体活动，做事喜欢独来独往，封闭自我，不愿与他人进行交流和沟通。

有孤僻心理的人与其他人之间很容易产生隔阂和心理屏障，这又促使其逐步脱离群体，越来越孤独，越来越封闭自己，形成恶性循环。所以，其他人很难了解这种人的内心世界，其自己也不能很好地理解别人。

孤僻心理的产生有主观和客观两方面的原因。从主观上看，属于抑郁型气质的人，喜欢独来独往，自我封闭；性格内向的人通常表现出不愿与他人接触，沉默寡言；不善于与人交往的人，久而久之也会形成孤僻心理。从客观上看，孤僻心理的形成与家庭环境、个人成长经历及所处的群体环境等方面都有着密切的联系。

（八）报复心理

报复心理是指在人际交往中，以攻击的方式发泄对他人的不满和怨恨的一种情感体验。具有报复心理的人，通常会将自己遭遇的挫折、失败归因到某一具体的交往对象身上，从而导致报复行为的产生。

有报复心理的人并不一定都有报复行为。但一旦产生报复行为，便极富情绪性和攻击性，往往对社会造成极大的危害。震惊全国的云南大学学生马加爵事件，就是一个典型的案例。

报复心理和报复行为产生的原因，从主观因素看，与个性特征有关系。报复心理是自卑心理、嫉妒心理、猜疑心理的极端表现，过度自卑，嫉妒心、猜疑心重的人，大都对他人、社会抱有敌视态度。在他们的内心深处隐藏着一种命运对他们无情、社会对他们不公的怨恨，他们对社会地位比他们高、生活条件与环境比他们好、事业发展比他们顺利、生活比他们优越的人有一种嫉恨和愤愤不平的情绪。当这种不良情绪达到不可遏制的状态时,就会实施报复行为或侵犯行为。

从客观上看,报复心理和报复行为的产生与遭受挫折和失败有关。著名社会心理学家多拉德提出挫折—侵犯理论,他认为侵犯是挫折的一种后果,侵犯行为的发生总是以挫折的存在为先决条件。另一位社会心理学家贝克威兹则认为,人在遭受挫折以后,仅引起一种唤起状态及侵犯行为的准备状态。如果在个体所处的环境之内不存在给人以引导的认识线索,挫折不一定会导向侵犯行为。个体在遭受挫折之后会做出什么反应,表现出怎样的行为,是由环境内在的线索或环境提供的刺激来引导的。贝克威兹强调,外在环境的侵犯引导是激发侵犯冲动、产生侵犯行为的先决条件。因此,具有报复心理的人往往与社会、与他人格格不入,人际关系自然趋向恶化。

第二节　人际交往的原则

原则是人们根据事物发展规律制定的行为准则,也就是人们在其行为中所依据的法则或标准。人际交往的原则,也是人们在长期交往实践中对其规律性探索的高度概括和总结;反过来,又指导着人们交往的实践与行为,成为人们进行正常人际交往的指导思想和依据。

一、平等原则

所谓平等原则,是指人与人交往中坚持平等相待。平等是交往的基础,交往必须平等。平等原则是建立和发展良好人际关系的基础和前提。

(一)平等的内涵

在人际交往中,我们强调平等原则时,必须要对平等有一个正确的认识,树立科学的平等观。

1. 平等是相对的而不是绝对的

平等的相对性主要表现在:首先,平等是有条件的,包括自然条件和社会条件。自然条件特指人的生理条件,如身体健全的人与残疾人交往时,不能主观地要求残疾人做同样的事。社会条件主要指政治、经济、文化、社会等方面的条件。在现有条件下,不可能达到每个人都有同样的经济收入,享有同样的文化教育,处于同样的社会地位。其次,每个人的起点和机会是均等的,如每个人都可以上初中、高中、大学,但究竟能上到哪个层次,就要看每个人的努力程度了。

2. 平等是现实的

平等的现实性主要是指:第一,平等具有时代性。平等是当时当代的,符合当时现实实际的,既不超前也不滞后于时代。第二,平等具有地域性。如经济发达地区和贫穷地区就会有区别。第三,平等具有文化性。具有不同文化背景的人对平等的理解不同。第四,平等是发展变化的。平等会随着社会、经济的发展而发展变化,不会一成不变。

（二）平等的内容

平等主要包括4个方面的内容:其一,政治平等;其二,法律平等;其三,经济平等;其四,人格平等。这种平等意味着所有社会成员都享有包括生存权利和发展权利在内的宪法和法律所规定的各项权利和自由,其人格和尊严都一视同仁地得到法律和正义的保护,其权利和责任能够对称。

人人平等理念的关键是,每个交往个体应做到既要尊重自己,又要尊重他人。换言之,任何人要做到和别人正常交往,就要既珍视自我的价值,又珍视他人的价值,以实现两者的有机统一,这样才有利于建立人与人之间的平等关系。

二、互利原则

与平等原则相联系的是互利原则。互利原则是指在人际交往中,关系主体双方都能够从对方得到一定的利益和好处,相互满足各自的需要。

（一）互利原则体现了人际交往最基本的动机

互利既包括物质方面的互利,也包括精神方面的互利。物质即人维持生存所应有的对物质资料的需要,涉及衣、食、住、行、用等方面;精神则是人在情感、意识、心理、文化及社会交往等方面的需求,如交往双方思想观念的交流、心理的沟通、情感(包括亲情、友情、爱情等)的慰藉与交流、文化知识的交流等。

(二)人际交往的互利性是客观存在

在过去相当长的一段时期内,人们怯于谈互利。实际上,人们因满足各自不同的需要而交往,这是客观事实。人类社会的发展历史证明,人们正是通过物质上的互相帮助和支持,以及精神上的彼此慰藉和鼓励,才使人际交往得以进行。而且交往双方的需求和对需求的满足的平衡是人际交往延续的基础。如果出现失衡,双方就可能中断或终止交往。

(三)人际交往强调互惠互利

我们所提的互利原则是正面、积极、合理合法、符合道德规范的互惠互利,是与社会上某些违法乱纪、损公肥私、损人利己、行贿受贿、权钱交易等负面的、阴暗的、丑恶的现象针锋相对的。对于那些属于庸俗关系的表现、那些危害正常人际关系建立和发展的败坏党风、政风、社会风气的毒瘤,必须全面、彻底清除,才能使正常的人际关系得以健康发展。

三、诚信原则

诚,即真诚、诚实;信,即信用、信誉。是指在人际交往中双方诚实、守诺、讲信用。诚信原则是人际交往的基本原则。

(一)诚信原则是世界性的法律原则

诚信原则不仅是人际交往的重要原则,实际上也是一项从古至今的、做人的伦理道德标准。诚信原则不仅被确立为我国民事诉讼法的一项重要法则,还被各国民法公认为"帝王条款",是世界性法律原则。

(二)诚信原则是中国的传统美德

在我国关于诚信的论述很多,如"人无信不立""人而无信,不知其可也""一诺千金,一言百系""一言既出,驷马难追"等等,讲的都是一个"信"字。在中国传统文化中历来把诚信视为美德,视为判断正人君子和小人的试金石。从中国传统文化的角度来看,往往强调诚信的道德价值观，在人际交往中，诚信是一种道德准则、道德规范、道德修养。

（三）诚信原则是做人之本

诚信是做人之本，是维护正常人际关系的行为准则。在人际交往中，只有遵循诚信原则，才能为双方关系的发展打下良好的基础，才能建立相互信赖的关系。诚信体现在人与人的关系中，表现为真实可信、待人以诚、言行一致、信守承诺、老少无欺。自古以来，讲信用的人受到人们的欢迎和赞颂，不讲信用的人则受到人们的斥责和唾骂。

（四）诚信原则是人际交往的基础

诚信是交往的基础。人们在沟通交往中最大的障碍就是双方缺乏信任。一方一旦认为对方是一个不讲诚信的人，一般就不愿意再同其交往。目前，在我国社会生活中，诚信的缺失问题相当严重，应引起政府和全社会的关注。人们呼唤诚信，社会需要诚信，让我们为诚信美德的重新发扬光大而努力。

四、礼貌原则

礼貌原则是指交往双方在交往过程中言谈举止谦虚、恭敬，相互尊重的原则。礼貌原则是人际交往中的又一基本原则。

我国素有"礼仪之邦"之美誉，礼在中国传统文化中占据中心的位置。讲礼貌是做人的最起码的道德规范，也是与他人交往的行为准则。礼貌是一个人待物接人时的言谈举止、态度、表情等的外在表现，所以，透过礼貌可以反映和体现出一个人的文明程度和品德修养。

礼貌原则要求人们在人际交往中要注重礼貌仪表、礼貌举止、礼貌用语等。这些具体要求我们在公共礼仪有关的章节中再作介绍。

五、人道原则

人道原则是指爱护人的生命、关怀人的幸福、尊重人的人格和权利的道德原则。人道原则与人道主义是一致的。

坚持人道原则，首先就要尊重人，在人际交往之中表现为自尊和他尊（即尊重别人）。人都有自尊心，都希望别人尊重自己，所以在人际交往中,每一个人都应当自觉地尊重别人。其次,要爱护别人、关心别人。爱人,是人道主义的基本精神;关心人,则是人道主义的根本要求。按照这种精神的要求,在人际交往中,我们应该设身处地为别人着想。人人都互相关心、互相爱护,人人爱我,人人关心我,我爱人人,我关心人人,则人际关系肯定会非常和谐。再次,要遵循"己所不欲,勿施于人"的要求。这一要求是尊重人、爱护人、关心人的具体实施和落实。只有贯彻落实好这个要求,才能做到尊重人、爱护人和关心人。

六、择善原则

择是挑选、选择之意;善是良好、友善、善良、慈善之意,与"恶"相对。择善,顾名思义就是选择好的。择善原则是指在建立和发展人际关系时,不能盲目从事,而要有所选择地进行。

在建立和发展人际关系时,坚持择善原则,首先要考虑自己与交往对象相互的需要是否有益于社会、有益于他人。如果是有益的,就要采取积极的态度;如果是有害的,就要坚决放弃。在工作中,凡是有利于建立良好的工作秩序、有利于提高效率的人际关系,就应积极地建立和发展。在生活中,对有助于人们陶冶情操,有助于人们身心健康、家庭和睦,有助于人们团结友爱、帮扶解困的人际关系也应积极地建立和发展。按照择善原则,一切有益于交流思想、相互启发、获得知识的人际关系都应该尽力地建立和发展;相反,那些以谋求不正当个人利益、满足低级趣味为目的的人际关系则是应坚决抵制和反对的。

七、适度原则

适度原则是指在与人交往时,交往主体的表情、态度及言行等要把握得有分寸,做到恰如其分、恰到好处。

适度原则主要包括 3 个方面的内容:

第一,表情要适度。人的面部表情通常有喜怒哀乐等变化,在交往中,不要过于表现出大喜大悲的表情,这会使他人觉得你缺乏修养、缺乏理智。最好的表情是微笑,微笑能打动人、能感染人,而微笑之所以美正是在于适度。眼睛是心灵的窗口,也是面部表情的核心,对所交往对象注视的时间要适度,太长或太短,都是非常失礼的表现。

第二,态度要适度。态度是对一定对象的心理反应倾向,对象不同,态度也不同。如对长者的态度不同于对晚辈的态度;对领导的态度不同于对下属的态度;对亲友的态度不同于对陌生人的态度。态度适度要求人们对不同的交往对象都要适度尊重、热情,要一视同仁。

第三,言行要适度。这是指人际交往中的言谈、举止应遵守一定的规范,不能根据自己的喜好随意放纵。交往双方应使用文明、规范的用语,语言交流适当,既不抢话又不少言寡语;语速适当,既不太快又不太慢;举手投足恰到好处,在交往对象面前充分展示自己。

八、相容原则

相容,即宽容,指宽宏大量、心胸宽广、不计小过、容人之短、忍耐性强。相容原则是指交往中双方需要有一定的忍耐度,能相互宽容的原则。

世界上没有两个完全相同的人,每个人成长经历、受教育程度、习俗信仰、性格特征等均不同,使人与人之间存在许多差异,只有求同存异、相互忍让,才能和睦共处,正常交往。反之,必然会发生冲突和矛盾,导致关系的紧张。

人际交往中,"相容"是最难做到的,难就难在对交往对象的"短处"要能够容忍:首先,要能够善意地帮助对方,指出对方的错误,并给予对方改正错误的机会;第二,要学会控制自己的习惯行为,做到有理也让人;第三,要把握好"度",不应将"相容"表现为怯弱、低三下四,而应表现出一种豁达的心胸、积极的心态、谦逊的品格。

可见,相容是一个人思想境界和品德修养的反映,同时也是实现人与人之间和谐相处的重要原则。

九、理解原则

理解原则是指交往双方互相了解、互相换位思考、替对方着想、相互体谅的原则。

所谓换位思考,就是站在对方的地位或立场,从对方的角度思考问题,也就是人们常说的"将心比心""以心换心"。

在交往中，交往双方要互相理解，这是交流沟通、达成一致的基础。坚持理解原则、善于换位思考是消除矛盾、融洽人际关系的催化剂，也是协调人际关系，建立相互信赖的、良好的人际关系的一种技法。“理解万岁”是人际交往中的呼声，也正是因为如此，我们在人际关系中才积极倡导理解原则。

交往双方之间互相理解有一个过程，大致可分为 3 个步骤：第一，初步了解对方的基本情况，这是理解的基础，如职业、身份、权力、义务、要求等；第二，换位思考，站在对方的角度思考问题，替对方着想，体验对方的心理感受；第三，互相取得谅解，双方都真正地理解对方，消除隔阂、化解矛盾、融洽关系、达成共识、解决问题。

十、积极原则

积极原则是指以主动、热情的态度与对方交往，以获得对方的反应。积极原则有多方面的要求，最重要的有两点：

一是要求在人际交往行为中要主动，以主动行为寻求对方的反应，以鲜明及时的反应回答对方的反应。例如：见面时说一声“您好”，使人如春风拂面，倍感亲切；受人之惠后深情地道一声“谢谢”，使人心如炭火，暖意融融；送别时说一声“再见”，令人回味无穷，人走情留。

二是在人际交往态度上要热情。主动的人际行为，离不开热情的交往态度。只有满腔热情的人，才能采取积极主动的交往行为。没有热情，人际关系就会变得冷漠、暗淡无光。要注意的是，热情要适度，要掌握好分寸，不能太过，也不能太冷，不能忽冷忽热，还要分对象和场合，否则就有可能破坏良好的人际关系。

第三节　人际交往障碍的调节与改善

人们在交往中由于受多种因素的影响，人际关系状态可能不理想，出现了人际交往障碍。这时，作为交往主体就应积极进行调节和改善，以获得一个良好的人际关系。

一、心理障碍的调节与改善

(一)认识和完善自我形象

要克服各种心理障碍,成功地与人交往,首先应了解自己。许多人之所以在交往中产生自卑、羞怯等消极心理,主要是因为对自己缺乏了解。我们可从两个方面来了解自己:其一,可以通过与别人比较来认识自己;其二,可以通过对自己的行为以及自己的行为使他人产生什么样的反应来认识自己。在充分认识自己的基础上,更要不断地完善自己。所谓完善自己,就是要发扬自己的优势和长处,克服自身存在的短处和不足。通过全面认识和了解自己,促使自我不断完善,逐步克服人际交往中的各种心理障碍。

(二)严于律己,宽以待人

为人处世需要有一个宽广的胸怀。要想获得对方的尊重和信任,就要先尊重和信任别人。我们在与他人的交往中,要想得到对方的理解,减少误会,首先要将心比心,只有这样才能够真正体谅他人。其次要严于律己,在交往中,要有良好的个人修养,多看到对方的优点,如果发生矛盾,先检查自己,找出自己的不足。如果我们能真正做到严于律己、宽以待人,就会以一种积极向上的形象感染对方,从而打破人际交往中的心理屏障,为融洽和谐的人际关系奠定基础。

(三)树立新型的交往观念和交往意识

随着我国社会主义市场经济体制的建立和不断完善,人们逐渐从传统的行政隶属关系中解脱出来,发展成为以市场为纽带的新型人际关系。在交往中,人们更加渴求平等与互助、信任与理解、真诚与和谐。人们的交往方式也在逐渐地从封闭型交往向开放型交往转变,从被动型交往向主动型交往转变,从单一型交往向多样型交往转变。这些变化客观上要求我们要抛弃“鸡犬之声相闻,老死不相往来”的封建思想,树立敢于自我尝试、自我表露、自我推销的新观念;抛弃“个人本位,自我中心”的狭隘思想,发扬助人为乐、大公无私的观念。总之,我们要跟上时代的步伐,积极主动地适应当代人际关系变化和发展的新趋势,这也是我们克服人际交往心理障碍的先决条件。

二、冯兰教授的观点

冯兰教授在《人际关系学》中提出了以下消除心理障碍的方法。

(一)培养健康的心理

1. 世界卫生组织提出的健康标准

世界卫生组织在 1948 年就明确地对健康作了界定:健康就是生理、心理和社会适应都臻完满的状态,而不仅仅是没有疾病和虚弱的状态。

世界卫生组织提出的健康的具体标准[①]是:

- 充沛的精力,能从容不迫地担负日常工作和生活,而不感到疲劳和紧张。
- 积极乐观,勇于承担责任,心胸开阔。
- 精神饱满,情绪稳定,善于休息,睡眠良好。
- 自我控制能力强,善于排除干扰。
- 应变能力强,能适应外界环境的各种变化。
- 体重得当,身体均匀。
- 眼睛炯炯有神,善于观察。
- 牙齿清洁,无空洞,无痛感,无出血现象。
- 头发有光泽,无头屑。
- 肌肉和皮肤具有弹性,步态轻松自如。

世界卫生组织从生理、心理和社会适应 3 个方面概括了健康的标准。

2. 林崇德教授提出的心理健康的标准

北京师范大学发展心理研究所林崇德教授对心理健康的标准:一是没有心理疾病;二是具有一种积极向上发展的心理状态。心理健康标准的核心是:凡对一切有益于心理健康的事件或活动做出积极反应的人,其心理便是健康的。他还针对学生提出了在人际关系方面心理健康的具体表现:

- 能了解彼此的权利和义务。
- 能客观了解他人。

---

① 湖北省教育委员会组编:《思想道德修养》,武汉大学出版社,1998 年版,第 255 页。

- 关心他人的要求。
- 诚心地赞美和善意地批评。
- 积极地沟通。
- 保持自身人格的完整性。

冯兰教授指出,培养健康的心理就要以健康的心理标准为目标,努力使自己符合这一标准。

(二)塑造健全的人格

人格指的是一个人的品格或个性,是一个人在成长发育过程中所形成的、区别于他人的、一贯的行为倾向和反应模式。人格的形成既受先天遗传因素的影响,又受后天教育、社会实践、环境等因素的影响。一个人在其人格形成过程中受到不良影响,就可能造成人格发育的偏离,出现不良的心理障碍。

完善人格、塑造健全人格是个体心理健康的基础。只有塑造健全的人格,才能抵御各种心理障碍产生因素的侵袭,才能增强对心理疾病的免疫力。具有健全人格的人,乐于并善于与人相处,对他人能以尊重的态度相待。

(三)加强自我修养

自我修养是一个人按照时代和社会的要求,通过学习、磨砺、陶冶性情、修身养性来提高自己的素质和能力。自我修养是完善健全人格、培养高尚情操、提高人生境界的基础。自我修养包括的主要内容有:思想道德修养、文化修养、艺术修养、心理修养、交际礼仪修养、行为习惯修养等。

加强自我修养有利于增强人际交往中的自信心,有利于消除自卑、自傲、嫉妒、猜疑等心理。

三、克服主要心理障碍的方法[①]

(一)克服猜疑心理障碍的方法

克服猜疑心理障碍的方法是:第一,遇事要冷静,要学会控制自己

---

① 参见杨丹编著:《人际关系学》,武汉大学出版社,2010年版,第80~84页。

的情绪,在人际交往过程中遇到问题要冷静思考,对相关信息进行冷静客观地分析和判断,避免毫无根据的胡乱猜疑,更不能凭主观臆断妄下结论;第二,要端正态度,要充分相信被猜疑者,不采取对立、敌视的态度,不使自己的思想长期处于防范戒备的状态;第三,应主动与被猜疑者沟通,及时消除误会,以坦诚的态度和平等交流的方式,与交往对方建立和发展正常关系;第四,加强自我修养,提高自身能力,增强自信心。

(二)克服自卑心理障碍的方法

由于自卑心理产生的原因是多方面的,必须针对自卑心理产生的具体原因采取相应的克服方法。

1. 因生理原因造成的自卑心理

对因自身先天在容貌、身材、智力等缺憾造成的自卑心理障碍,其克服的办法是:要正确对待先天生理缺憾,不要背心理包袱,并设法自我补偿。生活中成功的例子很多,如世界著名音乐家贝多芬,双耳失聪,仍以超人的毅力和奋发精神,完成了 9 个乐章的交响创作,受到世人的仰慕和敬爱。2010 年中国达人秀第一名刘伟,没有双臂,却能用双脚弹出流畅的音乐。无数事实证明,来自生理方面的缺憾,只要正确对待,不仅不会影响个体成功愿望的实现,还可能成为获得成功的动力。

2. 因生存环境造成的自卑心理

因生存环境造成的自卑心理,如一些生活在社会较低层的人,总觉得自己低人一等,被自卑心理所干扰,其克服的办法是:树立平等思想,调适心理平衡,正确认识人生的价值,树立以工作和劳动为荣的观念,增强自信。

3. 因生活经历造成的自卑心理

因生活经历造成的自卑心理,如有一些人在生活中屡受挫折,因而产生自卑心理,其克服的办法是:应善于从失败中吸取教训,树立战胜失败的勇气。美国总统林肯在年轻时参加演说,曾被轰下台,可他没有因此而自卑退却,经过不懈的努力,终于成为举世闻名的演说家。

4. 因性格气质造成的自卑心理

因性格气质造成的自卑心理，如内向、抑郁气质的人，性情孤僻，不愿与人交流，不愿参加交际活动等，其克服的办法是：一要积极、努力地去适应外部环境，使自身性格逐步向外向型转变；二要学会自我调适，不把忧郁和苦恼憋在心里；三要多培养自己的兴趣和爱好，广交朋友。

5. 因自我认知造成的自卑心理

因自我认知造成的自卑心理，如一些人不能正确认识和评价自己，经常将自己放在社会中做一些不合适的比较，因而产生自卑心理，其克服的办法是：要充分认识自己的长处，相信自己的能力，拿出竞争的勇气，从自己的每一个成功中看到自身的价值；要善于从他人对自己的评价中找出自身的优势，从而增强自我认识过程中的自信心理。要相信自己是一座"金矿"，等待自己去开掘。

（三）克服羞怯心理障碍的方法

一般而言，人际交往中有羞怯心理是正常的，但是过分的羞怯会约束自己在交际中的言行，遏制交际意图的充分表达，影响与交际对象思想的交流与沟通，阻碍交际的正常进行。

1. 因性格气质产生的羞怯心理

对因性格气质产生的羞怯心理，其克服的办法是：逐步培养自己大胆、开朗的性格，敢于肯定自我，胸怀坦荡、情绪乐观，勇敢地迈出超越自我的第一步，树立自信心，坚信天生我才必有用。心理学家曾分析一些人在社交场合的录像带，发现那些自认为举止可笑而害羞的人，他们的言行并不像他们自己认为的那样差。因此，应鼓励自己勇敢地尝试，如在公众面前大胆地和别人打招呼，发表自己的观点，有意识地改变自己，重新开始认识自我并相信自己的能力。

2. 因习惯性产生的羞怯心理

对因习惯性产生的羞怯心理，其克服的办法是：积极参与社会交际，可在闹市或人多的地方，如食堂门口、公司门口大声唱歌或朗读报纸，以吸引人们围观。还可以向成功者学习，尤其是有过羞怯心理的人学习,大胆迈出第一步,并坚持下去,就一定能够成功。

3. 因挫折产生的羞怯心理

对因挫折产生的羞怯心理,其克服的办法是:坚定信心,在失败中不断总结经验,鼓足勇气战胜挫折,坚信失败乃成功之母;可采用暗示“我一定能成功”的方法,用这种控制方法来突破开始的阻力;试着坐在人群的中心位置,让别人注意你,关注你;有意大声说话,与对方交谈要注视对方;当有人打断你的话时,一定要坚持把话说完。

(四)克服嫉妒心理障碍的方法

克服嫉妒心理障碍的方法是:第一,应纠正个体认知上的偏差,客观、全面地评估自己,消除唯我独尊的心理;第二,要善于进行自我转换,把不服气的心理转换到奋发图强、努力争取上来。即使暂时不能超越强者,也不可嫉贤妒能,以己之长胜对方之短,维持自我心理的平衡。第三,可尝试角色置换,即采取换位思考的方式,设身处地替对方着想,抑制自我的负面心理。第四,积极转移自我注意力,使自己生活充实,无暇去胡思乱想,不给嫉妒心理生存的空间。

四、人际关系改善的方法

首先可做有关“人际关系处理能力”的测试,如果测试结果不理想,可用后面的方法进行调整。

人际关系处理能力测试①

【说明】

请根据你的实际情况,认真考虑以下问题,从所给备选答案中找出最适合你的答案。

【测试题】

(1)你感到上个月的工作做得不错,可是发奖金时,你只得到三等奖,你的一位知心朋友告诉你,这是因为李某在领导那儿说了你的坏

① 参见李谦编著:《现代沟通学》,经济科学出版社,2002年版,第322~327页。

话。你听了以后(　)。

A. 很生气,马上找经理讲清楚

B. 首先对自己上个月所做的工作静心反思,必要时向经理澄清一下

C. 生闷气,借酒浇愁

(2)你是一个有妻室(或丈夫)的正派人,由于工作需要经常和某女士(或男士)来往、接触,你耳闻有人对你们捕风捉影、妄加议论,这时你(　)。

A. 发誓要找出造谣者并跟他算账

B. 不理那一套,该怎么干就怎么干

C. 感到委屈,为了不使人议论想辞掉那份工作

(3)你和同事外出办事,因缺少某一方面的知识而办了一件尴尬事。回来后,同事拿你这件事当众寻开心,出你的洋相,你会(　)。

A. 面红耳赤下不了台

B. 和同事一块大笑,事后说明原因

C. 揭对方老底寻开心

(4)你因为工作有成绩而升了一级工资,同事们要你请客,这时你会(　)。

A. 认为没有必要而加以拒绝

B. 感谢同事们关照,必要时有个表示

C. 只找几个要好的朋友到餐厅吃一顿

(5)你因工作中一时失误,受到上级批评、处罚,原来和你不错的人不但不安慰你反而躲得远远的,你的反应是(　)。

A. 你在别的朋友面前骂他是白眼狼、势利眼、没良心

B. 认为是人际关系中的弊病,毫不在意

C. 随他的便,地球照样转

(6)你的一位很要好的朋友因工作变动离开你到另一个单位去,这时你的反应是(　)。

A. 为他饯行,祝他如意

B. 不冷不热,听其便

C. 陈说利害,设法不让他离开你

(7)公司内部出售苹果,掌秤的人给别人都称得不错,但轮到你时

却大小不一,还有烂的,这时你会( )。

A. 认为这是偶然发生的,并不是与你为难,高兴付钱

B. 认为他不公平,但憋在心里不说,还是付了钱

C. 认为他是故意的,倒掉不要

(8)市场上某种食品涨价了,而这种食品又是你平时喜欢吃的,你会( )。

A. 少买些,但把菜谱适当调整一下

B. 它涨它的,照买不误

C. 大发牢骚,但还是买了

(9)你有一个远亲患病,从外地来投奔你,请你帮助联系医院或请名医治疗,而你工作忙没时间不说,安排其住宿就是大问题,这时你会( )。

A. 尽管有困难,也热情接待,想法满足他的要求,劝他多住些日子治疗

B. 热情接待,但告诉他爱莫能助,请他谅解

C. 厌烦之情溢于言表,借故推托了事

(10)你的朋友、同事、邻居中有人结婚、办丧事、过生日、迁居等要破费一点表示表示,这时你( )。

A. 尽管要花点钱,还是挑选点特色的小礼品来表示心意

B. 假装不知道或借故离开

C. 对一般人不屑一顾,但对体面的人送一份重礼

(11)朋友借了你一笔钱,可过了很久仍不还你,你不了解他是一时无力还是已忘在脑后,而你近期又急用这笔钱,你会( )。

A. 只好等一等再看

B. 找到他讨要

C. 请一位你与他都要好的朋友提醒一下

(12)你的孩子买了一件刚上市的服装,回家一试小得不能穿。你找到商店,但售货员拒绝退货。这时你会( )。

A. 心里有气,回到家把衣服丢在一边

B. 和售货员大吵大闹,引来众人围观

C. 找到经理室说明情况,表示歉意,商量一下双方都能接受的方案

【计分标准】

计分表

题目	1	2	3	4	5	6	7	8	9	10	11	12
A	5	5	5	5	5	1	1	1	1	1	3	3
B	1	1	1	1	1	3	3	3	3	3	5	5
C	3	3	3	3	3	5	5	5	5	5	1	1

【分析】

12 ~22 分:具有深刻的分析力和敏感的反应能力,对人际交往出现的问题能以合乎逻辑的方法解决。

23 ~40 分:具有一定的人际问题处理能力,但偶然会出现优柔寡断或偏激的倾向。

41 ~60 分:对人际交往问题不善变通,较少考虑后果,往往对自己的人际关系产生不良后果。

下面介绍 3 种改善人际关系的社会心理学技术。

(一)纽科姆"A—B—X 模式"

社会心理学家纽科姆(T. M. Newcomb)提出了一种改善人际关系的途径,他的理论被称为"A—B—X 模式",A 代表一个个体,B 代表另一个个体,X 代表与 A 和 B 都有关系的客体。

如果在对待 X 的态度上,A 与 B 的看法一致或相似,他们之间就会建立和谐关系。相反,如果在对待 X 的态度上,A 与 B 的看法不一致,他们之间的关系就会出现紧张状况。见图 4 -1。

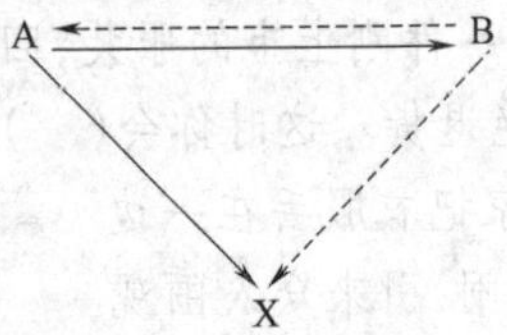

图 4 -1　A—B—X 模式图

- A 和 B 越喜欢 X,就越紧张;
- X 对 A 或 B 越重要,就越紧张;
- A 和 B 因 X 而交往的频率越高,就越紧张;
- A 和 B 对 X 的看法差异越大,就越紧张;
- A 或 B 的自信程度越高,紧张度就越大。

为了消除紧张,A 或 B 可能采取的方法如下:

- A 或 B 改变自己对 X 的态度,以便与对方达成一致;
- A 或 B 改变自己对对方的态度。

(二)角色扮演

角色扮演这种方法以社会角色理论为依据,角色是指个体在社会关系中所处的社会地位以及与之相联系的符合社会规范的行为模式。角色理论的核心原则是要求个体的行为应与其所承担的角色身份相一致。角色扮演法就是让需要改善人际关系的个体去扮演与其现有角色关系不一致的行为角色,这种角色行为正是其所期望的新人际关系中的角色行为。个体在扮演这种角色的过程中,会站在一个新的立场上去体验和理解别人的想法、态度等人的内心世界的各种活动及行为意义,通过强化自我意识、移情能力达到提高人际交往能力和改善人际关系的目的。

角色扮演法被广泛应用于态度改变、人际关系改善等方面,在欧美等国家的组织管理领域曾出现过"角色扮演运动"。

(三)T 小组

T 小组是指"T—group",它是一种训练团体。1945 年,实验社会心理之父勒温(Kurt Lewin)在麻省理工学院创建了团体动力学研究中心以后,便用敏感训练的方法开展解决社会实际问题的研究。其中,团体成员间的人际关系、领导方式和团体的凝聚力等都是其研究范围。T 小组的目的是,让接受训练者学会怎样有效沟通,消除紧张,了解自己和别人的感情及行为,它是一种常见的改善人际关系的方法。它的活动方式是把5 ~15 名训练者集中在一起,由一名心理咨询师主持训练,时间一般为 1 ~4 周。

下面是一具体人际交往团体辅导案例(方案节选)。

辅导操作指南①

【场地要求】

可以选择活动室，无桌椅，便于小组成员围圈而坐。

【活动详解】

1. 轻柔体操

目的：热身，轻松气氛

时间：10 分钟左右

全体成员围成圆圈。指导者先带头做一个动作，要求成员不评论、不思考，模仿做 3 遍。然后，每个人依次做一个自己想出来的动作，大家一起模仿。无论什么动作都可以放松，减轻紧张气氛。有时，一些极富创造性的动作会引起大家愉快的笑声。

2. 两人一组自我介绍

目的：在轻松的气氛中认识朋友

时间：15 分钟

请团体成员随意在团体中寻找交往对象，两人一组，每人用 2 ~ 3 分钟简短地介绍自己，除告诉对方自己的基本情况外，还要告诉对方自己的一个独特之处。听的一方仔细聆听，努力记住，当两个人彼此介绍完之后，再寻找下一个交往对象。

3. 4 人一组他者介绍

目的：扩大交往圈子，拓展相识面

时间：约 10 分钟

分别进行过自我介绍的两组人聚合，形成 4 人组。每位成员将自己刚才认识的朋友向两位新朋友作介绍。每个人时间 2 ~ 3 分钟。

4. 完成句子练习

辅导老师为每位成员下发一张印有未完成句子的纸条，要求大家书面或口头完成：

对我来说，参加团体是____________________

我期望在团体中________________________

① 参见孔燕主编：《微笑成长》，安徽人民出版社，2003 年版，第 107 ~ 109 页。

在团体中我最担心____________________________________

当我进入一个新的团体，我感到____________________________

当人们第一次见我，他们________________________________

当我进入一个新的团体，我最希望___________________________

当人们都沉默不语时，我感到______________________________

我最大的优点是______________________________________

我信任的人是_______________________________________

5. 迅速分组

目的：在陌生的环境里迅速适应，积极寻找归属，善于应变

时间：15 分钟

指导老师请全体成员手拉手围成圆圈，放轻柔的音乐，然后听指导老师的命令，例如：现在 8 个人一组，快！大家迅速散开，寻找属于自己的 8 个人小组，拉手站成圆圈。指导老师分别采访没能及时找到伙伴而散落在群体之外的同学和及时找到属于自己的群体的同学，请他们谈谈自己的感受。着重体会积极、主动的态度和消极、保守的态度在分组中带来的不同结果。

第四节　人际关系的调适

我们每个人都生活在一个错综复杂的关系网中，在这个关系网中，不可避免地会发生各种各样的矛盾和冲突。如何正确对待和协调各种人际关系问题，对每个人顺利成长、完成学业、成就事业影响极大。因此，必须学会对各种人际关系的调适。本节主要介绍几种常用的人际关系的调适方法。

一、代际关系的调适

代际关系指上下辈两代人之间的关系。这里主要指家庭中的父母与子女的关系。代际关系已成为目前社会普遍关注的问题，如何处理好代际关系，关系到家庭的幸福和社会的和谐。

在我国的传统家庭中，基本的道德准则是孝敬父母，尊老爱幼，家庭和睦，相亲相爱。第一，牢记父母的养育之恩，父母给了子女生命，

并且子女在父母的精心养育和呵护下长大成人。正如唐代诗人孟子郊的《游子吟》:“慈母手中线,游子身上衣。临行密密缝,意恐迟迟归。谁言寸草心,报得三春晖。”这首脍炙人口的千古绝唱,将父母对子女的情深意笃,子女对父母的一片赤子之心作了充分细微的描述。子女对父母的养育之恩应终身不忘,这是前提。第二,要关心父母。随着父母年龄的增长,身体逐渐衰老,疾病也随之增多,他们害怕孤独,情感脆弱。常回家看看,作为儿女要多关心父母,要懂得父母的心理和精神需求,多与父母聊聊天,努力减轻父母的经济负担和家务负担,让父母基本生活有保障,对父母在精神上进行抚慰。防止厌老宠幼,保持代际平衡。作为儿女应继承和发扬中国养亲、敬亲、爱亲的好传统,以发自内心的至亲至爱,为父母居家养老、安度晚年而尽心尽力,履行好儿女的责任和义务。

二、同学关系的调适

同学关系是指在同一所学校学习的学生之间的关系。建立和谐、团结、友爱、融洽和相互理解信任、团结友爱的同学关系,对促进学生的学习和成才,维护学生的身心健康,培养学生正确处理人际关系的良好品质,都有着重要意义。

学校是培养和造就社会主义事业建设者和接班人的摇篮,学校的马克思主义理论教育、思想品德教育和细致的思想政治教育,主导和影响着学生之间的交往,由此形成的同学关系比较纯洁、比较健康,带有理想色彩。这是学校特别是高校同学关系的主流。但我们也看到,由于学生自我认识的局限、阅历的浅薄和思维方式的简单偏激,使他们容易被社会思潮、流行观念和社会舆论所左右,往往表现出辨别是非能力低、情绪波动大、自律自制能力差等特点。如不少学生认为搞好人际关系与金钱分不开,在同学交往中经济交往所占比重越来越大,过生日、评优评先、比赛获奖、推优入党都要请客送礼。

有学者认为,由于大学生自身素质的差异性和自我意识的增强,每个学生的人际关系状况是不一样的,大体分为 3 种:一是人缘型。在大学生中约占 20%。这类学生思想、心理和智能素质好,与同学交往积极主动,交际面广,并能严于律己,有较高的威信,在社会工作中能与人团结协作，办事有伙伴相助。他们大多是社会工作的骨干和各项课外活动的积极分子。二是孤僻型。一般在学生中占6%左右。这类学生大多性格孤僻，平时沉默寡言，不善交际，待人比较冷漠，心理调适能力差，缺乏自信心，面对同学之间的矛盾、冲突，往往不闻不问。这类学生在班里往往受到排斥和嫌弃，成为孤家寡人。随着学生中独生子女的增加，孤僻型学生的比例呈上升趋势。三是中间型。这类学生占大多数。其特点是表现不突出，人际交往范围不大，行动上随大流，不爱显露头角。学生中的部分独生子女在人际交往中表现出自卑、胆小、害羞、内向、不善言谈的特征，他们不喜欢参加社交活动，对人缺乏同情心，心理脆弱，抗挫能力差。如果对这些学生的教育不利，他们就有可能向孤僻型转化。这种划分方法未必全面、科学，但可以启发学生了解自己，了解同学的人际关系状况，对不同类型的同学采取不同的方法与之相处，以便建立新型的互助互爱的学友关系。

总体来说，我们可以采用调适的方法使学生努力做到：树立正确的集体观念，积极投身于班集体建设；正确认识和评价自己，增强自控意识和能力；与同学相处时要互相学习、互相帮助、宽容礼让、有诚心；珍惜同学之间的友谊，处处关心他人。

三、异性关系的调适

在现代社会中，与异性交往是很正常的，况且，真挚的朋友是不分性别的。异性之间确实可以有非常亲密的交往和纯真的友谊，有时异性之间的友谊比同性之间的友谊更亲近、可靠。但与异性交往，需要注意以下几个方面的问题。

（一）注意交往的场合

在与异性朋友的交往中，相互之间的邀约是一种很正常的交往行为。但需要明白的是，与异性朋友相会，一定要慎重考虑见面的地点及场合，如作为刚开始接触的异性关系，不宜二人单独进入娱乐场所。

（二）要保持一定距离

异性交往既要反对“男女授受不亲”的封建观念，也要注意“男女有别”的基本事实。保持距离是维系异性间正常关系的重要保证。如平时接触不能过分随便和亲近，谈话时彼此不能靠得太近；交往要注意场合，不可随意安排和接受约会地点，也不能无节制地频繁往来。

（三）把握好感情的尺度

在现代文明社会中，男女婚后仍然可以与异性交往。但已婚男女之间建立的真诚友谊，最好能让双方的伴侣知道，让家人也认可和接受自己的异性朋友，这样就不至于引起猜疑和误会。作为一般异性之间的交往，要掌握好分寸，不可越出友谊的界限，交往中举止要庄重，待人热情大方，不可随意开玩笑，着装不可太随便。只有互相尊重，才能使双方的关系健康、良好地发展。

四、同事关系的调适

在工作时间内，人们有80%的时间是和一起工作的同事度过的。同事关系的好坏，对自己的工作和前途、自己的身心健康有很大的影响。因此，怎样调适好与同事之间的关系，是每一个职场中人都不能回避的问题。与同事关系的调适要掌握以下基本原则和技巧。

（一）与人共事，坦诚第一

与同事相处一定要坦诚。为人要诚实，待人要坦诚，也只有坦诚相处，才能得到同事的信任和支持。这是做人的基本原则，也是建立良好同事关系的基本方法。《傅雷家书》中说："一个人只要坦诚，总能打动人的；即使大家一时不了解，以后仍然会了解的。""我一生做事，总是第一坦白，第二坦白，第三还是坦白。绕圈子，躲躲闪闪，反叫人疑心。你要耍手段，倒不如光明正大，实话实说，只有态度诚恳，谦卑恭敬，无论如何人家不会对你怎么样的。"这段话对我们很有启迪，与人相处，就是要胸怀坦荡，言行一致，表里如一。在同事面前，不懂就不懂，有错就承认，承诺的事就要信守诺言；不搞阳奉阴违，不耍两面派，不背后议论人，不口是心非，不打小报告，不溜须拍马，不阿谀奉承；等等。只有这样，才能建立正常的同事关系。

（二）学会理解他人

良好的人际关系必须以双方的相互理解为前提。我们从"理解万岁"的呼唤中看到社会生活中多么需要相互理解。善于理解人是一门艺术。要做到理解人，首先要有知人之明，要学会了解人。俗语说："人上一百，形形色色。"从共事的过程去认识了解，正确理解同事的态度、情绪和行为，不要道听途说、偏听偏信、胡乱猜忌人、误解别人；克服认知的成见和偏见，既不要被"第一印象"蒙蔽自己的眼睛，也不要被过去的成见所左右而否定别人的进步；既不要以貌取人，也不要以己度人。

（三）与人为善，尊重他人

人都是有自尊心的，需要得到别人的信任和尊重。与同事相处，一定要与人为善，爱人如己，尊重别人，这是建立良好同事关系的核心。与人为善，尊重他人，就要爱护同事，关心同事；就要尊重他人的人格，尊重他人的感情，尊重他人的地位，尊重他人的习惯，维护他人的正当权益，体贴他人的困难和遭遇，让人感受到大家在政治上、人格上是平等的。

（四）顾全大局，不计私怨

由于人们在思想觉悟、知识水平、实践经验、思维特征等方面存在着差异，同事之间产生分歧和矛盾是难免的。如果这些分歧和矛盾处理不当，就会激化矛盾，影响团结。处理矛盾最根本的一条就是顾全大局，以大局为重，以团结稳定为重，有了这种思想，就没有解决不了的困难。

（五）要团结协作，互相帮助

同事相处，在工作上要讲协作，讲奉献，团结协作，默契配合，互相帮助；分享成果时要讲风格，不计较个人得失，既能在困难中共患难，又能在胜利时共欢乐。团结协作、互相帮助是一个组织健康发展的前提，也是同事关系保持牢固和长久的关键。

五、竞争关系的调适

我们所处的时代是一个充满竞争的时代，竞争是现代人际关系的一个显著特征，它广泛存在于社会生活的各个方面。我们需要正确地认识和处理这类特殊关系，这对建立和谐的人际关系有重要意义。

（一）树立正确的竞争观念

所谓竞争，是指在社会交往中为了自己的利益而与他人争胜的一种行为，例如工作竞争、经济竞争、学习竞争、能力竞争、创新竞争、生活竞争等。竞争的原则就是适者生存，优胜劣汰。树立正确的竞争观念，首先就是要克服“知足者常乐”“乐天、安命、知足、守常”等传统的旧的观念，增强竞争意识。参与竞争，就必须要遵循竞争规则，在竞争过程中充分发挥自己的聪明才智，主动争取机会，以自己的真才实学、工作业绩和奋斗精神作为竞争中争强、争胜、争先的“资本”，并将积蓄实力、完善自我、奋力拼搏，作为竞争取胜的法宝。

（二）正确对待竞争对手

要正确认识和处理与竞争对手之间的关系。同行同事之间的竞争是正当的竞争，凭的是能力、业务、知识、精神等与对方比胜负，而不是靠运气、耍手段定优劣。绝不能为了战胜对手而互相诋毁、互相拆台、尔虞我诈、钩心斗角。要以积极的心态参与竞争，如果对方确实实力比自己强大，就要虚心向他们学习。我国著名的数学家华罗庚说过：“下棋找高手，弄斧找班门，这是我一生的主张。只有在能者面前不怕袒露自己的弱点，才能不断进步。”我们提倡竞争双方以共同提高、互相共进为竞争目的，重在参与，不怕失败，求得共同发展。

（三）正确对待竞争结果

竞争总会有胜负，所以应正确对待胜与负这两种结果。如果失败了，不要泄气，要找出自身的不足，要把失败当作未来的“成功之母”，一如既往地努力，就一定能成功；如果胜利了，也不要得意忘形，还有更大的挑战在等着你。总之，在竞争中，赢要赢得光明磊落，输要输得心里坦然。

延展阅读

1. 短文三则

孟母三迁

孟子年少时,父亲去世了,母亲仉氏抚养其长大。为了让孩子受到好的教育,孟母花费了很多心血。起初,他们住在墓地旁边,孟子就和邻居的小孩一起学着大人跪拜、哭嚎的样子,玩起办理丧事的游戏。孟母看到了,就皱起眉头:“我不能让我的孩子住在这里了!”孟母就带着孟子搬到集市旁边去住。他家旁边住着个屠夫,孟子又和邻居的小孩学起卖肉来。孟母知道了,又皱皱眉头:“这个地方也不适合我的孩子居住!”于是,他们又搬家了。这一次,他们搬到了学校附近。每月的初一,官员们进文庙,行礼跪拜,进退谦让,孟子也跟着模仿。孟母很满意地点着头说:“这才是我儿子应该住的地方呀!”

城门立木

秦国商鞅变法就是获得诚信的典型例子。商鞅为了推行改革,取信于民,命人在都城南门外立一根3丈长的木头,并当众许下诺言:谁能把这根木头搬到北门,赏金十两。围观的人不相信如此轻而易举的事能得到如此高的赏赐,结果没人出来。于是,商鞅将赏金提高到五十金。重赏之下必有勇夫,终于有人站起将木头扛到了北门,商鞅立即赏了他五十金。商鞅这一举动,在百姓心中树立起了威信,商鞅变法很快就在秦国推广开了。新法使秦国渐渐强盛,最终统一了中国。商鞅的做法就是先取信于民,之后百姓才相信变法。

表现相同　效果不同

有时,同一种表现对于不同性格的人会产生截然不同的效果。宋朝的宰相秦桧新建了一座楼阁,四川宣抚使郑仲为了讨好秦桧,暗中派人调查了楼阁的尺寸,定制了一块地毯。楼阁造好后,郑仲把这块地毯作为礼物送给秦桧,结果大小尺寸和楼阁的分毫不差,非常合适。然而从此之后,秦桧却对郑仲的态度变得冷淡。因为秦桧生性多疑,在秦桧看来,郑仲的做法说明其工于心计,因此不得不防他。事情非常巧合,几乎同样的事情也发生在明朝严嵩身上。也有一个官员送了一个非常合适的地毯给严嵩,但严嵩和秦桧性格不同,他非常高兴,后来对这个官员提拔有加。

(选自周向军、高奇主编:《人际关系学》,山东大学出版社,2010年版)

2. 如何让别人喜欢你

希望别人喜欢和尊敬自己是人类由来已久的欲望。这也是畅销作家卡耐基所写的《如何赢得朋友和影响他人》一书能大获市利的原因。在许多民意测试中显示,人类存在最强的一种欲望就是赢得大家的喜爱。

受人欢迎的秘诀是什么并且如何做到呢?

第一,最要紧的方法是,从现在开始去喜欢别人。这一点该怎么做呢?最有效的方法之一是运用积极思想。具有积极思想的人通常具有外向的人格特质,他们不会将注意力放在自己身上而是将焦点放在他人身上。

第二,将最吸引人的一面表现出来,无论你到何处,你都将会大受欢迎。同时,并学着倾听他人的言语,当你学会如何倾听时,便能将他们潜在的最好的一面给吸引出来。

第三,要冷静、沉稳,保持愉悦的心情。学会超脱怒气,控制自己的情绪。培养一种能力,使你能超越世俗,而到达一种精神境界。

第四,保持一种积极振奋的性格,使别人能从你这里得到支持的力量,你将会在他们的生命中占有重要地位。

在每天的生活中,积极实践这些原则。渐渐的,你将成为别人所喜欢且尊重的人。

3. 自信是成功的关键

并不是每个人都能乐观地看待生活。只有自信的人才会始终保持乐观的精神,不论发生什么事,他们都能泰然处之,而且能从不幸中看到光明、超越出来。而那些自卑的人却只能在失败前止步,只能在不幸中沉沦。谁都知道"毛遂自荐"这个成语,但你知道毛遂自荐的故事吗?毛遂是战国时代赵国平原君的门客。当秦兵攻打赵国时,平原君奉命到楚国求救。毛遂主动向平原君请求跟着去。平原君问他:"先生到我这儿多久了?"毛遂回答:"3年了。"平原君笑道:"一个有才能的人处在世上，好比锥子放在布袋里，锋刃马上会显露出来，可是3年来我从来没有听见别人称赞过你的才能。”毛遂说：“那是因为没有人把我放进口袋里，不然的话，岂止是锋刃，连整个锥子都会显露出来了。”于是，平原君带上了毛遂一起去楚国。平原君跟楚王谈了一个上午都没有结果，毛遂挺身而出，陈述利害，楚王才答应派春申君带兵去救赵国。正因为毛遂在关键时刻勇敢地站出来，充分地表现出了自己的自信，才被平原君所接受，在争取救兵时发挥出重大作用。可见，如果毛遂是一个不自信的人，那么他根本就不会站出来，其个人才智便会被埋没。

（参见陈书凯编译：《成功书》，当代中国出版社，2002年版）

测试题

1. 你容易产生羞怯情绪吗?

（1）你知道朋友的家就在这条街的某一段上，可是门牌号记不清了，这时你：

A. 按响一家门铃打听清楚，说不定就碰对了

B. 找电话亭给朋友打电话询问一下

C. 在街口慢慢一家家地找

（2）如果你的上级要你对他直呼其名而不是称呼其职衔，你会感到：

A. 很高兴　　B. 无关紧要　　C. 很不习惯

（3）进入一个全是陌生人的房间时，你：

A. 犹豫半天才跨进去

B. 一直等到有其他人，才随着一起进去

C. 毫不犹豫地走进去

（4）在例会上，你有个不同想法想谈，你会：

A. 站起来侃侃而谈

B. 会后向有关人员私下提出

C. 希望会场中有人代你提出

(5)你和家人去餐馆吃饭,无意中发现邻座坐着那位大名鼎鼎的钢琴家,你:

A.极想上去请他签名,但只是局促地坐着不动

B.在家人的撺掇、鼓动下,鼓足勇气上前提出你的请求

C.自自然然走到他桌前搭讪

(6)一次小型聚会上,你看见一位吸引你的异性,你:

A.希望他(她)能够注意自己

B.请朋友引荐

C.走上前去来一番自我介绍

(7)国庆节单位搞联欢会,领导委托你做节目主持人,这时你:

A.欣然接受　　　B.答应试试,心中有点打鼓

C.觉得不可想象,坚决推掉

(8)家里来了一位你从未晤面的客人,你:

A.轻松地与之攀谈

B.开始有点紧张,后来就好了

C.一直担心自己举止失当

(9)从店里买回一件新的服装,你何时开始穿?

A.买回来先放着,直到家人催促才穿,或在有限的小范围内试穿

B.一直看到周围有人穿上同款的,才穿出去

C.回家才换上

(10)一年一度的业余合唱节到了,你是合唱队成员之一,指挥给队员排位置,你希望被安排在:

A.第一排中间观众视线的焦点上

B.旁边都有队员遮挡的后排位置

C.随便哪儿,只要不是中间就行

(11)上司派你去码头接客人,告诉了你那人的姓名及外貌特征。你在上岸的人流中看到这样一个人,这时你会:

A.大步上前加以证实

B.把写着“接×××”的牌子在他的视线内晃动,希望引起他的注意

C.站在一边,直到其他旅客走光,确定他也在等人,才去招呼

(12)在舞会上,有一位你并不相识的异性一直凝视着你,你会:

A. 以同样的方式回报他(她)

B. 扫对方一眼,又装作未察觉掩饰过去

C. 微微低头或将脸扭开

评分规则:选 A 计 1 分;选 B 计 2 分;选 C 计 5 分。统计分数相加,就是您所得的分数。

判断分析:

12 ~ 22 分:你是个十分自信的人,很少拘谨,这使你能捕捉到更多施展才华的机会。你必须注意分寸,以维护自己的尊严。

23 ~ 46 分:你是个羞怯度中等的人,这会给你的行事造成一些障碍,但多数情形下事情会发生转机。如果处理得当,它反而会成为你惹人喜爱的因素之一。

47 ~ 60 分:一方面,你的羞怯心理较重,对自己缺乏信心,不喜欢公开亮相,无意与他人竞争,遇事犹豫不决,很不善于交际;另一方面,你勤于思考,机敏睿智,为人谨慎,凡事多为人着想,不飞长流短,这是你的长处。不必对自己过分苛刻,也不必把周围的人看得太高。事实上每个人都有所长、有所短,你也拥有别人所缺乏的东西。关键是善于鼓励自己,善于扬长避短,你也许不适于领导他人,但却是很好的合作伙伴。

(选自郭瑞增主编:《做自己的心理医生》,天津科学技术出版社,2008 年版)

2. 你是否有自卑感

测试说明:知己知彼,百战不殆。你若有兴趣知道自己是否心存自卑感,就请认真完成 1 ~ 14 题。凭第一感觉选择一个最适合你的答案。

(1)你是否想过 5 年、10 年后会有什么使自己极为不安的事情?

A. 经常想　　B. 没想过　　C. 偶尔想

(2)早晨起床后,你照镜子时的第一个念头是什么?

A. 再漂亮(帅)点就好了　　B. 想精心打扮一下

C. 别无他想,毫不在意

(3)看到你最近拍摄的照片,你有何想法?

A. 不理想　　B. 拍得很好　　C. 还算可以

(4)如果有来生,在性别上你会作何选择?

A.做女的(男的)已经够受的了,还是做男人(女人)好

B.仍然做个女人(男人)

C.什么都行,男女都一样

(5)你的身高与周围的人相比如何?

A.比较低　　B.差不多　　C.很高

(6)你受周围同事的欢迎和爱戴吗?

A.不受欢迎和爱戴B.受欢迎和爱戴　　C.不太清楚

(7)你经常被朋友或同事起各种绰号吗?

A.常有　　B.有　　C.偶尔有

(8)当你还是学生时,老师批过的考卷发下来了,同学们要看怎么办?

A.把打分的地方折起来后让他们看

B.让他们去看

C.把考卷藏起来

(9)挨领导多次训斥后,有过"自己反正没前途了"的想法吗?

A.常有　　B.没有　　C.偶尔有

(10)你有过在某件事情上绝不亚于他人的自信吗?

A.有一两次　　B.从来没有　　C.没想过也不介意

(11)寂寞时或碰到讨厌之事怎么办?

A,陷入深深的烦恼中

B.吃喝玩乐一番后就忘记了

C.向朋友和父母诉说

(12)被同事叫作"不知趣的人"或"蠢东西"时,你怎么办?

A.我也回敬他:"蠢货! 没教养!"

B.心里感到不好受而流泪

C.不在乎

(13)如果碰巧听到朋友正在说你所尊敬的人的坏话,你会怎么办?

A.断然反驳:"根本没那种事!"

B.担心会不会是那样

C. 不管闲事,别人是别人,我是我

(14)遇到难事时,你想寻求帮助,但又不愿开口求人,怕别人取笑或轻视,是这样吗?

A. 是的　　B. 虽然怕丢人,但还是会问

C. 不在乎,开口就问

(15)当别人遇到麻烦时,你常会有幸灾乐祸的感觉吗?

A. 常有此心　　B. 有一点儿

C. 没有,并且通常会积极帮忙

(16)你爱向人夸耀自己的能力和"荣耀历史"吗?

A. 是,不说出来总觉低人一等

B. 偶尔也夸自己两句

C. 从来不,没什么可炫耀的

(17)你认为学习成绩和工作成绩都很重要吗?

A. 是的,很看重　　B. 比较看重

C. 不看重,只要自己努力了就问心无愧

(18)你觉得入乡随俗是很困难的事吗?

A. 是,常常还保持自己的习惯

B. 能接受,但不是全部

C. 无所谓,到哪儿都一样

(19)你觉得人的面子最重要,轻易认错是很没面子的行为,是这样吗?

A. 是,从不认错　　B. 要看情况认错,不会无原则地认错

C. 不在乎,错了就要承认嘛

(20)你常问自己"我能行吗"这类问题,是吗?

A. 是,常怕自己做不好　　B. 有时心里也没底

C. 只要尽自己最大努力做就行了

评分规则:根据下列分数,将各题得分相加,统计总分。

1. A:5	B:3	C:1
2. A:5	B:3	C:1
3. A:5	B:1	C:3
4. A:5	B:1	C:3

5. A:5	B:1	C:3
6. A:1	B:5	C:3
7. A:5	B:1	C:3
8. A:3	B:1	C:5
9. A:5	B:1	C:3
10. A:1	B:5	C:3
11. A:5	B:1	C:3
12. A:3	B:5	C:1
13. A:1	B:5	C:3
14. A:3	B:5	C:1
15. A:5	B:3	C:1
16. A:5	B:1	C:3
17. A:5	B:1	C:3
18. A:5	B:3	C:1
19. A:5	B:1	C:3
20. A:5	B:3	C:1

判断分析:

14~29分:你的自卑主要是由环境变化造成的。你平时没有自卑感,无论情况如何变化,你都是一个乐天派,你对自己的才能充满自信。如果你产生自卑感的话,那是因为环境变化了,譬如你进入了人才济济的大单位。

30~44分:你的自卑主要是理想过高造成的。你有过分追求、理想太高的缺点。你不满足现状,想出人头地,这些想法导致你去追求一些不切实际的想法。也可以说,你过于与周围的人计较长短胜负,因此陷入自卑感中无法自拔。

45~60分:你的自卑主要是过早断定造成的。你在做事前就过早地断定自己不行,自认为不如别人。因为你不了解周围人的情况,不清楚你所思虑的事情的本来面目,搞清楚的话你就会恍然大悟,"怎么竟是这样的呀!"随之就会坦然自如。

61~70分:你的自卑主要是性格懦弱造成的。你习惯用消极悲观的眼光看待事物,你对自己的体魄和外貌缺乏自信,一看到自己的缺点，就自认为不行而转向消极。不管是与人交往还是自己做事，懦弱都会导致你自酿苦酒。

复习思考题

1. 简述人际交往中的原则。
2. 举例说明纽科姆改变人际关系的方法。
3. 适度原则在人际交往中的意义。
4. 在人际交往中如何运用相容原则？
5. 如何树立正确的平等观？
6. 如何克服自身在人际交往中的心理障碍？
7. 简述克服自卑心理障碍的方法。
8. 简述克服羞怯心理障碍的方法。
9. 如何建立良好的同学关系？
10. 与异性交往，需要注意哪些问题？
11. 如何克服自私心理？

讨论题

1. 结合自身实际，谈谈自卑心理障碍产生的主要原因？
2. 交际的成功与失败，是否与交际主体的心理障碍有密切关系？

第五章　人际关系的操作实践与技巧

第一节　及早编织事业上的关系网

一、事业成功，从人际关系开始

俗话说："人缘好四处逢源，人缘差寸步难行。"人际关系是事业成功的第一因素，更是成功的一项资本，拥有一流的人际关系，才能在这个社会中游刃有余，进出自由。

在我国古代，越王勾践的卧薪尝胆是可歌可泣的，但若没有人来相助，他又怎会败中取胜？汉高祖刘邦的楚汉相争是惨烈悲壮的，但若没有人来相帮，他又怎能扭转乾坤？关系就是财富，关系就是力量。自古以来，得人心者得天下，这个人心，从某种意义上说，就是良好的人际关系。

"一个好汉三个帮，一个篱笆三个桩"。当今时代，单打独斗寸步难行，孤胆英雄已鲜无踪迹，人与人之间的沟通日益频繁，人与人之间的合作愈显重要。无论你从事何种职业，是何种身份，身处何地，都一定要与各种各样、形形色色的人打交道或共事。融洽的人际关系可以给你创造机遇，可以延伸你的能力，更是你用之不尽的资源财富，是最大最重要的成功资本。

中国自古以来就有讲人情、重关系的传统，关系的作用是不可低估的。现实生活中，我们看到有的人在各个方面都很优秀，有很高的学历、很出色的专业技能，却处处碰壁，最终一事无成；有的人尝尽了英雄寂寞的滋味，办事碰壁，职场受挫，交友不顺；……有的人却总能在困难之时有人帮,贫苦之时有人济,迷途之时有人引,晋升之时有人扶……究其原因,就在于人际关系。当我们试遍了所有的失败,尝遍了所有的苦涩之后,才幡然醒悟,明白人际关系在生活中是多么的重要。历览当代成功人士,融洽的人际关系是他们成功的最大秘密,人生的最大收获。正是有了过硬的人际资源,方可帮助他们战胜各种艰难险阻,收获各种资源财富,在芸芸众生之中脱颖而出,成为一个事业成功、生活幸福的时代宠儿。

所以,不论你是白手起家的创业者还是已经成功的人士,不论你是刚刚走出校门的学生还是高级白领,都应懂得积累人际关系就是为自己的成功开辟道路。良好的人际关系不仅是人生必需,也是事业上的保证,是事业成功最有效的桥梁和纽带。合理巧妙地利用人际关系,可以造就自己、成就事业、改变人生。

正因为如此,我们应花费更多的心思,动用更多的手段,下更多的力气,认真理顺自己的人际关系,用心经营好自己的人际关系,不断磨炼自己的交际本领,磨砺自己洞察人心的眼光,练就一身人际周旋的功夫,使之为我所用,助我成功。

二、人际关系重要的八大因素

卡耐基说:“一个人快乐与否,85%来自于与他人的相处。”人是群居动物,人的成功来自于他所处的人群,所在的社会。但是,只强调人际关系的重要性还是不够的,重要的是要知道人际关系为什么重要。

(一)人际关系可以让你优势互补

世界上只有完美的团队,没有完美的个人。集体的智慧永远大于个人的智慧,集体的力量永远大于个人的力量。一个人再完美也难免会有一些缺点,即所谓的人性的弱点。在一个团队当中,每个成员都有自己的优势,彼此之间可以优势互补。

(二)人际关系就是你的一面镜子

人际关系是一面镜子,它可以在你外出赴宴前告诉你,你应该如何穿着打扮;它可以告诉你,你写的“行销企划”“广告文案”或一些推销技巧是否有效;它会发现一些你根本没有想到的错误;它会告诉你什么是有趣的、什么是观察入微的，什么是有失礼节的。

近朱者赤，近墨者黑。你应该知道自己向谁学习，以便改正自己的缺点。

（三）通过人际关系了解你的竞争对手

所谓知己知彼，百战不殆。你必须随时掌握竞争对手的特点、动向。如他们是否重视教育训练？是否鼓励员工进修以加强技能？他们在同行业中的名声如何？是否参加商展？等等。你的人际关系网是了解这些信息的最佳渠道，而且大部分真实可靠，因为你的朋友只会帮你，而不会去帮助你的竞争对手。

（四）人际关系可以带给你全新的经验和知识

当今社会是信息的社会，信息就是知识，信息就是财富。有人由于获得了某一信息而成为百万富翁；有人由于信息的滞后而破产。因此，我们需要加强人际间的交流与沟通，以促进自己新知识和经验的加速增长。

（五）人际关系给你的生活提供保证

无论你在哪里工作，为哪个公司服务，你在工作和生活中形成的人际关系永远是你的人际关系，你可以随身携带，不管你在天涯海角，你都可以借助这个人际关系开创你的事业。

（六）人际关系可以使你更有面子

如果你的人际关系上有达官贵人，下有平民百姓，而且当你有喜乐尊荣时，有人为你摇旗呐喊，鼓掌喝彩；当你有事需要帮忙时，有人唯你马首是瞻，两肋插刀。这会使你脸上有光，觉得有面子。

（七）人际关系可以让你了解世界、丰富人生

在与各色朋友的交往中，你可以了解到很多信息，学到很多知识，特别是当你的人际关系网中有外国朋友时，就更可以做到这一点。

（八）人际关系有助于帮助他人

人际关系的建立，不仅对那些为自己工作的人十分有用，而且对那些为别人工作的人同样有用。如许多学校积极聘请本校成功的毕业生回母校进行演讲，因为学校希望学生们能够分享到成功的经验，

或能向学生们提供就业辅导及建议。这样,既可以光耀学校、扩大学校的知名度,同时也可起到鼓舞士气,提高学生的学习兴趣的作用。

三、积累人际关系资源

世界首富保罗·盖蒂曾经说过,一个人要想完成一件事情,永远不要靠自己一个人花100%的力量,而要靠100个人花1%的力量。也就是说,一个人的100%不如100个人的1%,借助人际关系的力量,永远是最好的选择。

不要期望自己是超人,也不要期望他人付出100%的能力去帮你,你要善于结交更多的朋友,只要他们在关键时刻付出1%的能力去帮你,就足够了。例如你在做生意的时候,需要100万元的资金,你有一个很好的朋友,但他全部的资金只有10万元,他就是竭尽所能也只能借给你10万元,距离你100万元的目标相差很远。而你有100个朋友,只要他们每人借给你1万元,你的资金就凑够了。

我们经常看到大雁以V字形飞行,而且V字形的一边比另一边长些(V字形的一边比另一边长的理由是因为有较多的雁)。这些雁定期变换领导者,因为为首的雁在前头开路,它能够帮助它左右两边的雁造成局部的不同气压。科学家曾在试验中发现,成群的雁以V字形飞行比一只雁单独飞行能多飞12%的距离。人与人之间的关系也是这样,学会借助于别人的帮助,共同合作,发挥大家的力量,才能使自己在竞争的道路上走得更远。

2002年中国百富榜上30位左右的企业家最看重的十大财富品质中,“机遇”排在第二位,而在MBA学员眼中,“机遇”则是十大财富品质中的首选。“机遇”的潜台词是“关系”。因为人际关系资源越好,机遇相对就越多。读书不仅是为了“充电”,更是为了积累高品质的人际关系资源并从中寻找机遇。即使是哈佛商学院的毕业生,在总结读书的收获时,也把“建立朋友关系网络”放在第一位。

人际关系在MBA学习中已提到一个相当重要的高度。哈佛商学院的一位教授总结时说,哈佛为其毕业生提供了两大工具:首先是对全局的综合分析判断能力;其次是哈佛强大的、遍布全球的、4万多人的校友网络,在世界各国、各行业都能提供宝贵的商业信息和优待。

哈佛校友影响之大,实非言语所能形容。全校师生有一种超越科学界限的特殊集体精神,他们在团结精神的凝聚下,织成了一张牢固的人际关系网络。对哈佛 MBA 来说,找到了校友,就是找到了信任,就是找到了机遇,使得在事业开始的第一步就获得专业的支持和帮助。

比尔·盖茨在创立微软公司的时候,他还是一个在校读书的学生,一个微不足道的无名小卒,没有太多的人际关系,但是他在一开始的时候就签到了一份大单,钓到了一条“大鱼”。可能大多数人并不知道,盖茨之所以能签到这份合约,全靠他的母亲。盖茨的母亲是 IBM 董事会的董事,她介绍儿子认识了董事长。假如当初盖茨没有签到这份订单,今天他也许不可能拥有几百亿美元的个人资产。

孙耀唐先生在 30 岁的时候就成为一家电子公司的老总,可以说他是一位成功的生意人。孙耀唐先生最信奉“得关系者得天下”这一准则。他认为,有关系的高手就像是左右逢源的人,他们四通八达,没有到不了的地方,也没有谈不成的生意;而一旦没有了宝贵的人际关系,则会如履薄冰,寸步难行,那种投门无路、四面楚歌的焦虑和窝火简直就像被武林高手点了死穴,即动弹不得,又奈何不了。所以,见多识广的张总天天忙着的就是广积“人际关系”。

查尔斯·华特尔就职于纽约市一家大银行,奉命写一篇有关某公司的机密报告。他知道一家大工业公司的董事长拥有他非常需要的资料。于是,华特尔先生去了那家公司。当华特尔先生被迎进董事长的办公室时,一位年轻的女子从门边探出头来,对董事长说她今天没有什么邮票可以给他。“我在为我那 12 岁的儿子搜集邮票。”董事长对华特尔解释。

华特尔说明来意后,开始提出问题。董事长的说法非常含糊、概括、模棱两可。这次见面的时间很短,没有实际效果。“坦白说,我当时不知道怎么办。”华特尔说,“接着,我想起她秘书对他说的话——邮票,12 岁的孩子……我也想起我们银行的国外部门搜集邮票的事——从来自世界各地的信件上取下来的邮票。第二天的早上,我再去找他,并告诉他,我有一些邮票要送给他的孩子。结果,他满脸带着笑容,‘我的乔治将会喜欢这些。’他不停地说,一面用手抚弄着那些邮票。我们花了一个小时谈论邮票,看他儿子的照片,然后他又花了一个多小时，把我所想要知道的资料全都告诉我——我甚至都没有提议他那么做。他把他所知道的全都告诉了我，然后叫他的下属进来，问他们一些问题。他还打电话给他的一些同行，把一些实事、数字、报告和信件，全部告诉我。”

就这样，用很短的时间，华特尔就完美地解决了他的问题。可见，人际关系对一个人的成功是多么重要。

一个人的力量毕竟有限，但如果你获得周围朋友的帮助，你就有了成功的机会。有人说“关系决定命运”，这也不为过，建立一个好的人际关系网是很重要的。而关系网的建立不是一朝一夕就能做到的，要靠我们在平日里慢慢地积累。

张某曾担任某公司的总经理，每年年底，礼物、贺卡就会像雪片一样飞来。可是当他退休之后，他每年所收到的礼物只有一两件，而贺卡一张也没有。在以往的日子里，客人往来不绝，而退休后却寥寥无几，正在他心情寂寞的时候，以前的一位他不是很重视的下属带着礼物来看他。他感动得热泪盈眶。

没过多久，张某被原公司聘为顾问，当然，他很自然地就重用和提拔了这位下属。因为他能在没有利益关系的情况下，登门拜访，给张某留下了很深刻的印象。

在这个竞争激烈的社会里，千万不要忽视人际关系的重要性。想要获得成功，想要赢得财富，就要有丰富的人际关系，就要学会建立自己的人际关系资源。

让我们从现在开始，学会用自己一颗真诚的心，去建立自己的人际关系吧。抓住一切机会，广交朋友，广结人缘，积累人际关系资源，储备人际关系资源，编织好自己的人际关系网。

四、精心选择朋友

选择共事的人很重要，朋友的选择也同样很重要。因为朋友会影响你以后能取得什么样的成就和你将来会拥有什么样的选择机会，因此，朋友的选择很重要。

父母总是关心孩子的交友问题，有时孩子感到这种关心有些过分。其实，你的父母懂得，你以后也会懂得：与我们密切相处的人对我们生活的影响是非常大的。关于这一点，理由很多，但是最重要的一条是，我们总是以其他的人作为榜样，并以他们的言行作为我们行动的指导，而亲密的朋友其榜样作用又是最强有力的。因此，你要考察一下你的四周，你将来的生活方式与你朋友现在的生活方式可能很相似。你会自觉或不自觉地效仿你朋友的生活方式。如果你的朋友太年轻，就注意一下你朋友的父母吧，他们预示着你以后的生活方式。当然这种预示远非正确，但它是你现在可能效仿的生活方式中最有可能性的一种。

无论你以后选择加入何种团体，你的举止和观点将变得越来越像团体中的人（他们也变得越来越像你）。大家同在一个团体中，互相影响，互相渗透，互相接受，互相趋同。好多年后，你将变得越来越像你的大多数朋友了，而他们也变得越来越像你了。

另外一个重要的问题是：你要相当慎重地选择好你的朋友。因为这对你的言行有很大影响，通过与那些你希望效法的人的密切接触，你会朝着你自己满意的方向变化。

相反的，如果你交往的人有些问题，你可能会发现你自己也变得有问题了。假如你的朋友是一群失败者，假如他们总是违法乱纪，假如他们胖得不成样子，假如他们是穷光蛋，假如他们经常酗酒、大量吸烟、吸毒，假如他们在学校总是闹事，假如他们每天浪费时间打游戏……那么，你也有可能滑到同样的坏习惯之中去。交这类朋友，你只会染上众多恶习，而不可能得到什么好处。

幸运的是，事情总有好的一面，假如你的朋友是有才能的人，假如他们学习成绩很好，假如他们体贴别人，假如他们身体很棒且体形健美，假如他们适可而止地饮酒、吸烟，假如他们是幸福的，假如他们积极地参与诸如唱歌、跳舞、体操、美化环境、科学竞赛等活动，培养对自己有益的爱好，或工作干得很不错，那么，你也可能积极地参加这些活动。

尽管这些意见是针对学生提出来的，但这些因素在你的整个一生中都会发挥作用。不管你是17岁还是37岁、67岁，朋友都会对你的生活有很大的影响，特别是对你的人生态度和观点影响很大。

所以，从现在起，与周围能带给你机会的人架起沟通的桥梁，寻找能带给你机会的朋友，让成功离你更近一步。

柯杰是一名寿险推销员，出身于一般家庭，平时也没有什么朋友。田华先生是一位很优秀的保险顾问，而且拥有许多非常赚钱的商业渠道，他生长在富裕家庭，他的同学和朋友都是学有专长的社会精英。两个人的世界有天壤之别，所以在保险业绩上也有天壤之别。柯杰没有人际网络，也不知道如何建立人际网络，更不知道如何与来自不同背景的人打交道。一个偶然的机会，柯杰参加了开拓人际关系的课程训练。受课程启发，他开始有意识地和在保险领域颇有建树的田华联系，并且和田华建立了良好的私人关系，他通过田华认识了越来越多的人，从而打开了事业上的新局面。

一匹好马可以带你到达你梦想的地方，一个好朋友可以带你实现自己的愿望。人脉是你人生中最重要的资本之一，也是成功路上最重要的因素之一。

五、创造机会与人相识

要有一个好人缘，织起一张人际关系网，你必须积极主动出击，人际关系不会从天上掉下来，而是要靠自己创造。

在社会生活中，各行各业都有许多出类拔萃的杰出人物，他们可能会对你的前途产生重要的影响。你必须利用一切机会与他们接触、交往，不要等待，一味地等待只能使你错失良机，不能够帮助你与他们建立起良好的关系。人际关系是主动争取而不是被动拥有。

如果你到一个新的环境，如机关、企业、学校等，与同事彼此都不认识，你可以主动出击，不要不好意思，要大大方方地把自己介绍给别人。

如果你想更深入结交一些朋友，你需要主动地了解有关他们的各方面的信息。这些信息可以通过多种方式得到，如你要注意在与其相处时积累一些有关的情况，可以通过他的朋友了解他的兴趣爱好，也可以通过他的一些个人材料了解他。

有一个人，当他想要结交新朋友时，总是想方设法弄到其的生日。他请教这些人，问生日是否会影响一个人的性格和前途，并借机叫他们把自己的生日告诉他，然后悄悄地把他们的生日都记住，并在日历上一一圈出，以防忘记。等到了这些人生日这一天，他就送点小礼物或亲自前去祝贺。很快，这些人对他印象深刻，把他作为好朋友了。

人与人交往中会出现一些交际的好机会，抓住这些好机会，多认识一些有益的朋友，如可多参加一些会议，就可以借机认识一些成功的前辈，就可能有机会转变你的一生。如果有朋友请你去参加一个生日聚会、参加体育运动或其他活动，你千万不要因为工作忙或自己懒得动身而拒绝，因为这些场合是你认识新朋友的好机会；又如，新同事约你上街或看电影，你最好也不要随便拒绝，这是一个发展关系的好机会。不过，你也不要以为机遇会像一个到你家来的客人，在你家门口敲着门，等你开门让他进来。许多失败者常常以自己没有好机遇为借口，这只能让他们再次尝试失败的痛苦，要知道，人际关系中的机会也是需要人去创造的。

如果你想和刚刚认识的朋友进一步发展关系，你可以请他们到家里来做客；如果你想和多年未见的老同学重温旧梦，回首往事，你可以试着组织一次同学聚会……

人与人之间接触越多，彼此间距离就可能越近。这与我们平时看一个东西一样，看的次数越多，越容易产生好感。就像我们在电视中反复看到的广告，久而久之也会在我们心中留下印象。有些人长得好看或不好看，但看次数多了，就无所谓好看或不好看了。所以交际中有一条重要规则：找机会多和别人接触。

如果要成功地找到与人接触的机会，你必须对其基本信息有所了解和掌握，如对方上下班的时间、工作安排、起居规律、生活习惯、家里有无老人和小孩、有什么爱好、对什么感兴趣等，根据这些基本信息，瞄准对方最想找人聊天或最需要的时候去与对方接触，很容易获得成功。

和别人取得联系，建立初步关系之后，你还不能放松，最好趁热打铁抓住机会再深入一下。一般来讲，交际的目的有两种：直接目的和间接目的。直接目的就是想让人帮忙解决某个事情或想得到对方某方面的指导；间接目的就是为了加深关系，增进了解，使关系长期保持下去。无论你想达到哪种目的，都最好要让对方明白你的交际目的。如果对方不清楚，会让他产生戒备心理，那样的话就很难与对方深入下去。

周末晚上别老蹲在家里,多出门去参加一些社交活动。无论是什么活动,只要参加就够了。下班后不要急于回家,多结识一些朋友,建立自己的庞大人际关系网,对你的人生、事业将会有很大的帮助。

六、与对方保持联系和接触

人与人之间的关系会随着见面次数的增加而加深,久而不见的朋友自然会疏远。所以,建立关系的有效之道就是保持与对方的联系和接触。

我们也许会抱怨,我们都是上班族,一天到晚都在办公室忙工作或在外边跑业务,哪有时间搞关系。但是无论你有多忙,总会有吃饭和休息的时间吧。你不妨利用在外跑业务的机会顺路探访久而未见的朋友或利用中午吃饭时间和对方一起吃个便饭,虽然可能只有短短的20分钟,但却对与对方保持长久联系非常重要。对于整日在办公室里忙的人,则可利用午餐时间,与其每天一个人吃饭,不如约与在同一地区工作的朋友共进午餐或一起喝喝咖啡。如果彼此的距离稍远,打个车去也可以,反正是一两个月才一次。你平时一定听过上司述说过孩子的事,所以要知道他的孩子念哪所学校很容易,只要平时用点心思,有机会去看望一下他的孩子,比拜访他本人更有效。下了班,无论是新朋友还是老朋友,大家可以一起喝喝茶或下下棋或打打球,找各种理由一块聚聚,多接触一下,相互联络一下感情,松弛一下紧张神经。在大多数时候,新朋友是由老朋友介绍认识的,最好不要和经由朋友介绍认识的新朋友单独见面,不妨请介绍者同席。

所谓老朋友,就是表示彼此间已经有了相当程度的了解,值得信赖的朋友。珍惜老朋友的态度,也是吸引新朋友愿意主动与我们交往的力量。拥有越多的老朋友就如拥有越多的无形资产一样,证明你的品德值得朋友信赖。

美国有个名叫尼尔森的人,她目前在12个义工团体里服务。同时她也是卡赖公司第一银行系统及“美国西方公司”等企业的董事。

尼尔森一长串的获奖单写满了“关怀”“服务”“领导力”“社区”等褒扬的字。她曾经受过瑞典国王授予的相当于骑士身份的称号,也从芬兰总统手中接过类似的奖项。她是一位真正宽大为怀、肯奉献付出、不倦不悔的志愿工作者,她让人难以望其项背。但同时她为人热心、机智,是一个别人无法拒绝的女孩。她喜欢当义工,喜欢和其他义工在一起。当她因从事义工活动而出名的时候,她因此而结识了许多政界名人。

她的人际关系网中有各种各样的人物,从警察到政府官员,到音乐家、到画家、面包师傅、银行家,甚至冰雕建造师。

因为她的人际关系和良好的社会形象,美国明尼苏达州邀请她出面争取足球"超级杯"的主办权。尼尔森认为这件事的关键人物是费城"老鹰队"当时的老板诺曼·布拉曼,当时也是"超级杯"场地选择委员会主席。

尼尔森马上去找他,而诺曼·布拉曼正好以前认识尼尔森,于是布拉曼投了赞成票。尼尔森利用布拉曼是第一个支持者这个有力的证明,又成功地游说了其他27位球队老板。结果,明尼苏达州首次成功主办"超级杯"。

无论你的人际关系网有多好,除非你了解运作过程,否则你还是无法完成任何事情。人际关系是主动出击的结果,没有谁愿意主动来找你,除非你有不一样的地方,你有别人需要的特质。

七、如何编织人际关系网

现在我们来总结一下:在21世纪的今天,人际关系是一个日渐重要的课题。哈佛大学商学院的一项调查显示,在事业有成的人士中,26%靠工作能力,5%靠家庭背景,而人际关系则占69%。从某种意义上说,人际关系是一个人通往财富、荣誉、成功之路的门票。

成功建立人际关系网的关键是选择合适的人、建立稳固的关系。

(一)应选择合适的人

1. 要明确合适的含义

所谓合适,有3层意思:一是就性质而言,要适合自己。交往对象主要侧重于与自己生活工作相关的领域里,如果对方在现在或将来对你的生活工作影响不大,那么你也没有必要花很大精力与其建立相应的人际关系。二是就数量而言的。我们强调人际关系的重要，并不是要漫无边际地建立许多的关系，关系网不是越大越好，否则就会因为应付这许多的关系而劳心劳力、叫苦不迭。三是要注重质量。质量的标准可以是多方面的，前面所述“适合”就是一个，此外如影响、作用等等。只有把握了这几个方面，建立起来的人际关系才是合适的。

2. 要分清主次，打造人际关系的核心力量

对人际关系网中的人，应该列出哪些人是最重要的，哪些人是比较重要的，哪些人是次要的。最重要的朋友也许是你要好的发小、知己、同学或者哥们儿，也许是对你的事业发展起到关键作用的人，这要根据自己的需要来定，前一类是你的精神生活不可缺少的一部分，后者是助你走向成功的重要砝码，他们将作为你人际关系中的核心力量。

3. 对人际关系进行分类

工作生活中一时有难，需要求助于人的事情往往是涉及许多方面的，你需要各个方面的帮助，只从某一方面获得帮助是不够的。

有专家指出，一般来讲，良好、稳固的人际关系的核心必须由 10 个左右你所信赖的人组成。这首选的 10 个人可以是你的朋友或是事业上与你联系密切的人。这种牢不可破的关系网需要你至少一个月维护一次，10 个人就足以用尽你所有的时间和精力，如果太多了，就会陷入应付关系当中，会影响你自己的工作。

（二）建立稳固的关系

1. 要明确稳固的含义

所谓稳固，就是要在合适的前提之下，尽可能地让关系网的结构少一些动荡，网上的结点少一些变化。因为维护关系网是需要情感上和物质上的投入的，变化频繁不仅会损害彼此之间的人际关系，也会造成你在人际关系投入上的浪费。因此，朋友之间的相互关系维持得越持久，才会越牢固，越有价值。

2. 保持稳固的人际关系

第一，保持联系是建立成功关系网的一个重要条件。针对那些最重要的朋友，与他们一定要保持时间上的频繁性、联系上的经常性和

关系上的亲和性，只有这样，你的人际关系网才会具有竞争力和完整性。“关系”就像一把刀，常磨才不会生锈，若是半年以上不联系，你就可能会失去这位朋友了。所以，不要与朋友失去联系，不要等到有了麻烦、事到临头时才想到朋友。朋友关系也是一种资源，需要学会未雨绸缪地去维护和保持朋友之间的那种热乎劲。“用时是朋友”的实用主义的做法，必然会伤害朋友的感情的。

第二，进行必要的“感情投资”，这样会使关系网更加牢固。记下与关系网中的人有关的一些至关重要的信息，如他们的生日或结婚纪念日，在这些特别的日子里，哪怕只给他们打个电话，他们也会万分高兴；当他们升迁的时候，向他们表示祝贺；当他们处于人生的低谷时，向他们表示慰问，并主动提出帮助；当你的出差或旅行地点与哪一个关系成员接近时，应尽可能去拜访他们……

第三，制定一张“朋友档案”。常言道：书到用时方恨少，用在关系网上就是“人到用时也恨少”。不知道你是否有过这样的经历：当你遇到棘手问题、努力想辙的时候，突然脑海一闪，发现有一个朋友可以帮上忙，但是查遍手机和通讯录，就是找不到这个人的电话号码和联络方式，或找到了联系方式，却又不好意思开口，因为你好久没与他联络了。那么，你现在就赶快“亡羊补牢”或“未雨绸缪”地制定一张属于自己的朋友档案吧。

第四，你要不断地提升自我，增加个人魅力。素质高而有魅力的人容易获得别人的接纳，这是人之常情。在交往中，一定要注意礼仪，谦谦君子比一般人更容易获得对方的好感，窈窕淑女同样能给人留下良好印象。此外，更要注重提高自己的专业素养，因为人都喜欢与优秀人士交往，潜意识里都渴望与比自己优秀的人建立关系。

即使你确实是一位各方面都非常优秀的人，也不要以为自己拥有卓越的才能就能获得成功。学着去建立自己的人际关系网络吧，只有建立起自己的人际关系网络，你才会机会不断、好事不断，你才会享受到人际关系网带给你的好处，你才会深刻认识到一般人才与顶尖人才的真正区别在于人际关系，而并非仅仅是才学和能力。

第二节　新人职场须知

一、牢记10种说话句型

第一，以最婉转的方式传递坏消息的句型：我们似乎碰到一些状况……

如果工作出现了问题，你立刻冲到上司的办公室报告这个坏消息，就算不关你的事，也只会让上司质疑你处理危机的能力，弄不好还惹来一顿骂，把气出在你身上。此刻，你应该以不带情绪起伏的声调从容不迫地说出本句型，千万不要慌张，也不要使用“问题”或“麻烦”这一类的字眼，要让上司觉得事情并非无法解决。而“我们”听起来像是你将与上司站在同一阵线上，并肩作战。

第二，上司传唤时责无旁贷的句型：我马上处理。

冷静、迅速地做出这样的回答，会让上司直觉地认为你是一名有效率、听话的好部属；相反，犹豫不决的态度只会惹得上司不高兴。

第三，表现出团队精神的句型：你的主意真不错！

如果别人想出了一条连上司都赞赏的绝妙好计，你恨不得你的脑筋动得比人家快，与其拉长脸，暗自不爽，不如偷沾他的光。方法如下：趁上司听得到的时刻说出本句型。在这个人人都想争着出头的社会里，一个不嫉妒同事的部属，会让上司觉得此人本性纯良、富有团队精神，因而另眼看待。

第四，说服同事帮忙的句型：这个报告没有你不行！

有件棘手的工作，你无法独立完成，必须找个人帮忙不可。于是你找上了对这方面工作最拿手的同事。怎么开口才让他心甘情愿地助你一臂之力呢？说出上面的话，而那位好心人为了不负自己在这方面的名声，通常会答应你的请求。不过，将来有功劳的时候别忘了记上人家一笔。

第五，巧妙闪避你不知道的事的句型：让我再好好地想一想，3点以前给您答复好吗？

上司问了你某个与业务有关的问题，而你不知该如何作答，千万不可以说“不知道”。本句型不仅可以暂时为你解危，也可让上司认为你在这件事情上很用心。不过，事后一定要做足功课，按时交出你的答复。

第六，智退性骚扰的句型：这种话好像不大适合在办公室讲。

如果你是一位女士，有男同事的黄段子让你无法忍受，这句话保证让他们闭嘴。男人有时候确实喜欢开黄腔，但你很难判断他们是无心还是有意，这句话可以让无心的人明白，适可而止。

第七，不露痕迹地减轻工作量的句型：我了解这件事很重要，我们能不能先查一查手头上的工作，把最重要的工作排出一个优先顺序。

首先，强调你明白这个任务的重要性，然后请求上司的指示，为新任务与原有工作排出先后顺序，不露痕迹地让上司知道你的工作量其实很重，有些事就得延后处理或转交他人。

第八，恰如其分地讨好的句型：我很想听听您对某件案子的看法……

有些时候，你有机会与高层要人在一起，为避免冷清尴尬你不得不说点话。其实这也是一个让高层青睐了解你的绝佳时机。但说些什么？每天的例行公事，不适合在这个时候被搬出来讲，谈天气又不会让高层对你留下印象。此时，最恰当的莫过于一个跟公司前景有关而又发人深省的话题。问一个大老板关心又熟知的问题是最合适的，当他滔滔不绝地诉说的时候，你不仅获益良多，也会让他因你的求知上进之心而对你刮目相看。

第九，承认过失但不引起上司不满的句型：是我的错，不过幸好……

有错在所难免，但是你陈述过失的方式，却能影响上司对你的看法。勇于承认自己的过失非常重要，推卸责任会让人觉得你软弱无能、不堪重用。说出上面的句型，表明你很坦诚，能够淡化你的过失，转移众人的焦点，也避免了把矛头都指到自己身上。

第十，面对批评要表现冷静的句型：谢谢你告诉我，我会认真考虑你的建议。

自己苦心的成果却遭到别人的修正或批评，确实是让人苦恼的事。不过，千万不要将不满的情绪写在脸上，要让批评你的人知道，你已经收到了他的信息。不卑不亢的表现令你看起来更有自信、更值得人尊重。同时也让人知道你并非是一个刚愎自用或是经不起挫折的人。

二、与同事相处的8种行为

大家在同一个单位或在同一个办公室工作，搞好同事之间的关系是非常重要的。同事之间关系融洽，心情舒畅，既有利于做好工作，也有利于自己的身心健康。同事之间关系若不和，甚至紧张，那就没有意思了。导致同事关系不够融洽的原因，除了重大问题上的矛盾和利益上的冲突外，在平时不够注意自己的言行举止也是一个很重要的原因。

（一）要做到有好事儿的时候互相通报

如果单位发些物品或奖金等，你先知道了或你已经领到了，你像没事似的一声不吭，有些东西本可以带领，你也从不帮人领一下，时间长了，同事自然会对你有看法，觉得你不合群，缺乏共同意识和协作精神，慢慢地同事关系就疏远了，甚至分裂。所以，不要因为这些小事影响与同事的关系。

（二）明明知道的事不要说不知道

同事出差或临时出去一会儿，这时如果有人找他或电话找他，你要告诉他们，如果你确实不知道同事去哪儿了，你不妨问问其他人，然后再告诉对方，以显示你的热情和良好的同事关系。明明知道却生硬地说不知道，一旦被其知晓，彼此之间的关系就会受到影响。反之，如果你有事出去，也要主动告知同事，打个招呼。不要什么事都不说，进进出出神秘兮兮的。互相告知不仅是共同工作上的需要，也是联络感情的需要，它说明双方都有尊重以及信任的心态。

（三）向同事求助要讲究分寸

任何事情都有两面性，一般来讲，不轻易求人，特别是会给同事带来麻烦的事情。但也不绝对，有时求助于人反而能表明你对同事的信赖，能融洽彼此的关系，加深感情。关键是要把握好分寸，尽量做到不使对方感到为难为宜，如你生病了，而同事的爱人恰好是医生，你就可以问问同事或通过同事去找他。若你没有向同事求助,同事知道了,可能反而会觉得你不信任他。良好的人际关系是以相互帮助为前提的。只要把握好分寸,求助他人是可以的。

(四)不要说不可以说的私事

同事相处,自己总有一些不能说的私事,不能说的,坚决不说。否则,同事会认为你是一个嘴巴不严的人。有些私事是可以和同事聊聊的,比如你的男或女朋友的学历、性格脾气,小孩的教育问题、自己的爱好兴趣等等,有话不说,人际距离自然就疏远。

(五)不要总是拒绝同事的"小吃"

有的时候,同事会把水果、瓜子或特产等零食带到办公室里来,休息的时候请大家吃,这时你不要以任何理由拒绝。有时同事有高兴的事,大家要他请客或买点东西,也是很正常的。不要冷冷地坐在一边不吭声,更不要一口回绝,表现出不屑为伍或不稀罕的样子,如果你总是这样,同事会认为你太过清高和傲慢,是一个难以相处的人。

(六)不要常和某一个人"咬耳朵"

在同一个办公室里,不要对其中某一个人特别亲近,总说悄悄话,进出相伴。也许你们两个亲近了,但被疏远的人可能就多了,有些人可能还认为你们在搞小团体或在说别人的坏话。所以,在办公室里要和每一个人保持一定的关系,尽量处于不即不离的状态。

(七)不要热衷于探听同事的家事

每个人都有自己的隐私,能说的自然人家会告诉你,不能说的就不要苦苦的去四处打听。太喜欢探听同事的私事,即使什么目的也没有,人家也会忌你三分。从某种意义上讲,喜欢探听别人的私事也是不道德的行为。

(八)不要喜欢在嘴巴上占别人便宜

在同事相处的过程中,有些人总是想在嘴巴上占别人的便宜。例如:喜欢说人家的笑柄,讨人家的便宜;喜欢与人争辩,没理也要狡三分;说话时喜欢抓人家的小辫子,非要人家败下阵来,非要争个水落石出;等等。对于这样的人,同事们会躲得远远的,他的人际关系自然不会好。

三、聪明处事六原则

(一)懂得"竞赛规则"

了解单位的组织机构、人事关系特点以及你所处的位置等,这些都是你力争升职必须掌握的资料。同时,还要了解顶头上司的喜厌,喜欢用些什么样的人,了解了这些"规则",你才能运用合适的策略,适应这个系统的运转,升职也就比较容易了。

(二)创造良好的总体印象

总体印象的意思是单位领导或同事对你的总体评价,如勤奋好学、值得信赖、能创造性地完成任务等。一旦大家对你有了良好的总体印象,即使你有了工作上的失误,领导或同事往往也会认为情有可原;如果你长期只在某一方面表现得很好,别人就会怀疑你仅此而已,你还有很多欠缺。因此你要努力树立的是一个总体印象,利用首因效应、近因效应、晕轮效应等来为你服务,把握机会好好表现,给大家留下一个良好的个人总体印象。

(三)准确理解上级的意图

对于对上司布置的工作和任务,你必须准确地理解,如上司对某项工作所定的目标、希望得到的效果、优先的顺序等,如果这项工作最后的结果与你上司所预想的不一样,那你的努力就白费了,甚至上司会认为你很无能,这是许多人未能得到好评的原因之一。所以,你要认真思考:你对上司意图的理解是否准确?上司希望达到什么目的?只有这样,你才会较好地完成领导交给你的工作,才会受到上司的好评,这也是决定你是否升迁的重要因素。

(四)显示出强烈的事业心

任何上司都希望属下有强烈的事业心和责任感,只有这样的人才能承担责任,把工作做好。因此,你要在平凡的工作中,不断努力,不怕吃苦,踏实肯干、巧干,赋予工作新的意义,不断接受新的任务,接受新的挑战,做出不平凡的业绩。

（五）遵守规章制度

无规矩不成方圆。任何组织都有一系列的规章制度，作为组织员工必须遵守。要认真学习组织的各项规章制度，按照规章制度的要求去做，用规章制度来约束自己，做模范遵守规章制度的典范。那些无视规章制度的人，是不受组织欢迎的人，也是根本得不到升迁的人，这已成为人们普遍认同的观点。

（六）经常以下列内容检验自己的言行

第一，是否受到上司的信任。如果发现上司不信任自己的征兆，马上改正，否则升职无望。

第二，是否被评价为工作卖力。如果周围的人对你的工作评价是敷衍了事，不卖力气，责任感不强，要马上改正。

第三，与周围同事的关系是否融洽。如果不是很融洽，关系紧张，要找出原因，马上改正。

第四，是否注意小节。细节决定成败，细节决定命运，因为不注重小节的人，容易在一些枝节上出纰漏而惹下大麻烦。如果自己不注重小节，要马上改正。

四、顺利度过试用期

如果被组织录取进入试用期，说明这个职位对你来说已经唾手可得，但还不等于牢牢在握了。试用期不等于正式录用，如果你表现欠佳，用人单位也会不与你签订劳动合同。

（一）尽快适应环境和工作

在试用期内，要主动了解和遵守单位的各项规章制度，特别是考勤制度、请假制度、作息制度等，按制度办事。即使有些老职工不大遵守制度，你也千万不要学或当作不遵守制度的借口，因为你的身份不同。

要熟悉自己工作岗位的要求、职责范围、工作任务及工作程序。你的岗位有些什么要求，责任有多大，与你工作有关的人和事有哪些，有哪些处罚等，必须要清楚，而且牢记在心。要熟悉单位的业务范围和与你的岗位有关的客户情况，还要了解你的前任在此岗位工作时的状况,你就会知道怎样做会受到赏识,出什么错会被炒鱿鱼。

(二)最大限度地表现自己的能力

试用期的主要目的就是考察你的实际工作能力。如果不能达到岗位的要求,可能未到试用期满就会被“请”走。因此在试用期内,不仅要努力工作,踏实肯干,还必须千方百计地把自己的工作能力表现出来。你可以虚心向其他同事请教,也可以请朋友出主意,还可以在网上查找资料,但最主要的还是自己动脑筋想办法。通过自己的努力,比较好地完成任务,最理想的是还完成一两项开创性的工作。

(三)妥善处理人际关系

在试用期内,能否与周围同事搞好关系,处理人际关系的能力如何,这也是组织考察你的主要方面。与周围同事关系融洽,说明你有团队意识,接受、认可组织的文化并能够融入组织文化之中。另外,与同事搞好关系,他们可以帮助你、指点你,有助于你完成工作,有助于你最终被录用。

处理好人际关系的要点在于谦虚、热情、诚恳。在平时要多虚心请教,礼貌待人,尊重同事,稳重踏实,不怕吃亏,不怕受委屈,以交朋友的方式处理与周围同事的关系。切忌眼睛朝上,巴结领导,冷淡同事,让人对你产生趋炎附势、献媚巴结的印象,从而心生反感,难免告状,影响你最终的被录用。

最好的局面是:上司认可你,同事肯定你。

(四)千万不要出错

出错是试用期的克星,特别是一些影响较大的差错,等于宣布试用期的“死刑”。因此,工作时一定要认真细致,做足功课,提前准备,反复检查。对一些拿不准的事情,一定要请教领导或请教同事,宁可不要突出的成绩,也要保持不出差错,平安顺利就是胜利。

五、老板绝对不会错

有一位作家曾幽默地说:“职场守则第一条,老板绝对不会错;如果发现老板有错,请参考第一条。”

民以食为天,要想保住饭碗,一定要记住"老板绝对不会有错"这条铁则,并仔细斟酌,时时谨记,保你受用无穷。但能够认识到并谨记的人并不多,当下属看到老板的错误时,一般有3种做法:

第一,据理力争,拼死劝谏。这种人很有骨气,但是往往成为"烈士"。"出师未捷身先死",在公司里,抱负还未施展,就被打入"冷宫"或被"放逐",谁愿意这样呢。

第二,照章行事,不管对错。这种人此时很讨老板喜欢,但众人对他不屑一顾,认为其柔媚无骨。这种人不要欢喜过早,一旦老板发现自己"坐在油锅里",此人却奉命"极力扇火",能饶得了他吗。

第三,阳奉阴违,明着答应,暗里推托不做。这种人虽能暂时保住饭碗,老板一旦察觉此人两面三刀,对自己不忠诚,他还能升迁吗。

以上3种做法都不妥,最好的做法是:委婉地提出意见,劝阻失败后全力执行老板决定,并努力使事态往有利于公司的方面发展。这种人行事中庸,老成持重。事成有大功,事败并无错。

在职场中,如果老板对一份错误明显的销售方案非常欣赏,征求属下意见时应委婉建议:这个方案可能不是最好的,不过,也有它的可行之处,最后还是老板决定吧。如此一说既顾及到了老板的尊严,又有礼貌,就是以后出现问题,谁又能怪下属呢。

如果老板此时非常"诚恳"地请员工提出建议,指出其中的不足,员工大受感动,想畅所欲言,说明这个员工修炼还未到家。因为当员工说出"坦白地说"时,势必显示出他的高明,他的能干。如果再与老板争论起来,不久可能就会"死相难看"。

作为职场中人,一定要谨记:老板绝对不会有错。诋毁和藐视老板——不管是国家总统还是公司经理——都将得到同样的回报,从而缩短你的仕途,减小你的人生价值。同样,与老板争吵,不论事大事小,都会毁坏你的名声,招致更大的失败。

第三节 人际关系实践与技巧

一、幽默是最好的润滑剂

“幽默”一词，是由英文的“Humour”音译而来的，而英文中的这个词，则来源于拉丁文的“humour”，其本意是“体液”。古希腊医生希波克拉底认为，人的体液有血液、黏液、黄胆汁和黑胆汁，其组成的比例不同，便会形成人们的不同气质类型。而“Humour”是指人体内这4种体液的比例所决定的人的思想、体质、习惯上的倾向、气质、脾性，或者一时的心理和情绪。1898年，英国作家本·琼森首先用幽默这个词写了两出戏:《每个人在他的幽默里》《每个人出自他的幽默》，自此幽默才进入美学领域。

对于幽默的定义，有多种说法。英文字典对幽默的解释是“滑稽、可笑、有趣”。我国《新华字典》解释为:“言语举动表面轻松而实际含有讽刺的。”《现代汉语词典》解释为:“有趣或可笑而意味深长的。”列宁说，幽默是一种优美健康的品质。作家萧伯纳说，幽默是使人发笑的一种因素。著名作家老舍认为，幽默首要的是一种心态，和颜悦色，心宽气朗，才是幽默。简单来说，幽默感是一种捕捉生活中乖谬现象的敏感力，也是一种巧妙地揭露人际关系中的矛盾冲突的智力，其效果令人发笑、耐人寻味却又不引起人们的反感。具体地说，幽默是一种特性，它能够引发喜悦，给人带来欢乐或愉快。而最重要的是，幽默本身是一种艺术表现，对其合理运用，可增进人际关系，改善自我评价。正如培根所言:“善言者必善幽默。”

在人际交往中，说话具有幽默感是很重要的:第一，幽默是人际交往的润滑剂，是一个人高情商的表现，它可以使人笑着面对矛盾，轻松释放尴尬。幽默是一种机智地处理复杂问题的应变能力，它往往比单纯的说教、训斥或嘲弄更使人开窍。第二，幽默能缓解矛盾，使人们关系融洽和谐。生活中，人与人之间会有一些摩擦，有时甚至剑拔弩张，弄得不可收拾，而一个得体的幽默，往往能使对方摆脱尴尬的境地。第三，幽默是一种优美健康的品质，幽默对人心理上的影响很大，它使生活充满情趣。哪里有幽默,哪里就有活跃的气氛。谁都喜欢与谈吐不俗、机智风趣者交往,而不喜欢跟抑郁寡欢、孤僻离群的人交往。第四,善于发现幽默的机会是心胸豁达的表现。当人们宽容的时候,就会忽略其中的恶意和偏执,给自己轻松,同时也给别人宽容。真正的优越感,不是来自于争执时占了上风,而是来自于对别人的宽容。有了这种轻松的豁达,幽默感自然会产生。

幽默是人类独有的特质。一个幽默的人,能够给朋友带来无比的欢乐,并且在人际交往中增加自身的魅力,因而备受欢迎。有些人天生就浑身充满了幽默细胞,但并不是说没有这种禀赋的人就会一辈子刻板严肃,幽默感是可以训练培养出来的。

如何训练培养自己的幽默感呢?下面给你10个建议。①

(一)学会自圆其说

学会自圆其说,就是给自己和他人找台阶下。幽默的一大好处就是可以化解尴尬,尤其是自己遇到发窘状况时。不管话题是不是自己打开的,都可以顺水推舟,让他人认为之前说过的话是刻意的、有理的。

(二)学会自嘲调侃

学会自嘲调侃,就是要对自己有自信。没有人是完美的,有时体现出自己的弱点反而让他人感觉你更具亲切感。适当拿自己的过失调侃,可以反映出自己的童心未泯,也可以让自己有一颗平常心,把自己从懊恼之中解脱出来。

(三)学会繁事简说

学会繁事简说,就是说话要简洁。有时我们会碰到他人想通过隐喻的手法让我们失态的情景,此时最好的破解办法也许就是装傻充愣,给其一些直白的回复,这远远胜过试图解释而把事情越描越黑。其实,当时在场的人士都明白隐喻的意思,并也期待你同样领会时,如果自己不予计较,反而体现出自己豁达的性格。

---

① 岳晓东:《练就幽默能力　做最招人待见的人》,《北京青年报》,2011年4月9日。

(四)学会顺语逆说

学会顺语逆说,就是充分利用他人的话题。不管是有人想讽刺自己,还是自己想对他人的看法表示反对,都可以通过点出他人逻辑上的漏洞达到目的,而无须把问题说破。也可以把他人的观点换一个方向重复一遍,同样能够达到委婉告诫的目的。

(五)学会借题发挥

学会借题发挥,就是利用现场状况。有时我们想表达一些信息却一直没有合适的内容,如果同他人谈话时正好谈到了类似的题目,则完全可以和自己想表达的内容衔接起来。

(六)学会巧立名目

学会巧立名目,就是发现事物的特点。有时可以尝试通过强调事件的一个点来表现幽默,最好是发自内心的赞叹或感叹而对某点的特征进行放大。但要注意,如果自己的重点太莫名其妙,则会让别人误认为你在吹牛,这就会弄巧成拙。

(七)学会使用双关语

学会使用双关语,就是学会利用语言。如果不好直接表达自己的意思,那就要给出一个让人回味的答案。这就需要答案具有双层意思,真正做到一箭双雕,但应避免使用低俗的语言。能有效使用双关语需要一定的历练和智慧。

(八)学会两面看

学会两面看,就是学会黑色幽默。黑色幽默与传统幽默的相似之处,就是均采用"逻辑错位"的方式,把两种互不相干的事情搅在一起,造成主观与客观的矛盾,达到一种嘲讽的效果。如果说传统幽默是一种喜剧,那么黑色幽默则是一种畸形的喜剧,它是以喜剧的形式来表现悲剧的内容。喜剧一般都强调人的社会性,从时尚中找出滑稽的情趣。与传统幽默不同的是,黑色幽默以一种无可奈何的嘲讽态度表现环境和个人之间的互不协调,并把这种互不协调的现象放大、扭曲,变畸形,使它们显得更加荒诞不经、滑稽可笑,同时又令人感到沉重和苦闷。在传统幽默中,人们用一种健康的笑来唤起人们对美好事物的赞美和对丑恶事物的藐视，它的思想基础是乐观主义，对嘲笑对象有一种优越感和崇高感，相信美能压丑，正义必将战胜邪恶。而黑色幽默就完全不同，它是一种畸形的苦笑，一种绝望的笑，它的思想基础是悲观主义。

（九）学会顺理成章

学会顺理成章，就是学会自然地幽默。如果发现他人有不好的陋习，尤其是态度上的陋习，我们完全可以通过对其习惯性说法的回复给予告诫。通过变随意为有意，使对方发现自己的观点有多荒唐，并且意识到今后不可再随意表达类似的观点。

（十）学会以言代行

学会以言代行，就是少动手、多动嘴。在不适宜付诸行动的情况下，可以通过语言表态。

二、人际交往中的辞令技巧

人际交往中最重要的工具就是语言。语言包括口头语和书面语，而口头语无疑是在交际中运用最广泛，并能够增进和改善人与人之间关系的重要的途径。在此，重点介绍人际交往中常用的辞令技巧。我们归纳为以下7种方式。①

（一）寒暄式

中国人在语言表达方面表现得比较含蓄，尤其是初次见面时，一般习惯以寒暄语作为开场白，即使是对对方的正式拜访，话语也不会直奔主题而去。通常使用的寒暄语有以下3种。

1. 问候式寒暄

寒暄是人际交往的起点。为了能较快地接近对方，人们习惯使用寒暄语。在大多数场合中，人们彼此相互见面，第一句寒暄语便是“您好！”。这是最简单、最实用的问候式寒暄语。

2. 攀认式寒暄

实际交谈中，用得较多的还有攀认式寒暄。如果我们发现与对方

① 参见杨丹：《人际关系学》，武汉大学出版社，2010年版。

之间存在某种亲缘、业缘、地缘关系，便可以此展开交谈。例如："您是北京师范大学毕业生，我也是北京师范大学毕业的，说起来我们是校友"；"您是河南人，我是河北人，咱们地域相近，也是有缘呀"；等等。

3. 敬仰式寒暄

敬仰式寒暄一般用在初次见面时，既表现出敬重和仰慕，也体现出热情有礼，能够迅速缩小与对方之间的距离。如"久仰您的大名，想不到今天能一睹您的风采"。寒暄虽是初次见面时的应酬话，但其作用不可忽视，它可以为双方交谈先作一种感情铺垫，为迅速打开谈话局面创造出轻松的气氛。寒暄的内容较广泛，可以是新闻、趣闻、天气、感受等。寒暄需要遵守一定的规则，即寒暄的内容宜近不宜远、宜小不宜大、宜喜不宜忧。

（二）赞美式

有句著名的话是：想让他人做你想要他做的事，最好的办法是让他认为这件事是他自己想做的。赞美让你做到这一点。

赞美犹如心灵的空气。没有空气，人类无法生存。人类最渴望的就是精神上的满足——被了解、被肯定、被赏识。对人来说，赞美就如同温暖的阳光，缺少阳光，花朵就无法开放。在赞美声中，传递的是思想和情感，表达的是善意和热情，化解的是隔阂和摩擦。赞美绝不是单方面的给予和付出，在赞美声中，别人的精神感染着你，别人的榜样鼓励着你。赞美别人的过程也是学习别人优点和长处的过程、培养自己心胸气度的过程。一个能够慷慨给予别人赞美的人，一定是一个充满自信的人。送一点赞美给别人，你的世界会一片灿烂。

如果你发现了别人的长处，就大胆地告诉他。嘉勉要诚恳，赞美要大方，要真诚而不要虚伪。

在人际交往中，运用赞美应掌握一定的技巧和方法。第一，要根据不同交往对象的心理需求，给予得当的赞美。例如：对于中青年男性，我们可赞美他事业有成、能力超凡、前途无量等，这样会令对方如沐春风、信心百倍；对于中青年女性，则应从容貌、服饰、爱情、家庭等方面给予夸赞，这会使对方喜出望外。每个人都有优点和得意之处，只有我们称赞对方引以为荣的方面，一定会令对方喜不自胜。第二，赞美要符合实际,恰如其分。如果我们把武大郎说成是英俊挺拔,那就不是赞美,而是讥讽了。过分的赞美反而可能引起人们的反感,或者怀疑你的真诚。第三,赞美要具体。如针对员工的特定工作,管理者可以说:“你今天的会议记录做得很好”,“今天你的表现很好”,“你提交的报告很有建设性”,“你的这件上衣真漂亮”等。第四,赞美要公开化,要让他人知道。只有表现出来的赞美,才有意义。

(三)说服式

说服即劝说,是我们在与人沟通交往中不可或缺的一项辞令技巧,特别是在当今这个时代,它常常关系到我们的生存、竞争及事业的成败。成功有效的说服由3个阶段组成:第一,信息传达阶段。要求传达的信息即说服的话语应表述明晰、正确。第二,情感运用阶段。说服对方要动之以情,我们看到有经验的销售人员在说服顾客购买某一产品时,总是先使顾客从情感上对自己产生好感,产生愉快的心理体验,然后激起对方的购买欲望。第三,态度阶段,即“理性”的说服阶段。说服他人动摇、改变、放弃其主张,接受、信服并采纳自己的意见,这其实是从精神上征服人心的过程。在现实生活中,要改变一个人的意识观念、思维定式是很难的。但只要你方法运用得当,说服就会有奇效。

下面介绍几种常用的说服方法。

1. 鼓动激励说服法

鼓动激励说服法是一种以尊重和信任的方式说服对方的技巧,多适用于上级对下级的说服。如上级要给下级布置任务,可以采用这样的说服方法:“小李,你脑子灵活,技术又好,考虑再三,觉得只有你做这项工作最合适。”这种劝说一般情况下都能为对方所接受。

2. 侧击暗示说服法

所谓侧击暗示说服法,是指运用曲折委婉的方式,旁敲侧击地说服对方的方法。有这样一个故事:有一位个体户老板,当他得知自己的会计挪用资金时,便采用了此种说服法:他将会计叫到办公室,拿出一沓钱递过去说:“听说你家里遇到了一些困难,这是我给你的慰问金,请你收下。”这番话顿时令这位会计感动不已,他心悦诚服,并且在以后的工作中对老板忠心耿耿,做出了很大贡献。

3. 肯定诱导说服法

肯定诱导说服法是一种顺水推舟的心理诱导法,在实际交往中运用此法效果较好。如果你身边有两个好朋友因一点小矛盾闹翻了,你可以试着用这种方法调解。你找到其中的一位谈话,问他几个小问题,如:“他这个人(指闹矛盾的对方)是不是为人很正直?”“你们之间的关系是不是一直很好?”“他对你是不是有过帮助?”待对方一一回答“是”后,你便可以顺水推舟地说:“既然如此,何必为一些小事闹翻呢？还是和好吧!”一般情况下,对方都会接受劝告。因为心理学家作过研究,当人们作肯定回答时,全身组织放松,心情处于平衡状态,易于接受不同意见。我们应该注意,人的人格尊严有着一种惯性作用,一旦做出了否定回答,便会坚持到底,这是在说服对方时应该注意到的。

(四)致歉式

致歉可分为衷心致歉和礼仪致歉。衷心致歉用于对他人的受损表示歉意,在于获得受损者的谅解。这种致歉是人际关系中化解矛盾的有效交际手段。当一个人伤害到他人时,必然会引起对方心理上的不平衡,矛盾会随之产生,关系会恶化。而这时如果能够及时诚恳地道歉,矛盾也就可能会及时化解了。礼仪致歉则是出于礼仪、礼貌而说出的表示歉意的话语。如主人设家宴待客,烧了满满一桌子菜,但主人举筷相邀时,却总是说:没有什么菜,不好意思,随便吃点……这类客气话往往使有些外国人大惑不解,殊不知这种主人的自谦,纯粹是出于礼仪。

在现实生活中,礼仪致歉犹如促进人际交往的“添加剂”,而衷心致歉则像是人际关系的“润滑剂”。衷心致歉用得更广泛,它又可分为直接致歉和间接致歉两种方式。

直接致歉方式,我们在生活中常用。需要提醒的是,直接致歉要适时。应该直接致歉的时候就要马上致歉,时间越久就越难以启齿,有时候甚至追悔莫及。此外还要注意以下几点:第一,道歉需要诚意。应态度诚恳、语气温和,多用“对不起”“抱歉”“多包涵”等礼貌用语;

第二，道歉用语以简洁为佳。如对方已经表示接受谅解了，就不要再啰唆了；第三，道歉时，不必做过多的辩解，因为在道歉中为自己辩解，非但不利于弥合双方感情上的裂缝，反而会加深彼此间的隔阂。

间接致歉方式，就是通过第三者婉转地向对方道歉。采用这种方式，一般是由于道歉者的自尊心极强、面子特别薄或对方与自己关系比较敏感和特殊等原因。在这种情况下，通过第三者巧妙地把自己的歉意传达给对方，对方自然也会心领神会，接受歉意。不论是同事同行之间、上下级之间、长幼之间，还是敌我之间，这种间接道歉都不失为一种委婉而有效的沟通方式，都会取得戏剧性的、较好的效果。

（五）批评式

批评辞令，是指在人际交往中，一方对另一方所犯错误、存在的不足或观点见解方面的不正确而进行的得体的、恰当的、有效的指责、指教性的语言。就本质而言，批评是令对方产生不快、感到心理压力的活动，因而没有人喜欢受到批评，涵养再高的人其内心也是不愿意被批评的。正因为如此，我们应慎用批评，批评方式要得当。同时，批评者要遵循以下批评的一些基本原则。

1. 批评要从自己开始

一般来说，在批评他人之前先说一说自己从前犯过的类似错误。这样，一方面可以为对方提供活生生的例证，从中认识到所犯错误的严重后果；另一方面也可以带给对方一定程度上的认同感，拉近彼此的心理距离，营造出心胸开阔、坦诚相见的良好的批评氛围，从而使对方更容易接受批评。例如，有经验的领导在批评下属办事不力的时候会这样说："由于我考虑不周，致使事情成了现在这样，不过你的办事方法也有些欠妥。来，咱们再好好商量一下。"对这样的言辞，个性再强的下属也会信服。其实，在人际交往中，对朋友和家人的批评也可以采用这种方式。这种批评方式消除了对方心理上的障碍，使其觉得自己不是在受指责，从而容易接受批评。

2. 先表扬后批评

批评需要营造适宜的氛围，在冰冷冷的气氛里很难收到良好的批评效果。但如果在批评之前先对被批评者的长处作一番赞赏，肯定对方的优点，满足其某种心理需要，就能够营造出较好的气氛，一方面可以削弱批评本身让人难以接受的程度，另一方面也使被批评者不致产生逆反心理。

3. 暗指式批评

人都有自尊心，直截了当的批评很容易伤害对方的自尊心，有时对方虽然明白自己的行为是错误的，但感情上却一时难以接受，甚至感性冲破理性，与批评者顶撞起来。针对此种心理，我们可以使用暗指式批评方法，故意模糊犯错误的具体对象，转而通过评析某种错误行为或错误现象使对方渐渐认识到自己的错误，这样对方就容易接受了。

4. 将批评寓于鼓励中

将批评寓于鼓励中这种方式就是指出其别人潜在的优势，表明其有能力做好事情或改正错误。

犯了错误受到批评，对当事人而言既是一段痛苦的经历，又是一次自信心遭受打击的过程，这很容易使其对错误耿耿于怀，对自己的能力产生怀疑。因而，我们可以尝试将批评寓于鼓励中的批评方式。举例来说明：在一个书法培训班上，有一位学员起点很低，特别是在运笔方面总是犯低级错误。与其他人比，他感到很沮丧。老师却对他说：你的书法天赋不错，对于书法的艺术感觉也可以。虽然在运笔方面有些欠缺，但这是初学者都会犯的毛病，多练习、多注意就好了。这位学员听了老师的话，信心大增，刻苦练习，运笔的毛病很快就改正了。

批评犯错者的目的是指出错误并令其改正，因此，在批评的同时应注意不要挫伤对方的自信心和积极性。相反，我们在批评时还应恰到好处地指出对方的优势，使其以积极的心态修正错误，不断进步。

（六）提问式

在人际交往中，我们需要向对方提出各种问题，而提问是否得当也会直接关系着双方交往能否顺利进行。在提问中，我们要注意以下几个问题。

1. 话题把握

首先,提问者如何选择话题是关键。日本心理学家多湖辉曾说过:要使对方乐于答话,莫如挑选他的擅长来说。其实,提问也是如此。比如一个人乒乓球打得好,你就可以问:"听说你乒乓球打得很拿手,是吗?"和他人交谈,正像和他人打乒乓球一样,问话人的提问正像打乒乓球时的发球,你挑对方擅长的方面来发问,就像特意发了一个使对方容易接的球,他当然乐意还击。从而一来一往,谈笑风生,畅谈不休。正是在这个意义上说,提问可以成为"谈话的发球"。

2. 措辞慎选

我们在提问时,注意慎选用词,有时是会产生奇妙效果的。如饮食店的服务员问顾客:"您今天需要什么?"而不是问:"您要些什么?"加个"今天",好像把顾客看成了老主顾,使顾客感到心里热乎乎的,容易产生宾至如归的感觉。

3. 句式运用

在汉语里,按句式分,问句有是非问、选择问、一般问、特殊问等种类。这对提问者来说有个选择问题。如一家咖啡店,在卖的可可里可以加鸡蛋。售货员就常问顾客:"要加鸡蛋吗?"后来在一位人际关系专家的建议下改为:"要加一个鸡蛋,还是两个鸡蛋?"由过去常用的一般问改为了选择问。这个句式的小小变化,却令这家咖啡店的销售额大增。

4. 语序调整

第二次世界大战后,日本的许多商店因人手奇缺,准备减少送货任务,有的商店就将"是您自己拿回去呢,还是给您送回去呢?"改为"是给您送回去呢,还是您自己带回去呢?"结果大奏奇效。顾客听到后一种问法,大多数说:"还是我自己带回去吧。"其实,只是问话的顺序作了调整,就使商店达到了自己的目的,又不违背文明服务的原则。

我国礼学界著名学者金正昆在他的有关著作中,对如何提问作了详细的阐述,可供我们参考:

(1)直接型提问。如果交谈双方关系比较密切而所提问题又不会引起不愉快的后果时,可以采用这种方式。

直接型提问直来直去，速战速决，节省时间，但一定要注意使用的场合和时机，否则就会事与愿违。

(2)限制型提问。这是一种目的性很强的提问技巧，它能够帮助提问者获得较为理想的回答，减少被提问者否定的回答或提问者不希望得到的回答。

如上面所举的例子，咖啡店的售货员将“要放鸡蛋吗?”改为“要加一个鸡蛋，还是加两个鸡蛋?”这样提问缩小了对方的选择范围，减少了对方说出拒绝的机会。

(3)诱导型提问。这种发问不是为自己解答疑难，而是无疑而问。是为了紧紧吸引对方思考自己的问题，诱导对方接受自己的观点，故意向对方提问。

孟子在劝谏梁惠王时，曾经提出一个问题：“假定有一个人向大王报告：我的臂力能举起三千斤重的重物，却拿不起一根羽毛；我的目力能把秋天鸟的羽毛看得分明，但一车柴火摆在眼前却瞧不见。你相信吗?”惠王说：“不，我不相信。”孟子马上接着说：“这样看来，那个力士连一根羽毛都拿不起，只是不肯用力的缘故；那位明察秋毫的人连一车柴火都瞧不见，只是不肯用眼的缘故。如果老百姓得不到安定的生活，只是不肯干，不是不能干。”孟子的这种问话就是采用了诱导型提问。故意把一个已知结论的问题提出来，不但能引起对方的兴趣，而且可以启发对方思考。这种提问有不可阻挡的力量。

(4)选择性提问。在生活中，许多问话仅仅是征求对方的意见，统一对一个问题的看法。这种情况下，我们可以采用选择性提问。这种提问容易形成一个友好的谈话氛围，被提问者可以根据自己的意愿，自由地选择答案。如在炎热的夏天，你家来了客人，你想给他弄点东西解渴，但又不知道他喜欢什么，你可以问他：“你是要茶，还是要咖啡，或是西瓜?”客人可以选择他自己喜欢的东西，从而增添了友好气氛。

(5)婉转型提问。这种提问的意图是为了避免对方拒绝而出现尴尬局面。如一个小伙子爱上了一位女孩，但他并不知道女孩是否爱他，又不能直接问，他可以试探性地问：“我可以陪你走走吗?”如果女孩不愿交往，她的拒绝也不会使双方难堪。

(6)提醒和协商型提问。对一些健忘的人用提醒式发问,能起到暗示的作用。如自己的东西不知丢哪里了,一般就会问:“你没有借我的计算器吧?”表面上说的是“没有”,实际上是问“有没有”。这种提问谨慎而有分寸,在交际中显得很得体,既不易引起对方的反感,又能得到自己想要的答案。

(七)拒绝式

在人际交往中,拒绝他人往往是不可避免的。如何拒绝他人?大量事实证明,能否正确地拒绝他人,直接关系到人际关系能否正常发展,关系到人际关系的和谐程度。正确地拒绝他人的基本要求,是巧妙地拒绝他人的求助而又不伤害友情,并且能获得他人的理解和体谅。这一要求的实现,必须借助于一系列科学的拒绝他人的技法,在这里我们就推荐几种。

1. 婉言拒绝法

在现实生活中,常常见到一些人在拒绝他人时说“没门儿”“不知道”等生硬的拒绝语,这会使对方下不了台,往往容易伤害对方的感情。如果你不想伤害对方的感情,拒绝之词最好婉转些、谦逊些。对于勉为其难的事,先肯定,后拒绝。如有人求你合伙干某事,你可以这样说:“能与你一起合作我很高兴,只是我这一摊子就够我忙的了。真遗憾,失去了一次和你合作的机会。”对于别人有求于你时,你知道自己帮不了忙,但也要热情接待,对待求助者的困难和求援表示理解和同情,然后再坦诚说明帮不了忙的原因,让求助者知道你确实是心有余而力不足。还可以说明这件事办起来很困难等,这样对方就意会你的态度。

2. 缓和拒绝法

有人求你帮忙,你虽然难以办到或内心不愿意帮忙,但也不必一口回绝,以免当头一盆凉水浇得别人很难堪。遇到这种情况,你不妨来个“缓兵之计”,给予留有余地的回答:“这个忙我没有把握帮到,但我愿意为你尽量去奔走效力,你先回去,等有了消息我马上告诉你。”过一段时间,你可以打电话或托人捎信告诉他:“这件事我跑了好几天,联系了不少单位,实在没有办法。请不要再依靠我了,以免误了您的事情。”或也可以向对方这样说:“我向上边反映一下,等研究后有了消息,再给您答复。”灵活地运用此方法,可以使交往双方避免陷入被动状态和难堪的局面。

3. 避实就虚拒绝法

若能恰当地运用此拒绝方法,不仅效果好,还能营造出轻松活跃的气氛。例如,一位外国记者问某国总统:“你很富有,听说你的财产达到了30亿美元。”这个提问显然用意很多,首先针对总统是否廉洁而来。如果总统矢口否认,别人不会相信,照实说也显然不妥。这时,总统立即哈哈大笑,回答道:“一位外国议员还说我有60亿美元,你听到了吧!”总统先避开问题的实质不做回答,然后以虚拟夸张的事实去回答对方。这种语言的拒绝方式,不仅缓解了尴尬场面,也为双方搭了一个下台的阶梯。

三、非语言沟通技法

文字并不是人类最基本的表达和沟通的方式,身体语言才是人类最常用、也是最基本的表达和沟通方式。

生活中,你一定有过这样的经历:尽管别人向你阐述了许许多多的理由和相应的论据,你对于他的话还是无法感到满意和信服。这到底是为什么?真正的原因在于,他的身体向外界传达出了完全不同的信息,你通过他的身体语言察觉到他在说谎。

人们在交往沟通时,往往非语言比语言更为有效。人际沟通中65%的社会意义由非语言信息来传递。因此,我们不仅要熟练地运用语言沟通技巧,而且还要懂得正确地运用非语言沟通技巧。

关于沟通中非语言方式,如姿态及其所代表的意义,在《怎样洞察别人》①一书中有详细阐述,下面对其作一介绍。

(一)开放性的姿态

(1)摊开双手。这是大部分人表示真诚与公开的一个姿态。意大利人常常毫不拘束地使用这种姿态,当他们受挫时,便将摊开的手放

① 参见蔡庆兰译:《怎样洞察别人》,世界图书出版公司,1989年版。

在胸前，做出"你要我怎么办呢?"的姿态。而耸肩的姿态也随着张手和手掌朝上而来。大家可能已经留意到，当小孩子对自己所完成的事感到骄傲时，便会坦率地将手显露出来，但是，当他们有罪恶感，或对一个情况产生怀疑时，便会将手藏在口袋中或背后。

(2)解开外衣纽扣。别人若对你坦诚友善时，则经常会在你面前解开外衣纽扣，甚至于脱掉外衣。在一个商业会议上，当人们开始脱掉外衣时，便可以知道，他们在谈论的某种协定，会有达成的可能；不管气温多么高，当一个商人觉得问题尚未解决，或尚未达成协议时，他是不会脱掉外套的。

(二)防卫性的姿态

防卫性的姿态是与表示开放接纳的姿态相对的，是一种保护自己身体、隐藏个人情绪以对抗他人侵犯的姿态。如果对于对方表示的开放姿态未能善加掌握，对方可能很快就会转变为防卫的姿态。

(1)双手交叉在胸前。在人际交往中，如果你的交往对象叉起手臂时，便表示他已经转为防卫状态了。如果你未能及时发现对方所表现出的反对、抗议、不满等信号，而自顾自地高谈阔论，再三地刺激对方，结果往往使自己本来愿意亲近的人更加疏远。

(2)坐在椅上，抬起一条腿跨在扶手上。这种姿态看似轻松(嘴角往往都带着一抹微笑)，但实际上却表达了极不合作的意愿。这种人经常对别人的感觉或需要漠不关心，甚至有点敌意。空中服务员也认为在飞机上采取此种坐姿的男性旅客经常是最难服侍的人。在买主与推销员间，买主也经常在自己的办公室中摆出这种坐姿以表现他优越的主宰地位，上司在下属的办公室中亦常以此种姿势以表现其权威。

(3)标准的腿交叉姿势，即一条腿搭在另一条大腿上，小腿下垂。这是人们普遍采用的一种姿势。这种姿势表达了一个人的防卫甚至带有敌对的心理。讲课的老师有时会发现，坐在下面听课的学生，如果双臂交叉，同时也双腿交叉，那么一定是对老师的观点发生质疑。恋爱中的男女，如果女方将臂、腿紧紧交叉起来，那么这不是一个积极的信号。这时，另一方应设法改变对方的情绪，使她改变原来的姿势。

有许多习惯是不知不觉养成的,有人一落座,就可能双腿交叉,并没有什么特殊的含义,所以在观察时要注意语言与个别姿态在表达上的一致性以及个别姿态与一连串姿态的不矛盾性,以免发生误解。

(三)评估性姿态

有一些最容易让人误解的姿态,就是我们所说的评估性姿态,通常表现为处理一些苦思焦虑的问题时的姿态。

(1)手撑着脸颊的姿态。这是一种表现出沉思、兴趣和注意力的姿态。大家都熟悉伟大的雕塑家罗丹的雕塑作品"沉思者",而且不会怀疑那些摆出类似"沉思者"姿态的人,用手支在脸颊上,一定是沉湎于某种沉思当中,有时还稍微眨眨眼睛。如果某人在和你的交谈中用一只或两只手撑在头部,并且身体向前倾靠,那说明他对你的谈话内容很感兴趣。有时候一个人会持"批判性的评估姿态",即把一只手放到脸上,手掌把住下颚,然后食指伸到面颊上,其他手指都放在嘴边。这种姿态,再加上把身体向后游离你,则其思想形态就是批判的、严谨的,或者是某些想法跟你相反。

(2)头部倾斜。达尔文在他早期的研究中注意到,动物和人在听到某些有兴趣的事物时会稍微把头抬高起来。从很早时候起,妇女就本能地了解到这种姿态的含义,它会给人一种洗耳恭听的印象。当她们与一位男人交谈并想给人留下一个好印象时,不自觉地就会使用这种姿态而确实会达到较好的效果。

(3)抓住下巴。这个"很好,让我考虑考虑"的姿态,似乎遍行于全世界,也是人们在进行决策过程中常做的姿态。

(4)踱步。当人们要解决困难问题或作困难的决定时,往往采用这种姿态。这是一种非常积极的姿态,当别人在踱步思考时,最好不要打扰他,除非他想要问问题。

(四)怀疑性姿态

所有表达出怀疑、不确定性、拒绝以及疑问的姿态基本上都有共同的信息,即否定性。

(1)最明显的拒绝态度是手臂交叉,身体移开,交叉双腿,头向前倾,有些人还从眼镜上方窥视,好像要把你所说的话"看"得更清楚些。

有些更高级的姿态，我们不易察觉，比如身体稍微移开，以侧身对着你，并且摸摸鼻子，或捏捏鼻子等。这些可能是最具否定意味的姿态。

(2)斜眼瞥视。当别人斜眼瞥你时，一般表示怀疑、疑问和不信任的态度。

(3)触摸或轻轻地擦鼻子，通常是用食指。这个姿态很平常。一般的演说者在他们对研究一个主题的方式或听众的反应没有把握时，往往会摸鼻子。值得注意的是，任何姿态都不是绝对的，有时候人们摸鼻子是因为发痒。但是，在因发痒而摸鼻子和用这种姿势表示否定或反对意思之间，仍然有清楚的差异。人们在搔痒或擦揉鼻子时通常会很用力，然而在装腔作势时却是轻轻的。

(五)备战性姿态

(1)双手叉腰。这是一个可以轻易辨别出来的明显姿态。在各种运动比赛中，就常可以看到准备上场的运动员做出这种姿势。当年少的儿子或女儿向父母的权威挑战时，也往往摆出这种姿态。另一个与此稍微不同的备战姿态是坐着，一只手撑在大腿中央，上身微微前倾。

(2)坐在椅子边上。当人们准备好要让步、要合作、要购买、要接受或要征服别人时，就会移坐到椅子前端，这表示某种行动即将发生了。

(3)双臂分开，双手抓住桌边。这是一个意味着强烈的情绪即将爆发的姿势。在人际交往中，当他做出这种姿态时，你最好及早认清，赶快调停，以免出现太伤感情的尴尬场面。

(4)向前移进，同时推心置腹地说话。这是一种比较微妙的姿态，隐约地表露出侵略性的备战心理。这个姿态通常是向前倾身，移到比较近的亲密距离。在身体上表露此种亲密意识的同时，这人往往还会降低声音，给你一种印象，觉得他所要说的是极端秘密，只能说给你一个人听。其实恰好相反，这种姿态显示他惯于要别人服从他的指示，而且还会以此种态度，身体力行地去管制别人。

(六)合作性姿态

(1)坐在椅子边上。若这个动作和其他一些表示感兴趣的姿势一起出现的话，则无疑是一种愿意合作的信号。比如，当推销员把东西卖掉时，他与对方签约的姿势往往是大半个身子不在椅子上，全身重量都移到椅子前端，显示出极为热切的样子。

(2)外套不扣扣子。这样的姿势不仅表示对方已敞开胸怀愿意接纳你和你的观点，而且他正注意倾听你的陈述。

(3)以官衔称呼。这表示对方对你所说的话很感兴趣，有合作的可能，他并没有拒绝你。

(七)挫折性姿态

当人遇到挫折时，经常会表现出相应的姿态。

(1)十指交叉紧握。一个人十指交叉时，无论手是放在桌上还是腿上，他常会将两个大拇指互相摩擦或互相绕小圈子。这种姿势是一种遇到挫折、寻求帮助的表示。有时，交叉十指还表现出遗憾、沮丧的情绪。痛失良机、痛失爱侣的心情，有时也会通过这种手势表示出来。双掌交握是一种和十指交叉相对的姿势。讨论会中众人注目的焦点人物常采取这种姿势，当有人要求他回答一系列棘手的问题时，他尤其会采取这种姿势。双手紧握在一起的人常是精神紧张而难以接近的，遇到这种人应当设法使他放松。使他放松有一种颇有效的小技巧，即在谈话时略微倾身向着他以示信任和鼓励。

(2)握拳的姿势。这基本上是一种暴力的姿态，代表一种决心、愤怒，也可能是一种含有敌意的姿势。有时人们也许并不在乎别人看见自己双手握拳，但通常他们都会下意识地把握拳的双手插在口袋中，或交叉藏在腋下或放在背后。

(3)伸出食指。多数的时候，我们都不喜欢任何人拿手指头直指着我们。在激烈的争辩中，人们用手直指对方的情形是屡见不鲜的，有些人更习惯于使用眼镜来加强他那伸出的手指手势，以表示申斥、警告或加强语气。由于处于困窘之境的人通常都比较难以和他人合作，因此，除非对方已明显表示敌意或拒绝，否则最好不要以手指指人以免陷对方于困窘之境。

(4)手放在颈背上。这种姿势被称为“防卫式的攻击姿势”。在需要防卫的情况下，人们的手常不自觉地放到脑后去。但在防卫性的攻击姿势中，他们伪装是在防卫，但手却是放在颈后而非脑后。女人尤其善于这种伪装,她们伸手向后,撩起头发,故意装作一种习以为常的动作。

(5)踢地或踢任何幻想的对象。当人们生气、受挫或遭到困扰的时候,都有想去踢门的冲动,或者用轻踢地面来表达不满或厌恶。有些人在考虑一件事情时,也常会轻踢地面,似乎想把事情像踢皮球似地踢掉。

(6)鼻孔朝天。这是一个在世界各地都用来形容一种高兴或拒绝的姿态。即使连幼儿也知道要转过脸去以表示他不喜欢的食物,而且会尽量把头向后仰,以致鼻孔朝天似乎在躲避那种他所讨厌的味道。

(7)呼吸急促。在悲伤的场合中,感情激动的人常会深吸一口气,再慢慢地吐出去,发出一声长长的叹息。人们在交往中,当对方呼吸变急促时,你应提高警惕、紧急刹车,以避免出现令人窘困的场面。

(八)转达信心的姿态

(1)尖塔的姿势。这是把两手指尖合起来,形成一种“教堂尖塔”的手势。这是一种有信心的动作,有时也是一种装模作样、自大或骄傲的动作。这一动作转达出说话者对自己所说的一切十分肯定的意思。

(2)两手在背后相握,下巴抬起。这是一种表达权威的姿态,在日常生活里,我们会看到某些在街上巡逻的警察,背手挺胸,翘起下巴,走来走去。一些地位较高者也常常采用这种姿势。背手,还给人一种镇定自若的感觉。如果你将进入考场,那么,不妨背着手走进去,你会发觉你的情绪确实稳定了一些。

(3)身子向后倾,两手支着后脑勺。这是一种轻松的姿态,表明说话者对自己所说的话很有把握。这一姿势还可表明领域权、支配或统摄权。拉出抽屉把脚搁在上面,或是把一只脚或两只脚放在桌上或椅子上之类的行为,皆为表示领域权的一种姿势。

(九)表示紧张的姿势

人体动作是大脑活动的外露显示,人在紧张不安时会显露出一些有关的姿势。

(1)清喉咙。任何曾对大众或少数人演讲的人,都会记得喉头突然一紧发不出声音的情景。由于不安或焦虑,喉咙中形成黏液,因此必须先清清喉咙,使声音恢复正常。有些人因为不时地清喉咙而被视为一种怪癖,但许多人确是由于紧张的缘故。一般说来,说话不断清喉咙、变声调的人,表示他们有所不安和焦虑。

(2)吁声。人们常在不自觉中发出这种吐气声,多半以此来表示某种悬而未决的情况已解决了或是已稳定下来。人在紧张时是不可能控制呼吸的,吁声实在是一种表示松口气的声音。

(3)口哨声。吹口哨显示出一个人心情的多变。最有趣的哨声是人在害怕或不安时发出的,借以建立自己的勇气和信心。每当其置身于紧张的场合中,就以吹口哨来安慰自己。

(4)坐立不安。在感觉有压力的情况下,人们在椅子上会坐立不安一直到觉得舒服了为止。问题不在于椅子,而在于所处的情境。

(5)说话时以手掩嘴。以手掩嘴是一种表示吃惊的姿势。有时一个人对自己所说出的话感到抱歉时也会这么做。做这种动作好像是希望能制止自己所说的话。

(6)扯耳朵。有些人在紧张或不安时有扯耳朵的习惯。有时扯耳朵还表示一种听者想打岔的信号。举手是让人知道我们有话要说的信号,但是大部分人却不愿使用它,通常才举到一半时就收回了,而改以一种扯耳朵的微妙动作,然后再恢复原位。另外一种动作是用食指压住嘴,好像要把嘴封住让话出不来。了解打岔的姿态对你的交谈是很有益的。当你对听者打岔的姿势有所反应时,对方会认为你是一个十分健谈宽容的人,因为你允许其积极地参与谈话。

(十)表示自制的姿态

一般而言,人们在生气、受挫败或者焦虑不安时往往借各种姿势来克制自己的情感,保持冷静。

(1)脚踝交叠,双手抓紧。人们在压抑强烈的感觉或情感时会不自觉地采取脚踝紧紧交叠、双手抓紧的姿势。许多人在面试时,会由于紧张而自然地把脚踝紧紧交叠。

(2)抓住手臂或紧握手腕。在表达内心的冲突时,人们很容易表现出固定的行为模式。一个生气的人,无法直接表达他的感觉,而只能在挫折中抓头搔颈，之后他或许会握紧拳头、握住手腕或手臂，最后，会把感情发泄在一种代替物上，如用拳擂门或以脚踢门。

（十一）表示厌烦的姿态

一个懂得吸引他人的人，他在说话时一定会观察他人的表情和姿态，以便于在适当的时候停止说话，或者改变方式，想办法让他人对他的见解感兴趣。以下姿态可以视为他人表示厌烦的姿态：

(1)敲桌子，跺脚。当人感到不耐烦时，会用手或笔敲着单调的节奏，有时还配合着脚跟在地板上打拍子，脚抖动或脚尖轻拍。

(2)以手支着头。这个姿势就是手支着头，视线朝下，下巴下垂。

(3)胡乱涂鸦。任何一种避免直视对方的动作，都会干扰公开的交谈。当一个人在听你讲话时用笔在纸上胡乱涂鸦，那就表明他对你的话题缺乏兴趣。

(4)目光空洞。这种姿态就是对你“视而不见”。最肯定他不感兴趣的信号，就是他的眼皮几乎眨都不眨一下。没有眨眼，就说明这个人恍恍惚惚，心不在焉，对于周围事物毫不关心或极端厌恶。我们常原谅使我们厌烦的人，但绝不原谅那些厌烦我们的人。因此，在听他人讲话时我们不要动辄表现出厌烦的姿态。

（十二）表示期待的姿态

当我们盼望得到某种东西时，往往会在不知不觉中用姿态传达出这种期待的感觉。

(1)擦掌。当小孩子看见母亲从菜市场回来、把装满货物的自行车停住时，会高兴得摩拳擦掌，表现出一副期待的姿态。通常人们在参加某种活动之前，会揉搓双手，像洗手的动作。除非是双手冰冷，否则就是无言地传达出他对这项活动十分感兴趣。

(2)手指交叉。在许多紧张的场合中，我们常可看到这种动作，特别是当一个人有某种要求时，常不动声色地把手指交叉起来，以表示希望能实现其愿望。

四、记住别人的名字

要想得到别人的好感，一个最简单、最重要的方法，就是记住别人的名字。人最重视、最爱听、最希望他人尊重的就是他自己的名字。记住对方的名字很重要,记住对方的名字,并把它叫出来,等于给对方一个很巧妙的赞美。若是把对方的名字忘了,或写错了,在交往中会对你非常不利。

卡内基被称为钢铁大王,但他创业之初对钢铁的制造懂得很少,他手下的好几百人都比他了解钢铁。当时,卡内基可能记不住各类钢材的型号,但他能记住不少下属的名字。

卡内基在10岁的时候,就发现人们对自己的名字看得十分重要。他利用这个发现,去赢得别人的合作。

他孩提时代在苏格兰的时候,有一次抓住了一只母兔子,很快就有了一窝小兔子,但他没有东西喂它们。可是他有一个很巧妙的想法,他告诉他的小伙伴,如果他们给兔子找到足够的苜蓿和蒲公英,喂饱那些兔子,他就以他们的名字来替那些兔子命名。这个方法很灵,使卡内基一生都无法忘记。

好多年之后,他在商界利用同样的方法,获得了极大成功。他希望把钢铁轨道卖给宾夕法尼亚铁路公司,而艾格·汤姆森正担任该公司的董事长。因此,卡内基在匹兹堡建立了一座巨大的钢铁工厂,取名为"艾格·汤姆森钢铁工厂"。

记住及重视朋友和商业人士名字的方法,是卡内基领导才能的秘密之一,他以能够叫出他许多员工的名字为骄傲。他很得意地说,当他亲任主管的时候,他的钢铁厂从未发生过罢工事件。

记住他人的名字,在商业界和社交上的重要性几乎跟在政治上一样。一名政治家所要学习的第一课是:"记住选民的名字就是政治才能,记不住就是心不在焉。"

在美国总统专业幕僚群中,有一位幕僚的工作内容就是专门替总统记住每一个人的名字,然后每当总统在遇见某人之前,这位专业幕僚就会先一步提醒总统那个人的名字。而那位被总统叫得出名字的人,也会因总统竟然会记得他而雀跃不已,进而更坚定对总统的支持。

记住一个人的名字,是尊重一个人的开始,也是创造自己个人魅力的第一步。

吉姆·佛雷10岁那年,父亲就意外丧生,留下他和母亲及另外两个弟弟。由于家境贫寒，他不得不很早就辍学了，到砖厂打工、赚钱补贴家用。他虽然学历有限，却凭着爱尔兰人特有的热情和坦率，处处受人欢迎，进而转入政坛。最叫人佩服的是他还有一种非凡的记人本领，任何认识过的人，他都能牢牢记着其全名，一字不差。

他连高中都没有读过，但他在46岁那年就已有4所大学颁给他荣誉学位，并且高居民主党要职，最后还荣膺邮政首长之职。

有一次记者问他成功的秘诀。他说："辛勤工作，就这么简单。"记者有些疑惑，说道："你别开玩笑了！"

他反问道："那么你认为我成功的原因是什么？"

记者说："听说你可以一字不差叫出一万个朋友的名字。"

"不，你错了！"他立即回答道，"我能叫得出名字的人，少说也有5万人。"

这就是吉姆·佛雷的过人之处。每当他刚认识一个人时，他会先弄清楚他的全名、他的家庭状况、他所从事的工作以及他的政治立场，然后据此先对他建立一个概略的印象。当他下一次再见到这个人时，不管隔了多少年，他一定仍能迎上前去在他的肩上拍拍，嘘寒问暖一番，或者问问他的老婆孩子，或是问问他最近的工作情形。有这份能耐，别人会觉得他和蔼可亲、平易近人。

罗斯福竞选总统时，吉姆立下了汗马功劳。他不辞辛劳地穿梭于中西部各州，深入民众，亲切地与民众寒暄、交谈、集会、共餐，与民众进行最亲切的沟通，宣传罗斯福总统的政见，为罗斯福总统助选。

返回东海岸之后，他立即写信给每一个人，并在信件的一开始，即亲切地直呼对方的名字，如"亲爱的比尔""亲爱的约瑟"等等，信尾更不忘写下自己的名字"吉姆"。

吉姆很早就发现，当一大堆人名出现在某人的面前时，他最感兴趣、最开心的，仍然是他自己的名字。牢记别人的名字，并正确无误地唤出来，对任何人来说，是一种对人尊重、友善的表现。否则，万一你不慎忘记而喊错了人家的名字，很可能还会招来一些不愉快的事。

记住别人的名字并运用它，对每一个人都很重要。但我们常常借口说工作太忙、无暇记住这些名字。我们被介绍与人相识时，往往随口寒暄几句，而事实上我们连再见都还没有说，可能我们就已忘记了对方姓什么叫什么了。所以,有时候要记住一个人的名字真难,尤其当这个名字不好念时。

其实,记住一个人的名字也是有技巧的。法国皇帝,也是拿破仑的侄儿——拿破仑三世得意地说,即使他日理万机,仍然能够记得每一个他所认识的人的名字。他的技巧非常简单,如果他没有清楚地听到对方的名字,就说:“抱歉,我没有听清楚您的姓名。”如果碰到一个不寻常的名字,他就说,“怎么写法?”在谈话当中,他会把那个人的名字重复说几次,试着在心中把它与那个人的特征、表情和容貌联想在一起。如果对方是一个重要人物,拿破仑三世就要更进一步。等到他旁边没有人,他就把那个人的名字写在一张纸上,仔细看看,聚精会神地深深记在心里,然后把那张纸撕掉。这样做,他对那个名字就不只是眼睛的印象,还有耳朵的印象。

如果你要别人喜欢你,请记住这条规则:一个人的名字,对他来说,是任何语言中最甜蜜的、最重要的声音。

五、微笑的力量

心理学家研究表明,人们对于愉快的情绪接受、领会得最快,而微笑又是人们最容易接受的。

一个人面带微笑,会给人一种热情、富有同情心和善解人意的印象。真诚的微笑如春风化雨,润人心田。微笑是一种武器,是一种寻求和解的武器,能够化干戈为玉帛;微笑是美丽的外衣,你的笑容就是你如意的信差,能照亮所有看到它的人;微笑是友好的标志,能协调人与人之间的关系,更可以创造快乐的气氛;微笑是传递信息的桥梁,比语言更具有说服力,传递着愉悦的心情。当我们在赞美别人时,微笑会使你的赞美词更加有分量;当我们恳求别人时,微笑会使对方无法拒绝你;当我们接受别人的帮助时,微笑会帮你表达加倍的谢意;当我们无意伤害了对方时,微笑会替你传达善意,减轻对方的痛苦。

微笑可以改变他人的情绪与反应。每天早上站在镜子前面练习微笑,在短时间内你的性格就会有所改变,你会发现,你渐渐地能传达你自己的情绪并影响他人,使自己与他人建立友好关系。心理学家对此分析后认为,如果你对他人微笑,对方也会回报以友好的笑脸,但在这回应式的微笑背后，有一层更深的意义，那就是对方想用微笑告诉你，你让他体会到了幸福。

微笑可以产生放松的身体状态，而放松的身体状态与紧张的情绪状态是不相容的。因此，你在出门前对着镜子笑一下，就会获得好心情和动力，愉快的情绪会随之而来。

美国著名心理学家、哲学家威廉·詹姆士曾说过："动作与感情是并行的，动作可以由意志直接控制，可是感情却不行，必须先调整动作，才能够间接地调整感情。我们是因为跑而害怕，笑而愉快的……"感情如果不伴随着动作，就会是空洞与支离破碎的。微笑这个动作可以唤起友好的感情。

总之，微笑是无价之宝，不仅能帮助你建立良好的人缘，更能给你带来获得财富的机会。

弗莱奇在他为欧本·海默和卡林公司制作的一则广告中，毫不吝啬地对微笑予以赞美：

它不花什么，但创造了很多成功。

它丰盛了那些接受的人，而又不会使那些给予的人贫苦。

它产生在一刹那之间，但有时给人一种永远的记忆。

没有一人富得不需要它，也没有人穷得不会因为它而富裕起来。

它在家中创造了快乐，在商业界建立了好感，而且是朋友间的口令。

它是疲倦者的休息，沮丧者的白天，悲伤者的阳光，又是大自然的最佳良药。

但它却无处可买，无处可求，无处可借，无处可偷，因为在你把它给予别人之前，没有什么实用价值。

而假如在圣诞节最后一分钟的匆忙购物中，店员累得无法给你一个微笑时，就请你留下一个微笑。

因为不能给予微笑的人，最需要微笑了！

因此，如果你要别人喜欢你的话，请遵守这一规则：微笑。

具有感染力的微笑是发自内心的、真诚的，那么，怎样才能产生具有感染力的笑容呢？

每天清晨洗脸的时候，顺便对着镜子练习。多想一些愉快的事情，或令你有成就感的事情，并学会把这种感情表现在脸上。然后你带着愉悦的心情，收紧下巴，深深地呼吸，抬头向前，走出家门。碰到朋友时，以笑脸相迎，握手时要用力。不必担心会遭到误解和嘲笑。在内心不断重复快乐的信念。这样，你周围的人或事便会如你期待的那样顺心合意。

延展阅读

1. 尊重的力量是无穷的

乔治·华盛顿是人所共知的美国第一任总统，他领导美国人民为了自由、为了独立浴血奋战。

很难想象，华盛顿一个人能使美国独立。仅凭一个人的力量，没有成千上万的人愿意听从华盛顿的召唤，华盛顿绝对不可能取得如此的成功。

华盛顿为什么能成功呢？关键的因素之一就是华盛顿赢得了美国人的信任和尊重。他很懂得领导的艺术，他了解他人、尊重他人。

有一天，华盛顿身穿过膝的大衣独自一人走出营房。他所遇到的士兵，没有一个人认出他。在一个地方，他看到一个下士领着手下的士兵正在修筑街垒。

那位下士把自己的双手插在衣袋里，对抬着巨大石块的士兵们发号施令。尽管下士的喉咙都快喊破了，士兵们经过多次努力，还是不能把石头放到正确的位置上。

士兵们的力气快要用完了，石块眼看着就要滚下来了。

这时，华盛顿疾步上前，用他强壮的臂膀顶住了石块。这一援助很及时，石块终于放到了正确的位置上，士兵们转过身，拥抱华盛顿，并表示感谢。

华盛顿问那个下士说："你为什么光喊加油而把自己的双手放在衣袋里？"

"你问我？难道你看不出来我是这里的下士吗？"那个下士鼻孔朝天，背着双手，很不以为然地回答说。

华盛顿听那下士这样回答,就不慌不忙地解开自己的大衣纽扣向那个傲气十足的下士露出自己的军服,说:"从衣服上看,我是上将。不过。下次再抬重东西时,你就叫上我。"

下士这时才知道自己面前的这个人就是华盛顿本人,他一下子羞愧到了极点。此时他才真正懂得:伟大的人之所以伟大,就在于他绝不做那种逼迫别人尊重自己的蠢事。

华盛顿和下士虽然职务高低不同,但无论大小,都是领导人物,无疑都有使别人尊重自己的需要,以便在组织工作中能产生最佳的工作效益。毫无疑问,在此方面,华盛顿获得了巨大的成功,而那个下士如果一如既往,恐怕很难成功。两个人的差别就在于获取他人尊重的方法上,下士时时处处都用自己的权势逼迫他人,使他人尊重自己,毫不顾及他人的情感。而华盛顿在获取他人尊敬的方法上不滥用权势,不逼迫他人,一切顺乎人情。可见,尊重的力量在于,它远远要比你费尽心机、费尽口舌给别人讲道理,说服或命令别人按你的指令做取得更好的效果。

(摘自陈书凯编译:《成功书》,当代中国出版社,2002 年版)

2. 尊敬自己,尊敬他人

有这样一个故事:一个小孩儿不懂得见到大人要主动问好,对同伴要友好团结,也就是缺少礼貌意识。聪明的妈妈为了纠正他这个缺点,把他领到一个山谷中,对着周围的群山喊:"你好,你好。"山谷回应:"你好,你好。"妈妈又领着小孩儿喊:"我爱你,我爱你。"不用说,山谷也回应道:"我爱你,我爱你。"小孩儿惊奇地问妈妈这是为什么,妈妈告诉他:"朝天空吐唾沫的人,唾沫也会落在他的脸上;尊敬别人的人,别人也会尊敬他。因此,不管是时常见面,还是远隔千里,都要处处尊敬别人。"小孩儿朦朦胧胧地明白了这个大道理。

试问你从中明白了什么?

3. 千里送鹅毛

"千里送鹅毛"的故事发生在唐朝。当时,云南一少数民族的首领为表示对唐王朝的拥戴,派特使缅伯高向太宗贡献天鹅。

路过沔阳河时,好心的缅伯高把天鹅从笼子里放出来,想给它洗个澡,不料,天鹅扑棱一声,展翅飞向高空。缅伯高忙伸手去捉,只扯得几根鹅毛。缅伯高急得顿足捶胸,号啕大哭。随从们劝他说:“已经飞走了,哭也没有用,还是想想补救的方法吧。”缅伯高一想也只能如此了。

到了长安,缅伯高拜见唐太宗,并献上礼物。唐太宗见是一个精致的绸缎小包,便令人打天,一看是几根鹅毛和一首小诗。诗曰:“天鹅贡唐朝,山高路途遥。沔阳河失宝,倒地哭号啕。上复圣天子,可饶缅伯高。礼轻情意重,千里送鹅毛。”唐太宗莫名其妙。缅伯高随即讲出事情原委。唐太宗连声说:“难能可贵! 难能可贵! 千里送鹅毛,礼轻情意重!”

(2.和3.摘自何伟祥编著:《公关礼仪》,东北财经大学出版社,2010年版)

测试题

1.测测你的修养如何

测试说明:你是不是有修养,不妨将下面这个简单的自我测验做一次。每一个问题,只要用“是”或“不是”来加以回答。并对照下列答案。

(1)你对待店里的售货员或饭店的女服务员是不是跟你对待朋友那样很有礼貌呢?( )

(2)你是不是很容易就生气?( )

(3)如果有人赞美你,你是不是会向他说“谢谢”呢?( )

(4)有人尴尬不堪时,你是不是觉得很有趣?( )

(5)你是不是很容易展露出笑容,甚至是在陌生人的面前?( )

(6)你是不是会关心别人的幸福和舒适?( )

(7)在你的谈话和信中,你是不是时常提到自己?( )

(8)你是不是认为礼貌对一个男子汉无足轻重?( )

(9)跟别人谈话时,你是不是一直很注意对方的反应?( )

答案:

(1)是。一个富有修养的人,不论是对什么样身份的人,始终都应彬彬有礼。

(2)不是。动不动就生气的人,修养不会很好。

(3)是。善于接受他人赞美是一种做人的艺术。

(4)不是。幸灾乐祸显出你的修养较差。

(5)是。微笑始终是自己或其他人通往快乐的最好的入场券。

(6)是。关心体贴别人是一个人成熟和有魅力的第一个条件。

(7)不是。那些经常大谈他自己的人很少会受到别人的欢迎。

(8)不是。良好的风度和礼貌,是做人所必需而且应该具有的自然的反应。

(9)是的。尊重别人的意见才能使别人尊重你。

2.测测你的幽默感

测试说明:按照下列要求进行回答,并对照答案。

(1)在一张白纸上随便画一个符号。

(2)在10秒钟内画一个人。

(3)在10秒钟内画一个火星上的生物。

(4)你要参加一个化装舞会,你想穿哪种服装?

A.贵族装　　B.孩子式的盛装　　C.小丑装

(5)你讲故事时,是否连细节也仔细地叙述?

(6)下列哪种动物你最感兴趣?

A.袋鼠　　B.猴子　　C.长颈鹿

(7)你绘画、跳舞、听音乐时,是否会发出会心的微笑,甚而大笑?

(8)你的一枚铜板掉进水里,你会设法取出吗?

(9)你是否常因听笑话而发笑(即使是不懂的笑话)?

答案:

(1)符号上有角或直线代表你是个紧张与难取悦之人。一个有幽默感的人往往会画出波状或环形的符号。

(2)如果你画的人脸上有笑容,那你是在找寻人生幽默的一面。你没有画上一顶帽子或衣服扣子吧,好,因为你以为别人是不能伤害你的。

(3)要是你画的火星人多多少少像我们人类,那就表示你有幽默感。

(4)如果你选择了小丑装,那么你具有相当的幽默感。

(5)过分的注意小节,表明你是个严肃之人,不喜追究乐趣。

(6)选择猴子的人具有较高的幽默感。

(7)答“是”者是具有幽默感之人。

(8)设法取出,表示你有幽默感。

(9)如果你常听不懂别人的笑话,那么你的幽默感一定是太一般。

案例分析讨论

【案例】小燕子的一封信

日本古都奈良在青山环抱之中,既有金碧辉煌的名胜古迹,又有迎春摇曳的小白长红的樱花,加之现代化的文化娱乐设施和世界第一流的旅馆,殷勤周到之极的服务,使每年春夏两季游人如织,接踵而至。4月以来,燕子也争相飞到旅馆檐下,筑窝栖息,繁衍后代。好客的店主人和服务员小姐还为小燕子提供营巢的方便。

可是,招人喜爱的燕子却有随便排泄的不懂事之处,刚出壳的雏燕更是把粪便溅在明净的玻璃窗上、雅洁的走廊上。服务员尽管不停地擦洗,但燕子的我行我素使旅店总会留下污渍。于是,客人不高兴了,服务员抱怨了,经理也烦恼地锁上了眉头。燕粪的有碍观瞻成了奈良旅馆业的难题。一天,这家宾馆的经理终于想出了解决的妙方——以燕子的名义给客人写了一封信。

“女士们、先生们:

我们是刚从南方赶到这儿来过春天的小燕子,没能征得主人的同意,就在这儿安了家,还要生儿育女。我们的小宝贝年幼无知很不懂事,我们的习惯也不好,常常弄脏你们的玻璃窗和走廊,致使你们不愉快。我们很过意不去,请女士们、先生们多多原谅。

还有一事恳求女士们和先生们,请你们千万不要埋怨服务员小姐,她们是经常打扫的,只是擦不胜擦,这完全是我们的过错。请你们稍等一会儿,她们就来了。

你们的朋友:小燕子”

寻找欢乐的游客们见到小燕子的信，都给逗乐了，肚里的怨气也在笑声中悄然散去。每天他们再看到窗上走廊的点滴燕粪，便自然而然地联想起小燕子那番亲切有趣的话语，就会忍俊不禁。

（摘自王剑、张岩松编著：《现代公关礼仪》，西安电子科技大学出版社，2009年版）

讨论题：

（1）结合本案例谈谈语言艺术的作用。

（2）请对“小燕子的信”的语言艺术进行分析。

模拟实操训练

【项目1】微笑

目标：掌握微笑（露齿6～8颗）。

准备：镜子。

方法：学生两人一组，先微笑让对方看，进行互相评价，指出不足。然后各自对着镜子练习。再重复这一过程，直至双方合格为止。如有条件可制作成ppt，全班交流，评出最甜美的微笑。

【项目2】学会赞美

目标：学会用赞美语言。

准备：一个小本子。

方法：将学生分为2～6人一组，设计某一交际场景，互相寒暄、打招呼、使用赞美语言对小组成员进行赞美，同时注意自己的站姿及面部表情。完成后，小组进行相互点评，教师做总结。如有条件，可对过程进行拍摄，制作成ppt，便于学生交流和学习。

第二部分
公共礼仪

第六章　公共礼仪概述

礼仪是一种约定俗成的行为规范，表示对他人的尊敬与友善，是人们在公共场合交往中不可缺少的“润滑剂”。在现代社会中，礼仪不仅是实现人际交往、人际沟通的纽带和重要手段，而且是人们思想修养、精神风貌、行为方式的综合表现。了解礼仪内容，掌握礼仪规范，对提高个人礼仪修养、树立个人良好形象具有积极的作用。

第一节　礼仪的基本概念

一、礼仪的基本含义

（一）我国古代“礼仪”的含义

在我国古代典籍中，“礼”和“仪”是分开使用的。

“礼”主要包括3层意思：一是敬神，引申为表示敬意的通称；二是为表敬意或表隆重而举行的仪式；三是泛指奴隶社会或封建社会贵族等级制度的社会规范和道德规范。

“仪”也有3层意思：一是指容貌和外表；二是指程式或仪式；三是指准则和法度。

“礼仪”作为一个复合词，在古汉语中有两种解释：一是指人们必须遵守执行的涉及政治、经济、文化、军事制度的典章制度；二是指社会交往过程中自发形成的做人的道德、行为准则及各种正式的仪式。

（二）西方“礼仪”的含义

英语中的“礼仪”一词是从法语 Etiquette 演变而来的。法语 Etiquette 原意是指法庭上用的一种“通行证”，它上面记载着进入法庭应遵守的规矩、秩序。后来,其他各种公众场合也都制定了相应的行为规则。这些规则由繁而简,构成系统,逐渐形成了得到大家公认的,也是大家都自愿遵守的公共礼仪。因此,英语中的礼仪有规矩、礼节、礼仪之意,成为"人际交往的通行证"。

(三)现代"礼仪"的含义

现代礼仪是"礼"和"仪"的统称,是人们在社会交往过程中用以美化自身、敬重他人的约定俗成的行为和程序的总称。"礼"是指礼节、礼貌,"仪"是指仪容、仪表、仪态及仪式。

1. 礼仪的完整含义应包括4个方面的内容

第一,礼仪是一种行为准则或规范。正所谓"入乡随俗、入境问禁、入门问讳",礼仪是每个人都应该遵守和执行的。虽然它没有法律法规那种强制性,但如果违背了这种约定俗成则会给人际交往带来直接的影响,甚至会让人感到"举步维艰",无法与特定的社会环境相适应。

第二,礼仪是个人的学识、修养、品质的外在表现。换句话说,礼仪的关键不在于你学会了多少社交技能,而在于你自身的品质能否赢得他人的尊重。培根说过:"行为举止是心灵的外衣。"古语中也有"诚于中而行于外"之说。

第三,礼仪受文化传统、风俗习惯、宗教信仰及时代潮流的影响,其内涵具有渐变性。像我国这样一个地域广阔的多民族国家,风土人情各不相同,礼仪规范也各具特色,随着改革开放的逐步深入,以及地域间乃至国际上的时尚礼仪的相互影响、相互吸收,形成了更加多样化的礼仪规范。

第四,礼仪的目的是通过社交各方的相互尊重,达成人际关系的和谐状态,为主体(社会组织或个人)营造良好的"人和"环境,正如俗语所说的那样:"在家靠父母,出门靠朋友"。

2. 多角度看"礼仪"的含义

(1)从个人修养的角度看,礼仪是一个人的内在修养和素质的外在表现。

(2)从道德的角度看,礼仪可以被定义为为人处世的行为规范、行为准则、标准做法。

(3)从交际的角度看,礼仪是人际交往中适用的一种艺术、一种交往方式或交际方法。

(4)从民俗的角度看,礼仪是接人待物的一种习惯。

(5)从传播的角度看,礼仪是一种在人际交往中进行相互沟通的技巧。

(6)从审美的角度看,礼仪是一种形式美,它是人心灵美的必然外化。

3. 礼仪的本质

礼仪在本质上是社会关系的体现。现代礼仪是通过某些规范化的行为反映人与人之间真诚、尊重、敬爱、友好、体谅、和谐的社会关系。如果在特定社会形态下,礼仪还可以反映人民之间长幼、尊卑、主仆、贵贱、等级、资历等利益关系。

4. 礼仪的实质

礼仪的实质是一种行为准则或规范。人们进入某一特定领域,就要按照那里的习俗和行为规范去行动,否则就是不合乎礼仪的。礼仪准则和规范是一定社会中人们约定俗成、共同认可的,而且是用语言、文字、动作等进行准确描述和规定的行为准则,并成为人们自觉学习和遵守的行为规范。

5. 礼仪的目的

礼仪的目的是为了实现社会交往各方的彼此尊重,从而实现人们社会关系的和谐。一个人只有尊重他人,才能得到他人的尊重,也只有在这种互相尊重的过程中,人与人之间的和谐关系才会逐步形成。

二、礼仪的基本内容及构成要素

(一)礼仪的基本内容

1. 礼貌

礼貌是指人际交往中通过动作、语言、表情等表示对对方的尊重、恭敬的一种行为规范。

礼貌可分为礼貌语言和礼貌行为两部分。礼貌语言是一种有声的行为，如敬语、歉语、雅语等；礼貌行为是一种无声语言，如微笑、点头、鼓掌等。礼貌是人的道德品质修养最简单、最直接的体现，也表明了人们的文化层次和社会的文明程度，良好的教养和良好的道德品质是礼貌的基础。

2. 礼节

礼节是指在人际交往中人们相互问候、致意，表示尊重、友好的惯用形式。如握手慰问、挥手致意等。礼节是礼貌的具体表现形式，是社会文明的组成部分。

礼节与礼貌之间的关系是：没有礼节，就无所谓礼貌；有了礼貌，就必然伴有具体的礼节。从形式看，礼节具有严格规定的行为规范；从内容上看，礼节反映着某种道德原则，反映着对他人的尊重与友善。

3. 礼仪

礼仪是表示礼貌的仪式，是对礼貌、礼节的统称。它是指在人际交往中，自始至终地以一定的、约定俗成的程序和方式来表现的律己、敬人的完整行为。它涉及穿着、交往、沟通、情商等内容。

(二)礼貌、礼节、礼仪三者之间的关系

在大多数情况下，礼貌、礼节、礼仪是被视为一体、混合使用的。三者都属于礼的范畴，礼貌是表示尊重的言行规范，礼节是表示尊重的惯用形式和具体要求，礼仪是由一系列具体表示礼貌的礼节所构成的完整过程。礼貌、礼节、礼仪三者尽管名称不同，但都是人们在相互交往中表示尊重、友好的行为，其本质都是尊重人、关心人。三者是相辅相成、密不可分的。

但从内涵上看，这三者不可简单地混为一谈。它们之间既有区别、又有联系：有礼貌而不懂礼节，往往容易失礼；谙熟礼节却流于形式，充其量只是客套。礼貌是礼仪的基础，礼节是礼仪的基本组成部分。礼是仪的本质，而仪则是礼的外在表现。礼仪在层次上要高于礼貌、礼节，其内涵更深、更广，它是由一系列具体的表现礼貌的礼节所构成，是一个表示礼貌的系统、完整的过程。

(三)礼仪的构成要素

礼仪的构成要素包括以下4个部分。

1. 礼仪主体

礼仪主体是指各种礼仪行为和礼仪活动的操作者和实施者。任何礼仪都必须有人操作和实施。

礼仪主体既可以是个人,也可以是组织。当礼仪行为或礼仪活动规模较小或较简单时,礼仪主体通常是个人,如学生遇到老师向老师问好,学生就是礼仪行为的主体。当礼仪行为或礼仪活动规模较大或较隆重时,礼仪主体通常是由组织来充当的,如某公司举行成立30周年庆祝活动,礼仪的主体就是该公司。

2. 礼仪客体

礼仪客体又称为礼仪对象,是指各种礼仪行为和礼仪活动的指向者和接受者。从外延上讲,礼仪客体是非常广泛的,可以说一切在礼仪主体看来具有真、善、美的东西,都可以成为礼仪的对象。它可以是人,也可以是物;可以是物质的,也可以是精神的;可以是具体的,也可以是抽象的;可以是有形的,也可以是无形的。没有礼仪客体,礼仪就失去了对象,就不成其为礼仪。

礼仪主体与客体之间的关系并不是一成不变的,在一定条件下可以互相转化。例如:老师问候学生,老师是礼仪主体,学生是礼仪客体;学生回敬老师,则学生又变成了礼仪主体,老师则成了礼仪客体。

3. 礼仪媒体

礼仪媒体是指礼仪活动所要依托的媒介。任何礼仪行为和礼仪活动都必须依托一定的礼仪媒介,媒介是礼仪内容与礼仪形式的统一。

礼仪媒体的种类繁多,归纳起来可分为两大类:

第一类,言语交际符号。言语交际符号又分为口头言语交际符号和书面言语交际符号。口头言语交际符号是指礼仪的有声语言表达;书面言语交际符号是指礼仪的书面表达。

第二类,非言语交际符号。非言语交际符号又分为身势言语交际符号、近体言语交际符号、辅助言语交际符号、类语言交际符号。身势言语交际符号是指人们在交际过程中,通过面部表情、手势或其他肢体语言表达的礼仪;近体言语交际符号是指人们在交际过程中,交际者之间的空间距离所表现出来的礼仪思想；辅助言语交际符号是指人们通过说话时的音调、音量、节奏、变音、转调、停顿等信息传递礼仪思想；类语言交际符号是指那些有声而没有固定意义的声音，有时也可以传递特定的礼仪思想。在具体操作和实施礼仪的时候，不同类型的礼仪媒体往往是交叉结合、配套使用的，因此，常常呈现出丰富多彩、千姿百态的情景。

4. 礼仪环境

任何礼仪行为和活动都是在特定的时间和空间条件下进行的，这种特定的时空条件就构成了礼仪的环境。礼仪环境分为自然环境和社会环境两部分。"礼从宜，使从俗"，意思是说，行礼要从实际出发，出使在外要遵循当地的习俗。实际上就是礼仪环境对礼仪的制约问题。礼仪环境不仅决定着实施何种礼仪，也决定着礼仪实施的方法。

三、礼仪的特点

（一）规范性

礼仪的规范性，是指人们在交际场合接人待物时必须遵守一定的行为规范。礼仪规范的形成，是对人们在社会交往实践中所形成的一定礼仪关系的概括和反映。这种规范性，不仅约束着人们在一切交际场合的言谈举止，使之合乎礼仪，而且也是人们在交际场合必须采用的一种"通用语言"，是衡量他人、判断自己是否自律、敬人的一种尺度。任何人要想在交际场合表现得合乎礼仪，彬彬有礼，都必须对礼仪无条件地加以遵守。

规范性是礼仪的最基本的特征，但礼仪规范不具有法律效力，只能靠社会成员的认同、认可和主动服从来维持。

（二）传承性

礼仪是一个国家和民族传统文化的重要组成部分，任何国家的礼仪都具有自己鲜明的民族特色，任何国家的当代礼仪都是在本国古代礼仪的基础上继承、发展起来的。离开了对本国、本民族既往礼仪成果的传承、扬弃，就不可能形成当代礼仪。

必须说明的是，这里的传承不是食古不化，这里的扬弃也不是全盘放弃，它是一个随着时间变迁而渐变的过程。在这个过程中，传统礼仪的那些烦琐的、保守的、不符合时代要求的内容不断被摒弃，只有那些体现了人类的精神文明和社会进步，代表着中华民族传统文化本质和主流的礼仪，才得以世代相传，并被不断完善和发扬。

（三）差异性

礼仪的差异性表现为礼仪作为一种约定俗成的行为规范，其运用要受到时间、地点和环境的约束，同一礼仪会因时间、地点或对象的变化而有所不同。

首先表现为地域差异性。人们常说："百里不同风，千里不同俗。"不同的文化背景，产生不同的礼仪文化；不同的地域文化决定着礼仪的内容和形式。我国疆土辽阔，是一个多民族的大家庭，不同的民族，其风俗习惯、礼仪文化各有千秋。如见面问候致意的形式有握手的，有拥抱的，有脱帽点头的，有双手合十的等。不同国度之间礼仪的差异则更为突出。

其次表现为个性差异性。每个人因社会地位、性格、性别、年龄等因素的不同，在使用同样的礼仪时会表现出不同的形式和特点。如同是出席招待会，男士和女士要有不同的表现风格。

第三表现为时代差异性。礼仪体现着时代要求和时代精神，因而会随着时代发展而产生差异。

（四）普遍性

礼仪与每个人都密切相关，涉及人们生活、工作、学习等各个领域。古今中外，从个人到国家，礼仪无时不在，无处不在。凡是有人类活动的地方，就存在着各式各样的礼仪规范。现代社交礼仪的内容已渗透到社会的方方面面，从政治、经济、文化到人们的日常生活，礼仪活动普遍存在。大到一个国家的国庆庆典，小到个人的生日庆祝，均需要讲究礼仪规范。礼仪规范，无时无刻不在约束着人们的行为。

（五）等级性

等级性是指礼仪要划分一定等级。尽管人与人之间是平等的，无贵贱之分，但尊老爱幼、尊重上级、尊重师长、礼待宾客也是中华民族的传统美德，是应该推崇的。礼仪的等级性强调的是礼仪的规模、规格和形式都要恰如其分，与礼仪主体和客体的身份相符。

四、礼仪修养

（一）礼仪修养的含义与目的

修养是一个人在道德、学问、技艺等方面通过自己的刻苦学习、艰苦磨炼以及陶冶，逐渐使自己具备的某一方面的品质和能力。它属于道德体系中社会公德的内容，如举止文明、谦恭礼让、礼貌待人、尊师敬长、遵守公共秩序等。这些既是礼仪规范的要求，又是中华民族的传统美德。礼仪不仅显示出人的道德情操和知识教养，也能帮助人们修身养性，完善自我。

礼仪修养是人们为了达到某种社交目的，按照一定的礼仪规范要求，结合自己的实际情况，在礼仪的品质、意识等方面所进行的自我锻炼和自我改造。礼仪修养不仅包括依照现代礼仪的基本原则和规范而进行的自我反省、自我检讨、自我解剖，而且也包括在现代礼仪实践中形成的礼仪品质。

礼仪修养的目的是通过修养，使个人的言行在社会交往活动中与自己的身份、地位、社交角色相适应，从而被交往对象所理解和接受。例如：一位经理人员，在公司里他是一个高层管理者，要求他能平等待人、科学决策、说话和气等；当他面对客户时，他则是一名“推销员”，要求他热情真诚、彬彬有礼、大方得体。这两种角色的礼仪是不同的。

在社交中，要把角色扮演得恰到好处，待人处事礼貌有加，处处得体，并不是一件容易的事。每一个人不仅要重视社交角色的定位，增强角色意识，而且要加强自身的礼仪修养，以适应多种角色的不同礼仪要求。

（二）礼仪修养的提高

提高个人的礼仪修养，首先要提高个人的思想道德修养。道德是礼仪的基础，礼仪是道德的表现形式。个人道德修养的内容很广泛，包括道德认识、道德情感、道德意识、道德信念、道德行为和习惯等。其中，道德意识修养和道德行为修养最主要。道德意识修养主要是通过学习道德知识，形成正确的道德观念，如“爱祖国、爱人民、爱劳动、爱科学、爱社会主义”等道德意识，同时加强职业道德、社会公德和良好的家庭伦理道德的修养。道德行为修养主要是通过实践培养良好道德行为的自觉性和习惯性。道德行为的修养要从小事做起，从点滴做起，谨记勿因善小而不为，勿因恶小而为之。

其次，要加强礼仪知识的学习。要主动学习礼仪知识，利用阅读图书资料、互联网、培训、专修等渠道，全面、系统地学习礼仪知识。从理论上掌握在不同场合，面对不同交往对象，应该运用什么礼仪。

再次，必须要进行实践。要把理论知识运用到实践中去，做到知行统一。通过反复实践提高礼仪运用的熟练程度，把握好礼仪运用的规范性，摸索礼仪运用的技巧，使自己真正成为一个知礼、守礼、行礼的人。

五、礼仪与人际关系

自从有了人类，就有了人际交往，也就产生了人际关系。人际关系是在人际交往过程中形成的，而礼仪是人际交往过程中表现出来的一种形式，通过这种礼仪形式达成良好的人际关系。交往中没有礼仪，也就没有良好的人际关系可言，而礼仪也就失去了意义。良好的人际关系需要礼仪来维护，而礼仪也需要人际关系作为支撑。任何社会的交往活动都离不开礼仪，而且人类越进步，人们也就越需要用文明的礼仪来调节社会生活和人际交往。礼仪是人际交往的通行证，两者关系十分密切，具体表现在以下几个方面。

（一）礼仪是打开交际之门的钥匙

在人际交往活动中，有交往就有礼仪。礼仪伴随着交往活动。比如在人际交往中，一定要遵守必要的礼仪，才能够打开交际的大门；再比如，人际交往中有一种“相似性吸引”的心理现象，也就是说，人们若在文化背景、生活态度、社会地位、职业特长、风俗习惯等方面接近或相似，就容易产生共鸣和信任，进而建立起友谊。正因为如此，一个人如果能懂得不同场合的礼仪知识，就能更容易地与交往对象打成一片，使他们觉得你是熟悉他们、理解他们、尊重他们的，从而把你当成自家人，乐于和你交往。1972 年，美国总统尼克松“改变世界的一星期”的中国之行之所以达到了预期的外交效果，就与他临行前专门训练使用筷子有关。相反，如果一个人不懂得有关的礼仪知识，就有可能被某些社交场所拒绝，即使是加入进来，也常显得与周围的人格格不入。可见，礼仪本身就是一种特殊的语言，凭借它才能够打开各种交往活动的大门。

（二）礼仪是维系人际关系的纽带

从交际的角度看，礼仪是人际交往中适用的一种交际方式或交际艺术，是人际关系的“润滑剂”。

人们一般都喜欢与彬彬有礼、文雅懂礼的人打交道，不喜欢与粗鲁、不懂礼的人交往。不仅如此，在交往中，如果能够做到施之以礼、应之以礼，则还可以消除交往双方的心理隔阂，拉近双方的距离。一句热情的问候、一个亲切的微笑，可以使你得到一个朋友，得到一份友情；一声“对不起”“请原谅”，能够减少双方的摩擦，使对方转怒为喜。因此，在人际交往中注重交际礼仪，懂得交际礼仪，使用交际礼仪，无疑会增加对方对你的好感，从而为以后的进一步交往奠定良好的基础。

（三）礼仪是促进事业成功的手段

三国时，刘备为了要诸葛亮帮助自己打天下，三顾茅庐，以礼相待，最后诸葛亮答应出山相助。中国古代类似的故事很多，如“不耻下问”“将相和”等，一个人只有谦恭有礼、自信有度，才能赢得上司、同事、客户等的尊敬，进而有助于双方关系的和谐，在事业上获得广泛的支持。

塞万提斯曾说过：“礼貌不花一分钱，却比什么都值钱。”礼仪是人的立足之本、生存之道。学习礼仪、运用礼仪的首要作用就在于此。

第二节　礼仪的起源与发展

一、礼仪的起源

关于礼仪的起源，说法不一。归纳起来有 5 种观点：一是敬神生礼仪；二是礼为天、地、人的统一体；三是礼产生于人的自然本性；四是礼为人性和环境矛盾的产物；五是礼生于理，起源于俗。

从理论上讲，礼仪的产生是人类为了协调自身矛盾的需要；从具体的仪式上看，礼仪产生于原始宗教的祭祀活动。

（一）协调自身矛盾

一方面，人类是一种群居动物。在群居生活中，男女有别，老少有异，这既是一种天然的人伦秩序，又是一种需要被所有成员共同认定、遵守和维护的社会秩序。人类面临的内部关系必须要得到妥善处理。因此，人类在群居生活中逐渐积累和摸索出一系列"人伦秩序"，产生了人类最初的礼。

另一方面，人是有欲望的动物。人对欲望的追求是无止境的，人们在追求实现欲望的过程中，会发生摩擦、冲突、争斗等，这就需要为"止欲制乱"而制礼。

（二）原始宗教祭祀活动

原始宗教祭祀活动是最早也是最简单的以祭天、敬神为主要内容的"礼"。这些祭祀活动在历史发展中逐步得到完善和规范，形成了祭祀礼仪。随着社会的发展，人类仅以祭祀天地鬼神、祖先为礼的活动，已经不能满足人的精神需要和调节日益复杂的现实关系的需要。于是，人们将事神致福活动中的一系列行为，从内容到形式扩展到了各种人际交往活动，从最初的祭祀之礼扩展为社会各个领域的各种各样的礼仪。

二、我国礼仪的历史演变

我国有着5000多年的历史，中华文明源远流长，被誉为"文明古国，礼仪之邦"，礼仪在其传承沿袭的过程中，不断发生着变革。我国的礼仪，主要包括两部分：一为礼制，是国家的礼仪制度；二为礼俗，是民间习惯形成的礼仪习俗。礼制的主要功能是维护国家的统一和兴旺发达，而礼俗则使社会处在井然有序又充满着温馨和美好的氛围中，两者互补互用，共同保证人际交往和社会生活的有序进行。

（一）礼仪的萌芽时期：原始社会

礼仪起源于原始社会，在原始社会中、晚期出现了早期礼仪的萌芽。这一时期，礼仪较为简单和虔诚，不具有阶级性。

“礼之名，起于事神”。礼仪起源于人们的祭祀活动，是用来敬奉神明的。在原始社会，生产力水平极端低下，人类靠“天”吃饭，人的精神生活还处在原始宗教的蒙昧迷信阶段。人们把“天”“鬼神”作为宇宙间最高的主宰，对之顶礼膜拜，进行祭祀，这时就产生了最早的也是最简单的以祭天、敬鬼神为主要内容的“礼”，因此有“礼立于敬而源于祭”之说。人们用拍手、击掌、拥抱来表达感情，用手舞足蹈庆贺狩猎的胜利。

（二）礼仪的形成时期：奴隶社会

在奴隶社会，社会生产力得到很大提高，社会文明也进一步发展，礼仪也出现了较大的变化。特别是当周灭殷之后，礼仪明显出现了人文主义倾向。周人从殷朝统治的灭亡中领悟到冥冥之中的神祇并不能毫无保留地庇护人类，人必须对自己的行为负责，周初的人文精神的内涵是人必须敬德，人应该谨慎自己的行为。因此，从西周起，礼不仅仅是指祭礼，也指人事礼节。礼仪从单纯事神的领域跨入事人的领域。奴隶主阶级将原始社会的宗教仪式发展成符合当时社会政治需要的礼制，制定了比较完整的国家礼仪和制度，对人们的社会生活进行全面干预。

周朝的《礼仪》《周礼》《礼记》是为后世称道的“三礼”，是我国最早的礼仪学专著。其中的《礼仪》分为冠、婚、丧、祭、射、乡、朝、聘八礼，多为礼俗；《周礼》为天官、地官、春官、夏官、秋官、冬官之职掌，实则经纬万端，包举万事万物，是一部治国安邦之汇典；《礼记》的主要内容是阐述礼仪的作用和意义。“三礼”对后代治国安邦、施政教化、规范人们的行为、培育人格等都起到了不可估量的示范作用。

（三）礼仪的繁荣时期：春秋战国时期

在春秋战国这一时期，礼更成为一个受到广泛重视的政治伦理概念。礼既是一种政治法律制度，又是一种仪式和行为规则，还表示人所具有的恭敬、谦让之心。

这一时期，对礼的讨论达到了空前的程度，形成了百家争鸣的局面。以孔子、孟子、荀子为代表的诸子百家进一步研究和发展了礼仪，对礼仪的起源、本质、功能进行了系统的阐述，第一次在理论上全面而深刻地论述了社会等级秩序的划分及其意义。

孔子对礼仪非常重视，把“礼”看成是治国、安邦、平天下的基础。他认为，“不学礼，无以立”，“质胜文则野，文胜质则史。文质彬彬，然后君子”。他要求人们用礼的规范来约束自己的行为，要做到“非礼勿视，非礼勿听，非礼勿言、非礼勿动”，倡导“仁者爱人”，强调人与人之间要有同情心，要互相关心，彼此尊重。

孟子把礼解释为对尊长和宾客严肃而有礼貌，即“恭敬之心，礼也”，并把“礼”看作是人性善的发端之一。

荀子把“礼”作为人生哲学思想的核心，把“礼”看作是做人的根本目的和最高理想，“礼者，人道之极也”。他认为“礼”既是目标、理想，又是行为过程。

（四）礼仪的稳定巩固时期：封建社会

在我国长达2000多年的封建社会里，礼仪逐渐成为统治阶级进行封建统治的工具，有些还以法律的形式固定下来，形成“礼制”，成为束缚人们行为的工具，如“三纲五常”“三从四德”等。

封建社会的礼仪，内容上大致为涉及国家政治的礼制和家庭伦理两类，这一时期的礼仪文化结构完整，运行稳定，构成中华传统礼仪的主体。

在中国漫长的封建社会里，儒家礼仪传统始终是主流，各种外来文化的冲击以及内部各皇朝的更替也难以撼动它的根基。在中国礼仪的文化氛围中，外来者只能入乡随俗，不断地被同化，如佛教、伊斯兰教的礼仪就是如此。

（五）礼仪的变革时期：新民主主义革命时期

辛亥革命在推翻封建帝制的同时，也结束了封建礼制，促使了新文化运动的进行。受西方资产阶级“自由、平等、民主、博爱”等思想的影响，中国传统的礼仪规范、制度受到强烈冲击。新文化运动高举打倒“孔家店”的大旗，第一次对中国传统礼仪进行了全面的反省，表现出礼仪上的人心思变。五四新文化运动对腐朽、落后的礼教进行了清算，符合时代要求的礼仪被继承、完善、流传，那些繁文缛节逐渐被抛弃，退出历史舞台，如男女授受不亲、包办婚姻、三跪九叩等，同时接受了一些国际上通用的礼仪形式。新的礼仪标准、价值观念得到推广和传播。随着无产阶级的觉醒，社会主义的礼仪具备了雏形，如中国共产党领导的人民军队的"三大纪律，八项注意"。

（六）礼仪的全新发展时期：新中国成立以后

新中国成立之后，中国的礼仪文化完全以一种崭新的姿态出现，开始建立一种以共产主义道德规范为主体的礼仪体系。我们逐渐确立了以平等相处、友好往来、相互帮助、团结友爱为主要原则的具有中国特色的新型社会关系和人际关系。

在新的时期，我国的礼仪建设并不是一帆风顺的，特别是到了"文化大革命"时期，在"以阶级斗争为纲"的思想影响下，人与人之间的关系出现了扭曲。

改革开放以来，人们对礼仪重新进行了文化审视和理性思考，不仅汲取了西方文明的优秀成果，而且使东西方文化和东西方礼仪有机地交融并逐步完善和发展，构成了我国社会主义礼仪的基本框架。在党和国家的大力倡导下，人们注重礼貌言语、文明行为，"五讲四美三热爱"成为人们礼仪行为的基本规范。现代礼仪进入了全新的发展时期。

三、现代礼仪的特征

在张卫东、武冬莲主编的《现代商务礼仪》一书中，有关现代礼仪的特征包括以下4个方面。

（一）扬弃传统，与时俱进

一方面，现代礼仪抛弃了旧礼制禁锢个性、束缚思想的枷锁；另一方面，现代礼仪也继承了传统文化的精华。在中国传统社会里，诸如以"三纲五常"为核心的等级观念和以"三从四德"为中心的男尊女卑观念，都是为统治阶级服务的，在很大程度上是社会等级伦理的派生物，直接体现了社会的不平等，逐渐成为妨碍人们个性发展、阻挠人们自由交往的枷锁，终将被时代所抛弃。在现代社会精神文明建设中，在新型的人与人之间的关系中，现代礼仪借鉴继承了传统礼仪的精华，如“责己严、待人宽”“温良恭俭让”“尊老爱幼”等传统的行为规范为人所赞赏推崇。

同时，现代礼仪也不断推陈出新，礼仪的时代新意凸显，给中华礼仪赋予了时代色彩。例如，生日蛋糕、西式婚礼、婚纱礼服、父亲节、母亲节、情人节、圣诞节、感恩节等舶来品也日渐融入中国人的礼仪形式中，并得到普及。

（二）简化实用，传情达意

随着经济的发展和生活节奏的加快，在我国，礼仪也呈现出注重传情达意内核、简化烦琐形式的趋势。传统礼仪中许多繁文缛节的礼仪，在当代社会也被日渐简化，赋予了新的形式。如古代交际礼仪中的“拜”，比较适应于古代慢节奏的社会生活，而这在现代社会重时间、讲效率的条件下，显然是不合适的，取而代之的则是握手、点头、微笑等适应现代快节奏生活的礼仪方式。

（三）内容创新，形式新颖

随着知识经济和信息技术的加快发展，经济全球化趋势不断增强，现代社会环境变化越来越大，社会交流手段和方式越来越多，人们除了利用传统媒介进行礼仪表达外，更利用了电视、电话、网络等现代通信手段来传情达意，电话问候、短信拜年、电视广播点歌、网上祭奠、邮政礼仪（邮政礼仪贺卡、礼仪电报、礼仪鲜花、礼仪蛋糕等）、网络礼仪等新型礼仪形式应运而生，既体现了高效率、快节奏的时代旋律，也体现了礼仪文化的生命力和革新精神。

（四）日渐趋同，互相包容

尽管世界上各个国家的礼仪规范不尽相同，但随着经济全球化的迅速发展和社会交往的日益频繁，经过不断的磨合和交流，出于沟通和避免尴尬误会的考虑，世界各国的礼仪规范出现一个融合和趋同的趋势。这种趋同化的礼仪发展将会减少因文化、价值观、风俗习惯等差异所造成的矛盾和冲突，加快各国交流发展的步伐。

四、现代礼仪的种类

现代礼仪是一个异常庞杂的社会文化系统,各类内容相互渗透交叉,往往难以界定清楚,其名称也众说纷纭。按照现代礼仪的适用范围可以粗略地将其划分为以下类型。

(一)人生礼仪

人生礼仪又称生命礼仪,是人一生中在不同年龄阶段所举行的仪式,如传统的贯穿人生的诞生礼、进学礼、成年礼、婚礼、寿礼、丧礼、祭礼等。

(二)个人礼仪

个人礼仪是社会个体的生活行为规范与待人处世准则,是个人仪表、仪容、言谈、举止、待人、接物等方面的个体规定,是个人道德品质、文化素养、教养良知等精神内涵的外在表现。其核心是尊重他人,与人友善,表里如一,内外一致。

(三)家庭礼仪

家庭礼仪是指在家庭中,亲朋好友之间应酬交往时应遵循的礼仪规范,包括家人之间的问候、祝贺、庆贺、赠礼、宴请等。

(四)服务礼仪

服务礼仪是指服务行业从业人员应具备的基本素质和应遵守的行为规范。有形、规范、系统的服务礼仪,不仅可以树立服务人员和企业良好的形象,更可以塑造受客户欢迎的服务规范和服务技巧,赢得客户的信任和好感。

(五)政务礼仪

政务礼仪是指国家或政府机构的公务人员,在执行公务和从事公务活动时所必须遵循的礼仪规范。

(六)商务礼仪

商务礼仪是指商务活动人员在商务交往中所讲究的礼仪和所遵循的行为规范。

(七)社交礼仪

社交礼仪是人们在人际交往、社会交往和国际交往活动中,用于表示尊重、亲善和友好的首选行为规范和惯用形式。

(八)宗教礼仪

宗教礼仪是指宗教信仰者为对其崇拜对象表示崇拜与恭敬所举行的各种例行的仪式活动,以及与宗教密切相关的禁忌与讲究。

(九)职场礼仪

职场礼仪是人们在职业场所中应当遵循的一系列礼仪规范。

(十)涉外礼仪

涉外礼仪是人们在涉外交往中所应当遵守的国际惯例与交际规则。

第三节　礼仪的功能与原则

一、礼仪的功能

礼仪是人类社会文明发展的产物,是人们社会交际活动的共同准则。现代社会人际关系日益复杂,礼仪已渗透到人们工作、学习、生活的方方面面,其所发挥的作用也越来越大。礼仪的功能主要有以下几个方面。

(一)弘扬礼仪传统,推进社会文明

我国是一个悠久历史的文明古国,中华民族素以礼仪之邦著称于世,几千年来,创造了一整套独具特色的礼节、仪式、习俗、节令、规章和典制,世代相传,沿袭至今。这些礼仪习俗反映了中华民族的传统美德与优良品质,勾画出中华民族的历史风貌。

同时,随着社会的发展,传统礼仪从形式到内容融入了许多新鲜的因素,延续到今天,成为道德体系中的社会公德的基本内容,是现代人类社会为了维持社会文明与秩序而共同遵守的行为规范。管仲曾提出:“礼义廉耻,国之四维,四维不张,国乃灭亡。”旬子也曾提出:

“人无礼则不立,事无礼则不成,国无礼则不宁。”我国社会主义精神文明建设的根本任务之一就是要培育有理想、有道德、讲文明、懂礼貌、守纪律的一代新人。学习礼仪,遵守礼仪,每个人按照礼仪的要求约束自己的行为,这将有助于净化社会风气,有助于推进社会主义精神文明建设,实现人与人之间的和谐相处,有助于社会成为礼治的社会、文明的社会。

(二)提高自身修养,塑造良好形象

礼仪作为一种修养,是多层次的道德规范体系中最基本的行为规范之一,它属于道德体系中社会公德的内容。如举止文明、谦恭礼让、礼貌待人、尊敬师长、遵守公共秩序等,这些既是礼仪规范的要求,又是中华民族的传统美德。礼仪不仅显示出人的道德情操和知识教养,也能帮助人们修身养性,完善自我。人们崇尚礼仪,并不是喜欢它的表面形式,而是看重其中所包含的道德内涵,即对交往对象的真诚敬重。可以说,道德是礼仪的基础,礼仪是道德的表现形式,礼仪是人的内在美和外在美的统一。

在礼仪的学习和运用中,人们按照现代礼仪的基本原则和规范,经过不断的自我反省、自我检讨、自我解剖,并通过自我实现,自觉克服自身不良的行为习惯,以规范的言行表现对他人的尊重,使自己真正成为一个知礼、守礼的人。这也是有修养的一种表现。

在人际交往中,人们以一个人的礼仪行为表现来判断其文明的程度、素质的高低。整洁大方的仪表、得体的言谈、高雅的举止、优秀的气质风度,必定会给人留下深刻而美好的印象,赢得对方的尊重,进而有助于双方关系的和谐与密切。学习礼仪、运用礼仪的作用就在于此。

(三)有效沟通,改善人际关系

礼仪是一种信息,通过这个媒介可以表达尊重、友善、敬佩和友好的感情。在人际交往当中,交往双方只有按照礼仪的要求,才可以获得对方的好感、信任,人际交往才可以顺利进行和延续。热情的问候、友善的目光、文雅的谈吐、得体的举止,不仅能唤起人们的沟通欲望,彼此建立起好感和信任,而且可以实现交流的成功和交际范围的扩大,进而有助于事业的发展。

在人际交往中,无论体现的是何种关系,维系人与人之间沟通与交往的礼仪,承担着十分重要的“润滑剂”和“纽带”的作用。礼仪规范约束和指导着人们立身处事的行为方式。如果交往的双方都能按照礼仪的规范约束自己的言行,不仅可以避免某些不必要的感情对立与矛盾冲突,还有助于建立和加强人与人之间相互尊重、友好合作的新型关系,使人际关系更加和谐,社会秩序更加有序。

二、礼仪的原则

(一)遵守原则

礼仪是人们在社会交往中的行为规范和准则。因此,人们必须自觉、自愿地遵守,并以礼仪规范指导和约束自己的言谈举止。社会中的每一个成员不论身份高低、职位高低、财富多寡,都有自觉遵守、应用礼仪的责任和义务,都要以礼仪去规范自己的一言一行、一举一动。既要守法循礼,又要守约重诺。否则,就会遭到公众的指责和疏远,交际就很难成功。

(二)敬人原则

孔子曰:“礼者,敬人也。”敬人是礼仪的一个基本原则,是礼的本意,是礼仪的重点和核心,是运用礼仪对他人友好、尊敬的体现,同时也为自己赢得交际成功开具了通行证。“敬人者人恒敬之,爱人者人恒爱之”;“人敬我一尺,我敬人一丈”。对待他人要敬人之心长存,处处不可失敬于人,不可伤害他人尊严,更不能侮辱对方的人格。有人说,掌握了敬人原则就等于掌握了礼仪的灵魂,这充分说明了敬人原则的重要性。

(三)宽容原则

宽容即宽待包容、心胸坦荡、豁达大度。宽容是一种美德,是对交往对象的人生观、价值观及个性差异等给予充分的理解和尊重。在人际交往中,人与人的思想感情是可以沟通的,但是由于个人经历、文化、修养等因素而产生的差异不可能消除,这就需要求同存异,相互包容。宽容就是要求人们既要严于律已,又要宽以待人,要多容忍他人,多体谅他人,多理解他人,而不能求全责备,斤斤计较,过分苛求,咄咄逼人。唯有宽容才能排除人际交往中的各种障碍,不能宽容他人的人,往往会得理不饶人,使人际关系恶化。只有谦恭有礼、热情大方、宽以待人、虚怀若谷,才会具有强大的人际吸引和人际关系的协调能力。

(四)真诚原则

礼仪讲究“诚于中,形于外”,心中有礼,言行才能有礼。人际交往的品德因素中,真诚是最基本最重要的一项。真诚原则要求运用礼仪时,务必以诚相待、言行一致、表里如一,这样,对方才能够更好地理解和接受你的尊重与友好。口是心非、言行不一、弄虚作假,只能蒙混一时,不利于良好人际关系的建立,也是违背礼仪的基本原则的。

(五)适度原则

适度原则要求应用礼仪时,必须注意技巧,把握好分寸,恰到好处,做到适度得体。过犹不及,就会适得其反,所谓“礼过盛者,情必疏”。人际交往要因人而异,要考虑时间、地点、环境等因素,施礼过度或不足,都是失礼的表现。

适度原则在日常交往中包括:感情适度,不宜过于热烈,也不应太内敛;谈吐适度,应根据谈话对象的不同选择不同的节奏、音量及谈话内容与方式;举止适度,肢体语言要得当,表情与交际场合气氛相适应,动作张扬应配合讲话内容。只有这样,才能真正赢得对方的认同和尊重,达到沟通的目的。

(六)平等原则

平等是人与人交往中建立情感的基础。平等原则要求对待任何交往对象都必须一视同仁,给予同等程度的礼遇。不能因交往对象在年龄、性别、种族、文化、职业、身份、地位、财富以及与自己的关系亲疏远近等方面有所不同而区别对待,给予不同的礼遇。如只见到领导打招呼,对下属就视而不见。平等在交往中,表现为不要骄狂,不要我行我素,不要自以为是,不要厚此薄彼,不要傲视一切、目中无人,不能以貌取人,或以职业、地位、权势压人,而是应该处处时时平等谦虚待人。唯有此,才能结交更多的朋友。

（七）自律原则

礼仪作为一种行为规范，要求社会的每一个成员都能够自觉去遵守和执行。按照自律原则，每个人要学会自我约束、自我反省、自我对照、自我控制、自我检点。不仅要在心中树立起道德信念和行为准则，而且要不断地以礼仪规范要求自己、检查自己。在人际交往中，行动上不要出格，仪态上不要失态，言语上不要失礼。强调自我约束，“非礼勿视，非礼勿听，非礼勿言，非礼勿动”。不断地培养和提高自己的礼仪修养，养成良好的礼仪习惯，形成自觉的礼仪行为。

（八）从俗原则

从俗也就是入乡随俗。不同的国家和地区由于国情、民族、文化背景不同，客观上就存在着完全不同的具体礼仪表达方式与方法，以及对同一种礼仪行为的不同的评价标准。贸然采取自以为是的礼仪方式，很可能触及禁忌，引起对方反感甚至厌恶。因此，在日常交往中，要了解并遵从礼仪差异，切忌目中无人、指手画脚，任意否认别人在礼仪规范方面的“乡规民俗”。

从俗原则还要求在交往中要“客随主便”，即处于客位的礼仪当事人必须遵循处于主位的礼仪当事人所在地域的礼仪规范。

延展阅读

1. 现代社交“十不要”

(1)不要过分打扮。衣着要与身份相符，整洁大方，要考虑对方的生活习惯。

(2)言谈举止不要浮泛。语言要文明，举止要礼貌；说话有条理，言简意赅；别人谈话时，要虚心倾听，不打断对方谈话，不做心烦意乱的动作，更不要随便翻阅别人的东西。

(3)不要显示自己有恩于人。不要多谈自己于人的好处，而应常提受人恩德的事，使对方心中也感到舒服。

(4)不要论人之非，发泄牢骚。交谈时不要议论第三者，不要攻击他人的短处,不要对自己不满的人和事发泄不满情绪。

(5)不要花言巧语,虚伪客套。态度要诚恳,实事求是,讲心里话,不用虚伪的客套话骗人。

(6)不要分等级待人。对来客一视同仁,不卑不亢,既不巴结讨好,也不傲慢自居。

(7)不要"万事通",不懂装懂。对不知道的事不说,别人不了解的也不牵强附会。

(8)不要不讲信用,不守时间。在交往中,说能办的事情一定要办到,约定见面,一定要准时赴约。同时,初访时交谈不可过久。办完事情,尽快告辞,不要耽误别人的时间。

(9)不要打听自己不应知道的事情。不要贸然打听别人的秘密或难以启齿的事情,也忌有意无意揭穿他人的秘密。

(10)不要随便误解对方。对别人谈说的事,要正确理解。

(选自张卫东、郭冬莲主编:《现代商务礼仪》,电子工业出版社,2010年版)

2. 人之性

"人之性,有山峙渊渟者,患在不通"(太持重的人往往不能通达权宜);

"严刚贬绝者,患在伤士"(严谨、刚烈、公正、严明的人同时也会毁了人才);

"广大阔荡者,患在无检"(过分宽大的人则往往会失于不检点);

"和顺恭慎者,患在少断"(谨慎平和的人缺乏当断的勇气);

"端悫清洁者,患在狭隘"(做人方正、丝毫不苟的,有拘束、放不开的缺陷);

"辩通有辞者,患在多言"(能言善辩的人往往也会言多有失);

"安舒沉重者,患在后世"(安于现实者,则会落伍);

"好古守经者,患在不变"(循规蹈矩者不善变革,也往往反对变革);

"勇毅果敢者,患在险害"(勇于改革、敢于决断的人,往往会遇到更大的风险)。

——荀悦《申鉴》

（选自何伟祥编著:《公共礼仪》,东北财经大学出版社,2010 年版）

3. 克林顿的有礼

克林顿之所以能当选总统,与他注意给竞争对手人格上的礼貌及其优雅的举止风度有很大关系。从外部形象看,年仅 46 岁的高大、英俊的克林顿当然比年迈的布什占有很大的优势,但布什是一个很难对付的对手,他是一个老牌政客,在从政经验的丰富与外交成就的显赫这两个方面,克林顿无法同他相比,故而克林顿在 3 次电视辩论中决定采用以柔克刚的办法,不咄咄逼人,不进行人身攻击,而在广大听众面前展示出一个沉着稳重、从容大度的形象。在 1992 年 10 月 15 日第二次电视辩论中,辩论现场中设一个主持人,候选人前面都没有讲桌,只有一张高椅子可坐,克林顿为了表示他对广大电视观众的尊敬,一直没有坐,并且在辩论中减少了对布什的攻击,把重点放在讲述自己任阿肯色州州长 12 年间所取得的政绩上。克林顿的这种以柔克刚、彬彬有礼的做法,赢得了公众的好感。

（选自宋莉萍主编:《礼仪与沟通教程》,上海财经大学出版社,2006 年版）

4. 鸣放礼炮的国际惯例

按照国际惯例,鸣放礼炮分为庆典礼炮和迎宾礼炮两种。鸣放迎宾礼炮是隆重迎送国宾仪式上的一种最高规格的礼遇。按照国际惯例,凡欢迎外国元首,鸣放礼炮 21 响;欢迎外国政府首脑,则鸣放礼炮 19 响,以示不同的礼遇。“文化大革命”结束后,参照国际上的普遍做法,经中央批准,我国决定在人民大会堂东门外广场在来访外国国家元首和政府首脑举行的欢迎仪式上恢复鸣放礼炮。

5. 有教养者的十大特征

(1) 守时重约。无论是开会还是赴约,有教养的人从不迟到。因为他们懂得,即使是无意的迟到,对其他准时到场的人来说,也是不尊重的表现。

(2) 谈吐有节。不随便打断别人的谈话,应该先听完对方的发言,然后再去反驳或者补充对方的看法和意见。

(3) 态度和蔼。在同别人谈话的时候,总是望着对方的眼睛,保持注意力集中，而不是翻东西、看书报，心不在焉，显出一副无所谓的样子。

(4)语气中肯。避免高声喧哗，在待人接物上，心平气和，以理服人，往往能取得满意的效果。扯着嗓子说话，不但不能达到预期目的，反而会影响周围的人，甚至令人讨厌。

(5)交谈技巧。尊重他人的观点和看法，即使自己不能接受或不能明确同意，也不当着他人的面指责对方是"瞎说""废话""胡说八道"等，而是陈述己见，分析事物，讲清道理。

(6)谦虚自信。在与人交往相处时，自信而不自卑，从不过分强调个人特殊的一面，也不有意表现自己的优越感。

(7)信守诺言。即使遇到某种困难也不食言，自己承诺的话，要竭尽全力去完成，身体力行是最好的诺言。

(8)关怀他人。不论何时何地，对妇女、儿童及老人，总是表示出足够的关心、最大的照顾和方便。

(9)宽容大度。与人相处胸襟开阔，不会为一点小事情而和朋友、同事闹意见，甚至断绝来往。

(10)乐观同情。乐观而富有同情心的人，在他人遇到某种不幸时，会努力给予同情和支持。同时，乐观的脾性也可以感染和影响他人。

测试题

测测你的"人缘"

测试说明：选择以下问题，回答"是"或"否"。

(1)你和别人聚会，是否经常姗姗来迟，甚至不守信用？( )

(2)你是否喜欢独占谈话时的话题？( )

(3)你是否经常做不速之客，事先不通知对方，就到同事、朋友家中拜访，使人感到措手不及甚至被动？( )

(4)你去别人家里做客时，是否直到人家家里每个人疲惫不堪时，才起身告辞？( )

(5)你能否主动向别人提出建议,以使他做好某件事情?( )

(6)你讲述某个事情或某个故事是不是又臭又长,常常使人不愿继续听下去?( )

(7)当别人正在融洽地交谈时,你是否贸然去打扰?( )

(8)当别人在紧张地工作时,你是否经常去闲聊?( )

(9)你是否勉强别人阅读你认为有趣或有价值的东西?( )

(10)你是否经常与别人谈论一些人们不感兴趣的话题?( )

(11)你是否常常在打电话时说个没完,让别人在一旁等得发急?( )

(12)你自己种种不如意的事,你是否经常找人"诉苦"?( )

(13)当别人谈到你不喜欢的话题时,你是否不打声招呼就走开?( )

(14)你是否喜欢津津有味地与别人谈论一些他们不认识的人?( )

(15)你是否喜欢打听别人的隐私,并且乐于传播?( )

(16)别人不愿意告诉你的事情,你是否千方百计地希望知道?( )

(17)你是否看见漂亮的异性时,就显得格外殷勤?( )

(18)你是否喜欢当领导在场的时候表现自己?( )

(19)当你请求别人帮助时,你是否不管别人愿意不愿意,有没有能力,总要想尽办法达到目的?( )

(20)你是否从不轻易地放弃自己的观点,即使有错,也要自圆其说?( )

(21)你是否不管遇到什么问题都喜欢表态,而且总认为自己言之有理?( )

(22)别人给你的信,你是否经常忘了回信?( )

(23)同事、朋友邀请你参加他们的活动,你是否常借故推托?( )

(24)你是否不喜欢肯定别人,更不习惯赞美别人?( )

(25)同事、朋友生病时,你是否懒得去探望他们?( )

(26)你借了别人的东西后,是否常常忘记还?( )

(27)你借了别人的东西后,是否不如对自己的东西更爱惜?( )

(28)你批评别人的时候,是否经常有使人下不来台的言行?( )

(29)你是否喜欢不管有事还是没事,都去朋友家闲坐串门?( )

(30)你买东西时,要是队伍排得很长,你是否想办法到前面去"加塞儿"?这种情况多不多?( )

判断分析:对每个题目,根据自己的实际情况回答"是"或"否"。如果答案中"是"居多,就要注意,你已经使人感到讨厌了,要痛下决心改正。

复习思考题

1. 什么是礼仪?如何全面理解和运用它?
2. 礼仪包括哪些内容?它们之间的关系是什么?
3. 简述礼仪的构成要素。
4. 礼仪有哪些特点?
5. 什么是礼仪修养?礼仪修养的目的是什么?
6. 简述礼仪的功能。
7. 现代礼仪有哪些特征?
8. 结合自己的实际,谈谈学习礼仪的重要性。
9. 礼仪有哪些原则?
10. 谈谈如何在实践中体现礼仪原则。

案例讨论分析

【案例】总能看到富士山

日本东京一家贸易公司有一位秘书小姐专门负责为客商购买车票。客商中有一位德国大公司的业务经理经常请她购买来往于东京、大阪之间的火车票。不久,这位经理发现:每次去大阪时,座位总在右窗口，返回东京时又总坐在左窗边。经理问小姐其中有什么缘故，秘书小姐笑着答道："从东京去大阪时，富士山在您的右边；返回东京时，富士山在您的左边。我想，外国人都喜欢日本富士山的壮丽景色，所以我替您买了不同位置的车票。"就是这样一桩不起眼的小事，使这位德国经理大为感动。他想："在这样一些微不足道的小事上，这家公司的职员都能做得这么周到，那么跟他们做生意又有什么不放心的呢！"于是决定将同这家日本贸易公司的贸易额由400万马克提高到1 200万马克。

讨论题：本案例中的秘书小姐的做法对你有何启发？

实操训练

1. 把学生分成若干小组，走上街头、社区或公共场所，观察并收集礼仪在生活中应用的小例子。

2. 如有条件，以小组为单位，走访一两位商界人士，了解他们对礼仪的看法及切身经历与体会。

第七章　个人礼仪

在周恩来青少年时期就读的南开中学，教学楼门口有一面大镜子，上面写着引人注目的《镜箴》：面必净、发必理、衣必整、纽必结，头容正、肩容平、胸容宽、背容直，气象勿傲、勿暴、勿怠，颜色宜和、宜静、宜庄。

这段著名的"容止格言"每天都提醒着南开学子要时刻保持端庄得体的仪容、仪态、仪表，处处注意自己的容貌穿戴。周恩来毕生注重彬彬有礼的风度，保持光彩动人的形象，受到全世界人们的爱戴，与他在南开中学所受到的礼仪教育不无关系。

现代社会中，每个人都面临着激烈的市场竞争，个人形象也影响竞争成败，这就要求人们必须掌握必备的个人基本礼仪规范，使自己具有得体的仪表、整洁的仪容、大方的仪态、高雅的言谈，努力塑造个人的良好形象，使自己更具魅力，从容应对各种社交场合，在竞争中取胜。

这一章我们主要介绍仪容礼仪、仪态礼仪、仪表礼仪和言谈礼仪。

第一节　仪容礼仪

一、仪容礼仪的概念

仪容，从狭义上讲，指一个人的容貌或长相，包括五官的搭配和适当的发型衬托。

从广义上讲，仪容通常由人的容貌、发型及人体未被服饰装饰的肌肤所构成。

在礼仪学上,仪容是指经过后天的修饰能够给人良好感觉的容貌,是一种自觉的后天性行为,是秀外慧中的体现。

一个人的仪容,大体上受到两大因素的影响。其一,本人的先天条件。一个人的相貌如何,主要是血缘遗传的结果,是天生丽质还是丑陋不堪,实际上是一来到人世便已"命中注定如此"。其二,本人的修饰维护。先天条件固然重要,但后天的修饰维护同样重要。在任何情况下,如果我们不注意对自己的仪容进行合乎常规的修饰与维护,往往在他人心目中也难有良好的个人形象,从而影响了人际关系。因此,我们应时刻不忘对自己的仪容进行必要的修饰和整理,做到"内正其心,外正其容"。

在人际交往中,每个人的仪容都会引起对方的特别关注,并将影响对方对自己的整体的评价。仪容是一个人的第一张名片,也是最容易给人留下深刻印象的部分,它反映出一个人的精神面貌、朝气和活力。保持良好的仪容,给人以端庄、大方的印象,既能体现自尊自爱的精神,又能体现出对他人的尊重与礼貌,有利于以后的人际交往。所以,掌握正确的仪容礼仪至关重要。

二、仪容礼仪的规则

(一)干净整洁

干净整洁是仪容礼仪的首要原则。主要是指身体不能有异味、面部不能有异物等。要保证干净整洁,必须做到以下几点。

1. 坚持勤洗澡、洗头、洗脸

洗澡可以除去身上的尘土、油垢和汗味,并且使人精神焕发。有条件的话要常洗澡,至少每两天洗一次。特别是在参加重大活动之前,洗澡是一项必须做的准备工作。头发是人体的"制高点",个人形象的塑造,一定要"从头做起"。只有坚持勤洗头,才能使头发不粘连、不板结、无头皮屑、无汗味,确保头发清洁、秀美、有光泽。若脸上常有灰尘、污垢、泪痕、汤渍,难免会让人觉得此人又懒又脏,所以除了早晚洗脸外,只要有必要、有可能,随时随地都要抽出一点时间洗脸净面。应注意及时清理眼角、鼻孔、耳朵、口角等细小的残留物。

2. 定时剃须

除了具有宗教信仰与风俗习惯者之外,男性一般不宜蓄留胡须,否则会被认为不尊重对方,也显得不清洁。男性最好保证每天剃须,绝对不可胡子拉碴地去上班或参加活动。此外,还要注意经常检查和修剪"鼻毛、腿毛、汗毛",在人际交往中,偶尔有一两根鼻毛露出,是很容易破坏他人对自己的看法的。在出席正式的社交场合时,对过长的腿毛、汗毛,应进行必要的修剪和遮掩。

3. 保持手部卫生

手是与外界进行直接接触最多的部位,在参加社交时,用手完成的动作很多,如握手、递送名片等,所以手的干净与否至关重要,随时随地都要保持手部的清洁、卫生和健康。在出席重大场合之前应注意洗手,做到手上无汗渍、无异味、无异物。手指甲要定期修剪,不能留长指甲,指甲的长度与指尖齐平为最佳,指甲内应无污垢,指甲两侧应无死皮。应定期对手部进行保养,使之干净、光洁、细腻。

4. 注意口腔卫生

坚持每天刷牙,消除口腔异味,维护口腔卫生,确保口气清新,是非常重要的。在参加重要活动之前,也应该刷牙,尽量不要吃带有刺激性气味的食物,如葱、蒜、韭菜等。切忌当着别人的面剔牙、嚼口香糖,嘴角或嘴周边不要有泡沫、食物渣子,咳嗽、打喷嚏时,应用手帕捂住口鼻,面向一旁,尽量减少声响。

5. 保持发部整洁

首先应清洗头发。除了要注意采用正确的方式方法之外,最重要的是要对头发定期清洗,并且坚持不懈。一般认为,每周至少应对自己的头发清洗3次。

其次是修剪头发。修剪头发同样需要定期进行,并且持之以恒。正常情况下,应当每半个月左右修剪一次,最长也要确保一个月修剪一次,使头发整齐有序。

最后是梳理头发。梳理头发是每天必做之事,而且往往不止一次。按照常规,在下述情况下皆应自觉梳理一下自己的头发:一是出门上班之前;二是换装上岗前;三是脱下帽子时;四是下班回家时;五是其他必要时。

在梳理头发时,还要注意以下3点:一是不宜当众进行。作为私人事务,梳理头发时应避开外人。二是不宜直接下手。最好随身携带一把梳子,以便必要时梳理头发之用。三是断发头屑不宜随手乱扔。梳理头发时,难免会有一些断发头屑等,将其信手乱扔,是缺乏教养的表现。

(二)修饰避人

所谓修饰避人,是指维护自我形象的一切准备工作应在"幕后"进行,绝不可以在他人面前毫无顾忌地去做。一般应该在参加社交或商务活动之前,整理、修饰自己的仪容,保证给对方留下良好的印象。但不得在公共场合进行补妆、整理衣裤、搔弄头发、清理鼻孔等,这些活动只能在洗手间等别人看不到的地方进行,否则可能会产生以下不良后果:

一是让人感到厌恶。如抠鼻孔、剔牙缝、剪鼻毛等。

二是让人感到无诚意。如修修指甲、擦擦皮鞋、揉揉眼睛等。

三是让人感到没教养。如提裤子、整理内衣、照镜子、一边交谈一边梳头等。

三、女士仪容礼仪

在社交场合,对女士仪容的要求十分严格,女士不仅要遵守仪容礼仪的基本规则,还应掌握皮肤保养、化妆、洒香水等方面的技巧和规定。

(一)皮肤保养

一位成功的职业女士不仅要有精干的外表,还应该拥有健康、有活力的皮肤,所以职业女士要特别注意皮肤的保养,同时也为下一步的化妆打下了基础。

在进行皮肤保养时,首先要保持良好的心态和充足的睡眠,这有助于人体正常的新陈代谢,使肌肤富有光泽。俗语说,"笑一笑,十年少;愁一愁,白了头",就是此理。

其次要了解自己的肤质,选择适合的保养品、采用正确的保养方法等也是至关重要的。面部保养需要使用基础护肤品,一般包括柔肤水和乳液。护理步骤为:用洗面奶洗脸——拍打柔肤水——抹乳液。如有条件的话,去美容院进行定期的皮肤护理及按摩,能起到更好的保养效果。

第三,要注意科学合理的饮食。科学合理的饮食是美容保健的根本,如多饮水、多吃水果蔬菜等美容佳品,不抽烟,不酗酒,少食刺激性食物。

第四,进行适当的体育锻炼和户外运动。现代社会工作节奏越来越快,人们工作压力越来越大,心理长时间处于紧张状态,易导致身心疲惫,也会加速容颜老化,这就需要合理安排工作与休闲时间,每周保持一定时间的体育锻炼和户外运动,增强肌肤新陈代谢的功能。

(二)面部化妆

面部化妆是修饰仪容的一种高级方法,它是指用化妆品及艺术描绘手法对自己进行修饰、装扮,以便使自己的容貌变得更加靓丽,以达到振奋精神和尊重他人的目的。在人际交往中,进行适当的化妆是必要的,这既是自尊的表现,也意味着对交往对象的重视。

1.面部化妆的基本内容

(1)基面化妆。也称打粉底,目的是调整皮肤颜色,使皮肤平滑。粉底有脂状、粉状、乳状和饼状,化妆者可根据自己的皮肤选择合适的粉底。

打粉底要顺着脸颊纹路由内往外、由上往下推开。先从较干燥的两颊开始,然后是嘴、鼻、额、眼睛周围。注意发际、脖子连接处不要留下清楚的痕迹,而嘴、眼周围等活动较多的部位,要小心涂均匀,使粉底与肤色自然融合。

(2)修饰眉毛。从鼻翼朝外眼角画一条无形的对角线,最适当的眉尾位置,就在这无形的对角线上,而眉峰的位置在靠近眉尾端眉长的2/3处,这两点决定之后,画眉就很容易了。利用眉笔将眉毛较稀疏处补上色彩,最后利用眉刷将眉毛刷整齐,呈现美丽的眉形。

(3)眼部修饰。

第一步,眼影。用深色的眼影,从外眼角开始上色后,再往内眼角方向晕开,内眼角处眼影的颜色浅一些,可以呈现眼部的立体感。越靠近睫毛处颜色越深,渐渐往上淡开,体现一定的层次。

第二步,眼线。从内眼角向外眼角,沿着睫毛生长处画上,在外眼角处稍上扬即可。画上眼线时,抬高下颌,并将眼睛往下看;画下眼线时,拉低下颌,眼睛往上看。

第三步,睫毛。给睫毛涂上睫毛膏。刷上睫毛时,横拿睫毛刷;刷下睫毛时,则将睫毛刷横拿,利用前端刷上睫毛膏。

第四步,唇部修饰。修整唇形前,可选用比肤色暗一点的粉底,打底遮盖原有的唇线再描绘唇形。口红颜色的选择要与嘴唇色彩以及整体妆容相适合。

2. 面部化妆要注意的问题

(1)化妆要自然协调,浓淡相宜。“清水出芙蓉,天然去雕饰”。要使化妆说其有,看似无,真实而生动,自然而然,没有痕迹,给别人造成天生丽质的感觉。同时,化妆要考虑服装、服饰、年龄、职业、发型等,要与之相协调。

化妆的浓淡要根据不同的时间和场合来定。白天一般为淡妆,适合各种工作场所;晚上可适当化浓妆,适合宴会和舞会。

(2)不宜当众化妆。在公共场所众目睽睽之下修饰面容是没有教养的失礼行为,这样做会给人轻浮的感觉,影响个人形象。如果确实需要补妆的话,应该避开众人,到化妆间、洗手间进行补妆。

(3)不非议他人的装扮。由于民族、肤色和个人文化修养的差异,对美的标准认识不一致,每个人的化妆不可能都是一样的。不要认为自己化的妆是最好的,不要介绍自己化妆的心得或对别人的妆进行评价,也不要主动为别人化妆、修饰或改妆。

(4)不借用别人的化妆品。出于卫生和礼貌,不论是谁,也不论是否急需,都不要借用别人的化妆品。

(三)发型选择

发型的样式很多,要根据自然、大方、整洁、美观的原则来选择,既要观察发型的流行趋势,又不能盲目追赶潮流,更重要的是应该考虑到自己的脸型、体型、年龄、职业、服饰等特点。

1. 发型与脸型

每一种脸型都有适合的发型，如三角形脸型的人可以选择能增宽脸上部的波浪形发卷；方脸形的人适合选择卷曲的波浪发型，以改善方脸的形状；椭圆形脸的人适合选择任何发型，以中分、左右均衡的发型为最佳；长形脸的人适合选择蓬松的发型，以增宽面部；而圆形脸的人适合选择柔顺的长发，以拉长面部。

2. 发型与体型

发型的选择得当与否，会对体型的整体美产生影响。脖子粗短的人，适宜选择高而短的发型；脖颈细长者，宜选择齐颈搭肩、舒展外翘的发型；体型瘦高的人，适宜留长发；体型矮胖者，适合选择有层次的短发。

3. 发型与年龄、职业

通常年长者最适宜的发型是大花型短发或盘发；年轻人适合那些活泼、简单、富有青春活力的发型。女生以选择齐耳短发、自然式束发、运动式短发为主；男生以板寸、平发、分头为主。

4. 发型与服饰

头发为人体之冠，为体现服饰的整体美，发型必须根据服饰的变化而变化。如穿着礼服或制服时，应选择盘发或短发，以显得端庄、文雅；穿着休闲服装时，可选择自然披散或束发。

（四）香水的使用

面部化妆完成后，一般还要喷洒一些香水。适当使用香水，不仅能使人提神醒脑，还会使人魅力倍增，风度迷人。

1. 香水的类型

根据香精的含量与香气持续的时间来划分，香水可分为 4 种类型：

(1)微香型香水。香精含量为3% ~5%，香气持续的时间为 1 ~2 小时。

(2)淡香型香水。香精含量为5% ~10%，香气持续的时间为 3 ~ 4 小时，适合办公场合使用。

(3)清香型香水。香精含量为10% ~15%，香气持续的时间为5

小时左右,适合一般性的交际场合使用。

(4)浓香型香水。香精含量为15% ~20%,香气持续的时间为5~7个小时,适合宴会、舞会时使用。

2.香水使用礼仪

正确使用香水应注意以下几点:

(1)部位要得当。香水中的香精和酒精被光线照射后,在紫外线的作用下会对皮肤形成不良刺激,易出现色素沉着,所以喷洒香水的部位最好是光线照不到的地方。一般可以选择离脉搏比较近的地方,如手腕、耳根、颈部、大腿内部、脚踝内侧等。另外也可以选择在深色的衣服上,如衣领下、衣角、手帕上,任其自然发挥。

(2)用量要适当。香水的使用量不要太大。一般情况下,应以3米外闻不到香水味为宜。

(3)不要混合使用香水。一次只能使用一种香水,不能多种香型或多种品牌的香水混用。

四、男士仪容礼仪

和女士相比,男士仪容的要求较宽松。主要应该注意以下几点。

(一)简洁的发型

在人际交往中,男士应根据自己的脸型、身材、年龄、职业、气质等选择一种适合自己的发型。男士的发型不要在意细节的修饰,只要造型简洁、粗犷、饱满即可。发型一定要能展现男士的阳刚之美,不可标新立异,染发、烫发均不可取。

(二)不得蓄须

通常情况下,男士不宜蓄须,除非有宗教信仰或民族习惯。在出席各种公共场合时应将胡须剃干净,否则会给人以懒散的感觉,影响人际交往。

(三)保持面部清洁

男士应选用专用的洁面乳和护肤品,进行面部清洁和皮肤的保养,有条件的可以经常到美容院进行皮肤护理,使皮肤光泽、有弹性,更富有魅力。

（四）健康的身体

在人际交往中，身体健康、身材挺拔、风度翩翩的男士更受欢迎。所以男士应经常进行体育锻炼，制定一套适合自己的锻炼方案，有条件的可以经常去健身房，在健身教练的指导下进行锻炼。

（五）适当增香

在人际交往中特别是在一些重要的活动中，男士少量喷洒一些香水，身上散发出淡淡的香味，这不是做作，而是文明的表现，能展现出男性的阳刚之美。

第二节　仪态礼仪

一、仪态礼仪的基本概念

仪态，又称“体态”，是指人在行为中呈现的姿态和风度。姿态是身体所呈现的样子，风度则属于内在气质的外化。

在人际交往中，每个人总是以一定的仪态出现在别人面前。人们的一举手、一投足、一弯腰乃至一颦一笑，并非偶然，而是在传情达意，此处无声胜有声。人们可以通过自己的仪态向他人传递个人的学识与修养，交流思想、表达感情。

仪态礼仪在人际交往中有着特殊的作用。它是一种综合的美、完善的美，这种美应是身体各部分器官相互协调的整体表现，同时也包括了一个人内在素质与仪表特点的和谐。仪态美的人能真正做到内在美与外在美的有机统一，更富有永久的魅力。

二、站姿

俗语说：“站如松”。站姿是人类的一种象征，男子的站姿如“劲松”之美，具有男子汉刚毅英武、稳重有力的阳刚之美；女子的站姿如“静松”之美，具有女性轻盈典雅、亭亭玉立之美。

标准的站姿，从正面看：全身笔直，精神饱满，两眼正视，两肩平齐，两臂自然下垂，两脚跟并拢，两脚尖张开 60 度，身体重心落于两腿正中；从侧面看：两眼平视，下颚微收，挺胸收腹，腰背挺直，手中指贴裤缝，整个身体庄重挺拔。

练习站姿的要领是：平、直、高。

平：头平正，双肩平，两眼平视。

直：腰直，腿直，后脑勺、背、脚后跟成一条直线。

高：重心上拔，尽可能使人显得高。

三、坐姿

俗语说："坐如钟"，即坐时要像钟那样端正、沉稳。坐姿是人际交往中使用最多的一种姿势，它是一种静态姿势，优雅的坐姿给人一种端庄、稳重、威严之美。

正确的坐姿是：入座时，走到座位前，转身后右脚向后撤半步，轻稳坐下，然后右脚与左脚并齐，女子穿裙子入座时，应将裙子向前收拢一下再坐下；入座后，上体自然坐直，立腰，双膝自然并拢（男士可略分开一些），双脚平落在地上，头正，表情自然亲切，目光柔和平视，嘴微闭，两肩平正放松，两臂自然弯曲放在膝上，也可以放在椅子或沙发扶手上，掌心向下；起立时，右脚先收半步然后站起，起立后右脚与左脚并齐。

坐姿禁忌：忌双腿叉得过大；忌跷二郎腿；忌脚尖指人；忌坐满椅子；忌抖腿；忌两脚前伸；忌歪坐；忌发出响声。

四、走姿

俗语说："行如风"，即走起来像风一样轻盈。走姿始终处于动态之中，体现了人类的运动之美和精神面貌。男士的走姿要刚健有力，豪迈稳重，有阳刚之气；女士的走姿要轻盈自如，含蓄飘逸，有窈窕之美。

标准的走姿为：上身基本保持站立的标准姿势，挺胸收腹，腰背笔直；两臂以身体为中心，前后自然摆动，前摆约 35 度，后摆约 15 度，手掌朝向体内；起步时身体稍向前倾，中心落在前脚掌，膝盖伸直；脚尖向正前方伸出，行走时双脚踩在一条或两条直线上。

正确的行走，上体的稳定与下肢的频繁规律运动形成对比和谐、干净利索、鲜明均匀的步伐,形成节奏感,前后左右行走动作的平衡对称,都会呈现行走时的美感。

男子走路时两步之间的距离要大于自己的一个脚长,女子穿裙装走路时两步之间的距离要小于自己的一个脚长。正常的情况下步速要自然舒缓,男子行走的速度标准以每分钟步速 108 ~110 步为宜,女子以每分钟步速 118 ~120 步为宜。

走姿禁忌:

(1)忌摇头晃脑,弯腰驼背,歪肩晃膀,左顾右盼;

(2)忌内八字和外八字步伐,不可脚蹭地面,发出声响;

(3)忌步伐过大,大甩手,扭腰摆臀;

(4)忌把双手插在衣裤口袋里,更不要把手背在体后,以免摔倒;

(5)忌行走中吃东西、吸烟。

五、表情

面部表情在传情达意方面有着重要的作用。在人际交往中,表情主要是通过眼神和笑容来传递信息的。

(一)眼神

人与人的交往是从目光对视时就开始的,眼睛是心灵的窗口,人的喜怒哀乐、七情六欲都能从眼睛中表现出来。

1. 目光的注视区域

(1)公务注视。以两眼为底线、额中为顶角所形成的三角区。这种注视方式给人严肃、认真、有诚意、公事公办的感觉。

(2)社交注视。以双眼为底线、唇心为顶角所形成的倒三角区。这种注视方式给人舒服、平等、有礼貌、良好氛围的感觉。

(3)亲密注视。注视范围是在两眼至胸部之间。这种注视方式带有亲昵爱恋的感情色彩。非亲密关系的人不应使用,以免引起误会。

2. 眼神的禁忌

在人际交往中,切忌眼睛往上往下,眯眼、斜眼、白眼、左顾右盼;不可盯人太久,更不可对人挤眉弄眼,这是非常傲慢无礼、不尊重人的表现。

（二）微笑

微笑是人类最富有魅力、最有价值的体态语言。它可以沟通人们的心灵，架起友谊的桥梁，给人以美好的享受。

微笑可以分为含唇笑和开口笑。

含唇笑是一种最浅的笑，它不出声，不露齿，只是面含笑意，意在表示接受对方，传达友善。与他人相遇时，可以采用这样的微笑与别人打招呼，向他人问好。

开口笑是一种较深的笑，眼角眉梢往上翘，牙齿稍向外露。这是一种表示友好的笑，使用范围很广泛，在社交场合可采用这种热情、友好的微笑，任何人都会感受到你的诚意，同时也会使你大受欢迎。

目前在人际交往中，适用范围最广泛的是较深度的微笑，就是嘴巴轻开，上齿显露出 6 ~ 8 颗牙，但仍不出声音，表示欣喜、愉快。

微笑时要遵守真诚、适度、适宜的规范要求。

真诚是指微笑要发自内心，亲切自然，切不可故作笑颜，更不可奸笑、冷笑、皮笑肉不笑，也力戒傻笑、憨笑。

适度是指微笑时要文雅、美，而不是随心所欲，不加节制。既不要故意掩盖笑容，压抑内心的喜悦，也不要咧着嘴哈哈大笑。

适宜是指微笑要注意场合和对象。如严肃的场合不宜笑，别人心情不好时不宜笑等。

六、空间距离

在人际交往中，人与人之间要有适当的空间距离。距离的远近，表明双方关系亲密、疏远的程度。

美国人类学家和心理学家霍尔将人类的交往空间划分为 4 种区域：

第一种，亲密距离（0 ~ 45 厘米）。其语义为“亲切、热烈”，只有关系亲密的人才可以进入这一空间，如夫妻、父母、子女、恋人。

第二种，个人距离（46 ~ 120 厘米），也称交际距离。其语义为“亲切、友好”，由于这个距离正好可以进行交谈和握手、递送名片等，常用于熟人、朋友的交际场合。

第三种，社交距离（120～300 厘米），亦称礼仪距离。其语义为“严肃、庄重”，在这个距离内交往表示对对方的尊重。它适合于比较正式、庄重、严肃的社交场合。

第四种，公共距离（300 厘米以上），也称有距离的距离。其语义为“自由、开放”，在这个距离内交往，人们会感到非常陌生和安全。它适合于大型报告会、演讲会、迎接旅客等场合。

七、手势

手势是指通过手和手指的活动来传递信息的、人际交往中不可缺少的动作。由于手是人体最灵活的部位，所以是一种表现力较强的“体态语言”，是体语中最丰富、最具有表现力的传播媒介，招手、挥手、握手等都表示着不同的意义。

（一）规范的手势要求

手势运用要规范和适度，要给人一种优雅、含蓄、彬彬有礼的感觉。使用手势的总体要求是准确、规范、适度。

1. 准确

准确，就是为避免手势使用不当引发交际双方沟通障碍甚至误解，必须注意手势的准确使用。不同的手势表达不同的意思，要使手势与语言表达的意思一致。

2. 规范

每一种手势都有其约定俗成的动作和要求，如请、介绍、递名片等等，不能乱加使用，以免产生误解，引起麻烦。运用手势要注意与面部表情和身体其他部位动作的配合，这样才更能体现出尊重和礼貌。

3. 适度

与人交谈时，可随谈话的内容做一定的手势，这样有助于双方的沟通，但手势的幅度不宜过大，以免适得其反。手势的使用也并非多多益善。

（二）人际交往中常用的手势

1. 横摆式手势

这种手势用来指引较近的方向。大臂自然垂直，小臂轻缓地向一旁摆出时弯曲，与腰间呈45度左右，另一手下垂或背在身后，面带微笑，双腿并拢或成右丁字步，同时加上礼貌用语，如“请”“请进”等等。

2. 直臂式手势

这种手势用来指示或引领较远方向。五指并拢伸直，手臂穿过腰间线，曲肘由身前向前方指起，抬到约与肩部相同高度时，再向要指示的方向伸出前臂。身体微向指示方向倾。身体侧向宾客，眼睛要看着手指引方向处，同时加上礼貌用语，如“小姐，请一直往前走”，“先生，里边请”等等。

3. 曲臂式手势

当一只手扶把手或电梯门，或者一手拿东西时，常用曲臂式做出“请”或指示方向。五指伸直并拢，从身体的一侧前方由下向上抬起，以肘关节为轴，手臂由体侧向体前摆动，摆到距身体20厘米处停住，掌心向上，手尖指向一方，头部随客人由右转向左方。

4. 双臂式手势

这种手势用来向众多来宾表示“请”或指示方向。两手五指分别伸直并拢，掌心向上，从腹前抬起至上腹部处，双手一前一后同时向身体一侧摆动，摆至身体的侧前方，肘关节略弯曲，上身稍向前倾，面带微笑，向客人致意。

（三）手势礼仪的注意事项

（1）手势不宜太多，动作不宜过大，切忌“指手画脚”和“手舞足蹈”。

（2）要避免出现不雅的手势，如掏耳屎、挖鼻孔、剔牙、搓泥卷等。

（3）要注意手势力度的大小、速度的快慢、时间的长短，不可过度。

（4）在任何情况下不要用大拇指指自己的鼻尖和用手指指点他人。

（5）一般认为，掌心向上的手势有诚恳、尊重他人的含义，掌心向下的手势意味着不够坦率、缺乏诚意等；攥紧拳头暗示进攻和自卫，也表示愤怒；伸出手指来指点，是要引起他人的注意，含有教训人的意义。因此，要区别应用。

（6）要注意，由于各地习俗不同，相同的手势表达的意思会有所不同，甚至会大相径庭，所以不可以乱用。

(四)几种常见手势的不同含义

1."OK"型手势

"OK"的含义在所有讲英语的国家内是众所周知的,但在法国,"OK"代表"零"或"没有",在日本代表"钱",在一些地中海国家用来暗示一个男子是同性恋。

2.跷大拇指

在英国、澳大利亚、新西兰等国家,跷大拇指表示搭车,但大拇指急剧上跷,则是侮辱人的信号;在中国,跷大拇指是积极的意思,通常是指高度的赞扬。

3."V"形手势

"V"字形手势在第二次世界大战期间代表胜利,非洲大多数国家也是如此。但如果手心向内,在澳大利亚、新西兰、英国则是一种侮辱人的信号,代表"up yours"。在欧洲各地,"V"字形手势也可以表示数字"2"。

4.塔尖式手势

将左手五指和右手五指分别指尖相对和相交,形成近似塔尖的形状,自信者、高傲者常用,主要用来传达"万事皆知"的心理状态,是一种消极的人体信号。

5.捻指作响

用手的拇指和食指捻出响声,其语义或高兴、赞同,或无聊、无教养,尽量少用。对异性更不能如此,它带有挑衅、轻浮之意。

第三节 仪表礼仪

一、仪表礼仪的基本概念

仪表,就是指人的外表,它包括仪容、姿态、身材、体型、服饰、配饰等。这里,我们把仪表的外延局限为服饰、配饰,重点讲服饰。

正所谓"佛要金装,人要衣装"。人的长相是天生的,身材长短也难以改变,而服饰确能给人带来变化,增添人的仪表魅力,给人以舒服、美好的感觉。没有相称的服饰外表，就谈不上仪表美，也会给人际交往带来不必要的麻烦。因此，掌握正确的仪表礼仪，学会运用服饰来“武装”自己，是非常重要的，它可以给人留下良好的印象，赢得他人的信赖和好感，它能体现出一个人的文化素养和审美情趣。

二、服饰礼仪的 TPO 原则

TPO 原则是国际通行的着装礼仪基本原则。

T(Time)表示时间，即穿着要应时。不仅要考虑到不同的季节变化，还要考虑到每天不同的具体时间，更要注意到时代服装潮流趋势，考虑时代特点，避免穿与流行趋势格格不入的服装。

P(Place)表示场合，即穿着要因地制宜。时间和空间是紧密相依的，着装也总是处于一定的空间、地点中。所以，服饰需要与不同环境相协调，不同的工作环境、不同的社交场面，着装要有所不同，以使人获得视觉和心理上的和谐感。

O(Object)表示着装目的。其有两层意思：穿着对象和交际对象。也就是说，你的穿着既要适合自己，能表现自己的个性风格，又要对应别人，与你的交际对象保持协调一致。选择服饰要考虑自己的年龄、体型、肤色、身份、职业，也要考虑到交往对象的个体要求，从而塑造出与自己身份、个性相协调的外表形象。

三、男式西装的选择与穿着

西装是男士最常见的办公服，也是现代交际中男子最得体的着装。在我国，西装已成为广大男士的必备服装，一套合体的西装，可以使着装者显得潇洒、精神、风度翩翩、魅力十足。西装的穿着有着一套严格的礼仪规范，必须要遵守。

(一)男式西装的选择

1. 要选择合适的款式

西装的款式可分为英版、美版、欧版，各版之间差异不是很大，只是在后开衩的部位、扣是单排还是双排、领子的宽窄等方面有所不同。

不过，在胸围、腰围的胖瘦，肩的宽窄上也还是有所变化的。因此，我们在选择西服时，要充分考虑自己的身高、体型。

目前又出现了日版西服，它的基本轮廓为H型，无肩宽，无细腰，衣后不开衩，它较适合我国男士的身材。

2. 要选择合适的面料和颜色

西装的面料要挺括一些，作为正式礼服用的西装可采用深色，（如黑色、深蓝、深灰等颜色）的全毛面料制作。日常穿的西服颜色可以有所变化，面料也可不必太讲究，但必须熨烫挺括。穿着皱巴巴的西装，是有损自己形象的。

穿西装时，全身上下的颜色不能多于3种，同一色系中深浅不同的颜色算一种颜色。颜色过多的服装会显得花哨有余而庄重不足。

3. 要选择合适的衬衣

穿西装时一定要穿带领的衬衣；花衬衣配单色的西装效果比较好，单色的衬衣配条纹或方格西装比较合适；方格衬衣不应配条纹西装，条纹衬衣也不要配方格西装。

4. 要选择合适的领带

在正式场合，穿西装必须要打领带，领带的颜色、花纹和款式要与所穿西装相协调。领带的面料以真丝为最优，在领带颜色的选择上，杂色西装应配单色领带，单色西装应配花纹领带，驼色西装应配金茶色领带，褐色西装应配黑色领带等。

（二）男式西装的穿着礼仪

1. 要穿好衬衣

穿西装一定要穿长袖衬衣，衬衣最好不要过旧，领头一定要硬扎、挺括，外露部分一定要平整干净。衬衣下摆要掖在裤子里，领子不能外翻，领口和袖口要比西装长出1~2厘米。

2. 内衣不可太多

穿西装切忌穿过多内衣，衬衣内除了背心之外，最好不要再穿其他内衣。如果确实需要穿内衣的话，内衣的领圈和袖口也不要露出来。如果天气较冷，衬衣外还可以再穿一件毛衣或毛背心，但毛衣一定要紧身，不要过于宽松，以免显得臃肿，影响西装的效果。

3. 打好领带

在比较正式的社交场合，穿西装应系好领带。领带有简易打法和复杂打法之分，领带的长度以达到皮带扣为宜。系领带时，衬衣的第一个纽扣要扣好，如果佩戴领带夹，一般应在衬衣的第四、第五个纽扣之间。

4. 鞋袜整齐

穿西服一定要穿皮鞋，不能穿布鞋或旅游鞋，皮鞋的颜色要与西装相配套。皮鞋要干净，不要蒙满灰尘。袜子的颜色以单色为宜，袜子与皮鞋同色或袜子与裤子同色是最佳选择。穿深色西装不要穿白袜子。

5. 扣好扣子

西装上衣可以敞开穿，但双排扣西装上衣扣子要全部系好。在系西装上衣扣子时，如果是两粒扣子时，只系上边的扣子；如果是三粒扣子，只系中间或者上边两粒扣子；如果是四粒扣、五粒扣或一粒扣的西装，应全部系上扣子。

6. 西装穿着禁忌

西装口袋忌放东西；忌袖口商标不摘；忌腰部挂东西；忌西裤过短。

四、女士西装的选择与穿着

在社交或公共场所，女士着装以西装最为正式。女士西装应讲究配套，款式较简洁，色彩较单纯，以充分表现出女士的精明强干、落落大方。

（一）女士西装的选择

1. 款式的选择

女士西装的样式较多，仅它的领型就有西装“V”字领、青果领、披肩领等；款式有单排扣、双排扣；衣长有短至腰处或长至大腿的；造型上有宽松的，也有束腰的。西装有与裤子相配的套装和与裙子相配的套裙。女士西服套装给人以精明干练、富有权威的感觉，显得比较严肃，更适合成熟或职位较高的女士工作时穿；而西服套裙则成为社交中女士普遍适用的服装。

2. 面料和颜色的选择

女士西装所选用的面料质地应当上乘，除可选用女士呢、薄花呢等纯毛料外，也可用丝绸、亚麻、麻纱等面料。面料应均匀、平整、挺括，富有弹性，不易起皱。

色彩方面以冷色调为主，应当淡雅、清新、庄重，不宜选择过于鲜亮、“扎眼”的色彩，意在体现着装者的端庄与稳重。藏蓝、炭黑、雪青、土黄、茶褐、紫红等都是很好的选择。两件套西装上衣和裙子可以是同色，也可采用上浅下深或上深下浅两种不同的色彩。前者正统而庄重，后者富有动感与活力。

3. 图案和尺寸

正式场合所穿的套裙应不带任何图案，若想使自己的着装静中有动，充满活力，可以选用以各种或宽或窄的格子、或大或小的圆点、或明或暗的条纹图案为主的套裙。可用装饰扣、包边、蕾丝等加以点缀，但点缀不宜过多。

套裙的上衣和裙子的长短没有明确的规定。一般认为短裙不雅，长裙无神。最理想的裙长，是裙子的下摆恰好到小腿肚子最丰满的地方。套裙中的超短裙，裙长应以不短于膝盖以上 15 厘米为限。

（二）女士西装的穿着礼仪

1. 搭配好衬衫和衬裙

套裙在穿两件套时，应选配一件合适的衬衫。衬衫的面料应轻薄而柔软，如真丝、麻纱、涤棉等。色彩应淡雅，最好选用白色等单色无图案的衬衫，衬衫下摆必须均匀地掖入裙腰之内。

套裙无论面料薄厚都必须加衬裙。衬裙可以与套裙一体，也可以分开，颜色多为单色，如白色、肉色。

2. 搭配好鞋袜

在穿套裙时，鞋、袜、裙之间的色彩要协调，鞋、裙的颜色必须深于或略同于袜子的颜色；应搭配黑色的有跟的皮鞋，也可以穿与套裙同色的皮鞋；应搭配高筒袜或连裤袜，袜子可以有黑色、肉色、浅灰、浅棕色等。

3. 扣好扣子

正式场合，西装上衣的扣子要全部扣好，衬衫的扣子除最上端的一粒外，所有扣子都要一一系好。

4. 饰品的佩戴

要根据不同场合的要求，佩戴戒指、耳环、项链等饰品。佩戴饰品应遵守饰品与时间、场所、目的相搭配的原则，穿着讲究的服装，宜佩戴较昂贵的饰品；工作场合穿着制服时一般应少戴或不戴饰品；太大、太夸张的饰品不戴；要求佩戴的所有饰品同色、同款、同质；全身饰品不得多于3款，每款不得多于3件。

5. 西装穿着禁忌

穿西穿时，忌过分杂乱；忌过分鲜艳；忌过分暴露；忌过分透视；忌过分怪异；忌过分紧身；等等。

第四节　言谈礼仪

一、言谈礼仪的基本概念

言谈，也称为口头语言、交谈、说话，是指人们在工作和日常生活中，为了特定的目的，在一定的环境下，以口头形式表达，运用语言进行信息传递的一种社会活动，主要通过一方口头表达而另一方倾听来完成信息传递。言谈具有直接、生动、形象，便于对方理解和接受，时效性强等特点，是人际交往中最常用的一种沟通方式。

在我国，国人素来讲究“听其言，观其行”，所以，言谈不仅是人们交流感情、增进了解的主要手段，还是考察人品的一个重要标准。

“好言一句三冬暖，恶语伤人六月寒”。在人际交往中，要自觉遵守言谈礼仪，掌握言谈技巧，做到以礼待人，以情动人，以理服人。

二、言谈的基本礼仪

（一）要文明礼貌

讲文明礼貌是言谈的最基本规则。言谈要文明，就是讲究语言文明，即言谈要体现出自身良好的个人修养、和蔼的态度，而且要使对方感到受到了尊重。俄国著名的哲学家、作家赫尔岑说过：“生活中最主要的是有礼貌，它比最高的智慧，比一切学识都重要。”

作为有教养的人，在交谈中，一定要使用文明语言，杜绝粗话、脏话、黑话、荤话、怪话、气话等。

（二）要态度诚恳

言谈时首先要有一个诚恳的谈话态度，才可以同对方交心、换心。态度诚恳就是要真诚、坦率、推心置腹，做到讲实话，讲心里话，使谈话亲切自然，从而两情交融、互相信赖，精诚所至、金石为开。

（三）语言要准确

语言要准确，即在言谈交际过程中，要避免词不达意和语义含糊不清，尽量使用普通话，不讲方言，用词恰当，内容简洁明了，只有这样，才能保证语言准确。具体要注意以下几个问题。

1. 发音准确

在言谈之中，要求发音标准。读错音、念错字、口齿不清、含含糊糊或音量过大过小，都会让人听起来费劲，而且有失身份。在公共场合交谈时，应用标准的普通话，不能使用方言、土话，否则就是不尊重对方。无外宾在场，最好慎用外语，否则有卖弄之嫌。

2. 语速适中

在交谈过程中，要注意语速。语速过快或过慢，或忽快忽慢，都会影响谈话效果。

3. 口气谦和

在交谈过程中，说话的口气一定要亲切谦和，切勿随便教训、指责别人，更不能用手指一边指点别人一边说话，这样做非常不礼貌，会使对方不愿意继续交谈下去。

4. 内容简明

在交谈时，应言简意赅，要点明确，少讲或最好不讲废话。啰唆、废话多，不仅会让对方感到无所适从，更会让对方抓不住交谈的重点，从而产生厌烦情绪。

（四）要选好话题

话题就是交谈时的主题，即双方谈话时所围绕的某个中心点。交谈时，选择合适的话题是非常重要的。如果选择对方不熟悉或不感兴趣的话题，谈话就很容易陷入僵局；如果选择了对方忌讳的话题，还可能使谈话不欢而散。选择合适的话题，可以从以下几个方面来考虑：

(1)选择大家共同关心、都能谈的事情为话题。选择的话题能让在座的每一个人都能参与谈话，这是对人的一种理解和尊重。在这个前提下，一般可以选择一些轻松、时尚且交谈各方都擅长的话题。

(2)选择对方感兴趣的事情为话题。对方感兴趣的事情往往是对方所擅长的话题，对方乐于与人交谈，双方关系必然随着交谈的进行而变得融洽。

(3)依据谈话对象与自己关系的亲疏来选择话题。关系密切者，可推心置腹，甚至无话不谈，话题可以随心所欲；关系一般者，可顾及其爱好和兴趣，选择“中性”话题，保持恭敬之心；关系生疏着，可选择问候、寒暄等客套性话题，以缩短彼此的心理距离；关系相抵触者，可坦诚相见，以德报怨，借交流消除误会，增进了解；关系敌对者，不妨主动上前问候，避重就轻地聊几句，也是有益的。

(4)以对方喜欢听的话为话题。

(5)以自我介绍作为陌生人之间谈话的开始也是一种很好的方式。特别是在正式的场合，主动介绍是合适的做法，通过双方相互自我介绍，往往能找到进一步交谈的话题。

(6)话题选择禁忌。忌谈与疾病、死亡有关的话题；忌谈容易引起争议的话题；忌涉及别人隐私的话题；忌评价、议论他人的话题；忌谈与政治有关的话题。

（五）要认真倾听

在交谈过程中，每个人既是谈话者，又是聆听者。“上帝”给人造了一张嘴巴，两只耳朵，就是为了让人多听少说。可见，听比说更重要。认真倾听可以及时捕捉宝贵的信息，获得重要的知识和见地；可以了解对方谈话的意图和个性特征；通过观察对方的反应，用较为充足的时间想一想自己该怎么说;有利于心灵沟通;能给他人以被尊重和被欣赏的感受。

聆听的技巧主要体现在以下几点:

(1)全神贯注。倾听别人谈话时,应目视对方,不东张西望,不做与谈话无关的事,对外界造成的干扰,要视而不见、听而不闻。

(2)呼应配合。这是指要随着谈话者情感和思路的变化相呼应配合,或笑或点头或鼓掌;同时学会适当地发问,如"您看呢""是这样""请继续说"等,表示听者对说者观点的赞同和鼓励。

(3)正确判断。倾听时要善于体味对方的弦外之音,弄清其意图。

(4)辅以体态语言。倾听时,身体要稍微向对方倾斜,态度要认真、谦虚、诚恳。

三、言谈技巧

(一)善用赞语

善用赞语就是善用言语夸奖人、恭维人。这是为人处世应具备的基本条件之一,是文明礼貌的基本反映,也是人们在语言交际中必须掌握的技巧,还是加深人际感情、强化交际、缩短人际心理距离的重要交际手段。

用赞语首先要有诚恳的态度,这是前提。以诚待人、以礼感人是夸赞成功的基本保证。

用赞语要准确,这是原则。夸赞越具体,效果越好。

(二)语言幽默

幽默是通过一种愉悦的方式让对方得到放松,它不仅能让对方高兴,更能润滑谈话双方的关系,减少隔阂,在笑声中缩短彼此的距离。当谈话出现尴尬时,幽默可以缓和气氛。

(三)巧妙地说服对方

说服也叫劝说,是在交际过程中向对方施加影响的直接形式。在有目的的交往中,要说服对方接受自己的观点,考虑自己的利益,必须巧妙地说服对方。通过说服让对方按照自己的意愿办事,让对方帮助或理解自己。

要想说服对方，首先应不断强化自身影响的能力，利用自身优势，树立个人权威；其次要增强自身对对方的吸引力，利用自己与对方的某些相似性，赢得对方的理解和认可；第三要投入真挚情感，让对方相信自己的观点合情合理。

四、言谈交际的忌讳

在交际场合中，言谈有失礼仪的情况有以下9种：

第一，“闭嘴”。交谈之中“闭嘴”，也就是一言不发、保持沉默，从而使交谈变相地冷场，导致不良后果。

第二，“插嘴”。交谈之中“插嘴”，一是突然插上一句，打断对方的谈话，有喧宾夺主、自以为是之嫌；二是喜欢争辩，喜欢强词夺理。

第三，“杂嘴”。交谈之中“杂嘴”，就是使用语言不规范、不标准。

第四，“脏嘴”。交谈之中“脏嘴”，是指说话不文明，满口“脏、乱、差”的语言。

第五，“荤嘴”。交谈之中“荤嘴”，就是说话带“色”，把丑闻、艳事挂在嘴边。

第六，“油嘴”。交谈之中“油嘴”，是指说话油滑、毫无止境地胡乱幽默。

第七，“贫嘴”。交谈之中“贫嘴”，是指爱多说废话、爱乱开玩笑。

第八，“刀子嘴”。交谈之中“刀子嘴”，是指说话尖酸刻薄，喜欢恶语伤人。

第九，“电报嘴”。交谈之中“电报嘴”，就是爱传闲话、爱摆弄是非。

延展阅读

1. 女士着装“十过分”

成功的职业女性应该懂得如何适宜地装扮自己，但在实际生活中，商务女性的着装常会出现以下一些问题：

(1)过分时髦。有些女性会盲目地追求时髦。一个成功的职业女性对于流行的选择必须有正确的判断力，同时要切记，在办公室中，主要表现工作能力而非赶时髦的能力。

(2)过分暴露。夏天的时候，许多商务女性不够注重自己的身份，穿起颇为性感的服装。这样你的才能和智慧便会被埋没，甚至还会被别人认为轻浮。因此，无论天气有多热，都应注意自己仪表的庄重、大方。

(3)过分正式。这个现象也是常见的，职业女性的着装应大方适宜。

(4)过分潇洒。最典型的样子就是一件随随便便的T恤或罩衫，配上一条泛白的“破”牛仔裤，丝毫不顾及办公室的原则和体制。

(5)过分可爱。在服装市场上，有许多可爱俏丽的款式也不适合工作中穿着，这样会给人以轻浮、不稳重的感觉。

(6)过分透视。在正式的商务交往中着装过分透视有失于对别人的尊重。

(7)过分短小。在正式场合，商务人员的着装不可以过于短小。例如，不可以穿短裤、超短裙，非常重要的场合不允许穿露脐装、短袖衬衫等。

(8)过分紧身。在比较正式的场合不可以穿着过分紧身的服装。

(9)过分杂乱。杂乱的着装极易给人留下不良的印象，容易使客户对企业的规范化程度产生疑虑。

(10)过分鲜艳。在正式场合的着装色彩较为繁杂，过分鲜艳。

2. 讲究色彩

色彩，是服装留给人们记忆最深的印象之一，而且在很大程度上也是服装穿着成败的关键所在。色彩对他人的刺激最快速、最强烈、最深刻，所以被称为“服装之第一可视物”。

一般来讲，不同色彩的服饰在不同的场合所产生的效果是不同的，为此，我们需要对色彩的象征性有一定的了解：

- 黑色，象征神秘、悲哀、静寂、死亡，或者刚强、坚定、冷峻；
- 白色，象征纯洁、明亮、朴素、神圣、高雅、恬淡，或者空虚、无望；
- 黄色，象征炽热、光明、庄严、明丽、希望、高贵、权威；
- 大红，象征活力、热烈、激情、奔放、喜庆、福禄、爱情、革命；
- 粉红，象征柔和、温馨、温情；

- 紫色,象征谦和、平静、沉稳、亲切;
- 绿色,象征生命、新鲜、青春、新生、自然、朝气;
- 浅蓝,象征纯洁、清爽、文静、梦幻;
- 深蓝,象征自信、沉静、平静、深邃;
- 灰色是中间色,象征中立、和气、文雅。

3. 脸型与发型

一般来说,脸型有瓜子脸、四方脸、圆脸和梨形脸这几种。

- 瓜子脸:这是东方女性的标准脸型,有人也称之为美人脸。这种脸型选择余地大,比较容易装扮。但一般而言,这种脸型显得瘦削,将头发散下来可显得丰润些。
- 四方脸:这种脸型显得比较刚毅、果断,但较缺乏柔美感。其特征是面部下方较宽。这种脸型的人可将头发散下,使脸部看起来柔和些。
- 圆形脸:这是一种可爱的脸型,面部轮廓较圆,下巴丰腴。这种脸型的人一般要比实际年龄看起来年轻些,但缺乏立体感,可以选择线条简洁的发型,将头顶部头发梳高,并设法遮住双颊。
- 梨形脸:这种脸型显得随和,特征是额头偏窄,下颌较宽。这种脸型的人宜留短发,并增加额头两侧头发的厚度。

4. 小资料一组

(1)

心理学家曾做过一个有趣的实验,把 10 张小姑娘的照片给受试者看,其中 8 人容貌服饰较好,另两位姑娘长相较差,衣服也破旧。心理学家告诉受试者,其中一人是小偷,结果,有 80% 的受试者认为后者是小偷。这说明人们总是喜欢那些看上去令人感觉舒适、有美感的人。美好的长相、匀称挺拔的身材、美观大方的服饰均能增添人的仪表魅力,给人以舒服、美好的感觉。人的长相、身材难以变更,而服饰却是可以变化的。

整洁美观的服饰是人们用以改变自己或烘托自己的最好、使用最频繁的“武器”。1972 年,世界著名心理学家及讲演大师肯利教授发现,在高中女孩的交往友谊中,穿衣最重要,占留给别人印象的 67% 之多,多年之后,即便大家回忆不起其当年的容貌,却对其“当时穿什么”印象特别深，其次才是个性，再次是共同的兴趣。因而他发现了着装是一个强烈、显著的信号，并告诉人们一个原则：服装只要运用得当，就是最有利的沟通工具之一，也是最便捷的人际交往“名片”。并且进一步通过实验证实，着装能让我们得到不同的待遇。假如穿戴像一个成功的人，就能让你在各种场合得到尊敬和善待。肯利教授最后指出，在任何事业上，成功的穿着能够帮助你取得更大的成功。

(2)

值得注意的是，无论对男士还是女士来讲，似乎“深蓝色西服＋白衬衫”的服装搭配是放之四海而皆准的、走遍全世界不出错的商业标准装，这是为什么呢？这里面有个小故事。在20世纪60年代，有一个专门负责替法院挑选陪审团的美国专家米尔斯·福斯特曾做过一个调查，他发现陪审团成员倾向于相信那些着装得体，看上去有教养、有权威的，可以引起人们信任的人。即使是恶魔般的被告人，如果能精心展示给陪审团成员一个可信、可敬的形象，他甚至会被认为是轻罪或无罪的。当然这只是一种假说。因而律师们不但自己努力利用穿着以赢得法官和陪审团的信任，也劝被告辩护人的律师和证人以可信的形象出庭。福斯特的调查发现，深蓝色西服配以白衬衣，是被认为最可信的搭配。时至今日，蓝、白色是最常用于企业和公司制服的首选服装和衬衣色。

(3)

皮克马利翁效应又称罗森塔尔效应。皮克马利翁是古希腊神话里的一位雕刻师。他用象牙精心雕刻了一位美丽的姑娘，并倾注了全部心血和感情，希望雕像能够成活。上帝感其所诚，使象牙姑娘获得了生命，成了他梦寐以求的情侣。

(4)

美国有一个城市被称为微笑之都，它就是爱达荷州的波卡特洛市。该市通过了一项法令，该法令规定全体市民不得愁眉苦脸或拉长面孔，违者将被送到“欢容遣送站”去学习微笑，直到学会微笑为止。波卡特洛市每年都举办一次“微笑节”，可以想象，“微笑之都”的市民的微笑绝不比“蒙娜丽莎”逊色。

微笑是有规范的,一般要注意4个结合:

第一,口眼结合。要口到、眼到、神色到,笑眼传神,微笑才能扣人心弦。

第二,笑与神、情、气质相结合。这里讲的"神",就是要笑得有情入神,笑出自己的神情、神色、神态,做到情绪饱满,神采奕奕;"情",就是要笑出感情,笑得亲切、甜美,反映美好的心灵;"气质",就是要笑出谦逊、稳重、大方、得体的良好气质。

第三,笑与语言相结合。语言和微笑都是传播信息的重要符号,只有注意微笑与美好语言相结合,声情并茂,相得益彰,微笑方能发挥出它应有的特殊功能。

第四,笑与仪表、举止相结合。以笑助姿、以笑促姿,形成完整、统一、和谐的美。微笑是世界通用的体态语,它超越了各种民族和文化的差异。微笑是人人都喜爱的体态语,正因为如此,无论是个人和组织,都应充分重视微笑及其作用。

(5)

著名印度诗人泰戈尔说:"在眼睛里,思想敞开或是关闭,放出光芒或是没入黑暗,静悬着如同落月,或者像忽闪的电光照亮了广阔的天空。那些自有生以来除了嘴唇的颤动之外没有语言的人,学会了眼睛的语言,这在表情上是无穷无尽的,像海一般的深沉,天空一般的清澈,黎明和黄昏,光明与阴影,都在自由嬉戏。"

美国心理学家登布在其《推销员如何了解顾客心理》一文中说:"假如顾客的眼睛朝下看,脸转向一边,表示你被拒绝了;假如他的嘴唇放松,笑容自然,下颚向前,则表示他可能会考虑你的提议;假如他对你的眼睛注视几秒钟,嘴角以至鼻翼部位都显出微笑,笑得很轻松,而且很热情,这项买卖就做成了。"

自测题

1. 你是否受人尊重

测试说明:选择下列每题的答案,选A得0分,选B得2分,选C

得5分。

(1)尊重别人的意见,永不告诉别人,他是错的。(　)

A.做不到　　B.有时能做到　　C.经常是这样

(2)如果你错了,迅速地承认。(　)

A.做不到　　B.吞吞吐吐,勉强承认　　C.完全能够做到

(3)同他人交往用友善的方法开始。(　)

A.做不到　　B.根据自己情绪的好坏而定

C.经常如此

(4)尽量不与别人辩论。(　)

A.做不到　　B.有时可以做到　　C.完全能够做到

(5)无论说什么都能使对方立刻说:“是,是”。(　)

A.不能　　B.有时能　　C.能

(6)可以自如地使对方多多说话。(　)

①做不到　　②有时能　　③经常是这样

(7)真诚地尽量用对方的观点看待事物。(　)

①很难做到　　②有时能做到　　③经常是这样

(8)总是同情对方的愿望和困境。(　)

①不容易做到　　②出于怜悯　　⑧发自内心

判断说明:

35~40分:你是一个比较受人尊重的人;

25~30分:你只受部分人尊重;

25分以下:只有极个别人尊重你。

2.测试你的语商怎么样

语商(LQ)是指一个人学习、认识和掌握运用语言能力的商数。具体地说,它是指一个人语言的思辨能力、说话的表达能力和在语言交流中的应变能力。

语言能力并不是与生俱来的,而是人们通过后天学习获得的技能,虽然有遗传基因或脑部构造异常而存在着语能优势或语能残缺。在现实生活中,由于每个人的主客观条件、花费时间和学习需求的不同,我们获得语商能力的快慢和高低也是不同的。这就表明人的语商能力主要还是依赖在后天的语言训练和语言交流中得到强化和提升。

同样是说话,同样要表达一种意思,有的人会“妙语连珠”,而有的人却“词不达意”,这就是心智能力的差异。语商不但可以使人用大脑思考问题,还可以随时用语言表达思考的问题。如果我们说话时用语准确,修辞得体,语音优美,那我们从事各项工作会更加游刃有余,事业就会更加成功,人生也会更加丰富多彩。

通过进行下面的测试,我们会对自己的语商能力有所认识和把握。

(1)你觉得会说话对人一生的影响(　)。

A. 重要　　B. 一般　　C. 不重要

(2)你和很多人在一起交谈时,你会(　)。

A. 有时插上几句

B. 让别人说,自己只是旁听者

C. 善用言谈来增加别人对你的好感

(3)在公共场合,你的表现是(　)。

A. 很善于言辞　　B. 不善言辞　　C. 羞于言谈

(4)假如一个依赖性很强的朋友打电话与你聊天,而你没有时间陪他,你会(　)。

A. 问他是否有重要事,如没有,回头再打给他

B. 告诉他你很忙,不能和他聊天

C. 不接电话

(5)因为一次语言失误,在同事中产生了不好的影响,你会(　)。

A. 一样的多说话

B. 以良好言行尽力找机会挽回影响

C. 害怕说话

(6)有人告诉你某某说过你的坏话,你会(　)。

A. 处处提防他　　B. 也说他的坏话　　C. 主动与他交谈

(7)在朋友的生日宴会上,你结识了朋友的同学,当你再次看见他时(　)。

A. 匆匆打个招呼就过去了

B. 一张口就叫出他的名字,并热情地与之交谈

C. 聊了几句,并留下新的联系方式

(8)你说话被别人误解后，你会(　　)。

A. 多给予谅解　　B. 忽略这个问题　　C. 不再搭理人

计分标准：

(1)选 A,2 分，选 B,1 分，选 C,0 分。

(2)选 A,1 分，选 B,0 分，选 C,2 分。

(3)选 A,2 分，选 B,1 分，选 C,0 分。

(4)选 A,2 分，选 B,1 分，选 C,0 分。

(5)选 A,0 分，选 B,2 分，选 C,1 分。

(6)选 A,1 分，选 B,0 分，选 C,2 分。

(7)选 A,0 分，选 B,2 分，选 C,1 分。

(8)选 A,2 分，选 B,1 分，选 C,0 分。

测试分析：

得分在 0 ~5 分之间，表明你的语商较低，语言表达能力和语言沟通能力还很欠缺。如果你的性格太内向，这会阻碍你的语言能力的提高，你应该尽力改变这种状况，跳出自己的小圈子，多与外界人接触，寻找一些与别人言语交流的机会，努力培养自己的说话能力。只有这样，你才有希望成为一个受欢迎的人。

得分在 6 ~11 分之间，表明你的语商良好，语言表达能力和语言沟通能力一般，如果再加把劲儿，你就可以很自如地与人交流了。提高你的语言能力的法宝是主动出击，这样可以使你在语言交流中赢得主动权，你的语商能力自然会迈上一个新的台阶。

得分在 12 ~16 分之间，表明你的语商很高，你清楚怎样表达自己的情感和思想，能够很好地理解和支持别人，不论同事还是朋友，上级还是下级，你都能和他们保持良好的言谈关系。值得注意的是：千万不要炫耀自己的这种沟通和交流能力，那样，会被人认为你是故意讨好别人，是十分虚伪的表现。尤其是对那种不善于与人沟通的人，更要十分注意，要做到用你的真诚去打动别人，只有这样，你才能长久地维持你的好人缘，你的语商才能表现得更高。

(选自王剑、张岩松编著：《现代公关礼仪》，西安电子科技大学出版社，2009 年版)

复习思考题

1. 个人礼仪包括哪些方面的内容?
2. 如何保持整洁的仪容?
3. 标准的站姿要注意哪些要领?
4. 标准的走姿要注意哪些要领?
5. 标准的坐姿要注意哪些要领?
6. 简述 TPO 原则的具体内容。
7. 简述言谈的基本礼仪。
8. 简述如何正确穿着套装。
9. 简述职场着装的基本要求。
10. 简述使用手势的注意事项。

案例分析讨论题

【案例 1】微笑的魅力

飞机起飞前,一位乘客请示空姐给他倒一杯水吃药,空姐很有礼貌地说:“先生,为了您的安全,请稍等片刻,等飞机进入平衡飞行后,我会立刻把水给您送过来,好吗?”

15 分钟后,飞机早已进入平衡飞行状态。突然,乘客服务铃急促地响了起来,空姐猛然意识到:糟了,由于太忙,她忘记给那位乘客倒水了。当空姐来到客舱,看见按响服务铃的果然是刚才那位乘客,她赶忙小心翼翼地把水送到那位乘客面前,微笑着说:“先生,实在对不起,由于我的疏忽,延误了您吃药的时间,我感到非常抱歉。”这位乘客抬起左手,指着手表说道:“怎么回事,有你这样服务的吗? 你看看,都过了多久了?”空姐手里端着水,心里感到很委屈,但是,无论她怎么解释,这位挑剔的乘客都不肯原谅她的疏忽。

接下来的飞行途中,为了弥补自己的过失,每次去客舱给乘客服务时,空姐都会特意走到那位乘客面前,面带微笑地询问他是否需要水,或者别的什么帮助。然而,那位乘客余怒未消,始终摆出一副不合作的样子,并不理会这位空姐。

临到目的地前，那位乘客要求空姐把留言本给他送过去，很显然，他要投诉这名空姐，此时空姐心里很委屈，但是仍然不失职业道德，显得非常有礼貌，而且面带微笑地说道："先生，请允许我再次向您表示真诚的歉意，无论您提出什么意见，我都会欣然接受您的批评！"那位乘客脸色一紧，嘴巴准备说什么，可是没有开口，他接过留言本，开始在本子上写了起来。

等到飞机安全降落，所有的乘客陆续离开后，空姐本以为这下完了，可没想到，等她打开留言本，却惊奇地发现，那位乘客在本子上写下的并不是投诉信，相反，这是一封热情洋溢的表扬信。

是什么使得这位挑剔的乘客最终放弃了投诉呢？在信中，空姐读到这样一句话："在整个过程中，你表现出的真诚的歉意，特别是你的12次微笑深深地打动了我，使我最终决定将投诉信写成表扬信！你的服务质量很高，下次如果有机会，我还将乘坐你们的这趟航班。"

讨论题：

(1)微笑有何作用？

(2)微笑应注意什么？

【案例2】修养是第一课

有一批应届毕业生22个人，实习时被导师带到北京的国家某部委实验室里参观。全体学生坐在会议室里等待部长的到来，这时有秘书给大家倒水，同学们表情木然地看着她忙活，其中一个还问了句："有绿茶吗？天太热了。"秘书回答说："抱歉，刚刚用完了。"林晖看着有点别扭，心里嘀咕："人家给你水还挑三拣四。"轮到他时，他轻声说："谢谢，大热天的，辛苦了。"秘书抬头看了他一眼，满含着惊奇，虽然这是很普通的客气话，却是她今天唯一听到的一句客气话。

门开了，部长走进来和大家打招呼，不知怎么回事，静悄悄的，没有一个人回应。林晖左右看了看，犹犹豫豫地鼓了几下掌，同学们这才稀稀落落地跟着拍手，由于不齐，越发显得零乱起来。部长挥了挥手："欢迎同学们到这里来参观。平时这些事一般都是由办公室负责接待，因为我和你们的导师是老同学，非常要好，所以这次我亲自来给大家讲一些有关情况。我看同学们好像都没有带笔记本，这样吧，王秘书，请你去拿一些我们部里印的纪念手册，送给同学们作纪念。”接下来，更尴尬的事情发生了，大家都坐在那里，很随意地用一只手接过部长双手递过来的手册。部长脸色越来越难看，来到林晖面前时，他已经快要没有耐心了。就在这时，林晖礼貌地站起来，身体微倾，双手握住手册，恭敬地说了一声：“谢谢您！”部长闻听此言，不觉眼前一亮，伸手拍了拍林晖的肩膀：“你叫什么名字？”林晖照实作答，部长微笑点头，回到自己的座位上。早已汗颜的导师看到此景，才微微松了一口气。

两个月后，毕业分配表上，林晖的去向栏里赫然写着国家某部委实验室。有几位颇感不满的同学找到导师：“林晖的学习成绩最多算是中等，凭什么选他而没选我们？”导师看了看这几张尚属稚嫩的脸，笑道：“是人家点名来要的。其实你们的机会是完全一样的，你们的成绩甚至比林晖还要好，但是除了学习之外，你们需要学的东西太多了，修养是第一课。”

讨论题：

(1)为什么说“修养是第一课”？

(2)应该怎样提高自己的修养？

(3)礼仪在个人修养中处于怎样的地位？

模拟实操训练

【项目1】站姿训练

实训目标：掌握站姿的基本要领。

实训方法：

(1)面对镜子按照动作要领体会标准的站姿。

(2)个人靠墙站立，要求脚后跟、小腿、臀、双肩、后脑勺都紧贴墙，每次20分钟左右(应坚持每天练习一次)。

(3)在头顶上放一本书使其保持水平，促使人把颈部挺直，下巴向内收，上身挺直，每次20分钟左右(应坚持每天练习一次)。

(4)训练时可配播优美的音乐，放松心情。女性可穿半高跟鞋练。

【项目2】坐姿训练

实训目标:掌握坐姿的基本要领。

实训方法:

(1)面对镜子,按坐姿基本要领,着重脚、腿、胸、腹、头、手部位的训练,体会不同坐姿,纠正不良习惯。每次20分钟左右。

(2)加强起座、落座练习。

(3)训练时可配播优美的音乐,放松心情,减轻单调、疲劳之感。女性可穿半高跟鞋进行训练。

【项目3】走姿训练

实训目标:掌握走姿的基本要领。

实训方法:

(1)在地面上画一条直线,行走时手部掐腰,上身正直,双脚内侧踩在线上,行走时按要求走出相应的步位与步幅,可以纠正行走时摆胯、送臀、扭腰以及"八字步态"、步幅过大或过小等不良习惯。训练时可以配上音乐,音乐节奏为每分钟60拍。

(2)头顶书本行走,进行整体平衡练习。重点纠正行走时低头看脚、摇头晃脑、东张西望、脖颈不正、弯腰弓背的毛病。

(3)对着镜子行走,进行面部表情等的整体协调性训练。

【项目4】手势训练

实训目标:掌握手势的基本要领和常用手势的标准。

实训方法:

(1)调整体态,保持良好的站姿。

(2)两人一组,对着镜子练习常用手势,并互相纠正。

(3)教师点评、总结。

【项目5】微笑训练

实训目标:掌握微笑的基本要领。在交往中正确使用微笑,养成爱微笑的习惯。

实训方法:

(1)情绪记忆法。以回想自己生活中曾经的美好往事、幻想自己将要经历的美事引发微笑。

(2)口型对照法。通过一些相似性的发音口型,找到适合自己的最美的微笑状态。练习“一”“茄子”“呵”“哈”“嘻”等。

(3)习惯性佯笑。强迫自己忘记烦恼、忧虑,假装微笑。时间久了,次数多了,就会改变心态,发出自然的微笑。

(4)牙齿暴露法。笑不露齿是微笑;露上排牙齿是轻笑;露上下8颗牙齿是中笑;牙齿张开看到舌头是大笑。

实训步骤:

(1)每人准备一面小镜子,做各种表情,活跃脸部肌肉。

(2)在镜子里观察比较哪一种微笑最美、最真、最善。可以口含一根筷子,嘴角上翘,喊“一”。

(3)出门前进行心理暗示:“今天我真高兴,我真美”。

(4)遇见每一位熟人时展示自己最美的微笑。

第八章　日常交际礼仪

日常交际礼仪是人们在社会交往中应该遵守的律己敬人的行为规范,也是处理人际关系和社会交往事务时约定俗成的习惯做法。

人们在日常交际时,要充分运用行之有效的沟通技巧,善于从人际交往中获得有益的信息,用礼仪规范指导自己的交际活动,更好地向交往对象表达自己尊重、友善之意,以增进彼此之间的了解。

第一节　见面礼仪

一、称呼

称呼也可叫“称谓”,即人们在交往过程中所使用的用以表示彼此身份与关系的名称。在人际交往中,称呼十分重要,交往双方见面时,如何称呼对方,直接关系到双方之间的亲疏、了解程度、尊重与否及个人修养如何等。一个得体的称呼,会令对方如沐春风,为以后交往的展开打下良好的基础;而不恰当或错误的称呼,可能会令对方心里不悦,影响到彼此的关系甚至交往的成功。

(一)正式称呼

1. 泛尊称

泛尊称适合于所有社交场合,对男子一般称“先生”,对已婚女子称“夫人”,未婚女子称“小姐”,对不知婚否的称“女士”。

2. 职务称

职务称一是以对方职务相称,如“董事长”“经理”“校长”等;职务称还可以同泛尊称、姓名、姓氏分别组合在一起使用,如“陈经理”“张校长”“部长先生”。

3. 职衔称

按对方职衔称呼，如“教授”“律师”“将军”等，这些职衔性称呼可以同泛尊称、姓名、姓氏分别组合在一起使用，如“孙教授”“吴钢博士”“法官先生”。

4. 职业称

以被称呼者的职业作为称呼，如“老师”“医生”“教练”“警官”等，职业称呼也可以同姓名、姓氏分别组合在一起使用。

5. 姓名称

在一般性场合，彼此熟悉的人之间，可直接称呼姓名，如“李红”；或姓氏前加“老”“小”，如“老常”“小王”；或直呼其名，如“卫东”“志刚”。

与多人见面打招呼时，称呼对方应遵循先上级后下级、先长辈后晚辈、先女士后男士、先疏后亲的礼仪顺序进行。

6. 亲属称

亲属称即与本人有直接或间接血缘关系者。在家族内，对亲属的称谓业已约定俗成，人所共知，如“舅舅”“大伯”等。

7. 家属称

对别人家属的敬称，使用最广泛的是令、尊、贵、贤、台等敬辞。使用亲属称呼能有效地拉近与客人的距离，塑造良好的谈话气氛。如对其长辈，可在称呼前加“尊”字，如“尊母”、“尊兄”；对其平辈或晚辈，可在称呼前加“贤”字，如“贤妹”“贤侄”；若在其亲属的称呼前加“令”字，一般可不分辈分与长幼，如“令堂”“令尊”“令爱”“令郎”等。

（二）称呼使用的基本礼仪和禁忌

使用称呼的基本礼仪是要根据对方的年龄、职业、地位、身份、辈分及与自己关系的亲疏、感情的深浅等选择恰当的称呼。

在多人交谈的场合，要顾及主从关系。同时与多人打招呼，应遵循先长后幼、先上后下、先近后远、先女后男、先疏后亲的顺序。

对某些情况比较特殊的人，如生理有缺陷的人，应绝对避免使用带有刺激性的或轻蔑的字眼。

我们在使用称呼时,要注意以下禁忌:

(1)错误的称呼。错误的称呼主要是误读和误会。如记不起对方的姓名或张冠李戴、叫错对方的名字,对被称呼者的年龄、辈分、婚否做出错误的判断等,这些都是极不礼貌的行为,是社交中的大忌。

(2)使用不通行的称呼。有些称呼具有一定的地域性,如中国人把配偶常称为"爱人",而外国人则将"爱人"理解为第三者;北京人喜欢称人为"师傅",山东人喜欢称呼人为"伙计",但在南方,"师傅"是指"出家人","伙计"是"打工仔"的意思。

(3)使用不当的称呼。工人可称呼为"师傅",道士、和尚、尼姑可称呼为"出家人",但用这些称呼其他人,会让对方产生自己被贬低的感觉。

(4)使用庸俗的称呼。如"兄弟""哥们儿""姐们儿"等一类的称呼,在正式场合不适合使用。

(5)过时的称呼。称呼他人一定要合乎时宜、与时俱进。如用"长官""大人"等来称呼政府官员以表示尊重,会令人啼笑皆非。

(6)称呼外号。对于与自己关系一般的人,不要自作主张给对方起外号,更不能用道听途说的外号去称呼对方,也不能随便拿别人的姓名乱开玩笑。

(7)无称呼。在人际交往中,不称呼对方,直接开始谈话是非常失礼的行为。

二、介绍

介绍,就是在社交场合把一方介绍给另一方。介绍是人与人之间相识的一种最基本的手段,是在人际交往中与他人进行沟通、增进了解、建立联系的一种最基本、最常规的方式。通过介绍,不仅可以使不相识的人相互了解认识,缩短人们之间的距离,帮助扩大社交圈,而且有助于进行必要的自我展示、自我宣传,显示良好的社交风度。

(一)自我介绍

自我介绍就是主动向他人介绍自己或是应他人请求而对自己的

情况作一定程度的介绍。从交际心理看,人们都有一种了解对方,并渴望得到对方尊重的心理需要。这时,如果你能及时、简明地进行自我介绍,不仅满足了对方的需要,而且对方也会以礼相待,向你作自我介绍。双方以诚相见,就为进一步交往奠定了好的基础。

1. 自我介绍的时机

自我介绍的时机,主要有以下4种情况:自己希望结识他人时;他人希望结识自己时;需要让其他人了解、认识自己时;与他人不期而遇时,如在公共聚会上,与身边的陌生人共处时;有求于人,而对方对自己一无所知时;前往陌生单位进行业务联系时;应聘求职时;在出差、旅途中的偶遇;等等。

2. 自我介绍的方式

(1)应酬式。又叫寒暄式,适用于某些公共场合和一般性的社交场合,这种自我介绍最为简洁明了,往往只介绍姓名即可,如"你好,我叫李莉。"

(2)公务式。又叫工作式,这是人们在日常交往和工作中遇到的最多的介绍方式。一般来讲,这种介绍应包括本人姓名、供职的单位及部门、担任的职务或从事的具体工作3项内容。如"你好,我叫李莉,是华东公司的销售部经理。"

(3)社交式。这是在非公务的私人交往中使用的自我介绍。介绍内容主要包括姓名、籍贯、工作单位、兴趣爱好、经历、与交往对象的某些熟人的关系等,以便彼此加深了解,建立友谊。

(4)礼仪式。适用于讲座、报告、演出、庆典、仪式等一些正规而隆重的场合。介绍内容一般包括姓名、单位、职务等,同时还要加入一些适当的谦辞、敬辞。

(5)应答式。适用于应试、应聘和公务交往等。应答式的自我介绍,应该是有问必答,问什么就答什么。

3. 自我介绍的要求

进行自我介绍时,首先要及时、清楚地报出自己的姓名和身份,大方自然地进行自我介绍。可以先面带微笑,温和地看着对方说声:"您好!"以引起对方的注意,然后报出自己的姓名和身份,并简要表明结识对方的愿望或缘由。自我介绍要力求简洁,时间半分钟为最好。

其次,进行自我介绍时,态度要自然、友善、亲切、随和。要有信心和勇气,敢于正视对方的眼睛,显得胸有成竹。介绍时,语气要自然,语速要正常,语音要清楚。

最后,进行自我介绍时,所表述的内容一定要实事求是、真实可靠。不可掺水分,自吹自擂,也不可过分谦虚,一味贬低自己。

(二)为他人介绍

为他人介绍,通常指的是由某人为彼此素不相识的双方相互引见的介绍方式。

1. 为他人介绍的顺序

在为他人作介绍时,必须首先了解被介绍双方所处的地位、身份等,并遵循"尊者优先"的原则。目前,国际公认的介绍顺序是:将男性介绍给女性,将年轻者介绍给年长者,将职位高的介绍给职位低的,将客人介绍给主人,将晚到者介绍给早到者,将亲者介绍给疏者。

2. 为他人介绍的方式

(1)一般式。也称标准式,以介绍双方的姓名、单位、职务为主,适用于正式场合。例如:"我来为两位介绍一下,这位是北方公司销售部主任张强先生,这位是新宇集团副总裁李明先生。"

(2)简单式。只介绍双方姓名,甚至只提到双方姓氏而已,适用于一般的社交场合。例如:"我来介绍一下,这位是小李,这位是老赵,你们彼此认识一下吧。"

(3)附加式。也可以称为强调式,用于强调其中一位被介绍者与介绍者之间的关系,以期引起另一位被介绍者的重视。例如:"这位是北方公司销售部主任张强先生,这位是李莉,她在市卫生局工作,是我的侄女,请张经理多多关照啊!"

(4)引见式。介绍者所要做的是将被介绍双方引见到一起即可,一般适用于普通场合。例如:"两位认识一下如何?大家其实都是校友,只不过以前不认识,现在请你们自报家门吧!"

(5)推荐式。介绍者经过精心准备将某人举荐给另一个人,通常会对前者的优点加以重点介绍,适用于较正规的场合。例如:"这位是赵阳先生,这位是王军总经理。赵先生是一位管理方面的专业人士,是北大 MBA 毕业的。王总,我想您一定乐于认识他吧?”

(6)礼仪式。这是一种最为正规的他人介绍方式,适用于正式场合,这种介绍方式在语气、表情、称呼上都更为规范和谦恭。例如:“曹小姐,你好!请允许我把北方公司销售部经理张强先生介绍给你。张先生,这位是明海生物科技公司销售部经理曹嘉小姐。”

3. 为他人介绍的礼仪

在为他人做介绍时,介绍者的态度应热情、诚恳,语言要清晰明了、恰如其分,身体姿态要文雅大方。介绍者应手心朝上,手背向下,四指并拢,以肘关节为轴,指向被介绍者一方,并向另一方点头微笑。切不可用手指头指来指去。必要时,可以说明被介绍一方同自己的关系,以便介绍的双方增进了解和信任。

三、握手

握手是见面时最常见的礼节。现代人的握手礼具有致意、亲切、友好、寒暄、道别、祝贺、感谢、慰问等多种含义,是世界各国通用的社交礼节。握手是交际的一部分,握手的力量、姿势与时间的长短往往能够表达握手人对对方的不同礼遇与态度,给人留下不同的印象。

美国著名盲女作家海伦·凯勒曾以自己独特的感受描写自己与人握手的经验:“我接触过的手,虽然无言,却极有表现性。有的人握手能拒人千里之外……我握着冷冰冰的手指就像和凛冽的北风握手一样。而有些人的手却充满阳光,他们握着你的手,使你感到温暖……”

(一)握手的礼规

在人们问候或互相致问候之时,双方各自伸出自己的手,彼此之间保持一步左右的距离,手掌略向前下方伸直,四指并拢,拇指张开,与受礼者相握,时间不宜超过 3 秒钟,用力适度,上下抖动,但不要左右摇晃;上身略向前倾,头略低一些,和颜悦色地看着对方的注视区,以示毕恭毕敬。

各种场合的握手一般讲究“尊贵决定”,即身份尊贵的人决定双方有无握手的必要。握手时让上级、长辈、女士先伸出手,是对他们的尊重，即把是否握手的主动权给他们；男士、晚辈、学生、下级、客人见到女士、长辈、老师、上级、主人应先问候，等到后者伸出手来，再趋前握手。

交际时如果人数较多，可只与相近的几个人握手，向其他人点头示意或微微鞠躬就行。为避免尴尬场面发生，在主动和人握手之前，应确定自己是否受欢迎，如对方无握手之意，点头致意就行。

（二）握手的形式

1. 平等式握手

平等式握手是标准的握手形式（如前所述），手掌伸出垂直向下，双方掌心相对。同事之间、朋友之间、社会地位相等的人之间，往往会采用这种形式的握手。

2. 支配式握手

支配式握手也称“命令式”握手，将掌心向下或左下方握住对方的手。其最大的特点是以“支配”他人的气势为核心，这种握手行为，表现出握手人的优势、主动、傲慢或支配的地位。一般社会地位较高的人易采用这种形式。

3. 谦恭式握手

谦恭式握手也称“乞讨式”握手，将掌心向上或左上方握住对方的手。这种握手方式传递给对方一种顺从的态度，表示愿意从属对方，乐于接受对方的支配，以示自己的谦虚和毕恭毕敬。采用这种方式握手，能够产生良好的交际效果。

4. 捏手指式握手

捏手指式握手是指在握手时，只是握住对方的几个手指或手指尖部，异性之间常用。但如果同性之间用这种握手方式，就有几分冷淡与生疏了，隐含保持一定距离的意思。

5. 双手式握手

双手式握手也称“手套式”握手，即主动握手者用右手握住对方的右手的同时，再用左手加握对方的手背、前臂、上臂或肩部。这种握手是在表达一种热情真挚、信赖友谊，从手背开始，加握部位越高越热情。这种握手方式，在西方国家被称为“政治家的握手”，它不适用于初识者和异性。

6. “死鱼”式握手

“死鱼”式握手是指在握手时，伸出一只无力、无质感、不显示任何信息的手，使对方好像握住一条死鱼一样。采用这种握手方式的人不是性格懦弱，就是对人冷漠无情，消极怠慢。

在人际交往中，应根据不同场合、不同对象，灵活地运用各种不同的握手形式。

（三）握手的禁忌

握手时应注意以下禁忌：

(1)切忌握手时左顾右盼或眼看第三者。

(2)忌用左手握手，尤其是与阿拉伯人、印度人打交道时要牢记，他们认为左手是不洁的。

(3)忌戴手套、帽子、墨镜握手，但军人不必摘下帽子，可先行军礼然后再握手。

(4)忌交叉握手。

(5)忌坐着握手，除非是老人或残疾人。

(6)忌与异性握手时用双手。

(7)忌用脏手握手。

(8)忌拒绝与人握手。任何情况下都不要拒绝与别人握手。

(9)忌握手时右手插在裤兜里。

四、名片

名片是人际交往的“身份证”“介绍信”，社交的“联谊卡”，是一种经过设计、能表示自己身份、便于交往和开展工作的卡片。名片不仅可用于自我介绍，还可用于祝贺、拜访、辞行、慰问、吊唁、备忘等，在名片的小小方寸之间，浓缩着个人的重要信息，因此，名片在人际交往中被广泛应用。

（一）名片的制作

1. 名片的规格

国内通用的名片规格为长 9 厘米、宽 5.5 厘米，境外人士多使用长 10 厘米、宽 6 厘米的名片。印制名片最好选用纸质材料，并以耐磨、耐折、美观、大方的白卡纸、再生纸、麻点纸、香片纸为佳。名片的颜色最好选择白色、米色、浅蓝色、浅灰色，一张名片一种颜色为好。字体宜选用简体汉字。

双面名片（一面中文、一面英文）对于经常出国进行国际贸易的人很有帮助。

2. 名片的内容

名片被称为人的第二脸面，所以对名片的样式、制作及印刷都应十分讲究。无论是横式还是竖式，一张标准的名片都应包括 3 个方面的内容：一是本人所属单位及其徽记和具体部门，印在名片的上方或左方；二是本人的姓名、学位、职务或职称，印在名片的中间；三是与本人联系的方式，包括单位所在地址、电话号码和邮政编码等，印在名片的下方或右方。

（二）名片递接礼仪

1. 递送名片

递送名片时要用双手或右手，应起身站立，走到对方面前，双目正视对方，微笑致意，文字正面朝向对方，用双手拇指和食指执名片两角，恭敬地递送过去，同时配以口头的介绍和问候，如"请多关照""请多指教"等。如果是坐着，应起身或欠身递送。

2. 接受名片

接受名片时，一要起身迎接。要把手里的事放下来，起身迎接，要用双手接，目视对方，态度也要毕恭毕敬。二是要表示敬意，说一声"谢谢""认识你很高兴"。三是一定要看，以表示对对方的重视。四是收藏到位。要把对方的名片放好，一般放在名片包里，或放在口袋里，或放在抽屉里，忌随便放在桌子上。

（三）名片使用的注意事项

使用名片时应注意以下事项：

(1) 名片不要任意涂改。名片就是一个人的脸，不能乱涂乱改，宁肯不给对方名片，也不要给对方一张涂改过的名片。

(2) 名片一般不提供私宅电话号码，一般是办公室或手机号码。

(3)不印两个以上的头衔。印一大串头衔,会给人炫耀、不真实甚至蒙人的感觉。

五、其他礼仪

(一)致意

致意是一种用非语言方式表示问候的礼节,它表示问候、尊敬之意。通常用于相识的人之间在各种场合打招呼。具体的致意形式有以下几种:

(1)点头致意。点头时面带微笑,目视对方,头微微向下一动即可。适于不宜交谈的场所,或同一场所多次见面,或路遇熟人等。

(2)举手致意。将右臂伸直,掌心朝向对方,轻轻摆一下手即可。通常是在公共场合远距离遇到相识的人或迎送时所用。招手时手中不能持有物品。

(3)欠身致意。全身或身体的上部微微向前一躬,表示对他人的恭敬,其适用的范围较广。致意者可坐可站。

(4)脱帽致意。戴着礼帽或及他帽子的男士,遇到友人特别是女士时,应微微欠身,摘下帽子,并将其置于与肩膀平行的位置,同时与对方交换目光。

(5)微笑致意。微笑致意可以不做其他动作,只是两唇轻轻示意,不必出声,即可表达友善之意。微笑如果和点头致意结合在一起,效果会更好。适用于不相识者初次会面或同一场合反复见面的老朋友"打招呼"。

在各种场合,致意时往往同时使用两种形式:点头与微笑并用;欠身与脱帽并用。在施用非语言符号致意礼节时,则伴之以"你好!""早上好!"等简洁的问候语,这样会使致意显得生动、更具有活力。遇到对方向自己致意时,应以同样的方式向对方致意,毫无反应是无礼的。致意的动作虽然简单,但也不可以马虎,必须认真按礼节方式施用,以显示对对方的尊重。

(二)鞠躬礼

鞠躬礼是我国的传统礼节,一般是指向他人躬身,以示敬重或感谢之意,也适用于社交场所。

1. 鞠躬礼的基本要求

鞠躬礼有两种:一种是三鞠躬,也称最敬礼;一种是鞠躬礼,也称普通礼。

三鞠躬应先脱下帽子,身体立正,目光平视,身体向前弯曲 90 度,然后立正,反复 3 次。其适用于庄严肃穆或喜庆欢乐的仪式。

普通鞠躬礼需脱帽,男士双手自然下垂,女士的双手下垂搭放在腹前。其适用于一般的社交场所。

2. 鞠躬礼的注意事项

第一,鞠躬时目光要往下看,不可以一面鞠躬一面翻起眼看对方,既不雅观也不礼貌;第二,鞠躬时嘴里不能吃东西或叼着香烟;第三,地位低的人要先鞠躬,鞠躬要相对深一些。

(三)拱手礼

拱手礼是最具有中国特色的见面问候礼仪,也叫做揖礼。拱手礼的动作要领是:行礼时,双腿站直,上身直立或微俯,左手在前,右手握拳在后,两手合抱于胸前,目视对方,有节奏的晃动两三下,并微笑着说出你的问候。若要向对方表示谦恭和尊重,可将双手向上抬,直到与额头同高。在重大节日、喜庆场合、双方告别、表示歉意时都可以用。

(四)合十礼

在我国傣族居住区以及在东南亚、南亚信奉佛教的地区,合十礼最为普遍。行合十礼时双掌十指在胸前相对合,5 个手指并拢向上,掌尖和鼻尖基本持平,手掌向外侧倾斜,双腿立直站立,上身微欠低头,可以口颂祝词或问候对方,也可面带微笑,但不能手舞足蹈,反复点头。一般而论,行此礼时,合十的双手举得越高,越体现出对对方的尊重,但原则上不可高于额头。

(五)拥抱礼

在西方,特别是在欧美国家,拥抱礼是一种十分常见的见面礼与道别礼。在人们表示祝贺、慰问、欣喜时,拥抱礼也十分常用。正规的拥抱礼,两人相向而立,各自举起右臂,将右手搭在对方左肩后面;左臂下垂，左手扶住对方右腰后侧。首先各向对方左侧拥抱，然后各向对方右侧拥抱，最后再一次各向对方左侧拥抱，一共拥抱3次。在普通场合行礼，不必如此讲究，次数也不必要求如此严格。

（六）亲吻礼

亲吻礼也是西方国家常用的见面礼。有时它会与拥抱礼同时使用。行礼时，通常忌发出声音，而且不应把唾液弄到对方脸上。在行礼时，双方关系不同，亲吻的部位也不同：长辈吻晚辈，应当吻额头；晚辈吻长辈，应当吻下颌或面颊；同辈之间应当贴面颊，异性应当吻面颊。接吻，即吻嘴唇，仅限于夫妻与恋人之间，不宜滥用，且不宜当众进行。

（七）吻手礼

吻手礼主要流行于欧美国家。它的做法是，男士行至已婚妇女面前，首先垂手立正致意，然后以右手或双手捧起女士的右手，俯首，以自己微闭的嘴唇去象征性地轻吻一下其手背或是手指。行吻手礼的地点，应在室内为佳。吻手礼的受礼者，只能是妇女，而且应是已婚妇女。

第二节　电话礼仪

电话是人际交往中进行交流沟通的一种便捷工具。虽然电话交谈不是面对面，但同样可以反映通话人的素质与教养，是个人形象的重要组成部分。日本著名企业家松下幸之助说过："不管是在公司，还是在家里，凭这个人打电话的方式，就可以基本上判断出其教养的水准。我每天除了收到好多预约讲演的信件，还接到很多邀请讲演的电话，我凭着对方电话里的讲话方式，就能判断其教养如何，凭对方电话里的第一句话，就可以基本决定我去还是不去。"可见掌握电话礼仪的必要性。

一、拨打电话礼仪

（一）选择好时间

拨打电话之前，应先考虑对方的时间。通常以不影响对方的休息和工作为前提。一般来说，如果双方有约，可以选择在双方约定的时间拨打；如果没有事先约定，一定要选择对方方便的时间拨打。打电话时间不宜选择在早上7点以前、就餐时间、晚上10点以后。如果与国外通话，还要考虑时差和生活习惯。

接通电话后，要先询问对方时间是否合适，有无妨碍。通话时间应遵循“三分钟原则”，不宜过长。如果打电话的时间超过5分钟而又没有提前预约，应该向对方说明，征询对方的意见，如果对方不便就请对方另约时间。

(二)充分准备

任何人打电话总是有目的的，或表示问候，或洽谈业务，或通知事情，或是有求于人。因此，在拿起电话前要考虑清楚打电话的目的，明白通话后该说什么，思路要清楚，要点要明确，直奔主题。尤其给陌生人、尊者、上司打电话，更应该有备而谈，如果要谈的内容比较多，可以在纸上列出，或应征询对方是否有空，或以商量的口吻另约时间。

(三)礼貌待人

礼貌待人是电话礼仪中最应注意的，对他人应以礼相待。当听到对方的声音后，首先应问候对方，再自报家门。一般打电话时所用的规范的“前言”有两种。

第一种适用于正式的商务交往。要求用礼貌用语把双方的单位、职衔、姓名一一道来。例如：“你好，我是某某公司人事部经理张立，我想找贵公司人事部经理许强先生。”

第二种适用于一般性的人际交往。在使用礼貌的问候以后，准确地说出双方完整的姓名。例如：“你好，我是张立，请找许强。”

如果你找的人不在，可以请接电话的人转告。这时应先说一句：“对不起，麻烦您转告张立……”最后，别忘了向对方道谢，并且问清对方的姓名，切不可“咔嚓”就把电话给挂了，这样做是非常不礼貌的。即使你不需要对方转告，也应说声：“谢谢，打扰您了。”

通话时表述要符合礼仪规范，嗓门不要太大、太高，语气要谦恭有礼、热情、温和、亲切、自然。交谈时，语速要适中，过快容易让人听不清，过慢易给人拖拉的感觉。

在办公室或公共场所打电话时,举止要得当,站要站直,坐要坐端正。通话时不能趴在桌子上或斜靠在椅子上,更不能边吃东西边说话,不要大喊大叫,也不要嗲声嗲气。

通话结束时,要说些客套的结束语,如"拜托,拜托""给您添麻烦了"等。要确认对方没有其他事了再道别,并轻轻放下话筒。

二、接听电话礼仪

(一)适时接电话

一般要求在铃响3声内接,最好在铃响两声后拿起话筒。如果铃响一声就马上接听,显得过于仓促,双方精神上准备不够,影响交谈质量;如果电话铃声响了3声之后还无人接听,一般会使人认为这个公司员工的工作状态不佳。在铃响3声后接听,应向对方说:"对不起,让您久等了。"如果铃响五六遍后再接听,除了致歉外还应向对方说明迟接原因。

(二)自报家门

拿起话筒后应主动向对方问好,并自报家门。这有3种常见的形式:

(1)以问候语加上单位、部门的名称以及个人的姓名。这种形式最为正式,如:"您好,华西公司销售部张键,请讲。"

(2)以问候语加上单位、部门的名称或问候语加上部门名称。这种形式适用于一般场合,如:"您好,华西公司销售部,请讲。"或"您好,销售部。请讲。"

(3)以问候语直接加上本人姓名。这种形式仅适用于普通的人际交往。如:"您好,张键,请讲。"

如果对方要找的人不是自己,应说:"请稍候,我帮您去找。"如果不放下话筒呼喊距离较远的人,可用手轻捂话筒或保留按钮,然后再喊接话人。

如果对方找的人不在,应告诉对方,并问:"需要留言吗?我一定转告!"如需要的话,应认真记录。

当接到拨错的电话时,应礼貌温和地告诉对方"您打错了",切不可粗暴地挂上电话。

（三）认真记录

在接听电话时，要左手持话筒，右手拿笔进行必要的文字记录。电话接听完毕之前，应将来电主要内容向对方复述一遍，确保准确无误。电话记录的内容一般包括来电时间（年、月、日、时、分）、来电单位、来电人姓名及电话号码、来电内容、受话人姓名和记录人姓名。

通话结束时，作为接话人，一般来说，应等对方先挂上电话后再放下话筒。若双方身份地位有差别，也可以请地位高的一方先挂。

三、手机礼仪

在使用手机电话时，除了要遵守接打电话的礼仪外，还应遵守以下几点基本要求。

（一）放置到位

手机的主要功能是通讯，而非炫耀的装饰品。不要把手机挂在胸前、腰间或握在手心里，看起来很不美观。在公共场合，手机在没有使用时，都要放在合乎礼仪的常规位置。一是放在公文包或手提包里；二是放在上衣内侧口袋里或上衣口袋内。

（二）遵守公共秩序

使用手机时不允许有意、无意之间破坏了公共秩序。具体主要是指：不允许在公共场合，尤其是楼梯、电梯、路口、人行道、公交车上等人来人往之处，旁若无人地使用手机；不允许在要求“保持寂静”的公共场所，诸如音乐厅、美术馆、影剧院、歌剧院等地方使用手机；不允许在聚会期间，如开会、会见、上课之时使用手机。

（三）注意安全

使用手机时，应充分考虑自己与他人的安全问题。按照有关规定，驾驶汽车、乘坐飞机或置身病房、油库时，禁止使用手机，否则就有可能发生重大事故；此外，在军事要地、博物馆内以及新产品发布会、新技术研讨会上，为了安全或保密等原因，手机也通常被禁用。为了个人的信息安全，私人手机号码不宜公开。

(四)保持畅通

使用手机的主要目的是保证自己与外界联系方便快捷,既然配有手机,就不要让那些急于同你联系的人着急。因此,一般情况下,都要让手机处于开机状态。而在特殊场合,如飞机上、课堂上、参加各种会议时,应把手机调成静音或震动状态。该开则开、该关则关,这既是对他人的尊重,也显示了个人的礼仪修养。

第三节　拜访与接待礼仪

拜访与接待是人际交往中最基本、最常规的形式,是人们联络感情、扩大信息来源和沟通关系的有效方法,这当中涉及人际交往的许多礼仪规范。

一、拜访礼仪

(一)拜访的类型

拜访又叫拜会、拜见,是指前往他人的工作单位或住所,会晤、探望对方,进行接触与沟通。

1. 事务性拜访和礼节性拜访

根据拜访者的目的不同,可将拜访划分为事务性拜访和礼节性拜访。事务性拜访,是指为了某一具体的事务、公务或私事而进行的特定目的的拜访。礼节性拜访,是指亲朋好友或熟人之间,为了巩固原有关系、发展已有的情谊而进行的有特定目的的拜访。

2. 因公拜访和因私拜访

根据拜访者的不同身份,可将拜访划分因公拜访和因私拜访。因公拜访是指事务性的因公拜访;因私拜访是指事务性的因私拜访。由于礼节性拜访主要是一种情感上的交流,而情感上的交流往往是建立在私人交往的基础上,许多工作上的礼节性拜访也常常有一定的私人交往性质。因此,礼节性拜访在一定程度上公与私是交织在一起的,很难区分是公还是私。事务性拜访也只有建立在礼节性拜访的情感投资基础上,才能收到良好的效果。那种“无事不登三宝殿”,只在

"有求于人"的情况下才急于去拜访的做法,绝不可取。

拜访的分类还有,我们就不一一列举了。

(二)拜访礼仪

1. 事先有约,守时守约

拜访一定要事先预约,是最基本的礼貌。随着生活节奏的加快以及人们对生活空间的日益重视,不速之客越来越不受欢迎。所以不管是何种拜访,最好都能提前预约。这既是对对方的尊重,也是为自己方便,避免吃闭门羹。

拜访必须选择合适的时间。选择拜访时间应以对方方便为原则,一般而言,上午9~10点、下午3~5点是最恰当的时间。一般不要在别人用餐、午休、早上未起、晚上9点以后进行拜访。

约好的拜访必须守约守时。作为拜访者必须如约而至,准时到达,时间不能随意改动,也不能迟到。迟到或失约都是非常不礼貌的。如果迟到,则应向主人道歉;如因故失约,应在事后诚恳地向对方说明。一般认为,不守时约会的人,是不值得信赖的人。

2. 敲门、问候讲究礼貌

不管是到拜访对象家里或是办公室,事先都要按门铃或敲门,等到有人应声允许进入或出来迎接时方可进入。

进入后要主动向对方问好,并且与对方互行见面礼。如果对方是多个人的话,则问候与行礼必须在先后顺序上合乎礼仪惯例。标准的做法有两点:一是先尊后卑,即先向地位、身份高者问候、行礼,后向地位、身份低者问候、行礼;二是由近而远,即先向距离自己最近者问候、行礼,然后依次进行,最后向距离自己最远者问候、行礼。进入房间后,要与主人同时入座,不要抢先入座。

3. 衣冠整洁,注意仪表

衣冠整洁,不仅事关自己的形象,同时也是对他人的尊重。故拜访时应注意仪容,不能衣冠不整,或穿拖鞋、背心、超短裤前去拜访。注意卫生,不要把客厅弄得烟雾腾腾,烟头、果皮满地。身患疾病,尤其患有传染病者,不应走亲访友,不洁之客、带病之客是不受欢迎的。

4. 举止文雅，谈吐得体

古人曰："入其家者避其讳。"拜访即便在朋友家里也不能乱脱、乱扔衣物；未经允许不能进入主人卧室，不能乱翻主人东西；主人端茶送水果时，应欠身致意，双手捧接；坐姿要端正，不可东倒西歪、跷二郎腿、抖动腿等。

在与人交谈时，态度要诚恳，表情要自然，精力要集中，不要随便插话或打断别人的谈话，不要东张西望或做小动作；要尊重主人，不可反客为主，口若悬河，更不可过多询问主人家的生活和家庭情况；随时注意主人神情的变化，适时调整自己的谈话方式。

5. 善解人意，适时告辞

拜访交谈时应注意时间，时间一般不宜太长，要明白客走主安的道理。事务性拜访一般为 20 分钟至 1 个小时，礼节性拜访应根据情景灵活把握，如果主人兴致高，就多留一会儿，到了吃饭、休息时间就应及时告退。

告辞时也要讲究方式，切忌对方刚刚说完话就起身告辞，这样容易让人误解为对交谈内容不感兴趣。一旦提出告辞，就应走得果断，不要口中说走，身子不动。辞行时，要说一些客套话，最常见的是"再见""打扰了""麻烦您了""有空到我家来玩""请留步""谢谢"等。

二、接待礼仪

迎来送往是日常接待工作的内容，所谓"出迎三步，身送七步"就是迎送客人的最基本礼仪。要让客人感到真诚、热情、礼貌、周到，使客人高兴而来，满意而去。接待礼仪包括以下内容。

（一）接待准备

对于有目的的、正式的会谈，要做好接待的准备工作。接待准备，是整个接待工作的重要组成部分，准备工作应包括以下部分：

第一，了解来访者的基本情况，如所在单位、姓名、性别、民族、职务级别、人数、日程安排以及客人来访的意图等。

第二，确定接待规格。根据来访者的身份确定接待规格，或对等接待，或高规格接待，或低规格接待。

第三，必要的物质准备。包括：接待环境的布置美化，水果、茶叶、杯子、餐巾纸等。

第四，相关材料的准备。

第五，根据需要准备饭菜、客房、往返的机票、车票、船票等。

（二）接待礼仪

1. 迎客礼仪

有客人到来时，应立即放下手中的工作，面带微笑，热情而亲切地问候对方“您好！”或“您好！欢迎光临！”然后对来访者提出的问题礼貌地进行解答，并根据其要求为其办理相关手续或通知相关部门。

来访的客人一般有两类：

一是有预约的客人。接待人员应按照事先的准备，热情为其服务。

二是没有预约的客人。接待人员也要热情友好，根据情况灵活处理。如果其要求在正常工作范围之内，可直接为其办理；如需要领导接待，应及时联系领导是否愿意或是否有时间接待。对领导不能或不愿意接待的突然来访者，接待人员应代为挡驾。应对方式有两种：一是请示可否派人代理；二是以热情坚定的口吻告诉来访者：“对不起，领导外出不在。”

接待人员在接待工作过程中，应使用恰当的称谓和问候礼节，注意使用文明礼貌用语，如“您好”“对不起”“请问你有什么事”“请您稍等”等。

2. 待客礼仪

接待人员应视来宾如上帝，在言谈、表情、举止等方面表现出热情有礼，让来宾有“宾至如归”的感觉。

第一，在为来访者引路时，应在客人左侧前方1米处引导，身体稍微侧向来访者，可边走边向来访者介绍环境。在转弯或上楼时要以手示意，让对方明白下一步的方向。

第二，在招待客人时，茶水饮料最好放在客人的右前方，点心水果最好放在客人的左前方。

我国习惯以茶水招待客人,在招待尊贵客人时,茶具要特别讲究,倒茶、递茶都有许多讲究。上茶时,应在客人入座后,取出杯子,当着客人的面将杯盖揭开,先烫洗杯子,再放入适量茶叶,沏茶,从客人的左边为客人上茶。

第三,谈话是待客过程中的一项重要内容,是关系到接待是否成功的重要一环。首先要紧扣主题,围绕会谈的目的进行。如果是朋友间的交流,应找双方都感兴趣的话题、共同关心的问题交谈。其次,要注意谈话的语气和态度。谈话时要尊重他人,语气要温和适中,不要恶语伤人。第三,认真倾听别人谈话,适时以点头、微笑做出反应,让对方感到很受重视。

3. 送客礼仪

送客是接待中的最后一环,处理不好将影响到整个接待工作的效果。“出迎三步,身送七步”是迎送客人的基本要求。

当客人提出告辞时,应婉言相留;客人起身告辞时,从言语上应表达“再见”的愿望,客人起身后,自己再起身;送客时,要把客人送出大门,用热情语言欢迎客人下次再来。

当客人带有较多或较重的物品时,送客时应帮客人代提;与客人在门口、电梯口、汽车旁告别时,要与客人握手,目送客人上车或离开,要挥手致意,目送客人远去再返回。重要的客人应送到机场或车站。

第四节 宴请礼仪

宴请是国际国内社会交往中通行的、比较常见的待客方式,是为了表示欢迎、庆贺、饯行、答谢等举行的一种隆重的、正式的餐饮活动。宴请是增进友谊和融洽气氛的重要手段,是广结良缘的一个重要方式。因此,要了解和掌握宴请的有关礼仪。

一、宴请的种类

从规格上,可把宴会分为国宴、正式宴会、非正式便宴、招待宴会、工作进餐、茶会等;从餐别上,可把宴会分为中餐宴会、西餐宴会;从时间上可把宴会分为早宴、午宴、晚宴等;从礼仪上,可把宴会分为欢迎宴会、答谢宴会、饯行宴会等。这里重点介绍正式宴会。

正式宴会,是一种隆重而正规的宴请。它往往是为宴请专人而精心安排的、在较高档的饭店或是其他特定的地点举行的、讲究排场及气氛的大型聚餐活动。正式宴会对于到场人数、着装打扮、席位排列、菜肴数目、音乐演奏、宾主致词等都有十分严谨的要求。

二、正式宴请的组织和礼仪

(一)确定宴请的目的、名义、对象、范围

1. 宴请的目的

宴请的目的是多种多样的,既可以为某个人举行,也可以为某件事举行,如签订合同、庆祝节日、闭幕等。

2. 宴请的规格、对象、范围、名义

根据宴请的目的,确定宴请的规格、对象、范围、名义。一般来说,被邀请者的身份、地位越高,宴请的规格越高。确定宴请的范围和对象时,要根据宴请的性质、主宾身份、国际惯例、双方关系以及当前的政治气候、经济形势等来考虑。确定以谁的名义宴请时,要注意主宾双方的身份应当对等,如果宴请方主人身份低,会使对方感到冷淡、不礼貌。

(二)宴请的时间、地点

1. 宴请的时间

宴请的时间一般应安排在主宾双方都较为合适的时候。要避免对方的重大节日、已有重要活动的时间或禁忌日,如在西方,13 日、星期五均属不适合安排宴请的日子。

2. 宴请的地点

确定宴请的地点要考虑宴请的目的、规格、对象等因素,要使宾客感到自在、舒服,既不能显得寒酸,也不可显得太奢侈。要注意以下 3 点:一是优雅的环境;二是良好的卫生;三是方便的交通。

(三)宴会的邀请

宴会的邀请方式有口头、电话、书面邀请 3 种。正式宴请一般都要用请柬发出邀请,这表示对客人的诚意和尊重。邀请时间一般以提

前7～10天为宜,并要求客人提前给主办方回音,告知是否出席。

(四)宴请的菜单

宴请的酒菜应根据活动的形式和性质、来宾口味特点及宴会规格档次,在规定的预算标准内安排。菜肴选择要精致可口、赏心悦目,冷热、甜咸、荤素、营养搭配合理,色香味俱全,特色突出。每桌要有印制的菜单。

(五)席位的安排

席位安排总的原则是,既要按礼宾次序原则作安排,又要有灵活性,使席位安排有利于增进友谊和席间的交谈方便。

正式宴会一般均安排席位,也可只安排部分客人的席位,其他宾客只排桌次或自由入座。国际上的习惯,桌次高低以离主桌位置远近而定,右高左低。桌数较多时,要摆桌次牌。同一桌上,席位高低以离主人的座位远近而定。国外习惯男女穿插安排,以女主人为准,主宾在女主人右上方,主宾夫人在男主人右上方。我国习惯按个人本身的职务排列,以便于谈话,如果夫人出席,通常把女方安排在一起,即主宾坐男主人右上方,其夫人坐女主人右上方。

(六)宴请的现场

宴请现场的布置取决于活动的性质和形式。官方正式活动场所的布置应严肃、庄重、大方。可用少量鲜花、盆景、刻花作为点缀。如有乐队演奏,乐声要轻。宴会可用圆桌,也可用长桌或方桌。

(七)餐具的摆放

根据宴请人数和酒、菜的道数准备足够的餐具。餐具要清洁卫生,桌布、餐巾都应浆洗洁白、熨平。玻璃杯、酒杯、筷子、刀叉、碗碟在宴会之前应洗净擦亮。

(八)宴请的程序

宴请通常有以下程序:

(1)迎客。主人一般在大门口迎接客人。握手后,由工作人员引入休息厅或宴会厅。

(2)入席。主人陪同主宾进入宴会厅,客人就座,宴会即开始。

(3)敬酒。入席后,主人招呼客人进餐,并率先给客人敬酒。敬酒时,要讲一些祝愿、祝福的话。

(4)致辞。我国的做法是一入席就讲话,后用餐。西方国家习惯将宾主致词安排在热菜之后、甜点之前。

(5)散席。主人应把握好时机,及时送上水果。吃完水果后,宴会既可结束。主宾告辞时,主人送主宾至门口,并一一握手。

三、赴宴礼仪

(一)及时答复

接到出席宴会的宴请后,应及时答复举办者,可以打电话或复以便函,便于主人安排。一经答应赴宴,不能轻易改变。遇有特殊情况不能如期赴宴,要及时通知主人,说明原因,诚致歉意。接到宴请既不答复又不赴宴,是极不礼貌的。

(二)仪表整洁

男士可以穿西服或中山装,女士可以穿礼服或旗袍。普通宴会衣着可不必太讲究,以整洁合体为宜。赴宴前,男士应洗发、洗脸、修面,女士要适度化妆。

(三)准时赴宴

一般在宴会前3~5分钟到达。因故不能准时到达,要电话通知,说明原因。迟到的客人要向其他客人致歉。

(四)落座有礼

赴宴者要按服务人员的指引和主人的安排就座,不可随意乱坐。入座时,应从座椅的左侧入座。若同桌中有领导、长辈、女士,应待其落座后自己再坐下。坐下后,要注意坐姿端正,可轻靠在座椅背上,不能趴在桌上。

(五)文明用餐

用餐时要温文尔雅,从容安静。不宜吃得太快,不宜有响声,不宜一次夹很多菜;热汤不要用嘴吹,喝汤不要咂嘴;不要两眼盯着菜只顾自己吃,要照顾到其他客人,尤其是女宾;不要起立夹菜,不要当众打喷嚏，不要当众剔牙，不要唾液飞溅，不要替人布菜，不要挑肥拣瘦，不要以酒灌人，不要宽衣解带，不要高声谈笑；等等。

（六）礼貌告别

不要随意离席，要等主人和主宾餐毕先起身离席，其他客人才能依次离席。宴会结束，赴宴者起身离席时，男宾应先起身，为年长者或女士移开座椅；主宾先向主人告辞，随后是一般来宾向主人告辞；男宾先向男主人后向女主人告辞，女宾则相反。

第五节 馈赠礼仪

馈赠是人们在交往过程中通过赠送给交往对象礼物来表达对对方的尊重、敬意、友谊、纪念、祝贺、感谢、慰问等情感与意愿的一种交际行为。社会交往，礼尚往来是人之常情。馈赠礼品能起到联络感情、加深友谊、促进交往的作用，越来越受到人们的重视。所以，我们必须重视馈赠活动在礼节方面的要求。

一、馈赠礼品礼仪

（一）确定馈赠目的

不同的社交场合，馈赠的目的是不一样的。主要有以下几种：

一是交际沟通。礼品的选择要能反映出送礼者的寓意和思想感情。

二是巩固关系。人情礼强调礼尚往来，“来而不往非礼也”。因此，礼品在种类、价值、档次、包装、所含的寓意等方面都呈现出多样性和复杂性。

三是感恩酬谢。这类馈赠是为答谢他人的帮助而进行的，因此在礼品的选择上十分强调其物质利益。礼品的贵贱厚薄，取决于他人帮助的性质。

（二）选择馈赠礼品

1. 投其所好

投其所好并不是一件容易的事。馈赠者可以通过仔细观察或打听了解受礼者的兴趣、爱好，精心选择合适的礼品，尽量让受礼者感觉到馈赠者在礼品选择上是花了一番心思的，是真诚的。

2. 贵在适宜

礼品的选择要符合对方的某种需要，或是有助于对方的学习、工作、生活，或是可以满足对方的兴趣、爱好，或实用、实惠，或有民族特色等等。

3. 礼轻情重

礼物是用于言情寄意表礼的，人情无价而物有价。“礼轻情义重”“君子之交淡如水”。大多数情况下，送人的礼品要着重突出其纪念意义，无须过分强调其价值、价格。

4. 独创时尚

送人礼品，最忌“老生常谈”“千人一面”。应精心构思、匠心独运、富于创意，力求使之新、奇、特，并且符合时代风尚，使受礼者耳目一新，兴奋、感动。

（三）把握馈赠时机

馈赠虽然在人际交往中不可或缺，但并不是在任何时间都要进行馈赠活动。时机把握不好，也难以达到预期的效果，甚至会适得其反。馈赠的时机主要有以下几种：

(1)传统节日。如春节、中秋节、“五一”国际劳动节、圣诞节等。

(2)喜庆之日。如晋升、获奖、结婚、乔迁新居、厂庆等。

(3)组织开业庆典。

(4)酬谢他人。

(5)拜访、做客。

(6)朋友远行。

(7)探视病人。

(8)遭受不测事件。

馈赠的场合可以是公开的场合，也可以是私下的场合，主要看礼品的性质。如果赠送的礼品是实用价值不高却具有某种象征意义的东西，可在公开场合赠送。如果赠送的礼品是食品或其他实用品，则不宜在公开场合相赠。

（四）馈赠礼仪

1. **精心包装**

礼品的包装是礼品的有机组成部分，被视为礼品的外衣，一定要精心包装，这样才显得正式、高档，并且还会使受赠者感到自己备受重视。一般可用专门的纸张包裹礼品或把礼品放入特制的盒子里、瓶子里。

2. **礼品标签应清除干净**

礼品选好后，应检查上边是否有价格标签。如果有，应及时取下。如果礼品是有保修的家用电器、电脑等，在赠送礼品时把发票、保修单一起奉上。

3. **注意送礼的场合和态度**

当众只给一群人中的某一个人赠礼是不合适的，给关系密切的人送礼也不宜在公开场合进行。只有象征精神方面的礼品，如锦旗、花篮等才可在众人面前赠送。赠送礼品时，态度要友善，动作要落落大方，语言要诚恳，才容易让受礼者接受礼品。

4. **注意送礼间隔时间**

送礼过于频繁或间隔过长都不合适。一般来说，选择重要节日、喜庆、寿诞送礼为宜，这样既不显得突兀虚套，又使人收得心安理得。

5. **区分送礼途径**

送礼途径主要有当面亲自赠送和委托他人转送。一般情况下，可以由送礼人亲自当面交给受礼人，向重要人士赠送礼品，也可专程派人前往转交。委托他人转交时，应附上送礼人的名片。

二、接受馈赠的礼仪

作为受礼者，在接受礼品时，也应遵循一定的礼节规范，表现出对送礼者的尊重和诚意。

（一）从容接受

一般情况下，对于他人诚心相赠的礼品，要高高兴兴、大大方方地接受下来。在接受礼品时，应起身站立，面带笑容，双手接过，与对方握手，并向对方道谢。在接受礼品时，面无表情，用左手去接，不向送礼人致谢,都是非常失礼的表现。

(二)启封赞赏

如果条件许可,在接受他人相赠的礼品后,应尽可能地当着对方的面,将礼品包装当场拆开。这种做法在国际社会是非常普遍的。在拆封时,动作要轻,不要乱扯、乱撕。拆封后,要认真欣赏礼品,并对礼品加以赞赏,以表示自己看重对方,同时也看重获赠的礼品。

(三)拒绝有方

有时出于种种原因,确实不能接受他人赠送的礼品。拒绝时要讲究方式、方法,得到对方的理解和谅解。

为避免赠送者尴尬,不宜当着他人的面拒绝所送的礼品,可采用事后退还,即接下礼品但不拆封,事后最好在 24 小时内退还并说明原因。

(四)礼尚往来

“来而不往,非礼也。”在人际交往中,接受他人馈赠后,应向对方回赠礼品,俗称“还礼”。回赠礼品要注意以下几点:一是不超值。回礼的价值一般不应超过对方赠送的礼品,否则会给人攀比之感;二是应有一个恰当的理由和合适的时机,不能为了回礼而回礼;三是分别时是最好的回礼时机之一。

(五)事后再谢

特别是接受对方赠送的较为贵重的礼品时,最好在一周内打电话给送礼人,向对方正式致谢。

三、赠花礼仪

鲜花是美好、吉祥、友谊和幸福的象征。在人际交往中,人们经常赠送鲜花,言志明心。但由于各地风俗习惯不同,花的含义也不同,送花时必须注意得体,要做到以下几点。

(一)了解“花语”

当我们以花为媒来传递友谊时,要注意运用正确的“花语”,以免出现尴尬。常用的花卉的寓意如下:

荷花——纯洁、淡泊和无邪

兰花——优雅、热情

菊花——长寿、高雅

剑兰——步步高升

山茶花——美好的品德

红玫瑰——爱情

百合——圣洁、幸福、百年好合

红蔷薇——求爱、爱情

杜鹃——节制、盼望

康乃馨——健康长寿

月季——幸福、光荣

梅花——刚毅、坚贞不屈

水仙——尊敬、自尊

牡丹——拘谨、害羞

红豆——相思

樱花——心灵美

竹子——正直

并蒂莲——夫妻恩爱

橄榄枝——和平

万年青——长寿、友谊

勿忘草——永世不忘、真挚、贞操

松柏——坚强

常春藤——结婚、白头偕老

红茶花——天生丽质

仙人掌——热心

在不同的国家和地区，同一种花也许会有不同的寓意，如在一些国家，菊花和康乃馨被认为是厄运的象征。同一种类型的花卉，因其不同的颜色，也有不同甚至截然相反的寓意，如红色的郁金香是“爱的表示”，蓝色的郁金香象征“诚实”，黄色的郁金香则象征“无望的恋爱”。因此，要恰当地运用好“花卉语”。

(二)赠花的注意事项

正式场合,如组织开张、纪念、庆典等,大多可送花篮;迎宾、欢送、演出中送给演员,大多送花环、花束;宴请、招待会等送胸花;参加追悼会时则送花圈以示哀悼。

送花一般不能送单一的白色,因为会被人认为不吉利;送玫瑰花时应送单数,不要送双数,但 12 除外,不要将红玫瑰送给未成年的小姑娘,不要将浓香型的鲜花送给病人。

送一束花时,最好用彩色透明纸将花包装好,再系一根与鲜花颜色相匹配的彩带,这样既便于携带,又使花束显得更漂亮。

延展阅读

1. 真诚的握手融化坚冰

1972 年 2 月 17 日,美国总统尼克松在同国会的领袖们进行简短的告别会见以后,来到停在白宫草坪上的直升机前面。这一天,冷风刺骨。他引用了乘坐"阿波罗 11 号"宇宙飞船登上月球的第一批人在月球纪念碑上留下的话:"我们是为了谋求全人类的和平而来的。"以此作为他访华旅行的先声。

飞机上,在尼克松和他夫人的倡议之下,美国人参观了整个专机,回来以后又继续聊天,了解中国的一些风土人情,包括学习几句简单的中国话,例如:谢谢、你好、干杯等。事先尼克松夫妇两个人在没有访问中国之前也看了不少书,也找了不少专家介绍中国,对中国已经有了一个粗浅的了解。

抵达北京机场时,对于这样一个具有伟大历史意义的时刻,身为一个相当成熟的政治家,尼克松早就想好了该如何做好自己所扮演的角色。他刻意要在这举世瞩目之时,纠正第一次日内瓦会议期间福斯特·杜勒斯下令不同周恩来率领的中国代表团握手的傲慢失礼行为,并修补美国过去对中国造成的伤害,同时突出他本人在此时非同凡响的举止,故特意安排在他同周恩来握手前,随行人员暂缓下机。此事虽已再三叮咛,但他还不放心,临时又派一名高大的警卫把守机舱口,以防其他人员紧随其后。当他和他的夫人快步走到舷梯尽头时,在掌声中他急忙伸手向周恩来走去,主动同周恩来热情握手。摄影师抓住这一稍纵即逝的时刻,快速摄下了尼克松和周恩来将要握手的瞬间。这一历史性的握手动作被许许多多的摄影镜头摄下了。尼克松为这一时刻做出了许多努力,终于在这一具有历史意义的握手中得以完美地勾出了绝妙的一笔。他在回忆录里是这么记述这一历史时刻的:"周恩来站在舷梯脚前,在寒风中不戴帽子,厚厚的大衣也掩盖不住他的瘦弱,我们下梯走到快一半时他开始鼓掌,我略停一下,也按中国的习惯鼓掌相报。我知道,1954年在日内瓦会议时福斯特·杜勒斯拒绝同周恩来握手,使他深受侮辱。因此,我走完梯级时决心伸出我的手向他走去。当我们的手相握时,一个时代结束了,另一个时代开始了。我被介绍给所有的中国官员,然后站在周的左边,然后军乐队演奏两国国歌。在共产党中国心脏的刮风的跑道上,《星条旗歌》在我听来从来没有这么激动人心。"

(亨利·基辛格:《基辛格回忆录》,世界知识出版社,2003年版)

2. 声音的训练

(1)基本功的训练。构成声音的三大要素是呼吸、共鸣与发音,其中呼吸是最基础也是最关键的。因此呼吸训练十分必要而且应持之以恒。练习呼吸的方法是:抬头,扬颌,挺胸收腹,直立站好,全身处在放松状态,然后鼻和嘴吸进一口气,这时可以感觉到横膈膜下降,胸腔全面扩大,然后再将气慢慢呼出。全部呼出后,再按该步骤重复。每天坚持练5~10分钟,你会感觉声音不飘浮,会逐渐响亮圆润起来。

另外要克服女性常见的尖嗓音和男性居多的鼻音,方法是右手肘部支撑桌面,手背支撑下颌。接着把头抬起,让下颌与手背之间有两寸左右的距离。做打呵欠的姿势,发出"呀"的声音,使下颌触到手背。左手平放在锁骨以下的胸部,来体会震动。这样做的目的是松弛下颌、舌头、喉咙和口腔,有助于克服不良发音。

(2)读练习。选择一段文章,大声朗读并用录音机将它录下来,然后放听,以观察声调、语速、清晰度、节奏感等,发现问题及时纠正改进。另外,也可留意播音员、话剧演员的声音,有目的地学习。

3. 中国古人的名、字、号

(1)名。名字是一个人区别于其他人的称号。当代国人一般只有名而无字,名与名字的含义相同;古代中国人名与字有不同的含义和用途。古人幼时取名以供长辈呼唤。

(2)字。字是古人成年后取的别名,与名相表里,又叫"表字"。名和字在意义上一般是有联系的,字往往是名的阐释和补充。如,诸葛亮字孔明,"亮"与"明"是同义词;岳飞字鹏举,"飞"与"鹏举"意也相近。另外,还有在家族中依行辈规定的"字辈名",一般其第一个字是本行辈所固有的。

(3)号。号,亦称别名,是古人在名和字以外的别名,一般为尊称、美称,呼人之号比呼其字更示尊重与客气。如陆游,号放翁;范蠡,号陶朱公;秋瑾,号鉴湖女侠。另有一类号叫"诨号""诨名",即通常说的"绰号""外号",如梁山好汉中的"智多星""豹子头""母夜叉"等等。

古人在人际交往中,名具有"名以正体"的严肃性,一般用于谦称、卑称。上对下、长对少方可称名,下对上、平辈之间,称字不称号,在一般情况下直呼对方的名,是不礼貌的。字具有"字以表德"之意,或以明志趣,或以表行第,因此,对人称呼常用字,字的使用率大大超过名。名人雅士的号则更是"号为尊其名更为美称焉",号比字更加尊重、响亮。如孙中山先生,"文"是其名,"逸仙"是字,而"中山"则是号。他的自称是名"文",而绝不会自称"逸仙"或"孙中山",父兄长辈直呼其名"孙文"理所当然;一般直呼其"孙文"者通常是其政敌,带有咒骂、蔑视之意;称他"逸仙"的往往是其早期的同辈和挚友;特别是辛亥革命以后,人们大都称之为"中山先生"或"孙中山先生"。

(林友华:《社交礼仪》,高等教育出版社,2003 年版)

4. 涉外称呼

因各民族习惯不同,语言不同,社会制度不同,所以称呼上的差别较大。需要注意的是,称呼对方要合乎礼节。在英国、美国、加拿大、澳大利亚、新西兰等讲英语的国家里,姓名一般由两个部分构成,通常名字在前,姓氏在后。对于关系密切的,不论其辈分都可以直呼其名而不称姓。在对外交往中,应严格遵循国际上通行的称呼习惯,不得有丝毫的大意。

一般称男子为“先生”,未婚女子为“小姐”,已婚女子为“夫人”。对于称呼对象的婚姻状况不明,应该称“小姐”,切不可错称。在外交场合女性都可以被称为“女士”。以上称呼可以连同姓名、职衔一起使用。对职位较高的官方人士,一般指部长以上的高级官员,可称“部长阁下”“总理阁下”等,以示郑重。在涉外场合,正确使用称呼非常重要,应该使用敬称的时候,切不可掉以轻心,因为这是表示对他人的尊敬,是礼仪的要求。否则容易伤害对方的感情,或者被对方认为缺乏教养。

5. 送花时机及宜选花卉

送花时机	选择的花语
结婚庆典	颜色鲜艳且富含花语者最佳,可增进浪漫气氛,表示甜蜜。可选用玫瑰、百合、天堂鸟、郁金香、香雪兰、非洲菊等,象征百年好合、吉祥如意、早得贵子
喜得贵子	选择色泽淡雅且富含清香者为宜,表示温暖、清新,如蔷薇、雏菊、星形花等,也可选送康乃馨、玫瑰、火鹤、孔雀草、仙客来等,祝愿孩子健康成长、聪明伶俐
祝贺生日	可选择玫瑰、菊花、康乃馨和剑兰为生日花,象征真心祝福、前程似锦、步步高升:盆栽花亦可,表示永远祝福。给老人祝寿可选长寿花、万年青、大丽花、迎春花、兰花等,寓意福如东海、寿比南山,健康长寿、永葆青春
迎接亲友	可选紫藤、月季、马蹄莲组成的花束,表示热情好客
送别朋友	可选芍药花、满天星、白掌,表示一帆风顺、思念之情
探望病人	可选素净淡雅的马蹄莲、素色苍兰、剑兰、康乃馨、玫瑰、兰花,表示问候并祝愿早日康复。避免送白、蓝、黄色的花和香味、野味过浓的花。送花的数量忌:4,9,13
悼念逝者	白玫瑰、栀子花、白莲花、黄白菊花或素花均可,象征惋惜、怀念之情
乔迁之喜	赠送稳重高贵的花木,如剑兰、玫瑰,或盆栽、盆景,以示隆重之意

续表

送花时机	选择的花语
新春佳节	选择带有喜庆与欢乐气氛的剑兰、玫瑰、香石竹、兰花、水仙、红掌、金橘、鹤望兰、大丽花、牡丹花、桃花、吉庆果、状元红、吉祥果等,表示节日吉祥、大吉大利、红红火火、步步高升。松枝、梅花、菊花、兰花以及盆栽均宜,象征坚贞、富贵、胜利
开张大吉	采用颜色艳丽的花环、花篮,表示飞黄腾达。可选花朵硕大华丽的花,如大丽花、美人蕉、洋兰、玫瑰、康乃馨等。花期长、花朵繁茂,寓意兴旺发达、财源茂盛

6. 北京大学赠送连战的礼物

2005年4月29日,连战访问北京大学,获得一份特殊的礼物:其母亲赵兰坤女士在76年前毕业于燕京大学的学籍档案和相片,其中包括在宗教系就读的档案、高中推荐信、入学登记表、成绩单等,大多是她亲笔写的字。在这份特殊的礼物面前,一贯严谨的连战先生也难掩内心的激动。他高举起母亲年轻时的照片,然后放到面前细细端详,眼里泛着晶莹的泪光。这一刻,他满脸都是幸福的微笑。

7. 资料二则

(1)

爱丽是一位热情而敏感的女士,目前在中国某著名房地产公司任副总裁。一日,她接待了来访的建筑材料公司主管销售的李经理。李经理被秘书领到了她的办公室,秘书对爱丽说:“爱总,这是××公司的李经理。”爱丽离开办公桌,面带微笑地走向李经理。李经理先伸出手来,让爱丽握了握。爱丽客气地说:“很高兴你来给我们介绍产品。这样,你把资料留下,我看看再和你联系。”只几分钟,李经理就被爱丽送出了办公室。此后,李经理多次打电话,却总被秘书告知“爱总不在”。

到底是什么使爱丽这么反感一个只说了两句话的人呢?在一次讨论形象的课上,爱丽提及了此事:“首次见面,他留给我的印象是不了解基本的商务礼仪,也缺少绅士风度。伸出的手毫无生气,让我感觉他的心和他的手一样冰冷。我们怎么能和这样的公司打交道呢?”

（2）

几个青年人到避暑山庄游玩，想抄近路去外八庙。有人向一位姑娘问路：“小师傅，请问去外八庙的路怎么走？”“回家叫你娘师傅！”姑娘怒目圆睁，愤愤而去。几个年轻人莫名其妙，找不出哪里得罪了姑娘。原来，当地人称尼姑、和尚为师傅，一个年轻姑娘对这样的称呼能不发怒吗？所以说，在交际过程中，怎样称呼别人是很有讲究的。得体的称呼，会使人感到亲切，交往也就有了一定的基础；称呼不得体，往往会引起对方的愠怒，使双方陷于尴尬的境地。

复习思考题

1. 常用的见面礼仪有哪些？
2. 握手有哪几种形式？应注意哪些事项？
3. 交际活动中，应如何递接名片？
4. 简述接、打电话的礼仪。
5. 简述宴请礼仪。
6. 常见的称谓方式有哪些？
7. 赴宴礼仪有哪些？
8. 如何自我介绍？
9. 如何为他人介绍？
10. 简述馈赠礼品礼仪。

案例讨论分析

【案例1】“小姐”称呼的中国特色

《现代汉语词典》中，“小姐”解释为：旧时对未婚女子的称呼；娘家的人对已出嫁的女儿也称为小姐。“小姐”这一称谓在我国可谓冷热几十年，宠辱一口间，颇体现出了中国特色。

50多年前，一个女性如能被人称为小姐，那么她不是大家闺秀也是文化丽人。小姐这两个字，一般人是配不上的。要不然怎么会有“小姐的身子丫鬟的命”这一说法呢？

20多年前，“小姐”一词臭了，你叫人一声小姐，不但被叫者不高兴，叫人者也要倒霉。那时男女老少流行统称同志，小姐是被批判的“封资修”的东西。

十几年前，面对年轻的女子，你再称一声“小姐”，对方不仅沾沾自喜，还会感到受宠若惊，“小姐”一词被《国家公务员条例》列为国家公务员的指定礼貌用语。

然而在今天，“小姐”一词又贬值了。北京一男士携妻购物，女店员笑容可掬：“先生，您给小姐买点什么？”这位妻子当即相斥：“你才是小姐呢。”小姐沾了“三陪”的光，成了“黄”称。而在国外，“小姐”这个称呼不知叫了多少年没有什么变化，就是对未婚女子的称呼，而且你如果对年龄偏大的女士叫一声小姐，对方不但不会责怪你，还会心里暗暗高兴呢！因为这样有夸她年轻之意，她往往愿意接受。

讨论题：

(1)“小姐”称呼的中国特色说明了什么？

(2)“小姐”称呼究竟应该怎样使用？

【案例2】名片的礼仪

某公司王经理约见一个重要的客户方经理。见面之后，客户就将名片递上。王经理看完名片就将名片放到了桌子上，两人继续谈事。过了一会儿，服务人员将咖啡端上桌，请两位经理慢用。王经理喝了一口，将咖啡杯子放在了名片上，他自己没有感觉，客户方经理却皱了皱眉头，没有说什么。

讨论题：

(1)请分析王经理的失礼之处。

(2)接过对方的名片后应如何放置？

【案例3】陈经理的尴尬

张扬和李菲在公司门口迎接前来公司洽谈业务的客户。一辆轿车驶到，客户下车。

李菲上前，道：“陈总您好！”呈上自己的名片。又道：“陈总，我叫李菲，是宏大集团公关部经理，专程前来迎接您。”对方道谢。

张扬上前:“陈总好！您认识我吧?”对方点头。张扬又道:“那我是谁?”对方尴尬不堪。

讨论题:

李菲和张扬的做法是否正确？请说明原因。

模拟实操训练

【项目1】见面场景训练

实训目标:熟悉运用见面的礼节。

实训准备:名片、见面场景。

实训方法:将学生分为3~5人一组,每组设计一个见面场景,将称呼、介绍、握手等见面礼及问候、递接名片等交际礼仪连贯地演习下来。学生对各组的表演进行评价,老师做总结。

【项目2】接待、拜访及馈赠礼品训练

实训目标:熟悉接待、拜访及馈赠礼品的礼节。

实训准备:办公场地或会议室、茶具及礼品。

实训方法:一部分学生扮演来访团体成员,一部分学生扮演接待方成员,模拟演习以下情景:

(1)在门口迎接客人;

(2)引导客人前往接待室;

(3)引见介绍;

(4)招呼客人;

(5)为客人奉送热茶;

(6)送别客人及馈赠礼品。

演示完毕,学生之间相互点评,教师总结。

【项目3】特色名片设计

实训目标:掌握名片的设计要素,设计出具有个人特色的名片。

实训准备:纸、笔、剪刀等。

实训方法:设计出富有个性的名片,选出最具有特色的名片,并进行一次名片展览。

【项目4】自编小品——“打电话”

实训目标:强化电话礼仪规范。

实训准备:场地、电话。

实训方法:学生3~5人为一组,自编小品表演打电话(手机),可以将打电话(手机)中不规范的礼仪或常犯的错误进行演示,师生点评。

第九章　办公室礼仪与文书礼仪

办公室礼仪与文书礼仪是礼仪的重要内容。办公室的天地虽然不大，可是也有着严格的礼仪规范与要求。随着人类社会的不断发展，人际交往的空间越加广阔，对书面语言提出了更高的要求，要以能“读得懂”的语言和行文，准确地传递人际交流信息，这就是讲究文书礼仪的必要性所在。

第一节　办公室礼仪

办公室礼仪最能体现一个人是否具备良好的素质和个人修养。因为办公室是人们日常工作、处理事务的公共场所，人们在这里朝夕相处，共同工作，有很多礼仪需要去遵守。良好的礼仪不仅能树立个人的良好形象，也关系到个人的前程和事业发展。

一、办公室环境礼仪

（一）办公环境整洁有序

整洁、明亮、舒适的办公环境不仅能使人振奋精神，提高工作效率，更能表现出办公室主人对工作的热爱，对客人的尊重。办公环境整洁要求办公室的地面、墙壁、走廊应经常保洁，不应有污渍、污痕，门窗玻璃、办公桌应擦得干净明亮，办公室的办公用品及公共设施等都需要保持干净整洁、井井有条。

办公桌上要求干净清爽，一般只放一些必要的办公用品，并且一定要摆放整齐，废纸废物应及时清理，文件应及时归类，收放到抽屉或放入文件柜。

办公设备、办公用品的空间安排上要求美观整齐、安全有序，避免杂乱无序，这样既能有效利用空间，又便于工作人员使用。

（二）办公氛围轻松舒适

办公环境不但要注意整洁有序，还要创造包括组织独特的精神风貌、经营理念和组织文化在内的美好舒适的氛围。

1. 物的空间装饰的美好舒适

办公室的布置要体现以人为本的原则，强调为人服务的精神，要满足人的心理需要。如在色调的选择上要符合大多数人的审美情趣，要有效地控制噪音的产生与传播，可放置一些绿植、花卉，墙上可挂上一些漂亮的画片，桌上可放置必要的装饰物，等等，给严肃的办公室增添几分情趣。

2. 人的心理空间的美好舒适

日常工作中，办公室人际关系的融洽非常重要。办公室人员如果没有健康的心理素质，不懂得正确的办公礼仪，那么整个办公室里人的精神状态必然是压抑而紧张的。所以，工作中要学会选择适当的心理调节方法，以礼貌的言谈举止、健康的思维方式与他人和谐相处，创造一个美好舒适的心理空间，使办公室充满积极向上的工作氛围。

二、办公室人员礼仪

（一）着装礼仪

在办公室上班时，男女员工都应按单位要求，规范着装。要求统一着装的，应穿统一的工作服；不要求统一着装的，服饰要与办公室工作性质和工作环境相协调。一般来说，服装必须干净、平整、合体、大方，不穿奇装异服，更不可华丽妖艳；办公室不能穿背心、短裤、拖鞋；女士不宜穿露、透、短的衣服，女士戴的首饰也不宜过多，不宜过于夸张。

（二）谈吐礼仪

1. 谈吐礼仪要求

上班进入办公室，应向每个人微笑打招呼，下班走出办公室时与大家礼貌道别。同事之间可互相称呼姓名，对长者和上司应用尊称或职务称。在办公室讲话要轻，对同事的获奖、升迁、成功应衷心祝贺，同事因病、因事未来上班，应主动打电话问候。

2. 谈吐礼仪禁忌

谈吐礼仪禁忌包括：一是忌拉帮结派。同事之间的关系远近有所不同是正常现象，但不可拉帮结派。二是忌谈与工作无关的话题，如拉家常、问隐私、背后议论别人、传播小道消息、搬弄是非等，也不要谈薪金。三是忌将个人情绪带入办公室，特别是消极的、颓废的情绪状态，不要牢骚满腹、逢人诉苦。四是忌礼仪用语不规范。说粗话、带脏字、恶语伤人、起绰号，都是言语有失分寸的表现。五是忌人际交往趋炎附势、攀龙附凤，人前人后两张面孔。

(三) 行为举止礼仪

1. 日常行为礼仪

办公室人员的行为举止能够反映出一个人的道德水准和礼仪风范，所以，一定要充分重视和严格遵守。一般要求为：上下班要准时，不迟到早退，；走路时身体挺直，速度适中，坐姿端正；开关门窗、抽屉要轻缓，爱惜办公室物品；不要在办公室化妆，不要在上班时间打私人电话、吃零食、打瞌睡、看小说，也不要在上班时间干私活；男女同事避免过于亲密；遇到麻烦事时，首先报告给顶头上司，切莫越级上告；同事有事时要主动帮助；不要随便打扰别人；下班之前，整理好办公桌上的文件和物品，椅子放回原处。

2. 办公室接待与拜访

接待来访者要平等待人，而不论其是否有求于自己。回答来访者提出的问题要心平气和，面带笑容，不能粗声大气。

去其他办公室拜访同样要注意礼貌。一般需要事先联系，准时赴约，经过允许方可进入。在其他办公室内，没有主人的提议，不能随便脱下外套，也不要随便解扣子、卷袖口、松腰带。未经同意，不要将衣服、公文包放到桌子上和椅子上。公文包如很重，则放到腿上或身边的地上。不要乱动别人的东西。在其他办公室停留的时间不宜太久，初次造访以20分钟左右为宜。

第二节 文书礼仪

现代社会,电话、传真、语音和视频等联络方式的出现使人们之间的沟通更加方便快捷,但书面交往仍然扮演着不可替代的角色。用文字来交流信息、表达思想、联系事务是人类社会的重要手段。书面交流的形式很多,书写时都有各自的规范要求,也就是文书礼仪。

一、文书礼仪的基本概念

文书,是指借助文字而形成的书面材料。这种书面材料包括人际交往所需的各类信件、柬帖、辞文及文件、报表、通告等。

文书礼仪是指各类文书的内容、格式、收发都应符合礼仪规范的要求,符合人际交往通行的礼仪标准。

文书礼仪的目的一是能将信息准确、全面、完整地传递给对方,达到最充分的沟通;二是能让接收方在“读”懂对方信息的同时,又能感受到附加在文字书面中的情感交流信号。文书礼仪作为人际交往的一种主要方式,发挥着越来越重要的作用。

二、文书礼仪的特点

(一)交际性

作为社会交往、礼仪活动的文体,文书礼仪主要体现交际双方或者多方的愿望、喜好、情感,反映的是一种“双边关系”。只不过它是用书面文字的形式来互通信息、互相接触、交流感情的,所以要情溢文中,促进人际关系的和谐。

(二)礼节性

文书礼仪注重“以礼相待”,强调因人、因事、因地接人待物。在对人生的美好祝愿上,多以全社会通行的人生重大礼仪方式进行,像婚嫁礼仪、寿辰礼仪、丧祭礼仪、节日庆典礼仪等。在日常交际应酬中,如迎来送往、宴请聚会、答谢辞行、寻求拜访、致谢道歉等,大多是用书面的文字材料加上礼仪活动，来充分地显示丰富的礼仪内容。

（三）规范性

文书礼仪一般都具有比较固定的格式和用语，有比较规范化的文体。如书信，不仅称谓语和开头、结尾的问候祝颂语有很多讲究，而且也要注意行文书写的款式。当然，礼仪文书的写作要求，并非像正式公文一样有明确的规定，它是民间约定俗成的惯用格式。

三、文书礼仪写作的基本要求

（一）表达方式灵活多样

礼仪文书的语言不受公文语言的束缚，可用多种手法来表达，不拘一格，白话、文言、文白相间均可，叙事、抒情、明理、议论任你使用。在语言表达方式上，强调因人、因事、因地、因时而有针对性地注意在称呼、语气、祝颂语方面的礼貌、礼节就可。

（二）语言简洁精练，顺畅得体

礼仪文书应讲究语言的技巧，用词要简洁明了，言简意赅，用语应精练、准确，词意应通顺流畅、明快得体。不论是称谓、敬语还是文内用语，都必须以礼相待，文雅得当，彬彬有礼，不能放任。

（三）感情真挚，情溢文中

礼仪文书大多以情感相衬，“无情不是好文章”，动之以情才能使交往变得真诚、恳切。礼仪文书的字里行间应处处洋溢着作者的真挚情感，能使人喜形于色或催人泪下或令人起敬，情溢文中是对文书礼仪的根本要求。

文书礼仪就材料范围而言，可以涵盖几乎所有的各类书面人际交流材料，我们在本章第三节和第四节中只介绍其中几种。

第三节　信函文书礼仪

信函是人们生活中最为普通、最为古老的一种沟通方式，是人们在日常生活、社会交往中用来传递信息、交流思想感情的应用文书。

信函作为人们交往沟通、信息传递最为常用的载体，从内容到结构、从信封到落款都有一定的礼仪要求。掌握信函的基本结构和写法，有助于更好地发挥信函的功能，促进人们的交往。

信函礼仪是指人们以信函的方式进行文字信息交流时应遵守的礼仪规范。

信函分为一般信函和专门信函；专门信函又包括贺信、感谢信、邀请信等。

一、一般信函文书礼仪

（一）信函文书的结构

信函作为一种人际交往的工具，有其相对稳定的结构，一般由封文和笺文两部分组成。封文就是写在信封上的文字，包括收信人的地址、姓名及邮政编码等和寄信人的地址、姓名及邮政编码等。笺文就是写在信笺上的文字，也称信瓤，包括寄信人对收信人的称呼、问候、对话、祝颂等。

（二）信封和信纸

我国的信封由国家统一标准、统一格式。标准信封长 220 毫米，宽 110 毫米，左上角为收信人邮政编码，右上角为贴邮票处，中间为收信人的姓名和详细地址，下面为寄信人的详细地址和姓名，右下角为寄信人的邮政编码。信纸的纸质、颜色要与信封相协调。

特别要注意的是，信封上的字要写得准确清楚，用标准简化字，地址须写全称，不能写简称。

（三）笺文

笺文是信函的主要部分，一般包括称谓、问候、正文、结尾、署名、日期和附言等。

1. 称谓

称谓也称抬头，是礼仪在信函中最直接、最明显的一种表现。称谓一般写在信文的第一行左起顶格处，单独成行，称呼之后加上冒号，以引下文。确定称谓时，应顾及收信人的性别、年龄、职业、身份及双边关系。

2. 问候

问候又称启辞，是信文的开场白，主要是寒暄客套，或说明写信的原因。写在称谓下一行左起空两格的位置，单独成行，如“您好！”“新年好”“春节好”等。

3. 正文

正文要另起一行，空两格。这是书信的核心，包括缘由、主体、总括3部分。

(1)缘由，即说明写信的原因。它也是正文开始前的引子，通常是双方互通信息情况，表达情感及思念、钦佩、关切之情，问安、祝贺、致谢、致哀等。例如，表问安：闻君贵体欠安，甚念；表致谢：久未通信，甚以为谦；表致哀：惊悉李老不幸逝世，不胜哀悼。

(2)主体，这是发信函者要书写的中心内容，应准确清楚地表达写信人的意图。无论中心内容是什么，在书写时都要注意语言的表述：一要真诚，这是书写函的关键；二要得体，即合乎双方的关系及实际；三要简洁，即语言精练、简洁，字迹工整、清楚，切不可字迹潦草；四要表述准确。信函的内容一旦写在纸上，发给对方，便是“君子一言，驷马难追”，故对表述内容要仔细考虑，三思而后写。

(3)总括，是对主体内容加以概括总结或对重点加以强调。

4. 结尾

结尾又称祝辞，在正文之后，表示祝愿。通俗化的结尾如“敬祝健康长寿”“此致敬礼”“祝学习进步”等。

5. 署名和日期

署名就是写上写信人的名字，必要时前面可以写上与对方的关系用语，后面写上谦辞，如“学生李强拜上”。署名放在祝辞之下，署名之下写日期。

6. 附言

附言又叫补述语，指的是信文写完之后，发现有遗漏的内容，用附言的形式对正文进行补充。另起行，开头处写“另外”“又及”“还有”等字样。

(四)注意事项

(1)礼在先。书写要遵守礼仪规范，语言要有礼貌，尊称及敬语不能少。

(2)书写忌潦草。

(3)忌用红色及铅笔书写。

(4)使用规范、整洁的信笺。不要用有单位名称的信封信纸，也不能随便用作业本、便条纸写信。

(5)落笔不可随意。写信是白纸黑字，容不得马虎，开不得玩笑。

(6)及时回信。

二、专门信函类文书礼仪

(一)贺信

贺信是表示祝贺的信函的总称。一般用在企业、团体或个人有突出成绩或喜庆之事的时候。现在的贺信，已成为表彰、赞扬、庆贺对方在某个方面所做贡献、所取得的成就的一种常用形式，还兼有表示慰问的功能。贺信的内容一定要有针对性，语言要热情洋溢、令人振奋，内容要实事求是，评价要恰如其分。贺信既可以宣读，也可以邮寄给对方，或刊登在报纸杂志上。贺信的格式包括以下4部分内容：

(1)标题，可以写“贺信”，也可以在“贺信”两字之前写上何人给何人的贺信。

(2)称谓，即受贺者的姓名称呼或单位名称。

(3)正文，首先表示祝贺，接下来写祝贺的事实，表示肯定与赞扬，评价要适当且有新意，然后提出希望。文字应简练。

(4)落款。写明发信人和发信日期。

(二)感谢信

感谢信是为感谢对方的关心、支持和帮助而写的信函。感谢的对象及其事迹，一般都和写感谢信的人有直接关系。感谢信不仅有感谢的意思，而且有表扬的意思。这种信可以直接给对方或对方所在单位，也可以张贴在对方单位内或所在地的公共场所，还可以交给报纸、电台、电视台来宣传。感谢信的格式与一般信函基本相同。

(1)标题。第一行正中写“感谢信”或“致某某的感谢信”，字体要大些。

(2)称谓。顶格书写感谢对象的单位名称或个人姓名。

(3)正文。这一部分要写清楚对方在什么时间、什么地点、由于什么原因、做了什么好事,对自己或单位有什么支持和帮助,事情有什么好的影响和结果。还要写清楚从中表现了对方哪些好思想、好品德、好风格。最后表示自己或所在单位向对方学习的态度和决心。

(4)敬语。写上表示敬意、感谢的话,如“致以最诚挚的敬礼”等。

(5)落款。署单位名称或个人姓名,并注明写信的日期。

(三)慰问信

慰问信一般用于重要节日或者有灾害发生时,向有关集体或个人表示关怀、勉励、慰藉的情意;也可以用来表彰做出突出事迹的人。它既可以寄给当事人及其所在的单位,也可以登报或广播。慰问信的写作要根据慰问对象的不同而进行相应的调整,但其格式大致相同。

(1)标题。一般写“慰问信”或“某某致某某的慰问信”。

(2)称谓。即慰问的对象及所在单位。

(3)正文。首先要简明扼要地交代慰问的背景和原因;然后交代事实,即较为全面具体地叙述慰问对象遇到的困难或者做出的事迹。

(4)结语。一般用一句慰勉祝愿的话收尾。

(5)落款。写下慰问者的姓名或单位名称及日期。

(四)致歉信

因为交往中考虑得不周全以及自己行为上的不注意而引起了另一方的不满,甚至导致了恶劣的影响,除了立即解决问题外,常常需要写致歉信向对方去函致歉,以表示赔礼道歉、消除误会。致歉信既可以寄给当事人及其所在单位,也可以登报或广播。致歉信的写作要根据写作对象的不同而进行相应的调整,但其格式同样包括标题、称谓、正文、落款 4 个部分。

写致歉信的关键在于真诚,语气一定要诚恳,解释的理由一定要真实,以使对方理解自己,并最终达成谅解。

(五)邀请函

邀请函是用于邀约的一种社交信函,一般是为郑重邀请有关人员参加重大会议、重要庆典活动以及纪念性活动而发出的书面通知。规格较高的邀请函一般用印刷精美的请柬,也有的用专门印制的邀请函,以示礼貌和庄重。邀请函的内容一般较简单,除注重礼节外,还要热情、真心、诚恳,把邀请的细节包括邀请对象、活动时间、地点等交代清楚。格式上包括标题、称谓、正文、敬语、落款等。

(六)介绍信

介绍信是用来介绍联系接洽事宜的一种应用文体。它具有介绍、证明的双重作用。介绍信有两种形式:普通介绍信和专用介绍信。普通介绍信一般不带有存根,正中写“介绍信”。介绍的内容一般包括称呼、正文、结尾、署名和日期,并注上有效日期,加盖公章。专用介绍信共有两联,一联是存根,另一联是介绍信的本文。两联正中有间缝,要加盖公章,同时编有号码。

三、电子邮件礼仪

电子邮件即通常所说的 E-mail,又称电子信函或电子函件,它是通过电脑网络向交往对象发出的一种无纸化电子信件,可以作为信件,也可以用附件的方式传递文件和信息。电子邮件是一种重要的通信方式,因其方便快捷,费用低廉,深受人们的喜爱,使用者越来越多,尤其是在进行国际通信交流和大量信息交流时,它的优势表现得更为明显。

(一)格式要求

电子邮件的内容和格式与一般书信一样,称呼、敬语不可少。称呼用敬称,写在第一行顶格,正文从第二行开始,先问候对方,再说明自己的意图,内容要简洁明了。结束时要有敬语、落款,时间可用“月\日\年”的格式。

写电子邮件要有明确的主题,语言要简略,不要重复,不要闲聊,让收信人一目了然。

(二)礼仪说明

1.注意使用场合

正式的公务信函不宜使用电子邮件。主要原因是:第一,因为它不太正式,没有正式文书的特定格式,也没有公章和私人签名;第二,电子邮件缺乏人情味,在表达感谢、慰问、祝贺等情感或是向对方发出正式邀请时,最好用信函、正式的邀请书;第三,电子邮件不能引起对方足够的重视,紧急的事件在电子邮件的基础上,还需要及时进行电话补充联系。

2. 认真检查

在发电子邮件前要进行检查,避免由于键盘输入的错误使信文语句不通或发生歧义。格式上要美观、整齐,字的大小要合适,要让对方看得清楚、看得明白,同时也表明你对阅读人的尊重。

3. 发送讲究

电子邮件的发送有如下讲究:最好不要将正文栏空白而只发送邮件,除非是因为各种原因出错后重发的邮件,否则正文栏空白不仅不礼貌,还容易被收件人当作垃圾邮件处理掉。重要的电子邮件可以发送两次,以确保发送成功。发送完毕后,可通过电话等询问是否收到邮件,通知收件人及时阅读。对于来信则应尽快回复,如果暂时没有时间,应先简短回复,告诉对方已收到邮件。

4. 注意安全

电子邮件是计算机病毒重要的传染源和感染病毒的主要渠道。收发电子邮件都要注意远离计算机病毒。发送邮件前务必要用杀毒程序杀毒,以免不小心把有病毒邮件发给对方。

此外,要注意定期及时清理邮件收信箱、发件箱、回收箱,空出有限的邮箱容量空间,及时将一些有用的电子邮件地址记下来并存入通讯簿也是很有必要的。

第四节　致辞类与帖类文书礼仪

一、致辞类文书礼仪

致辞是指在迎送客人和集会等礼仪活动时所用的礼仪类文书。在社会交往中,致辞的使用范围越来越广泛,大至国务活动,小至私人聚会,都可以使用致辞。

常用的致辞主要有开幕词、闭幕词、祝酒词、答谢词等。由于致辞是一种面对面交流的形式,因此可以起到与对方交流感情、融洽关系的作用。

(一)开幕词与闭幕词

开幕词与闭幕词是在较隆重的集会上,由会议主持人或领导向大会所做的重要讲话。开幕词是会议的序曲,可以为会议制造气氛,为会议定下调子,具有宣告、提示和指导的作用,对弘扬会议或活动的精神具有积极意义。闭幕词具有总结性、评估性和号召性。

1. 开幕词的格式与内容要求

开幕词的结构包括标题、称谓、正文、结束语 4 个部分。

(1)标题。标题通常有 3 种写法:一是会议名称加上开幕词;二是领导人的姓名加上开幕词;三是提示中心内容或主旨,在后面通常加上副标题。

(2)称谓。称谓在标题下行顶格写,称呼通常用"同志们""各位代表""各位来宾"等,有时前面加上"尊敬的"等词作定语。

(3)正文。正文一般包括开头、主体和结尾。开头是宣布会议开幕;主体部分一般包括会议的筹备和出席会议的人员情况,会议召开的意义,会议的性质、目的及主要任务,会议的奋斗目标及深远影响等。结尾是提出对与会者的祝愿和希望。

(4)结束语。结束语一般是"祝大会圆满成功"之类的祝贺语。

2. 闭幕词的格式与内容要求

闭幕词与开幕词的结构基本一致,有标题、称谓、正文、结束语 4 个部分。在标题与称谓之后,正文首先说明会议已经完成预定任务,现在就要闭幕了;然后概述会议的进行情况,恰当地评价会议的收获、意义及影响。核心部分要写明会议通过的主要决议和基本精神,会议的重要性和深远意义,向与会人员提出贯彻会议精神的基本要求等。一般来说,这几方面内容都不能少,而且顺序基本不变。结尾部分一般先以坚定的语气发出号召、提出希望、表示祝愿等,最后郑重宣布会议闭幕。

3. 礼仪说明

开幕词和闭幕词的感情须真挚、诚恳、亲切,要符合当时情况,能适当引导出席者的情绪,以创造一种友好的气氛。要注意礼貌,有礼有节,既尊重对方,又不卑不亢。篇幅不要太长,语言要简洁明了、朗朗上口。

(二)祝酒词与答谢词

1. 祝酒词的格式与内容要求

祝酒词是主人在隆重的宴会、酒会开始时的致辞,用敬酒的方式来表达情意、联络感情、活跃气氛。一般的宴请,只是说几句简短的祝愿性的话,不需要写成书面的祝酒词。

祝酒词的结构包括标题、称谓、正文3个部分,写法比较固定。

(1)标题。标题一般写明宴会名称和致辞人,也可以只写"祝酒词"。

(2)称谓。称谓一般首先称呼主要宾客,兼顾其他客人,如"尊敬的某某市长,女士们,先生们""尊敬的某某某,各位来宾,各位朋友"。

(3)正文。正文首先对宾客的光临表示欢迎,对以往所受到的帮助、关怀表示感谢,对以往的交往、合作表示肯定,对未来的协作进行展望。最后提议为了健康、友谊、合作干杯。

2. 答谢词的格式与内容要求

答谢词是对所得到的帮助、受到的礼遇、获得的奖励表示感谢的一种礼仪文书。一般是主要宾客在主人一方举行的欢送、饯行的会议或宴席上,表示答礼、道谢和感激之情的讲话。

答谢词的结构包括标题、称谓、正文、结束语4个部分。

(1)标题。标题一般有3种写法:一是只写文种名"答谢词";二是写致辞场合和文种名,如"在某某某上的答谢词";三是写致辞人、致辞场合和文种名,如"某某某在某某某上的答谢词"。

(2)称谓。在正文前一行顶格写称谓,后加冒号。称谓一般写明对方的单位名称或主要官员姓名、职务。如果需要,称谓前可加敬语,如"尊敬的",后可加"女士""先生"等。如"尊敬的张谦先生"。

(3)正文。答谢词的正文分为3个层次。首先,表示谢意。这一层礼节性的套语比较多,要注意行文得体,分寸适当,不可失礼,也不可过誉。其次,追述主要活动内容以及取得的重要成果,并对活动的意义进行评价。这一层是答谢的主体,语言要简练准确。最后,表达希望今后进一步加强合作的态度,也可展望未来双边关系发展的前景。

(4)结束语。再次表示衷心感谢和良好的祝愿,整个仪式充满祥和友好的气氛。

3. 礼仪说明

祝酒词和答谢词的用语要准确、生动、贴切、通俗易懂。要主体鲜明,客套话适中。全文条理清楚,结构紧凑。篇幅不要太长。

祝酒词不讨论一些严肃的重大问题。答谢词的写法可以因不同的场合而不同,有时可以写得活泼些,有时则要庄重些。

二、帖类文书礼仪

帖类文书又称柬类文书,常用的一般有请柬、聘书、贺卡等。掌握帖类文书礼仪对人际交往大有益处。

(一)请柬

请柬是一种比较流行且很受欢迎的社交方式,是人们在交往活动中用来告知对方的书面通知。凡有重大、隆重的事情,应用“请柬”邀请宾客,即使近在咫尺的宾客,也需要送请柬,这是表示对对方的尊重,也是表示邀请者对被邀请人的庄重态度。

请柬的形状、大小可根据自己的喜好自行确定,没有统一标准。请柬最好自己设计、制作,这样具有纪念意义。其基本内容包括以下几个部分:

(1)标题。封面上要标出“请柬”或“请帖”。通常请柬已按照信函格式印制好,封面也已直接印上了“请柬”或“请帖”的字样。还有一种请柬,标题是由活动内容加请柬两个字组成。

(2)称谓。一般起首顶格写被邀请人的姓名或单位的名称,其后加冒号。称谓要用全称,不能用简称。

(3)正文。正文主要包括活动性质、规格、时间、地点及其他有关事项。

(4)敬语。在文末用“敬请光临!”“顺致节日问候!”等敬语。

(5)落款,即署名和日期。

(二)聘书

聘书也称聘请书,是聘请有关人员从事某项工作或担任某种职务的文书。聘书要说清聘请的理由和要做的工作,否则被聘请者无法应聘。聘书文字要简洁,不必太具体、详尽。聘书一般已按照信函格式印制好了,中心内容由发文者填写即可。完整的聘书格式一般包括以下几部分:

(1)标题。聘书往往在正中写上“聘书”或“聘请书”,有的聘书也可以不写标题。已印制好的聘书标题常有烫金的“聘书”或“聘请书”字样。

(2)称谓。聘书上被聘请者的姓名称呼可以在开头顶格写,然后加冒号,也可以在正文中写明受聘人的姓名称呼。常见的聘书则大都在第一行空两格写“兹聘请某某……”。

(3)正文。正文一般包括:交代聘请的原因和所做的工作,或所要担任的职务;聘任期限;聘任待遇(也可另附详尽的聘约或公函);有时还可以写上对被聘者的希望。

(4)结尾。聘书的结尾一般写上表示敬意的结束语,如“此聘”。

(5)落款。落款要署上发文单位名称或领导的姓名、职务并署上发文日期,要盖公章。

延展阅读

1. 傅雷家书

父亲写给儿子的信

亲爱的孩子,

最近一信使我看了多么兴奋,不知你是否想象得到?真诚而努力的艺术家每隔几年必然会经过一次脱胎换骨,达到一个新的高峰。能够从纯粹的感觉(sensation)转化到观念(idea)当然是迈进一大步,这一步也不是每个艺术家所能办到的,因为同个人的性情气质有关。不过到了观念世界也该提防一个 pitfall[陷阱]:在精神上能跟踪你的人越来越少的时候,难免钻牛角尖,走上太抽象的路,和群众脱离。哗众取宠(就是一味用新奇唬人)和取媚庸俗固然都要不得,太沉醉于自己理想也有它的危险。我这话不大说得清楚,只是具体的例子也可以作为我们的警戒。李赫特某些演奏某些理解很能说明问题。归根结底，仍然是“出”和“入”的老话。高远绝俗而不失人间性人情味，才不会叫人感到 cold[冷漠]。像你说的“一切都远了，同时一切也都近了”，正是莫扎特晚年和舒伯特的作品达到的境界。古往今来的最优秀的中国人多半是这个气息，尽管 sublime[崇高]，可不是 mystic[神秘](西方式的)；尽管超脱，仍是 warm，intimate，human[温馨，亲切，有人情味]到极点！你不但深切了解这些，你的性格也有这种倾向，那就是你的艺术的 safeguard[保障]。基本上我对你的信心始终如一，以上有些话不过是随便提到，作为“闻者足戒”的提示罢了。

我和妈妈特别高兴的是你身体居然不摇摆了：这不仅是给听众的印象问题，也是一个对待艺术的态度，掌握自己的感情，控制表现，能入能出的问题，也具体证明你能化为一个 idea[意念]，而超过了被音乐带着跑，变得不由自主的阶段。只有感情净化，人格升华，从 dramatic[起伏激越]进到 contemplative[凝神沉思]的时候，才能做到。可见这样一个细节也不是单靠注意所能解决的，修养到家了，自会迎刃而解。(胸中的感受不能完全在手上表达出来，自然会身体摇摆，好像无意识的要“手舞足蹈”的帮助表达。我这个分析你说对不对？)

爸：一九六三年十一月三日

儿子给父母的信

亲爱的爸爸妈妈：

真想不到能在香港和你们通电话，你们的声音口气，和以前一点没有分别，我好像见到你们一样。当时我心里的激动，辛酸，是欢喜又是悲伤，真是非言语所能表达。另一方面，人生真是不可捉摸，悲欢离合，都是不可预料的。谁知道不久也许我们也会有见面的机会呢？你们也应该看看孙子了，我做了父亲是从来没有过的自傲。

这一次出来感想不少，到东南亚来虽然不是回国，但东方的风俗人情多多少少给我一种家乡感。我的东方人的根，真是深，好像越是对西方文化钻得深，越发现蕴藏在我内心里的东方气质。西方的物质文明尽管惊人，上流社会尽管空谈文化，谈得天花乱坠，我宁可在东方的街头听嘈杂的人声，看人们的笑容，一股亲切的人情味，心里就化了，因为东方自有一种 harmony[和谐]，人和人的 harmony[和谐]，人和 nature[大自然]的 harmony[和谐]。

我在艺术上能够不断进步，不仅在于我自觉的追求，更重要的是我无形中时时刻刻都在乎，那是文明东方人特有的才能。尽管我常在艺术的理想天地中神游，尽管我对实际事务常常不大经意，我却从来没有脱离生活，可以说没有一分钟我是虚度了的，没有一分温暖，无论是阳光带来的，还是街上天真无邪的儿童的笑容带来的，不在我心里引起回响。因为这样，我才能每次上台都像有说不尽的话，新鲜的话，从心里奔放出来。

我一天比一天体会到小时候爸爸说的"第一做人，第二做艺术家，……"我在艺术上的成绩、缺点，和我做人的成绩、缺点是分不开的；也有的是做人的缺点在艺术上倒是好处，譬如"不失赤子之心"。其实我自己认为尽管用到做人上面难些，常常上当，我也宁可如此。

我五日离香港去英前，还可以和你们通话，你们看怎么样？可以让萧伯母转告你们的意思，或者给一封信在她那里。

我一路收的 review[评论]，等弄齐了，给你们寄去。再谈了，祝你们安好！

儿
聪上
一九六五年五月十八日

（摘自《傅雷家书》，三联书店，2000 年版）

2. 专门信函类例文

贺信

××大学：

欣悉贵校即将迎来建校百周年庆典，谨向全体师生员工表示热烈祝贺，并致以亲切问候！多年来，贵校为祖国的社会主义建设事业培养和输送了大批合格人才，学校的各项事业取得了可喜的成绩和令人瞩目的成就，赢得了社会各界的好评。

在新的时期，希望贵校继续保持和发扬学校长期形成的良好办学特色与办学传统，为祖国的社会主义现代化事业做出新的贡献。

我们相信，贵校在新世纪中，一定会迎来更大的发展，取得更加辉煌的成就！

祝愿××大学欣欣向荣，蓬勃昌盛！

××大学

××××年×月×日

（选自姜桂娟主编：《公关与商务礼仪》，北京大学出版社，2010 年版）

感谢信

××医院全体医护人员：

我是你们治疗过的众多患者中的一位，我很感谢你们对我全心全意的治疗和照顾，在你们医院就诊的这段日子，我深深感受到了××医院“病人至上”的服务准则。你们优质的服务让我有种温暖的感觉，也让我倍感高兴。

面对疾病带给我的伤害和痛苦，我几度有了放弃的想法，是你们一次又一次的坚持和努力，让我有了重新开始的希望，也让我能够鼓起勇气面对生活。正如那位善解人意的护士所言：“疾病不会造成任何一个人的毁灭，放弃希望才是人生最可怕的事情。”

我在你们的鼓励和照顾之下，逐渐地找到了自己的归属和方向，一段时间的治疗和几位医生、护士的开导帮助，让我对之前的自己有了新的客观认识，也让我对周围的种种有了一种更为包容和宽大的认知。我的改变，与各位的认真、执着是不能分开的。

经历了疾病的磨难，我深感庆幸，如果没有病魔的折磨，我就不可能认识你们这么多可爱的人，不可能认识到过去的自己是多么卑微和渺小。在此，我要对你们——××医院的全体医护人员，深深地说一句“谢谢！”并祝你们每一个人都能够度过一个温馨快乐的春节，希望你们在新的一年中有更好的发展，能够更上一层楼。

此致

敬礼

×××

×年×月×日

（选自管建莉等主编：《现代礼仪基础教程》，天津大学出版社，

2010 年版)

××公司成立十周年庆典邀请信

尊敬的×××先生:

您好!

2017 年 5 月 8 日,我公司将迎来成立十周年纪念日。这十年,我们公司有了巨大的发展……

公司有今天的成绩离不开各方的关照和帮助,为感谢各界人士对我公司的支持和帮助,我们将在 2017 年 5 月 8 日上午 8:00,在公司举行盛大的庆典仪式,届时,恭候您的光临。

顺致

崇高的敬意!

××公司(章)谨邀
2017 年 4 月 18 日

3. 致辞与帖类例文

公司年会祝酒词

尊敬的嘉宾、朋友和迪普公司的全体同仁们:

大家晚上好!

首先,我代表迪普公司感谢各位嘉宾、各位朋友对我公司一贯的支持和帮助!

其次要感谢迪普的全体员工!是你们的努力和敬业使迪普取得了今天的成绩。还要感谢你们的家人,是他们在背后默默地支持、鼓励和帮助,使你们能全身心地投入工作,他们是当之无愧的幕后英雄。值此新春来临之际,祝你们家庭和睦!身体健康!新春快乐!幸福如意!

在过去的一年,我公司涌现了大批的优秀员工,我感谢他们在各自的岗位上做出的榜样!祝愿他们在新的一年再接再厉,取得更大的成绩!还要感谢战斗在全国各地、异地他乡的一线员工,是他们的努力使我们的产品走进了千家万户,在这里,我要对他们说声:你们辛苦了。

2009 年,在各界朋友的大力支持下,在全体员工的共同努力下,迪普公司取得了可喜的成绩,可以说是一个丰收年:国际业务零的突破,全国统一服务热线9510××××的推出,ISO最高奖项"管理卓越奖"的获得,新厂房的落成……无不见证着我们的成功。

迪普的未来是非常美好的,让我们携手共进,打造出一个欣欣向荣的国际型企业!

最后,请大家举杯,为美好的明天、为在座各位的健康干杯!

(选自管建莉等主编:《现代礼仪基础教程》,天津大学出版社,2010年版)

洽谈会开幕致辞

女士们、先生们、朋友们、同志们:

值此××省国际经济合作和出口商品洽谈会开幕之际,我代表××省人民政府、××市人民政府、××省对外贸易总公司,向远道而来的五大洲各国来宾、港澳同胞、海外侨胞表示热烈的欢迎和良好的问候!

××××年×月,在庆祝××对外贸易中心落成典礼时,我们曾在这里举办过一次洽谈会。今年这次洽谈会,规模和内容比上一次洽谈会更加广泛和丰富。这次洽谈会,将进一步扩大我省同世界各国及港澳地区的经济技术合作和贸易往来,增进相互了解和友谊。

××省是我国沿海经济比较发达的省份之一,幅员辽阔,物产丰富,人力资源充足,工农业生产和港口、交通均有一定的基础,对外经贸事业的发展有着广阔的前景。目前,我省已同世界上140多个国家和地区建立了贸易往来和经济技术合作关系,这种合作关系正在日益巩固和发展。

本次洽谈会,我们将提出200多种对外经济合作项目,包括轻工、纺织、机械、电子、化工、冶金、建材、水产及食品加工等,供各位来宾选择。所展出的商品不少是我省的名牌产品和新发展的出口产品。欢迎各位来宾洽谈贸易,凭样订货。

今天在座的各位来宾中,有许多是我们的老朋友,我们之间有着良好的合作关系。对于你们的真诚合作精神,我们表示由衷的赞赏和感谢。同时,我们也热情欢迎来自各国、各地区的新朋友,为有幸结识这些新朋友感到十分高兴。我们欢迎老朋友和新朋友到××地观光游览,发展相互间的友好合作关系。

最后,预祝××省国际技术合作和出口商品洽谈会圆满成功。

谢谢!

(选自张卫东、武冬莲主编:《现代商务礼仪》,电子工业出版社,2010年版)

2002年中国佛山现代陶艺国际研讨会闭幕词

各位来宾、女士们、先生们:

经过几天来紧凑而富有成效的活动,"2002年中国佛山现代陶艺国际研讨会"现在就要闭幕了。如此众多的陶艺界和理论界的朋友光临,这是千年陶都佛山的荣幸,也是各位对我们这次研讨会的最大支持,在此,我谨代表本次活动的主办单位佛山雕塑院、佛山现代陶艺研究中心,对各位陶艺家、陶艺理论家为本次研讨会做出的贡献表示衷心的感谢。

在研讨会期间,与会人士围绕着"二十一世纪东西方现代陶艺交汇"这一主题进行了深入的研讨,发表了很多很有见地的观点,同时我们还举办了"第一届中国佛山国际现代陶艺作品邀请展",举行了"中国佛山第一届国际陶瓷艺术电影展",陶艺家们还进行了陶艺现场创作交流。通过这些活动,我们表达了彼此的观点,加深了了解,增进了友谊,同时对国际现代陶艺的发展也将产生积极的作用。

在本次研讨会即将结束之际,我要特别感谢佛山市人民政府、市文化局对本次活动的重视和关心,感谢佛山市文化事业基金会、石湾美术陶瓷厂有限公司、佛山市群众艺术馆、佛山市博物馆、佛山市图书馆、佛山话剧团、石景宜文化艺术馆和金湖酒店对本次活动的大力支持。我还要特别提到李见深先生和皮道坚教授,他们对本次研讨会贡献良多,我代表主办单位和在座的每一位对他们表示诚挚的谢意!

我们在一起度过了一段美好的时光,朋友们,请记住一张张洋溢着友谊和欢乐的笑脸,请记住古老而年轻的佛山。为这次研讨会成功举办而做出贡献的所有的朋友,佛山不会忘记你们!

祝各位嘉宾和艺术家们一路平安!

谢谢各位。

（摘自 http://www.fswenhua.gov.cn/fswhjout/2002taoyi/bimuci.htm）

复习思考题

1. 办公室环境礼仪有哪些要求？
2. 办公室人员应遵循哪些礼仪规范？
3. 简述礼仪文书的特点。
4. 一般书信的笺文封文是由哪几部分构成的？
5. 简述电子邮件礼仪。

案例讨论分析

【案例1】小王为何能够留下来

小王是东北人，性情直率，活泼开朗。他来公司实习已经近两个月了，最近他从人事部门得到一个消息，公司决定留下他在单位继续工作。欣喜之余，他也总结了自己实习期间的一些心得。每天他都是最早到达办公室的，在其他同事到达办公室之前他已经做好了清洁，等待着大家的到来；每天，无论早晨上班、下午下班还是其他工作时间，只要见到同事，无论是否认识，他都会微笑着点头示意，或者用“您好”“早晨好”“再见”之类的问候语打个招呼；对于自己知道职衔的人，他都准确地称呼其职衔，凡是不知道的，他一律称呼为“老师”；在办公室闲聊的时间里，不打听别人隐私，不参与别人的争吵。不到两个月时间，就连楼里扫地的阿姨都认识了这个热情礼貌的大学生。

讨论题：

（1）分析小王能留下来的原因。

（2）本案例对你有哪些启示？

【案例2】汇报工作

小李是某科研机构的工作人员，业务一流，但不拘小节。单位因业务关系派他去某国进修，提高业务水平。进修回国后去领导处汇报工作,因领导正处理其他事务,请他稍等片刻。小李坐了片刻,于是就大大咧咧地翻阅起了办公室的报纸杂志。领导处理事情完毕,见他穿着背心、短裤、拖鞋,不由眉头一皱,但很快就恢复正常了,与他交谈起来。至此之后,单位有很多进修学习的机会,但领导不再批准小李去了。

讨论题:

(1)为什么小李丧失了再次进修学习的机会?

(2)本案例对你有何启示?

模拟实操训练

给父母写一封感谢信

实训目标:掌握一般写感谢信的规范要求与礼仪。

实训方法:将学生分为6~8人一组,在小组交流。每组选出写得最好的一人,在全班交流,老师点评。

第十章　专题会议礼仪

会议是指人们集合在一起，有议题、有组织、有步骤、有领导地研究、讨论、商议有关问题。专题会议是指为了达到特定目的，由主办或主持单位组织的、邀请特定的人参加的一种专门活动。专题会议主要包括洽谈会、新闻发布会、赞助会、展览会、联欢会等，组织、出席这些专题会议，必须讲究相关礼仪。

第一节　洽谈会礼仪

洽谈会又叫磋商会、谈判会，是指有关各方代表对涉及切身权益的有待解决的问题与对方交换看法和反复磋商，以寻求解决问题的途径，意欲达成协议的会议。

一、洽谈会前的准备

洽谈会前的充分准备是保证洽谈成功的关键。

（一）知己知彼，百战不殆

（1）知己知彼，首推知己。首先对自己要有一个真切的了解，自知才能知人。具体讲，就是要了解自己在会中的相对位置、自己的优势与劣势、自己的竞争能力等。此外，充分的心理准备、健康的心态也是洽谈取得成功的保证。

（2）掌握洽谈对手的基本信息。所谓“知彼”就是尽可能详细地调查、收集对方的各种情况，甚至要了解负责人或主谈对手的性格、兴趣、爱好等，只有对对方了解得真切，才能“心中有数”地制定策略。涉外谈判还要对对方的文化背景和礼仪习俗等有所了解，以便更好地沟通。

（二）组建洽谈小组

根据掌握的对方洽谈小组的信息，遵循对等性原则，选派与对方洽谈小组职务相似的人员参加洽谈。洽谈组应包括：领导人、主要成员、专业人员（如法律、金融、技术、商务等专业人员）和接待工作人员等。

（三）拟定洽谈计划

洽谈计划包括以下内容：

(1)洽谈组人员的确定。

(2)确定洽谈的主题，即洽谈的内容。如是签署合同还是索赔设备等。

(3)洽谈的目标。如交易额的大小、价格的高低等。

(4)洽谈的议程。如每次谈什么、何时谈、何地谈、如何谈、达到什么目的等等，事先都要有周密安排，以免在礼仪上有不周之处。

(5)洽谈地点。商务洽谈可分为客座洽谈、主座洽谈、客主座轮流洽谈、第三地点洽谈4种。客座洽谈是指在洽谈对手所在地进行的洽谈；主座洽谈是指在己方所在地进行的洽谈；客主座轮流洽谈是指在洽谈双方所在地轮流进行的洽谈；第三地点洽谈是指在不属于洽谈双方任何一方的地点进行的洽谈。

(6)日程安排。日程安排应兼顾各方的利益，必要时各方可以共同商讨，要统筹兼顾，通盘考虑。

洽谈是一个千变万化的过程。因此，不能把洽谈计划看得一成不变，寸步不让，可根据实际情况进行必要的调整。

（三）做好必要的物质准备

(1)洽谈人员的食宿行安排。要安排好洽谈人员的食宿行以及机票、火车票、船票的购买。特别要注意双方文化习俗的差异，尽可能满足洽谈人员的合理要求。

(2)洽谈本身所需要的物质准备。如具有通信、照明、冷暖设备且安静的房间，房间布置大方、庄重，有必要的文件、文具等。

二、洽谈会上的礼仪规范

（一）迎客

主方人员应提前到达，一般提前 5 ~ 10 分钟到达会谈地点较适宜。利用这段时间可以再检查一下会议室的准备及布置有无不妥之处。接待人员应在大门口迎候客人，并将其引入会议室，洽谈人员则在会议室门口迎接客人即可。

（二）就座

主方应请客方首先入座，或双方一起入座。一般洽谈会以椭圆桌或长桌为宜。双方人员各自在一方就座。若桌子横放，则面对正门的一方为上，应属于客人；背对正门的一方为下，应属于主方。若桌子竖放，则应以进门的方向为准，右为上，属于客人；左为下，属于主方。在进行洽谈时，各方的主谈人员应在自己一方居中而坐，其余人员则应遵循右高左低的原则，依照职位的高低自近而远地分别在主谈人员的两侧就座。如需要翻译，则应安排其就座于主谈人员的右侧。举行多边洽谈时，按照国际惯例，一般均以圆桌为洽谈桌来举行“圆桌会议”。在具体就座时，有关各方的与会人员应尽量同时入场，同时就座。

（三）寒暄

洽谈各方入座后，各方人员一般先进行相互介绍，特别是初次见面者。这时彼此寒暄几句，非常有助于缩短彼此之间的心理距离，缓解紧张气氛，为接下来的洽谈创造和谐的气氛。

（四）会谈

寒暄之后最好不要马上就进入洽谈主题，可选择一些与会谈正题无关的中性话题来沟通感情，创造融洽、和谐的会谈气氛。但时间不能太长，一般控制在 10 分钟之内。正式会谈时，除洽谈小组成员外，其他工作人员均应退出，也不允许其他人员随意进入。主谈人交谈时，其他人员不能随意交谈，不能翻看与会议无关的材料，不能打断他人的发言，更不能使用粗鲁的语言。

在洽谈桌上，各方为利益而争取的过程中，会出现分歧或争执，使洽谈会风起云涌。这时必须要注意语言的文明礼貌，表现出对对方的尊重。

（五）衣着打扮

洽谈人员要给对方留下良好的第一印象，使洽谈有一个良好的开端，应根据自己的年龄、身份、地位及场合选择服饰和搭配。洽谈者在衣着打扮上要正式一些，以表示对洽谈的重视和充分的准备；如果是非正式洽谈，也不用刻意打扮，穿着和平时上班一样就可以了，这样能给人一种轻松、随和的感觉，有助于交流，取得共识。

（六）谈吐举止

洽谈人员的谈吐应轻松自如，举止文雅大方，谦虚有礼，不可拘谨慌张，畏畏缩缩。在洽谈过程中，语言要清晰，尽量说普通话，注意使用文明礼貌用语，任何情况下，都不能使用粗鲁、污秽的语言或攻击性语言。洽谈时应注意语言的抑扬顿挫、轻重缓急，避免吐舌挤眼、语句不断、嗓音微弱或大喊大叫。

（七）送客

会谈结束后，主方应将客方送到门口或车前，礼貌握手道别，目送客方离去，方可回到室内。

三、洽谈会的收尾礼仪

洽谈会结束后，应将洽谈的成果以及洽谈取得成功的友好气氛继续下去，以利于今后各方的交往；对一些贸易洽谈而言，要马上落实各项任务，保证所签合同的履行；对于重要的洽谈会，可进行总结。

第二节　新闻发布会礼仪

新闻发布会也称记者招待会，是一种以发布新闻为主要内容的会议。新闻发布会礼仪是指有关举行新闻发布会的礼仪规范。新闻发布会的礼仪规范与大多数公共场合不同的是，它较少有客套的东西，其核心是“诚”，即真诚地面对新闻记者，坦诚地公布与组织机构有关的信息。

一、新闻发布会的特点

新闻发布会的特点有如下4个:

第一,形式比较正规、隆重,规格较高,易引起社会广泛注意。

第二,在新闻发布会上,记者可就自己感兴趣的方面进行提问,能更好地发掘消息,充分地采访组织,同时也能使组织更深入地了解新闻界。这种形式下的双向沟通,无论在深度上和广度上都较其他形式更为优越。

第三,新闻发布会往往占用记者和组织者更多的时间和经费,因此成本较高。

第四,新闻发布会对于组织的发言人和主持人要求较高,如发言人和主持人需要十分敏感、善于应对、反应迅速等。

二、新闻发布会前的准备

(一)确定举行新闻发布会的必要性

根据新闻发布会的特点,在新闻发布会举行之前必须对所要发布的消息是否重要、是否具有广泛传播的新闻价值及新闻发布的紧迫性与最佳时机进行分析和研究。只有在确认召开的必要性和可能性后,才可决定召开新闻发布会。

(二)确定主题

决定召开新闻发布会之后,首先就要确定新闻发布会的主题,即新闻发布会的中心议题。一般而言,新闻发布会的主题有以下3类:一是发布性主题,主要是发布如组织经营权的变动、重要人事变更等方面的消息;二是说明性的主题,主要是说明诸如组织推出的新产品等活动;三是解释性主题,如组织产品质量出现问题、重大的事故或突发性的事件等。

(三)人员的安排

新闻发布会的人员安排关键是要选好主持人和发言人。要求主持人仪表堂堂、反应机敏、口齿伶俐,有较高的文化修养和专业水平,一般由公关部长或办公室主任来担任。会议的发言人应由主办单位的主要负责人来担任。对发言人的要求除了在社会上口碑好、与新闻界关系较为融洽之外,还要求思维敏捷、学识渊博、能言善辩、修养良好、彬彬有礼。

此外,还要选一些负责会议现场工作的礼仪接待人员,一般由相貌端正、工作认真负责、善于交际应酬的年轻女性担任。

(四)选择新闻发布会的时间和地点

确定新闻发布会的时间要避开节日与假日,避开本地的重大活动,避开其他单位的新闻发布会,避免与新闻界宣传报道重点相左或撞车等。

还要确定新闻发布会本身所需要的时间。一般来讲,一次新闻发布会的时间长度应当限制在两个小时以内。举行新闻发布会的最佳时间是周一至周四的上午 10 点 ~12 点,或下午 3 点 ~5 点。

在新闻发布会地点的选择上主要考虑给记者创造各种方便采访的条件,如是否具备录像、拍摄的辅助灯光,视听辅助工具,幻灯、电影的播放设备等;会场的对外通信联络条件如何,交通是否便利;会场是否安静舒适,不受干扰;等等。

(五)邀请来宾

新闻记者是新闻发布会的主宾。对出席新闻发布会的记者要事先确定范围,具体应视问题涉及范围或事件发生的地点而定。一般情况下,与会者应是与特定事件相关的新闻界人士和相关公众代表。好事时多多益善,劣事时不宜宽泛。要尽可能地先邀请影响大、报道公正、口碑好的新闻单位。如果事件和消息只涉及某一城市,一般只邀请当地的新闻记者参加即可。

另外,确定邀请的记者后,请柬最好要提前一周发出,会前还应电话提醒。

(六)材料的准备

新闻发布会主办单位一般需要事先准备如下材料:一是发言提纲。它是发言人在发布会上进行正式发言时的提要,它要紧扣主题,体现全面、准确、生动、真实的原则。二是问答提纲,对被可能提问到的问题进行预测,并就此做好问答提纲及相应答案,供发言人参考。

三是报道提纲。精心为记者准备一份以有关数据、图片、资料为主的报道提纲。四是形象化视听材料。它包括图表、照片、实物、模型、录音、影片、幻灯片等,可增强新闻发布会的效果。

(七)组织参观

在新闻发布会的前后,可配合会议主题组织记者参观,给记者创造实地采访、拍摄、录像等机会,增强记者对会议主题的感性认识。应在将要参观的地方派专人接待,介绍情况。

三、新闻发布会中的礼仪

(一)做好会议签到工作

新闻发布会的入口处要设立签到处,安排专人负责签到、分发材料、引入会场等接待工作。接待人员要热情大方、举止文雅、彬彬有礼。

(二)严格遵守程序

要严格遵守会议程序,主持人要充分发挥主持者和组织者的作用,宣布会议的主要内容、提问范围以及会议进行的时间。主持人和发言人讲话时间不宜过长,不可与记者发生冲突。主持人要始终把握会议主题,维护好会场秩序。主持人和发言人会前不要单独与记者见面或提供任何信息。

(三)注意相互配合

在发布会上,主持人和发言人要相互配合,保持一致的口径,不允许公开顶牛、相互拆台。当记者提出的问题过于尖锐或难于回答时,主持人要想方设法转移话题,不使发言人难堪。而当主持人邀请某位记者提问之后,发言人一般要给予对方适当的回答,不然,对那位记者和主持人都是不礼貌的。

(四)礼貌作答

对于不愿发表和透露的内容,应委婉地向记者做出解释,不能以“我不清楚”或“这是保密的问题”来简单处理;遇到回答不了的问题时,应告诉记者如何去获得圆满答案的途径,不可说“无可奉告”或

"没什么好解释的";不要随便打断或阻止记者的发言和提问;即使是记者带有很强的偏见或进行挑衅性的发言,也不要激动和失态,说话要有涵养,切不可拍案而起,针锋相对地进行反驳。

(五)会议结束后的注意事项

新闻发布会结束之后,主办人员要与参加者一一道别,并感谢他们的光临。对于个别记者有特殊要求时,有关人员还应耐心地予以答复。

四、新闻发布会后的工作

新闻发布会后,主办单位应对照现场所使用的来宾签到簿与来宾邀请名单,核查一下新闻界人士的到会情况,据此可大致推断出新闻界对本单位的重视程度;整理、保存新闻发布会的有关资料,为以后的相关会议提供借鉴;及时收集媒体的报道,检查是否达到了举行新闻发布会的预期效果,是否有负面报道;对于敌视性的报道,应在讲究策略、方式的前提下据理力争,尽可能挽回声誉。

第三节　赞助会礼仪

赞助是指某一组织或个人拿出自己的财物对其他组织或个人无偿地给予捐赠和资助。在进行赞助时,为扩大影响,往往会为此举行一定规模的正式会议。这种以赞助为主题的会议,即为赞助会。

赞助会礼仪,一般指的是筹备、召开赞助会整个过程中所应遵守的有关礼仪规范。

一、赞助的类型

赞助对于组织或个人来说,有特殊的重要意义:可以提高组织或个人的知名度和美誉度;可以履行组织或个人的社会责任。

组织或个人可以提供以下几个方面的赞助:一是赞助体育事业。包括为体育馆捐资和赞助大型体育比赛。二是赞助文化活动。主要指赞助电影、电视节目的制作,赞助广播节目、报刊开辟专栏,赞助文艺表演，赞助知识竞赛、艺术节、文化节等大型文化活动。三是赞助教育事业。赞助设立奖学金、学校教学、科研经费，仪器设备、基本建设经费，赞助社会办学等。四是赞助社会福利事业。主要指为贫困地区、残疾人、孤寡老人和荣誉军人等提供帮助活动。

赞助方可以根据目的选择不同的赞助项目，同时还要考虑是以现金、实物、义卖还是义工的形式进行赞助。

二、赞助会的礼仪

赞助活动实施之际，往往需要举行一次正式的会议，将有关的事宜公告于社会。这种以赞助为主题的赞助会，在赞助活动中，尤其是大型赞助中是必不可少的。赞助会一般由受赞助方操办，也可由赞助方来办。

（一）场地的布置

赞助会的举办地点，一般可选择受赞助方所在单位的会议厅，也可租用社会上的会议厅。会议厅要大小合适，干净整洁。在主席台的正上方悬挂一条大红横幅，上边写“某某单位赞助某某项目大会”，或“某某赞助仪式”等字样。赞助会会场的布置不可过度豪华张扬，稍加装饰即可。

（二）人员的选择

参加赞助会的人员既要有充分的代表性，在数量上又不必太多。除了赞助单位、受赞助者双方的主要负责人及员工代表外，赞助会应当重点邀请政府代表、社区代表、群众代表以及新闻界人士参加。所有参加赞助会的人士，与会时都要身着正装，注意仪表，个人动作举止规范，以与赞助会庄严神圣的整体环境相协调。

（三）会议的议程

赞助会的具体会议议程应周密、紧凑，会议时间不应超过 1 小时。

1. 宣布会议开始

赞助会的主持人，一般应由受赞助单位的负责人或公关人员担任。在宣布正式开会之前，主持人应恭请全体与会者各就各位，保持肃静，并且邀请贵宾到主席台就座。

2. 奏国歌

全体与会者须起立。

3. 赞助单位正式实施赞助

赞助单位代表首先出场,口头上宣布其赞助的具体方式或具体数额。随后,受赞助方单位的代表上场,双方热情握手。接下来,由赞助方单位代表正式将标有一定金额的巨型支票或实物清单双手捧交给受赞助方单位代表。必要时礼仪小姐要为双方提供方便。在以上过程中,全体与会者应热烈鼓掌。

4. 双方代表分别发言

首先由赞助方代表发言,其发言内容重在阐述赞助的目的与动机,与此同时还可将本单位的简况略作介绍。然后由受赞助方代表发言,集中表达对赞助单位的感谢。

5. 来宾代表发言

根据惯例可以邀请政府有关部门的负责人讲话。其讲话内容一般主要肯定赞助单位的义举,呼吁全社会积极倡导这种互助友爱的美德。此项议程有时也可略去。

6. 赞助会结束

会后,双方主要代表及会议的主要来宾应合影留念。此后,宾主双方稍事晤谈,来宾即应告辞。一般情况下,在赞助会结束后,东道主大都不为来宾安排膳食。如确有必要,则以便餐为好,而绝对不宜设宴待客。

第四节　展览会礼仪

展览会是一种综合运用各种媒体、手段推广产品,宣传组织形象,建立良好公共关系的大型活动。

一、展览会的特点和类型

(一)展览会的特点

1. 形象的传播方式

展览会是一种非常直观、形象、生动的传播方式。展览会通常以实物展出为主,并配有专人讲解、现场示范表演等。这种直观、形象的活动,容易给观众留下深刻的印象。

2. 极好的沟通机会

展览会活动给组织提供了与公众直接沟通的极好机会。通常展览会上都有专人解答参观者的问题,并就他们感兴趣的问题进行深入讨论。这样参展单位在让公众了解本组织的同时,还能及时了解公众对本组织传播内容的反映,参展单位可根据公众反馈的信息进一步做好工作。

3. 多种传媒的运用

展览会是一种复合的传播方式,是同时使用多种媒介进行交叉混合传播的过程,集多种传播媒介于一体,有声音媒介,有文字媒介,有图像媒介等。这种复合性的沟通效果是其他传播媒介无法比拟的。

(二)展览会的类型

1. 综合性展览会

综合性展览会通常由专门性的组织机构或单位负责筹办,其他组织应召参加的一种全方位的展示活动。它的规模很大,参展项目很多,参展内容全面,综合概括性强。如"中国改革开放三十年成果展览会"。综合性展览会的时间一般较长,影响也相当大,对主办方和参展方的技术要求很高,故需要充分准备。

2. 专题性展览会

专题性展览会通常是由某一单位或行业性组织,围绕某一特定专题而举办的展示活动。与综合性展览会相比,其内容较为单一,规模较小,无综合性,但更要求主题鲜明、内容集中而有深度。如"中国酒文化博览会""北京物资学院成立30周年成就展览会"等。

二、展览会的组织准备工作

(一)明确展览会的主题

任何一个展览会都应有一个鲜明的主题,也只有明确了主题,才能明确展览会的对象、规模、形式等问题,并以此来进行展览会的策划、准备、实施,使展览会的宗旨和意图更加突出。主题也成为评价展览会效果的依据。

(二)确定展览会的时间和地点

在选择展览会举办的时间、地点时,要综合展览会的目的、对象、形式及效果等多种因素考虑。地点的选择可根据参展单位的地理区域不同来确定,还要考虑交通、住宿是否方便,辅助设施是否齐全,环境是否优美等问题。时间的选择要于己有利、于参展者有利,并与商品的淡旺季相匹配。

(三)选择参展单位

展览会主题确定后,主办方可根据展览会主题与具体条件,以给相关单位发邀请函、刊登广告、上门洽谈、开新闻发布会等方式,召集参展者。要注意两点:一是不强求参展;二是要对参展单位审核。不给不法厂家和假冒伪劣产品提供可乘之机,以达到对参观者负责的目的。

(四)搞好展览整体设计

展览会是一项系统工程,必须有一个整体设计,其基本要求是:展示陈列的各种展品要围绕既定的主题,进行互为衬托的合理组合与搭配,要在整体上显得井然有序、浑然一体。包括:展览场地、标语口号、展览标志、参展单位及项目、辅助设备、相关服务部门的设置和人员安排、信息的发布与新闻界的联络、对工作人员的培训等,都需要全面设计,周密安排。

(五)提供必要的辅助性服务项目

提供必要的辅助性服务项目主要包括:文书业务、邮电通信、交通运输、安全保卫、停车场、餐饮场所、业务洽谈场所等。由主办方为参展单位提供的这些辅助性服务项目,最好事先公布说明,并详尽说明有关费用的支付事宜。

(六)成立对外新闻发布机构

成立对外新闻发布的专门机构,负责与新闻界的联系,提供有价值的新闻资料,以扩大影响范围,增强展览会效果。工作内容主要有:制定新闻发布计划,举办记者招待会和发布会;邀请新闻界人士参加开幕式,邀请新闻界采访;撰写新闻稿,及时在各种媒体上报道相关消息等。

(七)培训工作人员

展览会的工作人员包括:接待人员、讲解员、操作演示人员及其他有关人员。理想的工作人员一要懂得展览项目的专业知识,能为观众提供专业咨询服务;二要善于交际,讲文明、懂礼貌,能得体地与各类观众交流;三要仪表端庄、大方。展览会的主办方应对所有工作人员进行必要的专业知识和礼仪知识的培训。

(八)做好安全保卫工作

在举办展览会之前,必须依法履行常规的报批手续,大型展览会应主动将展览会的举办详情及时向当地公安局通报。应制定防火、防盗、防水、防拥挤的措施,使展览会顺利进行。

三、展览会的礼仪要求

(一)展览会现场的礼仪要求

在展厅的门口,应贴出展览厅的平面图;在入口处,应设置咨询台、签到处和意见登记处;用于发放的宣传资料应印刷精美、资讯丰富,要有参展单位的联络方法;用于展览的展品应质量上乘,陈列整齐美观;等等。

(二)现场人员的礼仪要求

现场人员包括主办单位的工作人员、参展单位的工作人员和参观者。展览会上,现场人员都要遵守大会秩序,用礼仪规范来约束自己的言行,使展览会在友好、热烈的气氛中进行。

主办单位的工作人员要注意自己的形象,最好着统一服装,颜面要修饰,举止要文雅,女性要把头发盘起,男性不要留长发。搞好与参展单位的关系,做好各项服务工作,对既定的展期、展位、收费标准等,不能随意改动。

一般情况下,参展单位的工作人员,也应统一着装,可穿本单位的统一制服,或着深色西装、套裙。参展单位可安排礼仪小姐专门迎送客人,礼仪小姐应身着色彩鲜艳的单色旗袍,身披红绶带。全体工作人员要佩戴胸卡,女性最好化淡妆,男性应剃须。对待参观者要主动、热情,百问不烦、认真回答。在讲解时声音洪亮、语言流畅、语调清晰、实事求是。在讲解结束时,应向听众表示感谢。

作为参观者,要服从大会的管理,遵守大会的程序,与组织者共同维护展览会的程序和声誉,做一个文明、守法的参观者。

第五节　联欢会礼仪

联欢会是一个宽泛的概念,它包括各种组织举办的节日联欢会(如新年联欢会)、各种文艺晚会(如电影晚会、文艺表演晚会)、游艺晚会等。联欢会形式灵活,喜闻乐见,寓教于乐,深受人们的欢迎。它能够提高组织的凝聚力、向心力,活跃员工的文化生活。在加强组织与外部的交流与沟通、提高组织良好的形象等方面发挥着重要作用。联欢会重在娱乐,但也不可忽视其礼仪,否则会事倍功半。

一、联欢会的组织

(一)主题的确定

举办联欢会不是为联欢而“联欢”,而是为了达到一定的目的。例如为了缓解内部紧张的关系、加强与社区的联系等。可以根据不同的目的来确定联欢会的主题,使联欢会有明确的指导思想和预期的目标。在此基础上要选择好联欢会的形式,选择恰当的联欢会形式对于联欢会的成功有重要作用。联欢会的形式可以不拘一格,可以不断创新。

(二)时间、地点的确定

联欢会的时间一般选在晚上,根据实际情况有时也可选在下午。其会议的长度一般在两个小时左右为宜。联欢会的场地选择非常重要,最好选择宽敞明亮、有舞台、灯光、音响的场地。场地应加以布置,给人以喜庆、热烈、和谐、温馨之感。联欢会的座次要事先安排好,一般应将领导安排在醒目的位置上,其他人员最好穿插安排,以便于交流沟通。

（三）节目的选定

节目的选定应围绕联欢会的主题，尤其是开场和结尾的节目要相互呼应，紧扣主题，有目的，有意义，精彩、有吸引力，让人久久不能忘怀。正式的联欢会，要把选定的节目整理编印成节目单，发给观众，为观众提供方便。

（四）主持人的确定

主持人是联欢会中的关键人物，联欢会成功与否，很大程度上取决于主持人的水平。应选择仪表端庄、口齿伶俐、应变能力强、有舞台经验的人担任主持人。主持人通常为一男一女两个人。本单位如没有合适的主持人人选，可考虑外部聘请。

（五）彩排

正式的联欢会一定要事先彩排。这样有助于控制时间、堵塞漏洞，提高节目质量，增强演职人员的信心。非正式的联欢会也要对具体事项逐项落实，做到万无一失。

二、观众的礼仪规范

观众在参加联欢会、观看演出时，应遵守礼仪规范，主要包括以下事项。

（一）应提前入场

一般情况下，在演出正式开始之前15分钟左右入场，要对号入座，入座后坐姿要端正，切勿将座椅弄得乒乓直响，更不要把腿翘到前边椅背上。

（二）用心观看

观看节目演出时，要专心致志，不能交头接耳、窃窃私语；不要进行通讯联络，要自觉关闭手机或调到静音状态，不要吃东西；不能随意走动，不能大声说话，更不能起哄。总之，要自觉维护会场秩序，保持安静，使联欢会顺利进行。

(三)适时鼓掌

当主要领导、嘉宾入场或退场时,全场应有礼貌地鼓掌。演出至精彩时或感人之处时应即兴鼓掌。演出结束时应鼓掌以示感谢。对表演不佳的演员,要予以谅解,不要鼓倒掌,不要吹口哨、扔东西,这些做法是没有修养的表现。演出结束时,全体演员上台致谢时,观众应起立鼓掌,再次感谢演员的表演,不能熟视无睹,扬长而去。如有领导退场,应先让领导走后再退场。

延展阅读

1. 被"抖掉"的合同

有一位美国华侨,到国内洽谈合资业务,洽谈了好几次,最后一次来之前,他曾对朋友说:"这是我最后一次洽谈了,我要跟他们的最高领导谈,谈得好,就可以拍板。"过了两个星期,他又回到了美国,朋友问:"谈成了吗?"他说:"没谈成。"朋友问其原因,他回答:"对方很有诚意,进行得也很好,就是跟我谈判的这个领导坐在我的对面,当他跟我谈判时,不时地抖着他的双腿,我觉得还没有跟他合作,我的财都被他抖掉了。"

2. 礼仪的真谛

一次,在德国柏林空军俱乐部举行盛宴招待空战英雄,一位年轻的士兵斟酒时不慎将酒泼到乌戴特将军的秃头上。顿时,士兵惊愕,会场寂静,倒是这位将军悠悠然。他轻抚士兵肩头,说:"老弟,你以为这种治疗能再生头发吗?"会场立即爆发出了笑声,人们紧绷的心弦松弛下来了,盛宴保持了热烈欢乐的气氛。

英国王室为了招待印度当地居民的首领,在伦敦举行晚宴,身为皇太子的温莎公爵主持这次宴会。宴会上,达官贵人们觥筹交错,相与甚欢,气氛融洽。可就在宴会快要结束时,出现了这样一幕:侍者为每一位客人端来洗手盘,印度客人看到那么精巧的银制器皿盛着亮晶晶的水,以为是喝的水呢,就端起来一饮而尽。温莎公爵神色自若,一边与众人谈笑风生，一边也端起自己面前的洗手水，像客人那样自然而得体地一饮而尽。接着，大家也纷纷效仿，原本即将要造成的难堪与尴尬顷刻消失，宴会取得了预期的成功，当然也使英国国家的利益得到了进一步的保证。

（摘自王玉强:《智慧背囊》，南方出版社，2005年版）

3."以右为上"礼节的来由

在各种类型的国际交往中，大到政治磋商、商务往来、文化交流，小到私人接触、社交应酬，但凡有必要确定并排列具体位置的主次尊卑，"以右为尊"都是普遍适用的。例如，在并排站立、行走或者就座的时候，为了表示礼貌，主人要主动居左，而请客人居右。男士应当主动居左，而请女士居右。晚辈应当主动居左，而请长辈居右。未婚者应当主动居左，请已婚者居右。职位、身份低者应当主动居左，而请职位、身份高者居右。在排列涉外宴会的桌位、席次时，同样必须应用"以右为尊"原则。在宴会厅内摆放圆桌时，通常应以"面对正门"的方法进行具体定位。如果只设两桌，以右桌为主桌（这里所说的右桌指的是在宴会厅内面对正门时居于右侧的那一桌）。如果是需要设置多桌时，在宴会厅内面对正门对位于主桌右侧的桌次，应该被看成高于位于主桌左侧的桌次。

以右为尊、以右为上的礼数从古至今，由来已久，在中、西方文化交流中也是达成共识的。那么你知道以右为上的礼节从哪里来吗？

据说在冷兵器时代，人们争斗的武器是剑和刀，而一般的人是将剑和刀持于身体的左侧，以左手执刀剑的居多。当双方放弃争斗，愿意和平协商时，主动一方将对方让于自己的右位就座，实际上是将最有利于进攻的位置让给了对方，而将最不利于进攻又不利于防守的位置留给了自己，这无疑是最充分地表达了自己和平的诚意，最充分地展示了主人的豁达，这恰恰释解了礼仪和礼节的真谛，即礼仪、礼节无非是将方便让给别人、将不利留给自己的一种仪式而已。

4.敬语缘何招致不悦

一天中午，一位住在某饭店的国外客人到饭店餐厅去吃饭，走出电梯时，站在电梯口的一位女服务员很有礼貌地向客人点点头，并且用英语说:"先生，您好！"客人微笑地回道:"你好，小姐。"当客人走进餐厅后，引位员发出同样的一句话："您好，先生。"那位客人微笑着点了一下头，没有开口。客人吃好午饭后，顺便到饭店的庭院中去遛遛，当走出内大门时，一位男服务员又是同样的一句话："您好，先生。"

这时客人下意识地只是点了一下头了事。等到客人重新走进内大门时，劈头见面的仍然是那个服务员，"您好，先生"的声音又传入客人的耳中，此时这位客人已感到不耐烦了，默默无语地径直去乘电梯准备回房间休息。恰好在电梯口又碰见那位女服务员，自然又是一成不变的套话："您好，先生。"客人实在不高兴了，装做没有听见的样子，皱起了眉头，而这位女服务员却丈二和尚摸不着头脑！

这位客人在离店时，写给饭店总经理一封投诉信，内中写道："……我真不明白你们饭店是怎样培训员工的？在短短的中午时间内，我遇到的几位服务员竟千篇一律地简单重复一句话'你好，先生'，难道不会使用其他的语句吗？"

迎宾员应该记住客人，每次用不同的打招呼方式，让顾客感觉亲切。

（摘自 http://blog.tianya.cn/blogger/post－show.asp? BlogID = 261657&PostID = 8318578）

复习思考题

1. 何为新闻发布会？
2. 简述新闻发布会的礼仪。
3. 如何做好洽谈会前的准备工作？
4. 赞助会的礼仪要求有哪些？
5. 如何举办展览会？
6. 联欢会对观众有哪些礼仪要求？

案例讨论分析

【案例1】会场上的"明星"

小刘的公司应邀参加一个研讨会，该研讨会邀请了很多商界知名人士以及新闻界人士参加。老总特别安排小刘和他一道去参加，同时也让小刘见识一下大场面。

开会这天小刘早上睡过了头，等他赶到，会议已经进行了20分钟。他急急忙忙推开了会议室的门，“吱”的一声脆响，他一下子成了会场上的焦点。刚坐下不到5分钟，肃静的会场上响起了摇篮曲，是谁放的音乐？原来是小刘的手机响了！这下子，小刘可成了全会场的“明星”……没多久，就听说小刘已经离开了该公司。

讨论题：

(1)小刘失礼的地方表现在哪里？

(2)参加各种会议应该注意哪些礼仪？

【案例2】“请张市长下台剪彩”

某公司举行新项目开工剪彩仪式，请来了张市长和当地各界名流嘉宾参加，请他们坐在主席台上。仪式开始时，主持人宣布：“请张市长下台剪彩！”却见张市长端坐没动；主持人很奇怪，重复了一遍：“请张市长下台剪彩！”张市长还是端坐没动，脸上还露出一丝恼怒。主持人又宣布了一遍：“请张市长剪彩！”张市长才很不情愿地勉强起来去剪彩。

讨论题：

请指出本案例中主持人的失礼之处。

模拟实操训练

【项目1】模拟洽谈会

实训目标：掌握洽谈会相关礼仪规范。

实训准备：会议桌椅、学院简介、宣传画册、会议桌牌、茶具、照相机等。

实训方法：某院系为推进毕业生就业，专门邀请了10位企业的领导进行会谈。

请模拟演示这次洽谈会程序，最后安排企业领导与师生合影。

实训要求：

(1)将学生分为两组进行;学生分别担任相关角色。

(2)会谈的具体内容可虚拟,最终必须达成一致意见。

(3)学生分别谈参与训练的感受以及存在的问题。

(4)教师最后总结、点评。

【项目2】模拟新闻发布会

实训目标:掌握新闻发布会的组织及礼仪。

实训准备:话筒、会场布置、发言提纲、桌牌、录像机等。

实训方法:本班刚刚组建新一届班委会,准备召开一次"新闻发布会"活动。会上,班委会将发表"施政纲领",还将接受班里同学的提问。

实训要求:

(1)挑选主持人、发言人,其余同学扮演各媒体记者。

(2)新闻媒体的名称由扮演者自拟。

(3)发言材料及提问自行设计。

(4)每位扮演者都要以相应身份、角色发言或提问。

(5)将新闻发布会录像另找时间播放,并进行评价。

第十一章　仪式活动礼仪

仪式是举行典礼或重要活动的程序、形式。在人际交往中，特别是在一些比较重大、比较庄严、比较隆重、比较热烈的正式场合，为了激发起出席者的某种情感，或者是为了引起其重视，而郑重其事地参照合乎规范与管理的程序，按部就班地举行某种活动。它主要包括签字仪式、开业仪式、庆典仪式、剪彩仪式等。讲究仪式礼仪是现代交际的一项重要内容。

第一节　签约仪式礼仪

签约，即合同的签署。签约仪式通常是指协议双方或多方的代表正式在有关的协议或合同上签字的一种庄严而隆重的仪式。我国法律规定，合同一般只有当事人达成书面协议并签字时，才能宣告成立。为了体现合同的严肃性，表示各方共同遵守协议的诚心，同时也为了扩大双方的社会影响，在签署比较重大的合同时，一般都会郑重其事地举行签约仪式。签约仪式时间虽短，但程序却应规范认真，气氛应庄严严肃，仪式应隆重热烈。签约仪式由准备和签字两个阶段组成。

一、签约仪式的准备

签约仪式是组织具有“里程碑”意义的大事，应高度重视，充分准备，做到万无一失。

（一）待签合同文本的准备

对合同的要求是目的明确、内容具体、用词准确、数据精确、项目完整、书面整洁、遵纪守法、符合惯例、合乎常理、顾及对手。

经双方签字的合同即具有法律效力。所以，合同文本的准备关系到双方的切身利益，关系到合同是否能顺利履行，一定要慎重严肃。按照惯例，待签合同的正式文本应该由主方负责准备，但为了避免合同产生歧义、引起纠纷，主方应主动会同签约各方一起指定专人，共同负责合同的起草、翻译、校对、定稿、印刷和装订，以确保合同的准确无误。

在准备文本的过程中，除了要核对谈判协议条款与文本的一致性以外，还要核对各种批件、证明等是否齐备，是否与合同相符等。审核文本必须对照原稿件，做到每字不漏。对审核中发现的问题，要及时进行通报，经过再谈判，达到谅解一致，并相应调整签约时间。

按照常规，主方应为在文本上签约的有关各方均提供一份待签文本，必要时，还应为各方提供一份副本。与外商签订有关的协议、合同时，按照国际惯例，待签文本应同时使用宾主双方的母语。

待签文本应装订成册，并以真皮、仿皮或其他高档质料作为封面，以示郑重。其规格一般为大八开，所用的纸张务必高档，印刷要精美。

（二）选择并布置签字厅

签字现场可以是常设的专用签字厅，也可以临时以会议厅、会客室代替。签字现场只有桌椅，其他家具一律不要。地上可铺地毯。布置签字现场的原则是：庄重、整洁、安静。

一般在签字厅内设置一张长方桌作为签字桌。签字桌的上方可悬挂横幅，写有“某某某（项目）签字仪式”字样。桌面应覆盖深色台布，一般为墨绿色或深蓝色。签署双边性合同时，桌后放两把椅子，为双方签字人员座位。通常以右为尊，即将客方签字人安排在桌子的右侧就座，主方签字人在桌子左侧就座。各自的助签人员在其外侧助签，其余参加人在各自主签人的身后列队站好。站立时各方人员按职位高低由中间向两边依次排列。签署多方性合同时，桌后仅放一把椅子，供各方签字人签字时轮流就座，各方按事先商定的先后顺序，主签人及助签人依次上前签字。

在签字桌上，事先应放好待签文本以及签字笔、吸墨器等签字时所用的文具，签字桌上可放置各方签字人的席卡。涉外签字仪式应当用中英文两种文字标示，并在签字桌上摆放各方的国旗。签署双边性文本时,国旗应摆放在该方签字人坐椅的正前方;签署多边性合同、协议时,各方的国旗应按照礼宾顺序摆放在各方签字人的身后。

(三)确定各方签字人员

签约仪式举行之前,有关各方应事先确定好参加签约仪式的人员,并向有关方面通报。尤其是客方,要将出席签约仪式的人数提前通报给主方,以便主方做好安排。一般而言,参加签约仪式的人员,基本上是各方参加会谈的全体成员,各方出席的人数应大体相等,各方主签人的身份、职位应大致相当。参加签约的各方,事先还要安排一名熟悉仪式程序的助签人员,签字时负责文本翻页,并为主签人指明签字处,防止漏签。为了表示重视,各方一般常常邀请更高一级的领导人出席签字仪式。

(四)出席签约仪式人员的服饰要求

由于签约仪式礼仪性极强,签字人员的穿着也有具体要求。按照规定,出席签约仪式的人员,男性应当穿具有礼服性质的深色西服套装、中山装套装,同时配白色衬衣、单色领带、黑色皮鞋和深色袜子;女性则应穿套裙、长筒丝袜、黑色皮鞋;服务接待人员和礼仪人员则可穿工作制服或旗袍一类的礼仪性服装。

二、签约仪式的程序及礼仪要求

虽然签约仪式并不长,但它是合同、协议签署的高潮,其程序规范、庄重、热烈。主要包括以下步骤。

(一)签约仪式开始

参加签约仪式的各方人员共同进入会场,相互握手致意,按既定的位次同时入座。双方助签人员要分别站在己方签字者的外侧,协助翻揭文本,指明签字处,并为业已签署的文件吸墨防洇。

(二)签字人签署文本

签字人签署文本通常的做法是先签署己方保存的合同文本,再接着签署他方保存的合同文本,这一做法在礼仪上称为“轮换制”。它的含义,是在位次排列上,轮流交换使有关各方有机会居于首位一次,以显示机会均等,各方平等。

(三)交换合同文本

双方签字人正式交换已经有关各方正式签署的文本,交换后,各方签字人应该相互热烈握手,互致祝贺,并相互交换各自方才使用过的签字笔作为纪念。这时全场人员应该热烈鼓掌,表示祝贺。

(四)共同举杯庆贺

交换已签署的合同文本后,礼宾小姐会用托盘端上香槟酒,有关人员特别是签字人员当场干上一杯香槟酒,这是国际上通用的旨在增添喜庆色彩的做法。

此外,双方全体人员可合影留念。

(五)有秩序退场

应请双方最高领导者及客方先退场,最后是主方退场,整个签约仪式结束。整个仪式以半小时为宜。

签约仪式后,主方可设宴会或酒会招待所有参加谈判和签约的人员,以示庆贺。

第二节　开业仪式礼仪

开业仪式,是指在单位创建、开业,项目完工、落成,某一建筑物正式启用或某工程正式开始之际,举办某项活动之初或开始某项工作之时,为表示庆贺或纪念,经过精心策划而按照一定的程序隆重举行的专门仪式。它的目的是为组织创造一个良好的社会形象,扩大影响,提高知名度。

开业仪式是一个统称,在不同的场合,叫法名称不同,主要包括:开幕式仪式、奠基仪式、竣工仪式、开工仪式、破土仪式、下水仪式、通车仪式等。

一、开业仪式的准备工作

(一)策划开业仪式

凡事预则立,不预则废。在策划开业仪式之前,首先要成立相关的临时性组织机构，如开业仪式领导小组或办公室，为开业仪式的顺利进行提供组织上的保证。随后开始精心策划开业仪式方案。开业仪式方案应主题明确，语言精练，形象鲜明。

（二）做好舆论宣传

举办开业仪式的主要目的是提高组织的知名度和美誉度，塑造组织良好的自制形象，吸引社会各界对组织的重视与关心，因此必须运用传播媒介，广而告之，以吸引公众的注意。在传播媒介的选择上，可以利用大众传播媒介如报纸、杂志、广播、电视等，或自制广告，或醒目条幅、宣传画等。宣传的内容一般包括：开业仪式举行的日期、地点及企业的经营范围、经营特色，开业的优惠情况和馈赠，乘车路线等。还要邀请新闻界的记者到场进行采访、报道，以利于广泛宣传。

（三）拟订宾客名单

开业仪式成功与否，在很大程度上与参加仪式的主要宾客的身份、人数有直接关系。因此，在开业仪式前应拟订好宾客邀请名单，地方领导、上级主管部门的领导、合作单位与同行单位的领导、社会团体的负责人、社会名流、新闻媒体等，都是邀请时应予优先考虑的重点。对邀请出席的来宾，可以电话邀请、发传真、发请柬或派专人当面邀请等，其中发请柬是最为正式和隆重的方法。请柬应当面送达，以示对客人的敬重。请柬要精美大方，红色最好，填写要认真，不能有错。最好提前一周送达。

（四）布置现场环境

开业仪式多在开业现场举行，其场地可以是正门之外的广场，也可以是正门之内的大厅。按惯例，举行开业仪式时宾主一律站立，故一般不设主席台或座椅。为了烘托热烈、隆重、喜气的气氛，在来宾尤其是贵宾站立之处铺设红色地毯，并在场地四周悬挂横幅、标语、气球、彩带等，两侧醒目之处，摆放来宾赠送的花篮、贺匾。在适当的位置放好签到簿、本单位的宣传资料、待客的饮料等。开业仪式举行时所使用的用具、设备，如音响、摄影、摄像设备等、必须事先认真进行检查、调试，以确保开业仪式顺利进行。

（五）安排接待服务工作

对来宾的接待服务工作一定要指派专人负责，重要来宾的接待应由组织负责人亲自完成。要安排专门的接待室，室内干净明亮，茶具洁净，如果不允许吸烟，应用礼貌标语牌提示。要准备好来宾留言簿及笔、砚、墨等文具。为了便于来宾了解组织的情况，可印刷有关的材料赠送。

在举行开业仪式的现场，本单位的员工要以主人翁的身份热情待客，有求必应。来宾的欢送、引导、陪同、招待等一般由年轻、精干、身材和相貌较好的男女青年来担任。若来宾较多时，须为来宾准备好专用的停车场、休息室，并应为其安排饮食。搞好服务接待工作，可以使来宾感受到主人的尊重和敬意，会给来宾留下深刻的印象。

（六）拟订仪式程序

为了使开业仪式顺利进行，在筹备之时必须草拟具体程序。开业仪式大都由开场、过程、结局三大基本程序构成。开场，即奏乐、邀请来宾就座、宣布仪式正式开始、介绍主要来宾。过程，是开业仪式的核心内容，它通常包括本单位负责人讲话、来宾代表致辞、启动某项开业标志等。结局，则包括开业仪式结束后，宾主一同进行现场参观、联欢、座谈等。还要选择好称职的开业仪式主持人。

（七）准备馈赠礼品

举行开业仪式时赠予来宾的礼品是一种宣传性传播媒介，只要准备得当，往往能产生很好的效果。礼品要突出纪念性，具有一定的纪念意义，让人珍惜，爱不释手。同时也要突出其宣传性，可在礼品的包装上印有组织标志、庆典开业日期、产品图案、企业口号和服务承诺。

二、开业仪式的种类

（一）开幕仪式

开幕仪式是开业仪式最常见的形式之一，是我们平时接触最多的仪式。

开幕仪式通常是指公司、企业、宾馆、商店、银行等正式启用之前，或是各类商品的展示会、博览会、订货会等正式开始之前举行的相关仪式。当开幕仪式举行之后，公司、企业、宾馆、商店、银行等将正式营业，有关商品的展示会、博览会、订货会等将正式接待顾客与观众。

举行开幕仪式需要较为宽敞的活动空间，门前广场、展厅门前、室内大厅等处，均可用做开幕仪式的举办地点。

开幕仪式的基本程序如下：

(1)仪式开始，全体肃立，介绍来宾。

(2)邀请专人揭幕或剪彩。揭幕的具体做法是：揭幕人行至彩幕前恭位，礼仪小姐双手将开启彩幕的彩索递交对方，揭幕人随之目视彩幕，双手拉启彩索，令其展开彩幕。全场人员目视彩幕鼓掌，并奏乐。

(3)在主人的亲自引领下，全体到场者依次进入幕门。

(4)主人致辞答谢。

(5)来宾代表致祝词。

(6)主人陪同来宾进行参观。开始正式接待顾客或观众，对外营业或对外展览宣告开始。

(二)开工仪式

开工仪式，即工厂准备正式开始生产产品、矿山准备正式开采矿石等时所专门举行的庆祝性、纪念性活动。开工仪式一般在生产现场举行。除司仪人员按惯例应着礼仪性服装之外，东道主一方的全体职工均应穿着干净而整洁的工作服出席仪式。

开工仪式的基本程序如下：

(1)仪式开始，全体肃立，介绍来宾，奏乐。

(2)在司仪的引导下，本单位的主要负责人陪同来宾行至开工现场机器开关或电闸旁。大家肃立，不得随意走动。

(3)宣布正式开工。届时应请本单位职工或来宾代表来到机器开关或电闸旁首先对其躬身施礼，然后再动手启动机器或合上电闸。此刻，全体人员应鼓掌祝贺，并奏乐。

(4)全体职工各就各位，上岗进行操作。

(5)正式开工后，由单位负责人带领全体来宾参观生产现场。

(三)奠基仪式

奠基仪式是指一些重要的建筑物,如大厦、场馆、亭台、楼阁、园林、纪念碑等动工修建前正式举行的庆贺性活动。

奠基仪式举行的地点,一般应选择在动工修筑建筑物的施工现场。而奠基的具体地点,按常规均应选择在建筑物正门的右侧。在一般情况下,用以奠基的奠基石为一块完整无损、外观精美的长方形石料。在奠基石上,通常文字应当竖写。在其右上款,应刻有建筑物的正式名称。在其正中央,应刻有“奠基”两个大字。在其左下款,应刻有奠基单位的全称和举行奠基仪式的具体年、月、日。奠基石上的字体,一般用楷体字刻写,并且最好是白底金字或黑字。在奠基石的下方或一侧,还应安放一只密封完好的铁盒,内装该建筑物的各项资料以及奠基人的姓名。届时,它将同奠基石一道被奠基人等培土掩埋于地下,以示纪念。

通常,在奠基仪式的举行现场应设立彩棚,安放该建筑物的模型或设计图、效果图,并使各种建筑机械就位待命。

奠基仪式的基本程序如下:

(1)仪式开始,介绍来宾,全体肃立。

(2)奏国歌。

(3)主人对建筑物的功能、设计规划等进行介绍。

(4)来宾致辞道贺。

(5)正式进行奠基。这是奠基仪式中最重要的步骤。此时,应锣鼓喧天,或演奏喜庆乐曲。首先由奠基人双手持握系有红绸的新锹为奠基石培土。随后,再由主人与其他嘉宾依次为之培土,直至将其埋没为止。

(四)竣工仪式

竣工仪式也称落成仪式。它是指本单位所属的某一建筑物或某项设施建设、安装工作完成之后,或是某一纪念性、标志性建筑物如纪念碑、纪念塔等建成之后,以及某种意义特别重大的产品生产成功之后,所专门举行的庆贺性活动。竣工仪式一般应在现场举行,如新落成的建筑物之外、纪念碑的旁边等。

在竣工仪式举行时,全体出席者的情绪应与仪式的具体内容相协调。如在庆贺工厂、大厦落成时,应当表现得欢快而喜悦;在庆祝纪念碑落成时,则应表现得庄严而肃穆。

竣工仪式的基本程序如下:

(1)宣布仪式开始,全体起立,介绍来宾。

(2)奏国歌,并演奏本单位标志性歌曲。

(3)本单位负责人发言,以介绍、回顾、感谢为主要内容。

(4)进行揭幕或剪彩。

(5)全体人员向刚刚落成的建筑物行注目礼。

(6)来宾致辞。

(7)全体人员进行参观。

(五)破土仪式

破土仪式也称破土动工。它是指在道路、河道、水库、桥梁、电站、厂房、机场、码头、车站等正式开工之际,为此专门举行的动工仪式。破土仪式举行的地点,一般都选择在工地的中央或一侧。举行仪式前,要认真地清扫、平整、装饰现场,防止出现道路坎坷泥泞、飞沙走石的状况。

由于破土仪式的地点选择在工地上进行,条件比较差,可在现场临时搭建一些供来宾休息的帐篷或简易活动房屋,避免来宾受到风吹、日晒、雨淋。

破土仪式的基本程序如下:

(1)仪式开始,介绍来宾,全体肃立。

(2)奏国歌。

(3)主人致辞。以介绍与感谢为发言重点。

(4)来宾致辞祝贺。

(5)正式破土动工。首先,众人环绕于破土处周围肃立,并且目视破土者,以示尊重;其次,破土者需双手执系有红绸的新锹垦土3次,以示良好的开端;最后,全体在场者一起鼓掌,并演奏喜庆音乐或燃放鞭炮。

一般来讲,奠基仪式和破土仪式在具体程序上大同小异,其适用范围也大体相近。因此,这两种仪式不宜同时举行于一处。

三、开业仪式中的礼仪要求

在各种形式的开业仪式中,从人员构成上看,基本上包括主办方和宾客方。双方都要遵守相应的礼仪规范要求。

(一)开业仪式主办方的礼仪

1. 守约守时

作为开业仪式的主办方,守时是基本的要求。包括:在规定的日期如期举行仪式,不得有变动;保证各种仪式的准时开始和准时结束,不延长仪式时间;出席本单位开业仪式的每一位人员,都应严格遵守时间,不迟到,不无故缺席,不中途退场。

2. 注意形象

所有出席本单位仪式的人员,事先应做适当的修饰。有条件的单位最好着统一服装,在整个仪式过程中,主办方人员要保持良好的精神面貌,不得嬉笑打闹,不得做与仪式无关的事,如看报、打瞌睡等。不要东张西望、随意走动、大声喧哗等。

3. 待客友善

遇到来宾要主动热情问好,对来宾提出的问题应予以友善的回答。当来宾发表贺词后,应鼓掌表示感谢。席位的安排要符合礼仪规范。

(二)开业仪式宾客的礼仪

1. 守时

作为参加开业仪式的宾客也要守时,按时出席,准时参加,如有特殊情况不能到场,应及早通知主办方,并表示歉意。

2. 懂礼

在参加开业仪式时,可送些贺礼,如花篮、镜匾等,以表示祝贺。见到主办方负责人时,应向其表示祝贺并说一些吉利话。入座后,应礼貌地与邻座打招呼。在仪式上致贺词时要简短精练,注意使用文明用语。在仪式过程中,宾客要根据进展情况,做一些礼节性的附和,如鼓掌、参观、写留言等。仪式结束后,宾客离开时,要与主办单位领导、主持人、服务人员握手告别,并致谢意。

3. 着装

着装要与参加的仪式相适应,服装要平整、干净、合身。

第三节 庆典仪式礼仪

庆典,是各种庆祝仪式的统称。是指围绕重大事件或重要节日而举行的既隆重又热烈的纪念庆祝活动,具有热烈、欢乐、喜悦、隆重的特点。

一、庆典仪式的分类

一般来说,组织举行的庆典仪式有4类:

一是本单位成立周年庆典。通常是逢五、逢十举行。如本单位成立30周年。

二是本单位荣获某项荣誉的庆典。如单位开发出的新产品在国内荣获大奖。

三是本单位取得重大业绩的庆典。如万日无生产事故、企业销售量突破100万台。

四是本单位取得显著发展的庆典。如本单位上市成功。

主办单位希望通过庆典活动来表现工作成果,展示稳健的发展历程,显示可靠的实力和信誉,借机谋求新闻媒体的报道,联络公众,增进友谊。

二、庆典仪式的准备工作

(一)成立庆典仪式筹备组

庆典活动一经决定举行,即成立筹备组全权负责。筹备组根据需要可以下设专项小组,如接待小组、财务小组、会务小组等。筹备组成员应由各方面的有关人员构成,要能办事、会办事、办实事。要划拨一定的活动经费给筹备组,使之能开展工作。

(二)确定庆典形式和规模

确定庆典活动的形式和规模应当考虑本单位的性质、特点和自身的经济实力。一般而言，与百姓生活比较密切的，最好选择能使社区公众知晓的庆典活动形式；如果是具有重大意义的，最好采取具有轰动效应的庆典活动形式；资金雄厚的可以组织大规模或豪华的庆典活动，反之则以小巧简朴取胜。

（三）拟订邀请嘉宾名单

应根据庆典的形式和规模来拟订邀请嘉宾的人数与名单。邀请嘉宾的人数不以“多”为好，要符合庆典热烈、欢快、隆重的宗旨，更不能让对方勉为其难。一般选择的嘉宾应包括：地方行政官员、上级主管领导、当地的知名人士、协作单位的负责人或合作伙伴、各类传媒机构的记者、社区公众代表等。邀请嘉宾一般在典礼前一周以电话、请柬、上门邀请等方式进行。对于特别重要的嘉宾要派专人正式邀请。不论以何种方式邀请，工作人员都要态度诚恳、言辞委婉，力争使各方面的嘉宾都能到场。

能够出席庆典活动是一种荣誉，所以在组织庆典时，应选出本单位员工代表参加。一般要优先邀请单位的先进工作者或在工作岗位上有突出贡献的人员。

（四）精心安排好嘉宾的接待工作

庆典仪式的接待工作，原则上应由年轻、精干、身材与形象较好，口头表达能力和应变能力较强的男女青年组成，负责嘉宾的迎送、引导、陪同与接待。对于年事已高或重要嘉宾要有专人负责陪同。不仅要热心细致地照顾好每一位嘉宾，而且还要通过接待工作，使嘉宾感受到主人真挚的尊重与敬意，使每一位来宾心情舒畅。

（五）布置会场及准备物品

选择会场具体地点时，应结合庆典的规模、影响力及本单位的实际情况来决定。本单位的礼堂、会议厅、门前的广场以及外借的大厅均可。在室外举行庆典时，切忌因地点选择不慎，从而制造噪声，妨碍交通或治安。

为渲染出隆重、热烈的氛围，可在场地四周悬挂横幅、气球、彩带，会场两边摆放嘉宾赠送的花篮、牌匾。主席台及主宾位置应安排在会场前方突出显眼的部位。根据庆典活动的需要放置桌椅并铺上台布，摆置鲜花和茶具，悬挂条幅或张贴主题词、宣传画及安装调试好音响、照明、摄影、摄像等设施设备。庆典活动中所需的签到簿、纪念品、意见簿或留言簿、鞭炮、各种演出用具等也应一一准备到位。

(六)安排好娱乐节目

除了在庆典过程中安排舞狮舞龙或乐队伴奏外，在揭幕完毕后，可安排歌舞表演、鞭炮礼花，还可组织嘉宾参观本单位的设施、陈列等，增加宣传本单位的机会。

三、庆典仪式的基本程序及礼仪要求

庆典仪式与开业仪式程序基本相同。在庆典仪式开始前，请嘉宾就座，并逐一介绍嘉宾。

(1)宣布庆典正式开始。全体起立，升国旗，奏国歌，然后唱本单位标志性歌曲。

(2)本单位主要负责人致辞。其内容主要是：对来宾表示感谢，介绍举办此次庆典的缘由等。

(3)邀请嘉宾讲话。一般来讲，均要安排出席庆典的上级主要领导、协作单位及社区单位代表讲话或致贺词。

(4)安排文艺演出。演出要与庆典活动的宗旨相一致。

(5)专项活动。庆典活动结尾时，安排的专项活动一般有参观、座谈会、观看表演、宴请招待等。

其中(4)和(5)项的内容可有可无。

在庆典整个过程中，不论是主办方还是嘉宾都要注意自己的形象礼仪。做到遵守时间、仪容整洁、服饰规范、仪表得体、遵守时间、庄重自然、态度友好、行为自律、遵守大会秩序、服从大会人员的管理等。

第四节　剪彩仪式礼仪

剪彩仪式是有关的组织为了庆贺其成立开业、大型建筑物落成、道路或航线的开通、大型展销会或展览会的开幕等而隆重举行的庆贺活动。因其主要活动内容是邀请专人使用剪刀剪断被称之为“彩”的

红色缎带,故此被人们称之为剪彩。它的目的和其他仪式一样,也是为树立良好形象,扩大影响,引起社会各界的关注。

一般来讲,在各式各样的开业仪式中,剪彩都是一项极其重要的、不可或缺的程序。尽管它可以被单独地分离出来,独立成项,但是在更多的时候,它是附属于开业仪式的,这是剪彩仪式的重要特征。

剪彩仪式有既定的惯例、规则,其具体的程序也有一定的规范要求,即剪彩礼仪。

一、剪彩仪式的准备

剪彩仪式的礼仪与开业仪式有相同之处,同样需要做好以下内容的准备工作:策划好舆论宣传、拟好请柬的发放范围、布置好仪式现场、安排好来宾的接待、做好礼品的馈赠工作等。但是因为剪彩的独特性,在此只介绍特别准备工作中的两项内容:剪彩物品的准备和剪彩人员的确定。

(一)剪彩物品的准备

1. 红色缎带

红色缎带即剪彩仪式之中的“彩”,其作为主角,自然是万众瞩目之物。传统做法是,它应当由一整匹未使用过的红色绸缎在中间扎上数朵花团而成。红色绸缎上的花朵数目视剪彩人数而定,可多于剪彩人数一个,这样可使每一位剪彩者处于两朵红花之间,显得正式;也可少于剪彩人数一个,则仪式不同常规,颇有新意。

2. 新剪刀

新剪刀是专供剪彩者在剪彩时所使用的,必须是每位现场剪彩者人手一把,而且必须崭新、锋利且顺手。事先一定要逐一检查剪刀是否好用,以确保剪彩者在剪彩时能一刀剪断。在剪彩仪式结束后,主办方可将每位剪彩者使用的剪刀经过包装之后,送给对方作为纪念。

3. 白色薄纱手套

白色薄纱手套是专供剪彩者在剪彩时所戴的,以示郑重。要确保手套的干净整洁,数量充足,大小适度。有时也可不必准备。

4. 托盘

托盘是在剪彩仪式上托在礼仪小姐手中,用做盛放红色缎带、新剪刀、白色薄纱手套的工具,最好是新的、洁净的,首选银色不锈钢制品。为了显示正规,可在使用时铺上红色绒布或绸布。在剪彩时,礼仪小姐可以用一只托盘依次向各位剪彩者提供剪刀和手套,也可以为每一位剪彩者提供一只托盘。

5. 红色地毯

红色地毯主要铺设在剪彩者正式剪彩时所站立的地方,其长度可视剪彩人数的多少而定,宽度则不短于1米。铺设红色地毯可提高仪式的档次,营造一种喜庆气氛。有时也可不铺设红色地毯。

(二)剪彩人员的确定

除主持人外,剪彩人员主要包括剪彩者和助剪者。

1. 剪彩者

剪彩者即在剪彩仪式上持刀剪彩之人。根据惯例,剪彩者可以是1人,也可以是几个人,一般不多于5人。剪彩仪式档次的高低与剪彩者的身份密切相关。通常,剪彩者由上级领导、合作伙伴、社会名流、员工代表或客户代表担任。确定剪彩者名单必须是在剪彩仪式举行之前,名单一旦确定,应尽早告知对方。如果安排多人同时担任剪彩者时,应分别告知每一位剪彩者届时他将与何人同担此任,这体现了对剪彩者的尊重。必要时,可在仪式举行之前,将剪彩者集中在一起,稍加培训。按照常规,剪彩者应穿套装、套裙或制服,将头发梳理整齐。剪彩者要仪态端庄、精神饱满、稳重干练。

2. 助剪者

助剪者是在剪彩过程中为剪彩者提供辅助的人员。一般由礼仪小姐来担任。剪彩时,助剪者承担着扯彩带、递剪刀、接彩球等重要角色。礼仪小姐可从内部员工中挑选,也可从外部聘请。

礼仪小姐的基本条件是相貌较好、年轻健康、气质高雅、音色甜美、反应敏捷、机智灵活、善于交际。礼仪小姐应化淡妆,盘起头发,穿款式、面料、色彩统一的单色旗袍或深色和单色套裙,配肉色连裤丝袜、黑色高跟皮鞋。除戒指、耳环或耳钉外,不佩戴任何其他首饰。人员确定以后，要进行必要的分工与演练。

二、剪彩仪式的基本程序及礼仪要求

按照惯例，剪彩既可以是开业仪式中的一项具体程序，也可独立出来，由其自身的一系列程序组成。剪彩仪式宜紧凑，忌拖沓，短则15分钟，长则不宜超过1小时。

在剪彩仪式上，通常只为剪彩者、来宾和本单位主要领导安排座席。在剪彩仪式开始时，应敬请大家在事先拟好的座次就座。剪彩者应就座于前排，若剪彩者为数人时，则应按照剪彩时的具体顺序就座。

（一）剪彩仪式的基本程序

（1）宣布仪式正式开始。在主持人宣布仪式开始后，乐队应演奏喜庆的音乐，现场可燃放鞭炮，全体到会者应热烈鼓掌。接着，主持人向全体到会者介绍重要来宾，先介绍主要领导，然后介绍其他来宾。

（2）奏国歌。全场须起立。有时也可演奏本单位标志性歌曲。

（3）发言。发言者依次为主办单位的代表、上级主管部门的代表、地方政府的代表、合作单位的代表。发言的内容分别为介绍、道谢、致词，应言简意赅，每人不超过3分钟。

（4）剪彩。首先由主持人向全体到场者介绍剪彩者，全体到场者应该热烈鼓掌，可奏乐或燃放鞭炮，以烘托气氛。

（5）参观。剪彩之后，主人应该陪来宾参观被剪彩项目，也可参观厂区、重要车间或安排座谈会。

仪式结束后，主办单位可向来宾赠送纪念品，也可安排餐饮招待来宾。

（二）剪彩过程礼仪要求

剪彩过程礼仪要求主要是对剪彩者和礼仪小姐的要求。

主持人宣布进行剪彩之后，礼仪小姐（包括拉彩者、捧花者、托盘者）应排成一列先行，从两侧或右侧率先登台。登台后，拉彩者与捧花者应当站成一行，拉彩者处于两端拉直红色缎带，捧花者各自用双手捧一朵花团。托盘者须站立在拉彩者与捧花者身后1米左右，并且自成一行。

剪彩者登台时，宜从右侧出场，引导者应在其左前方进行引导，使之各就各位。当剪彩者均已到达既定位置后，托盘者应前行一步，到达剪彩者的右后侧，以便为其递上剪刀、手套。剪彩者若为数人，则其登台时也应列成一行，并且使主剪者行进在前。在主持人向全体到场者介绍剪彩者时，后者应面含微笑向大家欠身或点头致意。剪彩者行至既定位置后，应向拉彩者、捧花者含笑致意。当托盘者递上剪刀、手套时，亦应微笑着向对方道谢。

在正式剪彩时，剪彩者应首先向拉彩者、捧花者示意，待其有所准备后，集中精力，右手持剪刀，表情庄严地将红色缎带一刀剪断。若多名剪彩者同时剪彩时，其他剪彩者应注意主剪者动作，主动与其协调一致，力争大家同时将红色缎带剪断。

按照惯例，剪彩以后，红色花团应准确无误地落入托盘者手中的托盘内，勿使之落地。为此，需要捧花者与托盘者密切合作。剪彩者在剪彩成功后，可以右手举起剪刀，面向全体到场者致意。接着将剪刀、手套放入托盘内，再举手鼓掌。然后依次与主人握手道贺，并在引导者的引领下从右侧下台退场，其他礼仪小姐随后列队由右侧退场。

剪彩者和助剪者在上下场时，要步履稳健、神态自若。在剪彩过程中，要不卑不亢、落落大方。

延展阅读

1. 剪彩仪式的由来

剪彩仪式源于一次偶然发生的事故。1912 年，美国圣安东尼奥州的某家大百货公司将要开业。店主为了防止公司未开张前有人闯入店内，找来一条布带子拴在门框上。这时，店主的小女儿牵着一条小狗突然从店里跑了出来，那条小狗若无其事地将拴在店门上的布带子碰落在地，店外不明真相的人们误以为这是该店为了开张志喜所搞的活动，于是立即一拥而入，大肆抢购，生意红火。此后，店主旗下的几家分店陆续开业时，便如法炮制，只是将碰断布带子的小狗换成了他的女儿，结果生意依然很兴旺。于是，人们认为公司、店铺开张时，让女孩碰断布带是一个极好的兆头，都争相效法。剪彩，从一次偶然的“事故”发展为一项重要的活动程序，再进而演化为一项隆重而热烈的仪式，其自身也在不断发展、不断变化。例如，剪彩者先是由专人牵着一条小狗来充当，让小狗故意去碰落店门上所拴着的布带子。接下来，改由儿童担任，让其单独去撞断门上拴着的一条丝线。再后来，剪彩者又变成了妙龄少女，她的标准动作，是当众撞落拴在门口上的大红缎带。到了最后，剪彩则被定型为邀请社会名流和当地官员，用剪刀剪断礼仪小姐手中所持的大红缎带。

2. 别开生面的开业典礼

1998年8月8日是北方某市新建云海大酒店隆重开业的日子。这一天，酒店上空彩球高悬，四周彩旗飘扬，身着鲜艳旗袍的礼仪小姐站立在店门两侧，她们的身后是摆放整齐的鲜花、花篮，所有员工服饰一新，面目整洁，精神焕发，整个酒店沉浸在喜庆的气氛中。开业典礼在店前广场举行。上午11时许，应邀前来参加庆典的有关领导、各界友人、新闻记者陆续到齐。正在举行剪彩之际，天空突然下起了倾盆大雨，典礼只好移至厅内，一时间，大厅内聚满了参加庆典人员和避雨的行人。典礼仪式在音乐和雨声中隆重举行，整个厅内灯光齐亮，使得庆典别具一番特色。

典礼完毕，雨仍在下着，厅内避雨的行人，短时间内根本无法离去，许多人焦急地盯着厅外。于是，酒店经理当众宣布：“今天能聚集到我们酒店的都是我们的嘉宾，这是天意，希望大家能同敝店共享今天的喜庆，我代表酒店真诚邀请诸位到餐厅共进午餐，当然一切全部免费。”霎时间，大厅内响起雷鸣般的掌声。

虽然，酒店开业额外多花了一笔午餐费，但酒店的名字在新闻媒体及众多顾客的渲染下却迅速传播开来，接下来酒店的生意格外红火。

（摘自杨眉:《现代商务礼仪》，东北财经大学出版社，2005年版）

复习思考题

1. 简述签约仪式的程序及礼仪。

2. 庆典仪式中的礼仪有哪些?

3. 开业仪式的种类有哪些?

4. 如何准备开业仪式?

5. 开业仪式中的礼仪要求包括哪些内容?

6. 如何准备剪彩仪式?

7. 剪彩仪式的礼仪要求有哪些?

案例讨论分析

【案例】

吉祥商场开业,在店门口举行盛大的开业仪式。主持人刚开始讲话,话筒便掉到地上摔坏了。掉换话筒后,典礼刚重新开始,天又变脸下起了大雨,典礼活动只好移到店内举行。总经理致辞未毕,又突然停电了。整个商场一片昏黑混乱,一场隆重的盛典简直变成了“闹剧”。

讨论题:

该次开业仪式失败的原因是什么?如果由你负责策划这次开业仪式,你会如何避免类似的事件?

模拟实操训练

【项目1】模拟签约仪式

实训目标:掌握签约仪式的程序及相关礼仪。

实训准备:有关签约仪式的道具有文本、文件夹、旗帜、签字笔、签字单、吸水纸、香槟酒、酒杯、横幅、会议桌椅、照相机、摄像机等。

实训方法:模拟某企业签约仪式。要求:

(1)编制一份签约程序,签约仪式按程序进行。

(2)有关签约人员和来宾名单的单位、职务可由学生自己拟定,分别扮演相关角色。

(3)签约仪式结束后,学生评析,教师总结。

(4)实训可分组,让学生分别轮流模拟演示各个角色。

【项目2】试策划一次开业典礼的流程

注意礼仪的各个细节方面的处理方式。

【项目3】模仿一次剪彩典礼的流程

注意礼仪的各个细节方面的处理方式。

第十二章　求职面试礼仪

求职面试礼仪是礼仪的重要组成部分，也是关系到每一个人获得新的职业或工作的关键一步。“人尽其才，才尽其用，家国两利，各得其所”，这是求职者和求才者双方共同追求的目标。在茫茫职海中，往往是求职者抱怨找不到伯乐，而求才者抱怨找不到千里马。如何求职应聘已经成为人们就业求职中的重要问题。在求职时，良好的礼仪可以充分展现出求职者的修养及个人素质，使用人单位对其欣赏有加，提高求职应聘的成功。

第一节　求职前的准备

人人都想有一份理想的工作：薪水高，福利待遇好，适于自己的发展。这是一个美丽的梦想，但是只要你充分做好求职应聘前的准备，也许这个美丽的梦想就会变成现实。

求职应聘前的准备工作涉及的内容非常广泛，如社会的需求、自己的定位、制定职业规划、形象设计等，这里我们只介绍两种最基本的求职应聘前的准备：简历和求职信。

一、个人简历礼仪

简历是求职者的脸面，文如其人，使一个人栩栩如生跃然纸上。如果把求职过程视为一次自我推销，那么简历就是这次推销中的广告和产品的说明书。

（一）简历写作的原则

1. 明确目标

简历要围绕一个求职目标写，因为招聘者寻找的是适合某一特定职位的人,这个人将是众多应聘者中最合适的一个。招聘者通过在简历中你所描述的经历,来进一步考查你的经验、能力和发展潜力,知道你可以为他们做什么等,所以,一定要为你的简历定位,围绕一个求职目标来写。一份笼统、毫无针对性的简历会使你失去很多机会,或是把你描写成一个适合于所有职位的求职者,你很可能无法在任何求职竞争中胜出。

如果你有多个目标,最好写上多份不同的简历,每一份针对不同招聘单位的特点和要求,突出相应的重点。这将使你的简历更有机会脱颖而出。

2. 实事求是

简历在内容上必须讲真求实,是一就写一,是二就写二,不能夸大事实、言过其实,更不能凭空捏造、弄虚作假。在面试时,你的简历就是面试官的靶子,他会就简历上的任何问题提出疑问,如果招聘方发现你弄虚作假,你的信誉就没了。

3. 富有感召力

把简历看作是一份推销自己的广告。最成功的广告通常要求语言简短且富有感召力,简历应限制在一页纸内,工作介绍不要以段落的形式出现;尽量运用鲜活有力的短语。在简历页下端,写一段总结性语言,陈述你的最大优势,然后在工作介绍中再将这些优势以工作经历和业绩的形式加以叙述。

4. 提供有利信息

简历的设计和写作,最好简单明了、主次分明,可写可不写的,坚决不写。要尽量提供有利信息,以避免在简历阶段中就遭到拒绝。为面试阶段所进行的简历筛选的过程就是一个删除不合适人选的过程,招聘方对理想的应聘者也有要求,如相应的教育背景、工作经历以及技术水平等,这会是应聘者在新的职位上取得成功的关键。当你获准参加面试时,简历的使命就完成了。

(二)标准简历格式

简历没有固定格式,对于社会经历较少的学生来说,简历一般包括以下内容。

1. 个人基本情况

把个人的基本情况作一个概括性的介绍。一般用简单的格式、简洁的语言说明个人的情况。主要包括姓名、性别、出生年月、民族、政治面貌、学历及专业、家庭住址、联系方式等。

2. 求职目标

求职目标即你所希望谋求的工作岗位。此项用一句简短、清晰的话来说明。求职目标要充分地表明你在该项目方面的优势和专长,尽可能把选择放到一个具体的部门,以免降低录用的机会。

3. 学历及专业

用人单位主要通过学历情况了解应聘者的智力和专业能力水平。习惯上书写学历的顺序是按时间的先后,但实际上用人单位更重视你现在的学历,最好是从现在开始往回写,写到中学即可。学习成绩优秀、获得奖学金、其他荣誉称号等,都是学生生活中的闪光点,可一一列出,以加重简历的分量。

在校期间参加各项社会实践活动、担任学生干部、参加志愿者服务、协助老师工作等,也要一一列出。对于学生来讲,它是一笔丰富的财富,它可以表明你的组织能力、交际能力、创造能力等综合素质。此外,兼职打工、发表过论文等反映了你的能力和专业水平。这些足以提高你的竞争优势,助你成功。

4. 特长、兴趣爱好与性格

特长是你所拥有的特别技能,如中文写作、外语、文艺、计算机能力等。兴趣爱好与性格特点能够展示你的品德、修养、社交能力及团队精神,它与工作性质关系密切,所以用词要贴切。

5. 附参考性资料

为增加简历的真实性,如有必要,可在结尾附上能够帮助谋职成功的相关资料,如获奖证书、发表的论文、技能等级证书、学校的鉴定或推荐信等。

(三) 撰写个人简历的注意事项

1. 内容简洁

简历一般以一页纸为宜,看上去让人感到简单、明了、干净、利索、愉悦。语言不要过于口语化。

2. 消灭错误

简历中忌有错误,如印刷错误、语法错误、标点符号错误等,招聘者会认为你粗心、不认真,因此一定要逐字逐句校对,消灭错误。

3. 措辞明确

简历中用词要明确,不要含糊其辞。如果能够量化的,就用数字说明。

4. 用心制作

用人单位通常会以简历为窗口判断是否向求职者发出面试通知,所以,简历是关系到求职成功与否的重要一步,一定要精心制作。可以使用不同的文字、字形、字号,利用电脑的文字处理功能,精心设计版式,使用优质的纸张,制作出令人难忘的、与众不同的简历。

5. 赏心悦目

要尽量使你的简历看上去很舒服,简历是求职者的脸面,闻如其人。简历的总体形象会影响招聘单位对你的看法。留白可以使页面显得干净整洁。另外,不要把所有内容都堆到一个页面上,这样会使阅读者感到压抑。制作完简历后,你要不断问自己 3 个问题:你写的简历是否布局合理?是否干净利索而且看上去很专业?是否充分利用了整张纸?

二、求职信礼仪

求职信是针对特定的招聘单位而写的信函,更集中地突出了求职意向,更能打动招聘者的心,是对个人简历的浓缩与补充。写好求职信是敲开职业大门的重要步骤。

(一)求职信的格式

求职信是个人求职意愿的书面反映,没有严格而固定的统一模式。一般包括 3 个部分:开头、主体和结尾。

1. 开头

此部分由称谓、问候语、缘由和意愿等组成。

(1)称谓。称谓即招聘单位全称或招聘单位主管人员的姓名及其职位。

(2)问候语。问候语一般写“你好”或“您好”。

(3)缘由和意愿。缘由和意愿要根据具体情况来写。一般的缘由有两种:一是看到用人单位的招聘信息而求职的,可称之为“应征性求职”;二是直接向招聘单位申请的,可称之为“申请性求职”。

在写求职的缘由和意愿时,应征性求职信首先说明是在什么地方看到了该单位的招聘广告,然后说出对该职位的兴趣,并肯定自己能满足该职位提出的各项要求。申请性求职信开头可直接写这封求职信的具体目的,表明你想寻找什么类型的工作和自己所具备的从事这项工作的知识和能力。

2. 主体

主体部分是求职信的重点。求职信的主体部分要概述自身所具备的对目标工作所需的知识和技能,主要包括:求职资格、工作经验、相关社会活动经历、个人素质等内容。这些内容的介绍都要始终围绕应聘岗位的需要。

3. 结尾

结尾部分主要是请求招聘单位做出进一步的反应,给予面谈的机会。写作语气要自然,不要强人所难。具体包括:结束语、礼貌用语、姓名、日期等。

求职信一般都要同时附寄诸如个人简历、学历证明、获奖证书、近期照片等。因此,最好在求职信的左下方一一注明。这样做,一是方便招聘单位审核,二是给对方留下一个有条不紊、办事周到的好印象。

(二)撰写求职信的礼仪

1. 书写规范

求职信字迹要清晰,格式要标准,不使用简称,通篇要整洁等。

2. 简短真实

求职信的篇幅不要太长,力求简短、引人入胜。重点放在自我介绍和推荐上,与此无关的话不说,对自己的优势要客观、实事求是,切勿夸大其词、自吹自擂。

3. 谦逊有礼

从求职信中看到的不只是一个人的经历,还有一个人的品格。求职信按规矩要采用书面语言,字里行间要体现自谦与敬人,要注意措辞和语言,切忌有错别字、病句及文理欠通的现象。

第二节　面试的基本礼仪

面试是求职成功的必经之路,是获得新职的关键一步。所谓面试,就是由用人单位组织人对应聘求职者所进行的面对面的考察与测试。如何在面试中力挫群雄,一举成功,掌握必要的面试礼仪是十分重要的。

一、面试前的礼仪

(一)穿着打扮得体

求职者的穿着打扮是给人第一印象的重要内容,穿着打扮应符合大众的审美观,尊重社会规范。

面试前可先洗一个热水澡,然后照一照镜子,最好从镜子里对自己进行一番研究和评价,进行必要的修正和改进,但最好不要过分修饰自己。男士不要留长发,应修面;女士应化淡妆。

选择服装的关键是看职位的要求,应聘单位为银行、政府部门时,穿着应侧重传统正规,男士可穿西装、打领带、穿黑皮鞋,女士可穿套裙;应聘单位为企业时,穿着干净整洁就好;应聘单位为广告公司、新闻媒体等时,穿着上可加入一些流行元素,服装的颜色也可鲜亮些。

(二)准时到达

守时是职业道德的一个基本要求,是一个人良好素质修养的表现。所以,面试时一定要准时守信,不仅说明自己的诚意,也是对面试官的尊重。

面试之前一定要知道面试的具体时间和地点,一般应提前20分钟到达,可以定定神,稳定一下情绪。如有特殊情况不能按时到达,要事先打电话告之面试官。得体大方的表现,有助于面试的成功。

（三）耐心等候，做好准备

在进入面试现场前，要再次调整心态，稳定情绪，整理妆容和服装。如果携带物品太多，可委托他人代管，不要带进面试现场。

二、面试中的礼仪

（一）入座礼仪

进入室内前，应先敲门得到允许后才可进入，然后向主考官行点头礼或鞠躬礼，再关上门。进门后，不要自己主动坐下，等主考官示意坐下才可就座。如果有指定座位则可做到指定座位上。如果对方要求你坐在他的对面时，切忌不要正对着他，最好是靠侧一点。如果对方未请你坐下，应礼貌的询问："我可以坐下吗?"待得到示意后才可坐下。坐时，动作要轻而缓，要精神抖擞，不要懒懒洋洋，也不要大大咧咧拉过椅子就座，这会让对方感到你很粗鲁。

以下这些做法是应避免的：拖拉椅子，发出很大声响；一屁股坐在椅子上；坐在椅子上，耷拉着肩膀，含胸驼背；半躺半坐，跷二郎腿，脚或腿抖动等。

（二）举止礼仪

面试时最重要的是自信，这种自信可以通过一个人的走姿表现出来。自信的走姿应该是身体重心稍微前倾，挺胸收腹，上身保持正直，双手自然前后摆动，如果同行的有接待人员，要走在其斜后方，距离1米左右。

站时应当身体挺直、舒展，收腹，眼睛平视前方，手臂自然下垂，给人一种庄重、朝气蓬勃的感觉。如果站时歪头、扭腰，会给人缺乏教养的印象。

坐姿要端正大方，上身要保持直立状态，双手自然下垂，肩部放松，五指并拢。男士可以微分双脚，双手可以随意放置，给人以自信、豁达的感觉；女士一般要并拢双膝，或小腿交叉端坐，双手一般要放在膝盖上，给人以端正、矜持的感觉，表现出良好的精神状态。

坐下后，双手不要紧握在一起，或是不断地揉搓手指，这会让对方感到你缺乏信心或是十分紧张；不能驼背、斜靠在椅背，也不能瘫在椅子里。面试时,当面试官与你谈话时,你最好是把身子微微向前倾斜一点,表明你留心对方的谈话。但当面试官是男士,而你是女性求职者时,则不必把身体过分地向前倾,否则会让人觉得你很不稳重。

如果面试时间太长,可在适当的时候换个姿势。

(三)表情与目光礼仪

在面试中,要保持自信的微笑,不要紧张。应试者应当与面试官保持目光接触,以表示对面试官的尊重。双方目光相遇时,一般持续2~3秒钟,期间经常交换一个信号。眼神应坦然自信。尤其当面试官在向你发问时,一定要望着对方的眼睛。切勿目光游移,躲避闪烁,这是缺乏自信的表现。

(四)自我介绍的把握

在面试中,自我介绍是最难的话题。许多人急于介绍自己,推销自己,却因为讲话不妥而引起面试官的反感。由于介绍不当使面试失败,占不成功应试的60%,应试者必须学会自我介绍的技巧。

当面试官说"谈谈你自己",并不是他对你一无所知,或对你的"光辉业绩多"感兴趣,他只不过是想听一听你对自己的评价,通过谈论自己来观察你的为人、性格等许多方面。因此,自我介绍最好是简短、有条理、实事求是,不要乱加补语、形容词,不要重复、颠三倒四地说,也不要用漫谈的方式,把主要经历说出来就可以了。通过自我介绍给面试官留下这样一个印象,即认为你是一个对自己非常熟悉的、对自己的特点具有概括能力的人,留下思想清晰、反应快、逻辑性强的印象。

在自我介绍过后,假如对方送你名片,要双手接过来,并认真看一看,熟悉一下对方的职衔,有不认识的字可向对方请教。注意的是,不要把名片马上收起来。因为在面试过程中,可能因紧张而忘了对方的姓名或官衔,如果将名片拿在手里关键时还可以看一看。但要记住,面试结束告辞前,一定要把名片放入你的上衣口袋以示珍视,千万不要往裤袋里塞。

三、面试中的交谈礼仪

交谈是求职面试的核心。面试是与面试官交谈和回答问题的过程，在这个过程中，要根据自我介绍和交谈内容控制音量的大小、语速的快慢、语调的委婉或坚定、声音和缓或急促，在抑扬顿挫之中表现出你的坚定和自信。

（一）口齿清楚，语速适当

交谈时，要口齿清晰、发音准确，尽量使用普通话，讲话要言简意赅，通俗易懂，不可以用面试官听不懂的方言或行话。讲话时，不要尖声尖气或声细无力，应保持音调平静，音量适中，回答简练，不带“嗯”“啊”“这个”等习惯语。

讲话不可太快或太慢，交谈中要掌握和控制语速、语调。一般情况下，语速以每分钟 120 个字左右为宜，要注意语句间的停顿，不要滔滔不绝让人应接不暇。语调是表达人的真实情感的重要元素，可通过语调表现出求职者的坚定、自信和放松，不要让面试官感到你的声音疲乏、无力、胆怯。声音应具有很强的感染力，一旦你的声音注入了活力和自信，对面试官的感染是非常强烈的。如果你有优美的嗓音，一定要好好利用，那将是你最好的有利武器。

（二）谈话要讲礼貌

面试过程中，要注意谈话礼貌，不要随意打断对方的话，不要抢话头，不要以自我为中心，更不要和对方进行争辩。展示自己的知识与能力要使用恰如其分的方式和方法，口若悬河、滔滔不绝、喧宾夺主地给面试官上课，结果可想而知。

在回答面试官的问题之前，应对自己要讲的话稍加思索，不要脱口而出。想好了的可以说，还没有想清楚的就不说或少说。信口开河、夸夸其谈、文不对题、语不及义是不礼貌的，会给对方以一种浅薄之感。语言要朴实，说话要文雅，彬彬有礼，这是一种美德。

（三）聆听的礼节

在面试过程中，要掌握聆听的技巧。聆听不但是一门艺术，也是一种尊重他人的表现。有人说，上帝给人一张嘴、两个耳朵，就是让人多听少说。国外有一句谚语：“用 10 秒钟的时间讲，用 10 分钟的时间听。”在与面试官交谈时，要注意以下几点。

1. 专注有礼

在面试官讲话时,要注视着对方,这样表示你在专注倾听。一个出色的聆听者,具有一种强大的感染力,他能使说话的人感到自己所谈内容的重要性。

2. 有所反应

我们强调聆听时要专心,但不是要求你完全被动的、静止的听,最好在适当的时候通过你的表情、手势、点头等,给面试官一个反馈信息,如能巧妙地插入一两句话,如"您说得对""是的"等,效果会更好。这样能使对方感到你对他的话很感兴趣,有利于进行后面的交流。

3. 有所收获

聆听是捕捉信息、处理信息、反馈信息的过程。一般来说。讲者是在传递信息,听者是在接受信息。在聆听的过程中,应当善于通过面试官的谈话捕捉到有用的信息。

4. 有所判断

很多时候,面试官所讲的并非是肺腑之言,其真实想法往往被隐藏。所以,你在聆听时就需要仔细、认真地品味对方话语中的言外之意、弦外之音,细细咀嚼品味,以便能正确地判断出面试官的真正意图。

在面试中,除了要认真倾听面试官的谈话外,还需要细心观察面试官的表情和神态的变化,以便能迅速做出正确的判断,从而更好地应答。

(四)回答问题要得体

回答问题是面试交谈的重要方面,恰当得体地回答面试官提出的问题是面试取得成功的关键。应聘者要对面试官可能提到的问题做好充分的准备。应聘者回答问题时有4个问题要注意。

1. 注意倾听面试官关于应聘动机的提问

在面试中,对于诸如"你为什么选择我们公司"之类的问题,应聘者一定要认真思考之后再回答,最好能结合公司的实际情况进行回答。如果只简单地说"待遇好"或"离家近",肯定会影响面试效果。

2. 不必猜测提问问题的标准答案

面试过程中,除了非常专业的技术性问题之外,面试官提问的大多数问题其实是没有标准答案的。应聘者不必刻意猜测标准答案是什么。之所以面试时要提问,只是因为提问是了解应聘者情况最直观、最简单的方式而已。提问的目的就是了解你的情况。应聘者可根据问题的内容适当发挥,让招聘者更好地了解你。

3. 回答问题的方式比结果更重要

有时,面试官的提问没有实际意义,或许只是测试一下你的品质特征与性格特征。一般来讲,诚实机敏地回答更能引起招聘者的兴趣。回答问题时为获得好印象而刻意隐瞒事实或编造谎言是得不偿失的,面试官大多经验丰富、见多识广,很容易识破你的小伎俩,使你陷入尴尬的境地。

4. 巧妙提问面试官

面试中,选择恰当的时机大胆进行提问是十分必要的,这样能够展示你的能力。提问题时最好不要涉及薪水、报酬方面的问题,应侧重工作、求职方面的问题,不要提出让面试官介绍情况之类的问题。事实上,一个好的提问,胜过简历中的无数笔墨,会令面试官刮目相看,增加你受聘的机会。要注意的是,面试毕竟要以面试官提问为主,不能喧宾夺主,不要打断对方的话而提问,不要漫无边际地提问。当气氛紧张时,应聘者可通过提问来缓和现场气氛。

(五)交谈中应避免的话题

面试交谈中,应避免以下话题:

(1)涉及商业秘密的话题。此类话题会让面试官认为你不值得信任。

(2)性别或种族偏见。职场中不允许性别和种族歧视。

(3)政治和宗教话题。在求职面试时不应涉及此类话题。

(4)为面试官取得某物或某种特殊商品的提议。如"我能买到批发价",使你有贿赂面试官的嫌疑。

(5)急于套近乎的话题。如"我和某某是同学,关系很好""你单位某某领导我认识"等,这种话面试官听了会反感。报有熟人或攀龙附凤来抬身价会给他人造成吹嘘自己的印象，会适得其反。

(6)赞美面试官。将面试官夸得天花乱坠，即使你是诚心实意的，你的赞美可能遭到误解。

(六)面试中的常见提问

这里列出面试时面试官最常问的问题，供思考和准备：

(1)谈谈你自己。

(2)你为什么应聘这个岗位？

(3)你对应聘岗位和本公司了解多少？

(4)谈谈你的优点或缺点(或优势和劣势)。

(5)你对工作的期望是什么？

(6)你为什么要来我公司工作？

(7)你有什么业余爱好？

(8)在学校你都参加了哪些活动？从中有什么收获和感想？

(9)5 年内你的职业规划是什么？

(10)你能为我们提供什么帮助？

(11)你的薪酬目标是多少？

(12)空闲时你喜欢做什么？

(13)你有野心吗？

(14)如果你被聘用，你有哪些要求？

(15)如果达不到你的要求，你还会在这里工作吗？

(16)为什么你不去追求更好的工作或职位？

(17)你受的教育和有关经验与这项工作有什么联系？

(18)你如何描述自己做事的风格？

(19)我们原先希望找一些岁数大、经验更多的人，你符合吗？

(20)为什么你还没有找到工作？

(21)你对成功的定义是什么？

(22)你做事的态度是什么？

(23)你如何描述自己做事的风格？

(24)你认为好经理应具备什么条件？

(25)你喜欢独立作业还是集体作业？

（七）告辞礼仪

当面试官表示出面试可以结束时，你可以主动告辞。但在告辞前，还要表达出 3 个方面的意思：

第一，再次强调你对应聘该项工作的热情，并感谢对方抽时间与你进行交谈。

第二，表示出通过与面试官的交谈使你获益匪浅，并希望今后能有机会再次得到对方进一步的指导，有可能的话，可约定下次见面的时间。

第三，询问一下获得面试结果的途径和时间。

最后告别时，要主动与面试官握手，以表示感谢。

四、面试后的礼仪

面试结束并不意味着求职过程的完结，无论是否被录用，都要善始善终。

（一）感谢面试官

为了加深招聘人员对你的印象，增大求职成功的可能性，对想抓住每一个工作机会的人来说，面试后的两三天内，最好给面试官打一个电话或写封信，表示感谢。

电话感谢要简短，最好不要超过 3 分钟，电话里不要询问面试结果。因为这个电话仅仅是为了表现你的礼貌和让对方加深对你的印象而已。面试感谢信有电子邮件和书面感谢信两种。发一封电子感谢信，既方便又得体，但大多数还是写书面感谢信，特别是当招聘单位比较传统时，更应如此。感谢信要简短，不要超过一页纸，在书写方式上，有手写和打印两种。打印比较正式，手写更能体现出诚意。

感谢信必须是写给某个具体负责人的。感谢信的开头应提及自己的姓名及简单情况，以及面试的时间，并对主考官表示感谢。感谢信的中间部分要重申你对该公司、应聘职位的兴趣，或增加一些对求职成功有用的新内容。感谢信的结尾部分可以表示你对得到这份工作的迫切心情，以及为公司的发展壮大做贡献的决心。

（二）礼貌地进行电话询问

如果面试官曾告知有问题可以打电话询问，你就可以电话询问面试结果，或是等到用人单位有回音时问比较妥当。面试结束两星期左右，如果还没有回音，也可给负责招聘的人打一个电话询问面试结果。电话询问时，要注意两个问题：什么时候打？怎么问？

什么时候打？从礼仪角度讲，应该是对方方便的时间。以下时间不要打：周一上午和周五下午；每天刚上班的一小时和下班前的一小时；中午吃饭和休息的一个半小时；节假日休息时。

怎么问？一定要尊重对方，待人有礼有节，按照打电话的礼仪进行。询问面试结果，如果得到落选的消息，不要惊慌失措，应虚心向面试官请教未被录取的原因。谦虚有可能赢得对方的同情，也有可能再增加一次面试的机会。

（三）不要忽视被你拒绝的公司

假如你被多家单位同时录用，并且每家单位都积极争取你的加入，而你已决定接受其中一家用人单位的邀请时，你必须要告知给被你拒绝的单位。可以用打电话或发邮件的方式告知，告知时只需表达你的谢意，以及说明你已接受其他工作，但不必解释你接受的工作及理由，也不必提及你将要工作的单位名称。

求职路漫漫，成败皆有之。成功者不要骄傲，失败者不要气馁。就业机会不止一个，这次失败了，还有下一次。要总结经验教训，找出失败原因，重新做好准备，迎接下一次的挑战。

延展阅读

1. 福特的应聘经历

美国福特公司名扬天下，不仅使美国汽车产业在世界占据鳌头，而且改变了整个美国的国民经济状况，可谁又能想到该奇迹的创造者福特当初进入公司的“敲门砖”竟是“捡废纸”这个简单的动作？

那时候福特刚从大学毕业，他到一家汽车公司应聘，一同应聘的几个人学历都比他高，在其他人面试时，福特感到没有希望了。当他敲门走进董事长办公室时，发现门口地上有一张纸，很自然地弯腰把它捡了起来，看了看，原来是一张废纸，就顺手把它扔进了垃圾篓。

董事长对这一切都看在眼里。福特刚说了一句话："我是来应聘的福特。"董事长就发出了邀请："很好，很好，福特先生，你已经被我们录用了。"

从此以后，福特开始了他的辉煌之路，直到把公司改名，让福特汽车闻名全世界。

在我们的人生历程中一次大胆的尝试，一个灿烂的微笑，一个习惯性的动作，一种积极的态度和真诚的服务，都可以触发生命中意想不到的起点，它能带来的远远不止于一点点喜悦和表面上的报酬。

2. 撰写个人简历技巧

(1)个人简历中，短句永远比长句有效。

(2)简历越完整，面试概率越高。

(3)定制多份简历，可提高跳槽成功率。

(4)大方得体的求职信会引起招聘单位的注意。

(5)经常更新简历，能让招聘单位或猎头更容易找到你。

(6)标准简历能更快更安全地到达面试官手里。

(7)清晰简明的自我评价会俘虏招聘经理的心。

(8)及时更新联系方式，好机会才不会错过。

3. 面试就座三大纪律和八项注意

三大纪律：

客随主便，和面试官握手后，求职者应在对方指定的座位就座，不要自作主张地挑张椅子坐下；一般情况下，面试官会指定座位，然后说"请坐"；求职者应先说"谢谢"，等面试官落座后再坐下。左进左出，正式场合一定要从左侧走向自己的座位，从左侧离开自己的座位。无声无息，不论是落座还是放东西、调整姿势，都不要着急，也不要发出太大的声音。

落座后八项注意：

不要坐满椅子，只坐到2/3；两脚自然落地，女士双腿双脚并拢，男士双腿可以张开，但不要超过肩宽；双手不要抱胸，不要乱摆，自然地放在膝盖上；挺胸抬头，上身不论何时都要保持端正，不要前后左右摇摆，不要靠椅背；头不要乱晃，脚不要乱动；手的动作要自然，不要拿手指指点点，不要不安地抓裙子或裤子，不要摆弄头发和胡子，不要做出摸脸掩口等动作；尽量正面平视面试官，身体要随着视线角度调整，调整动作要轻微，倾听对方说话时身体可微微前倾，表示关注；除非必要，否则不要改变坐姿，频频改变坐姿，会给人“坐立不安”的印象。

4. 迟来的录用

张芳刚大学毕业，就有一家心仪已久的外资公司通知她去面试。那家公司总经理是个叫约翰的美国人，和蔼可亲。在一番亲切交谈后，他很愉快地给了张芳一张名片，张芳恭敬地收下了。近半小时的面谈，给张芳留下了深刻的印象。接下去的日子便是漫长的等待，张芳天天在电话边上守着。一天、两天、一个星期、两个星期过去了，一点消息都没有，而且张芳在等待中也放弃了其他一些机会。无奈中，张芳又翻阅招聘广告，但那些招聘单位她都不满意。这时候她才发觉自己是很在乎那份工作的。于是她找到总经理约翰的名片，按照上面的地址写了一封信，感谢总经理给了她面试的机会，并期望得到进一步通知。当白色的信封投入绿色邮筒的时候，她感觉心里一阵轻松。第三天，她接到了约翰先生的电话。约翰先生在电话中告诉她：“You are employed. Congratulation!”（祝贺你被录用了！）张芳高兴得禁不住跳了起来！

上班后再次见到约翰先生，张芳问他：“为什么会录用我？”他笑着说：“因为你的那封信让我知道你是一个有礼貌的人。而在近百名求职者中，你是唯一写了感谢信的人，虽然来得有点迟。”

5. 面试的种类

“主试”型面试：在多人组成的面试中有一位主试人，当应试者进入面试室时，主试人根据预先准备好的问题逐一发问，二者一对一地对话。

“答辩”型面试：由多人组成的面试组同时与一个应试者对话，提问的往往是出自于不同角度、不同性质的问题。其目的是为了获得有关该应试者全面、真实的情况。

“集体”型面试：面试的一方是多人组成的考官，另一方是众多应试者,通过提问对话,当场比较优劣。

“问题”型面试:由主试人对应试者提出问题或一项计划,请应试者予以完成、解决。其目的是为观察应试者在特殊情况下的表现,以判断其解决问题的能力。

“综合”型面试:主试人通过多种方式综合考查应试者多方面的才能。如让应试者写一段文字以考查其书法,讲一段课文以观察其演讲能力,使用计算机以考核其微机操作水平。

(摘自《职业》杂志,2005 年第 4 期)

6. 你知道吗? ——哪些习惯不能要

面试时,个别求职者由于某些不拘小节的不良习惯,破坏了自己的形象,使面试的效果大打折扣,导致求职失败。

手:这个部位最易出毛病。如双手总是不安稳,忙个不停,做些玩弄领带、挖鼻孔、抚弄头发、掰关节、玩弄考官递过来的名片等动作。

脚:神经质地不住晃动、前伸、翘起等,不仅人为地制造紧张气氛,而且显得心不在焉,相当不礼貌。

背:哈着腰,弓着背,似一个“刘罗锅”,考官如何对你有信心?

眼:或惊慌失措,或躲躲闪闪,该正视时却目光游移不定,给人缺乏自信或者隐藏不可告人秘密的印象,极易使考官反感。另外,如果死盯着考官,又难免给人以压迫感,招致不满。

脸:或呆滞死板,或冷漠无生气等,如此表情怎么能打动人?要快快改掉。一张活泼动人的脸很重要。

行:行动时手足无措,慌里慌张,明显缺乏自信,有的反应迟钝,不知所措,不仅会自贬身价,而且考官也会将你看“扁”了。

总之,面试时一定要改掉这些坏习惯,并自始至终保持斯文有礼、不卑不亢、大方得体、生动活泼的言谈举止。这样,不仅可大大提升求职者的形象,而且往往使成功机会大增。

7. 你知道吗? ——面试中应当如何提问

面试中你所提出的问题,可以使招聘者窥视到你的价值观、目标和抱负、业务知识和分析能力。

应聘时究竟要问些什么、怎样问呢?

不问无关痛痒的问题。“公司是什么时候成立的?”“有多少员工?"这类问题一问,招聘者就会发现你是个没有深度和远见,缺乏创造性的人。

少问以自己为中心的问题。"××职位月薪多少?""公司有哪些方面的福利?""一年休假多长时间?""公司培训晋升制度是怎样的?"这些问题是以"我"为中心的问题,应该少问,或从侧面询问,否则会给人留下急功近利的印象。同时招聘者也会认为你的视野狭隘,即使是录用你后,也怀疑你在岗位上做不出多大的成绩。

多问与职位相关问题。比如:"我懂得这个位置的首要职责,但您能不能告诉我一下其他的要求?"这个问题告诉了招聘者,你力图知道这份工作的完整描述。"在未来半年内,部门的工作目标是什么?""现场办公和出差的概率有多大?"这样的问题能反映出你的业务水平和分析思考能力,招聘者也会很主动加以解释和说明,并且会给其留下好印象,认为你是个有实力、潜力、肯动脑、有创造性的人,会给应聘成功奠定坚实的基础。

8.你知道吗?——如何在"小组面试"中脱颖而出

目前,许多公司为考察应聘者的领导能力、语言能力及合作精神等,常常将许多应聘者组织在一起就某个选题进行自由讨论,从中观察应聘者的综合素质,进而决定是否聘用,这种招聘方法叫作小组面试法。作为求职者,如何在小组面试中"出彩"呢?要放下包袱,大胆开口,抢先发言。

对于每个小组成员来说,机会只有一次,如果胆小怯场,沉默不语,不敢放声交谈,那就等于失去了被考察的机会,结局自然不妙。当然,如果能在组织好材料的基础上,做到第一个发言,那效果就更好,给人的印象也最深。

逻辑严密,论证充分,辩驳有力。

小组讨论中,当然不是谁的嗓门大谁就能得高分,考官是借此考察一个人的语言能力、思维能力及业务能力,不着边际地夸夸其谈,只会在大庭广众下出丑,将自己的不足之处暴露无遗。语不在多而在于精,观点鲜明,论证严密,一语中的,可起到一鸣惊人的效果。

尊重队友观点,友善待人,不恶语相向。

相信每一个小组成员都想抓住机会多发言,以便"凸显"自己,但为了表现自己，对对方观点无端攻击、横加指责、恶语相向，往往只会导致自己最早出局，哪个公司愿聘用一个不重视团队合作，为抬高自己而贬低他人的人呢？

9. 你知道吗？——1/3 求职者落选的原因

很多求职者没有意识到，自己没有被录用，更深层次的原因是由于自己的形象不佳。国内外有关调查表明，有 1/3 求职者落选是因为他们的服装不合格、不修边幅和行为不雅。

在求职择业面试中，仪表大方与微笑很重要。一个人面对一位或几位面试考官就忐忑不安、缩手缩脚，使考官们感觉这类人不可能独当一面、开拓进取。要牢记，任何一位面试考官都喜欢落落大方的人。

常言说得好："伸手不打笑脸人"，"非笑莫开店"。微笑能使两个陌生人成为朋友，这对求职面试也同样有效。你要大方和乐观些，脸上带着微笑。让人一看到你，就知道你是一个热爱生活、充满激情的人。当你微笑着向接待人员通名报姓，或当你见到面试考官时，发自内心的微笑和眼中流露出的热情就是一种无声的语言——我很高兴见到你。这会提高你的外部形象，改善你与面试者之间的关系。

（选自：《就业技能的基础指导》，中国劳动社会保障出版社，2003年版）

复习思考题

1. 如何制作简历？
2. 简述求职信的格式。
3. 面试前的礼仪准备有哪些？
4. 面试过程中要注意哪些礼仪？
5. 面试后的礼仪有哪些？

案例分析讨论题

【案例 1】

小王大学毕业，求职意向首选是惠普公司和联想公司，经过层层筛选,他如愿进入最后一轮面试,也就是要去见公司的高层领导。小王能在数千求职大军中脱颖而出,获得机会,实属不易。然而,在见高层领导的时候,他特别紧张。在见惠普的高层领导时,他叫错了领导的名字,并且临走时把包忘在了领导的办公室里。在见联想的高层领导时,由于是英文面试,他重复一个英文单词数遍,唯恐对方听不清楚,直至那位领导打断并说明他已经明白了小王的意思,他才明白该适可而止。结果是两家公司都在最后面试时将他拒之门外。

小东在面试中国工商银行时,面试官问他为什么想来工行。小东心里想到:还不是因为你工行效益好。但是碍于不方便直白地说这样的话,他一时没了主意,吭哧吭哧中,和工行说了“再见”。

思考与讨论:小王和小东的主要问题是什么?你认为应该如何做呢?

【案例2】

梁同学在求职之初,屡试屡败。一天下午,他走进就业指导中心寻求帮助。工作人员让他回忆前几次面试中,自我感觉有何失误。沉思了一会儿后,他说在农业银行的面试中他过于紧张,说话没有条理;在光大集团面试中他没有说好为什么要加盟“光大”;在信息产业部的面试中,他没有回答好业余爱好是什么(他回答的是喜欢和朋友们喝酒聊天)。在反思以前面试中的不当之处后,工作人员让他在准备下一个面试时,除了专业知识的准备,还要做到:事前自己以正常说话口吻作简短的两分钟自我介绍;对简历中的每个方面的内容,都要做到心中有数;对所应聘的公司要做到大致了解,并且一定要想“我为什么要来,我来了能做什么”这样的问题;面试时注意说话的语速和音调,以保证让面试官听清楚。一周后,他满脸欢欣地再次走入就业指导中心,对工作人员说他参加了人民保险公司的面试,在11位面试官面前,神态自若,回答流利,有理有据,得到了面试官的一致好评。一个星期后,工作人员接到了他的电话,他被“人保”录取了。

思考与讨论:梁同学为什么能够最终应聘成功呢?

(案例1、案例2选自管建莉等主编:《现代礼仪基础教程》,天津大学出版社,2010年版)

模拟实操训练

【项目1】撰写个人求职简历

实训目标:掌握撰写个人求职简历的基本技能。

实训内容:

(1)求职简历撰写的基本要求;

(2)求职简历的内容和设计;

(3)求职简历撰写的技巧。

实训方法:

(1)个人撰写;

(2)班级评比;

(3)优秀样品展示;

(4)教师总结点评。

【项目2】求职面试体验

实训目标:掌握面试过程中的礼仪,体验求职面试的过程。

实训内容:

(1)面试中的礼仪要求;

(2)面试中的基本程序与技巧;

(3)面试中典型问题解答。

实训准备:场地、招聘单位及招聘岗位要求,设计主考官和应聘者的扮演。

实训方法:

(1)情景布置,布置成一个面试场景,有招聘单位的面试官。

(2)假设你是一名毕业生,正在参加面试。

(3)面试官提问。

(4)完成进门、坐下、问答、结束离开等整个面试过程。

(5)自我总结,学生评议,教师点评、总结。

第十三章　涉外礼仪

涉外礼仪是涉外交际礼仪的简称，它是人们参与国际交往所要遵守的惯例，是约定俗成的做法。随着国际交往活动的日益增多，涉外礼仪也越来越被人们所重视。

第一节　涉外礼仪的原则

涉外礼仪原则是指在国际交往中，应当遵守并应用有关国际交往惯例的基本原则，它既是对国际礼仪的高度概括，也是在国际交往活动中应遵守的基本准则。

一、维护个人形象

在涉外交往中，有一个浅显的道理，就是在外国人眼里，我们每一个人都代表着自己的国家、自己的民族、自己的组织，因此我们必须要对个人的形象倍加关注，必须时刻注意维护自身形象。同时，个人形象如何也反映出对交往对象尊重和重视的程度，直接体现着个人修养和品位，客观地反映了一个人的精神面貌与生活态度。按照常规，个人形象主要包括仪容、仪表、仪态、服饰、谈吐及待人接物等。

在国际交往中，要做到八戒：

一戒高声喧哗；

二戒随地吐痰、乱扔废弃物；

三戒不遵守秩序；

四戒在公共场合吸烟；

五戒衣冠不整、穿着不规范；

六戒言辞不雅；

七戒言而无信；

八戒在背后议论评价别人。

二、不卑不亢

不卑不亢是涉外礼仪的一项基本原则。在涉外交往中，一方面，不能卑躬屈膝、低三下四、妄自菲薄、丧失民族气节，在外国人面前要表现出从容得体、落落大方的风度；另一方面，也不能唯我独尊、高傲自大、目空一切、盛气凌人、以强欺弱，要虚心学习对方的长处，坚持自立自强的精神风貌。唯有不卑不亢，才是自尊自爱，平等待人的正确做法。

三、求同存异

每个国家、每个民族都有着不同的文化背景、宗教信仰及生活习俗，在对外交往时，既要尊重对方的文化传统，了解对方的礼仪习俗与规则，重视各国礼仪的“个性”，也要遵守国际惯例，重视礼仪的“共性”。例如，不同国家的见面礼是不一样的，中国人的拱手礼，日本人的鞠躬礼，韩国人的跪拜礼，泰国人的合十礼，欧美人的吻手礼、吻面礼及拥抱礼等，它们各有其讲究，都属于礼仪的“个性”。而握手作为通行于世界各国的见面礼节，与任何国家的人交往，都是适用的。所以在涉外交往中采用握手礼，就是“遵守惯例”。

四、入乡随俗

在涉外交往中，我们应当尊重对方的文化、风俗和习惯，不要犯忌。在自己作为东道主时，讲究“主随客便”；当自己作为客人时，要讲究“客随主便”。这是贯彻“入乡随俗”，尊重对方的具体体现。

要做到“入乡随俗”，最重要的是要注意两个问题：一是必须充分了解与交往对象相关的文化、风俗和习惯，认真做好“入境问禁，入乡问俗，入门问讳”；二是必须对交往对象所特有的文化、风俗和习惯加以尊重。在国际交往中，对于其他国家所特有的习俗、习惯，不能少见多怪、妄加非议，而应该予以充分尊重。

五、信守约定

信守约定原则是指在国际交往中，要严格遵守并履行自己的所有承诺。“言必信，行必果”，信誉就是形象，信誉就是生命。为此要做到以下3点：

第一，必须谨慎许诺。言行要谨慎，表态要慎重，不可做出不负责任的承诺。凡承诺和约定的事情必须慎之又慎，一定要字斟句酌，考虑周全。

第二，必须如约而行。承诺一旦做出，就必须要兑现，如约而行，这样才会赢得交往对方的好感与信任。不遵守约定，会影响组织形象及个人形象。

第三，失约必须致歉。如果由于遭受不可抗力，致使自己单方面失约，或是有约难行，需要尽早向有关各方通报，如实地解释，并且还要郑重其事地向对方致以歉意，并主动负担给对方造成的损失。

六、尊重隐私

所谓隐私，是指属于个人不愿意公开、不希望别人了解或打听的个人秘密、私人事宜。

在国际交往中，人们普遍讲究尊重个人隐私，并且把是不是尊重个人隐私，看成是一个人在接人待物方面有没有教养、能不能尊重和体谅交往对象的重要标志。凡涉及交往对象有关收入支出和反映个人经济状况的问题（纳税数额、银行存款、住房面积、汽车型号、服饰品牌、娱乐方式等）、年龄大小、婚姻状况、健康问题、家庭住址、电话号码、个人经历、信仰政见、所忙事务等皆属于个人隐私。在交谈时应审慎应对，切莫随意问及。在自由交谈时，可选择有关环保、哲学、天气、音乐或对方感兴趣的话题。

七、热情适度

热情适度是要求人们在参与国际交往时，不仅要待人热情友好，更重要的是要把握好待人友好热情的分寸，不要热情“过度”，否则会事与愿违。要把握好以下几点：

第一,关心有度。我国传统礼仪强调亲密无间,国际礼仪强调关心有度,过于关心、过于热情,反而会让对方觉得不自由,甚至反感。对对方的热情关心,应以不使对方觉得受到限制,甚至影响私事和自由为度。

第二,批评有度。对于外宾的言行,如果不违法、不有损我方的国格和人格,就不应妄加评论,更不该干涉与纠正。

第三,距离有度。与外国人交往时,应当视双方关系不同,而与对方保持与双方关系相适应的空间距离。

第四,举止有度。与外国人交往时要注意两个方面的问题,一是勿随便采用某些意在显示热情的动作;二是勿采用不文明、不礼貌的动作,如拍拍肩膀,抚摸对方的头或脸颊,两名同性携手而行等。

八、不必过谦

中国人在接人待物方面,讲究的是含蓄、委婉,主张自谦、自贬,反对自我张扬,否则就会被视为妄自尊大,嚣张放肆,不够谦逊,不会做人。实际上,在对外交往时,过于自谦不是好事,它常常会引起他人的疑惑和不满,不利于涉外交往的顺利进行。

遵守不必过谦的原则,会使人感到你为人诚实,充满自信,而过分的自谦、客套,只能给人以虚伪、做作的感觉。如果确有必要,在实事求是的前提条件下,要敢于对自己进行正面的评价或肯定。

九、女士优先

女士优先原则是国际社会公认的一条重要的礼仪原则。女士优先原则体现了对妇女的尊重、照顾、保护和关心,要求男士想方设法、尽心竭力地为女士排忧解难,只有这样,男士才被视为具有绅士风度。例如:异性同行时,男士走外,女士则走贴近建筑物的一侧;上下车或进出门时,女士先行;社交场合作介绍时,先把男士介绍给女士;参加社交聚会时,宾客见到男女主人时,应先与女主人打招呼;而女士进入聚会场所时,先到的男士应站起来迎接;握手时,女士先伸出手之后,男士方可与之相握;在同时需要称呼多人时,合乎礼仪的方法是"女士们,先生们";男士不能当着女士的面讲粗话、脏话或开低级下流的玩笑;等等。

女士优先原则起源于欧洲,是传统欧洲礼仪的基础,强调女士优先原则主要源于对母亲的尊重和感恩。

十、以右为尊

国际交往中,依照国际惯例的礼仪原则是以右为尊。在各类国际交往中,大到外交活动、商务往来,小到私人交往、社交应酬,凡是需要确定并排列具体的主次尊卑位置时,都应遵循以右为尊的原则。具体体现在:主客双方在并排站立、行走或者就座的时候,为了表示礼貌,主人要主动居左,请客人居右;男士应当主动居左,请女士居右;晚辈应当主动居左,请长辈居右;未婚者应当主动居左,请已婚者居右;职位、身份低者应当主动居左,请职位、身份高者居右。

在不同场合也有特殊要求:

(1)两人同行,以前者、右者为尊。

(2)3 人行,并行以中者为尊;前后行,以前者为尊。

(3)迎宾引路时,主人在前;送客时,主人在后。

(4)宴请排位,主人的右边是第一贵客,左边次之。

(5)进门上车时,应让尊者先行。上车时,位低者应让尊者从右边车门上车,然后再从车后绕到左边上车;坐车(指轿车)时,以后排中间为大位,右边次之,左边又次之,前排最小。

第二节 涉外交往中的基本礼仪

随着我国对外交往的机会越来越多,了解涉外礼仪的内容与要求、掌握与外国人交往的技巧显得尤为重要。

一、涉外迎送礼仪

迎送,即指迎来送往或迎接送别。迎送是涉外交往中最常见的社交礼仪,它不仅是整个社交活动的开始,也是对不同身份外宾表示相应尊重的重要仪式,对给外宾留下良好的第一印象,加深双方的友谊与合作,都发挥着重要作用。

(一)迎送前的准备工作

1. 掌握来宾情况

接待方必须对来访者的基本情况有所了解,如对方来宾的人员数目、身份官衔、姓名、年龄、婚否、专长爱好、政治倾向、宗教信仰、主要禁忌等。

同时,还要了解来访者有无特殊的要求,尽可能满足来访者的正当合理要求,并将其纳入接待计划中。

2. 确定迎送规格

在确定迎送规格时,主要是依据来访者的身份、访问的性质和目的,并且适当考虑两国之间的关系,同时还要按照国际惯例,综合平衡。按照国际惯例,迎送规格一般依照"对等"原则,主要迎送人员应与来宾的身份、职务、地位等相当。

3. 拟订迎送计划

在了解和掌握对方情况的基础上,结合我方的实际情况,拟订迎送接待计划。计划应包括:迎送方式、交通安排、食宿安排、工作日程、游览、会谈、礼品准备、项目负责人、安保措施、费用、接待与陪同人员等。

(二)迎送时的礼仪

1. 迎接礼仪

良好的迎接礼仪可以表达主人情谊,体现礼貌素养,给对方留下良好的第一印象。最好在客人到达前就把房间和乘车表告知对方,若做不到,应在客人到达后立即将住房和乘车表告诉对方或请对方联络人转达。

迎接人员必须准确掌握客人乘坐的飞机(车、船)抵达时间,安排与客人身份、地位、职务相当的人员前去迎接,并在飞机到达之前到达机场。若因某种原因,相应身份的主人不能前往,前去迎接的主人应向客人做出礼貌的解释。如果是身份较高的客人,应事先在机场安排好休息室,备好饮料,指派专人按规定协助客人办理入境手续及机(车、船)票和行李提取等事宜。

接到客人后,应首先问候"一路辛苦了""欢迎您来到我们公司"

等，然后，宾主双方互相介绍、引见。一般由礼宾人员或我方人员中身份最高者，率先将我方迎候人员按一定顺序一一介绍给客人，再由客人中身份最高者，将客人按一定顺序介绍给我方。若宾主早已认识，则不必介绍，双方直接行见面礼即可，国际上通行的见面礼是握手礼。

迎接客人需提前准备好交通工具，提前为客人准备好住宿，帮助客人办理好入住手续，向客人介绍住处的服务设施，将活动的计划、日程安排、地图、名胜古迹介绍等材料交给客人。

客人到达住处后，一般不立即安排活动，应请客人稍事休息，起码要留给客人更衣整容的时间。

2. 送行礼仪

根据国际礼仪的平等原则，由我方与对方级别相当的人员进行话别送行。如果外方来访人员职位级别较高时，一般可提前一天到对方下榻饭店送别。这时要事先约定，到饭店后请服务台通知外宾，在大厅等候，等外宾出来后到咖啡厅或饭店的会客厅进行话别。在话别时，可以对双方的合作表示满意，或听对方游览的观感，可以送一些小礼品，要便于携带，时间一般为 20 ~ 30 分钟。

送行人员必须准确把握外宾乘坐的飞机（船）离开的时间，并把外宾在登机之前送到相应的地点，不得迟到。送行人员应在外宾临上交通工具之前，按一定顺序同其一一握手告别，并向外宾挥手致意，行注目礼，直至远去，不可过早离开。

3. 献花礼仪

献花是常见的迎送外宾时用来表达敬意的礼仪之一。一般在迎送的主要领导人与客人握手之后，由女青年或儿童将鲜花献上，也有的由女主人向女宾献花。献花者献花后要向来宾行礼。有的国家习惯送花环或者一两枝名贵兰花、玫瑰花等。在接待信仰伊斯兰教的人士时，不宜由女子献花。鲜花以红花色系与紫花色系最受欢迎，选择的花语以代表“喜悦、友谊、欢迎、期待、惦念”的含义为主。

4. 乘车礼仪

外宾抵达，从机场（车站、码头）到下榻处，访问结束，由驻地到机场（车站、码头），都要安排迎送人员陪同乘车。一般而言，座位的尊卑，以其是否安全舒适和上下方便为衡量标准。车辆款型不同，尊卑座位的位置也不一样。小轿车按我们前面介绍的位置就座。大轿车以司机之后前排为最尊位置,后排座位次之,自右向左,按序排列,原则上低位者先上车,下车时顺序相反。

5. 徒步礼仪

迎来送往,行止之间,应长幼有序,宾主有别,这既是礼仪的要求,也是安全的需要。

按尊卑顺序原则,以前为尊,后为次;右为大,左为小;上楼梯时,前尊后次,下楼梯时,前次后尊;3 人行,以中间为尊,右边次之,左边为末;多人行,以最前面为尊,依前后顺序,越后越次。按女士优先原则,男女二人同行,男左女右;两男一女,女士居中;一男两女,男士应在最左边;临近门口,男士应快步向前为女士开门或做其他服务,请女士先行,再随后跟上。

乘坐电梯时,如看到有人赶来,要用手挡住电梯门,防止关上,电梯内不准吸烟。乘自动扶梯的规矩是左边上下,右边站立,空出左边让有急事的人赶路。

6. 服饰礼仪

在国际交往中,对于每一名涉外人员衣着的基本礼仪要求是:得体而应景。涉外人员应当懂得依照自己所处的具体场合来选择与其相适应的服装。

涉外人员出入的场合大体可以分为 3 类,即公务场合、社交场合和休闲场合。公务场合和社交场合属于正式场合,对服饰总的要求是正规、讲究;休闲场合则属于非正式场合,总的要求是随意、自便。

具体讲,在公务场合,涉外人员的着装应当既端庄大方,又严守传统,重点突出"庄重保守"的风格,不要太强调个性,太突出性别。男士最好是身着藏蓝色、灰色的西装套装或中山装套装,内穿白色衬衫,脚穿深色袜子、黑色皮鞋,穿西装套装时一定要打领带。女士的最佳衣着是身着单一色的套裙,内穿白色衬衫或与套裙颜色相协调的衬衣,脚穿肉色长筒丝袜和黑色高跟皮鞋,有时穿单一色的连衣裙也可以。

在社交场合,指以交际应酬、联络感情为目的的活动场合,如出席宴会、观看演出等,涉外人员的穿着就可以突出"时尚个性"的风格。最为常见的主要有时装、礼服、具有民族特色的服装等。

二、会见与会谈礼仪

会见和会谈都是涉外交往活动的重要方式。会见,国际上通称接见或拜会。凡是身份高的人士会见身份低的人士,或是主人会见客人,统称为接见或召见;凡身份低的人士会见身份高的人士,客人会见主人,通称为拜会或拜见。接见和拜会后回访,通常称为回拜。我国对以上不区分,统称会见。

会谈是指双方或多方就某些重大的政治、经济、科技、文化、军事、宗教以及其他共同关心的问题交换意见,洽谈协商。会谈一般专业性、政策性较强,形式比较正规。

会见多是礼节性的,而会谈多为解决实质性问题。有时会见、会谈也难以区分。会见时双方也常谈专业性或政治性问题,所以区分只是相对而言。

(一)会见的礼仪

会见从内容上来说比较多样,有礼节性的、政治性的和事物性的或兼而有之。

1. 确定参加会见的人员

一般情况下,确定参加会见的人员时遵循"对等"原则,但有时出于需要,也可不对等。参加会见的人数不宜过多。

2. 确定会见的时间和地点

会见的时间一般安排在来访者抵达的第二天或举行欢迎宴会之前。会见的时间不宜过长,一般 30 分钟为宜。会见的地点一般安排在客人住地的会议室或会客厅,也可以另找地方。

3. 会见座位的安排

会见时,座位的安排必须依据参加会见人数的多少、房间的大小和形状、房门的位置等情况来确定。会见的座位安排有多种形式,宾主可以穿插坐,也可以分开坐。一般做法是将主宾席、主人席安排在面对正门的位置,客人坐在主人的右边,其他客人按照礼宾顺序在主人、主宾两侧就座。译员、记录员通常安排在主宾和主人的后面。座位不够时可在后排加座。

4. 会见的一般礼节

会客时间到达时,主人应在门口迎候客人,问候并同客人一一握手,宾主互相介绍双方参加会见的人,然后引宾入座。主人应积极发言,努力创造一种良好的气氛。双方可自由发言,宾主发言时,旁人不可随意插话,也不可随意进出。会见时,可事先备好茶水和饮料招待客人。主人应控制会见时间,最好以合影留念为由结束会见。合影后,主人将客人送至门口,目送客人离去。

5. 注意合影的礼宾次序

合影时,一般主人居中,男主宾在主人的右边,主宾夫人在主人左边,主人夫人在男主宾右边,其他人员穿插排列,要注意,不要把客人安排在靠边的位置。

(二)会谈的礼仪

会谈时要遵守如下礼仪:

(1)确定会谈的时间、地点、人员。会谈的时间、地点,由双方协商确定。会谈的人员选择应慎重,会谈的专业性较强,一方面要求有专业特长,另一方面还要考虑专业互补;既要有懂得政策法律的人员,又要有能言善辩、头脑灵活、善于交际的人员;还要确定双方的主谈人员和首席代表。

(2)主人应提前到达会谈场所,以迎候外宾的到来。

(3)外宾抵达时,应组织迎接。主人在正门口迎候、握手、致意。

(4)会谈的座次安排。涉外双方会谈通常采用长方形或椭圆形会谈桌,多边会谈或小型会谈也可采用圆形或正方形会谈桌。

不管什么形式,均以面对正门为上座,宾主相对而坐,主人背向门落座,而让客人面向大门。其中主要会谈人员居中,其他人员按着礼宾次序左右排列。

如果长方桌的一端向着正门,则以入门的方向为准,右为客,左为主。

如果是多边会谈,可将座位摆成圆形或正方形。

此外，小范围的会谈，也可以只设沙发，不摆长桌，按礼宾顺序安排。

这里需要说明的是，许多国家把译员和记录员安排在主要会谈人员的后面就座。我国习惯上把译员安排在主要谈判人员座位的右侧就座，这主要取决于主人的安排。

(5)正式会谈。参加会谈的人员进入会谈场所后，不应再随意走动或进出，工作人员安排就绪后应主动退出，只留下必要的服务人员。记者也只在会谈前采访几分钟然后离开，可根据双方协议，会谈后共同或单独会见记者。

对会谈时备用的饮料，国际上没有统一规定。我国一般备有茶水和软性饮料，如果会谈时间过长，可适当上咖啡或红茶。

为保证会谈的顺利进行，会谈期间，场所附近应有工作人员驻足，以应付意外需要。

(6)会谈过程的掌握。较长时间的会谈应安排中间休息，可收到事半功倍的效果。

(7)会谈结束，主人应送宾客至车前或门口握手告别，目送客人离去。如果会谈时间较长，结束后，可安排宾客到休息厅稍作休息，并略备点心小吃，然后送别。

(8)如需合影，应安排好合影座次。合影时，主人居中，按礼宾次序，以主人右手为上，主客双方间隔排列，主要身份者站在前排，其余人顺序排后。一般来讲，不宜让客人站在两端。

三、涉外馈赠礼仪

“来而不往非礼也”，礼尚往来也是国际通行的礼仪惯例。在外事活动中，为表达主人的好客、热情或客人对主人盛情款待的谢意，一般都会赠送礼物。

(一)送礼的“约定俗成”

外国人收送礼品与我国不同，有一些独特之处及基本的约定俗成的“规则”：

第一，要欣然接受。外国人在送礼和收礼时，都很少有谦卑之词。

中国人在送礼时习惯说“不成敬意,请笑纳”,但外宾会有遭贬之感;中国人习惯在受礼时说“受之有愧”等自谦语,而外国人认为这是无礼的行为,会使送礼者不快甚至难堪。所以,当接受外宾的礼物时,一般要欣然接受,不必过分客套。要起身站立,面带微笑,双手接过礼品,并向对方致谢。

第二,礼品不必太贵重,花费不必太多。太贵重的礼物送人不妥,容易引起有所求的猜测。一般可送纪念品、鲜花、土特产、工艺品、玩具及糖果等。

第三,讲究包装。在国际交往中,礼品的包装是礼品的有机组成部分之一,被视为礼品的外衣,送给外宾的礼品,一定要事先进行精心的包装。

第四,送礼要公开大方。不要把礼品悄悄地放在一边,不声不响地离开。

第五,要拆封赞赏。一般受礼人在接受礼品时,习惯于当着送礼人的面,拆启包装,对礼品进行欣赏,适当地赞赏几句,说感谢的话,这是对送礼人的尊重。

第六,拒绝收礼一般是不允许的。若因故拒绝时应当向对方说明原因,最好将礼品当面退还,态度应委婉而坚决。

(二)礼品的选择标准

1. 不宜贵重

赠送礼品,不是为了满足某人的奢望,也不是为了显示自己的富有,而只是为了表示自己的友好、慰问、感谢等心意,应突出“礼轻情意重”,礼物不是越贵越好。礼物过于贵重,反而会使对方为难。

2. 有民族特色

每个国家都有自己的历史传统和特殊文化。中华民族文化源远流长,千姿百态,绚丽多彩,许多有民族特色和地方特色的物品和工艺品可以作为礼品送给外宾,越是民族的就越具有世界性。

3. 携带方便

送礼要注意礼品的体积和坚固性,体积过大和易碎的物品,携带起来很不方便。

4.针对喜好

送礼时要了解对方所属国、民族、宗教等传统消费、欣赏习惯，了解对方的性格、爱好、修养与品位，尽量使所送礼品受到对方的喜爱。

第三节　一些国家的礼俗与禁忌

一、日本

日本人性格内向，好胜心强，自尊心强，勤劳刻苦，遵守时间，注重礼节。主要信奉佛教和神道教，崇尚武士道精神。樱花是日本的国花。

(一)交际习俗

日本是以注重礼节而闻名的国家，讲究言谈举止的礼貌。

日本人见面时，要互相问候致意，见面时多用“您早”“您好”“请多关照”等话语，分手时则以“再见”“请休息”“对不起”等话语。鞠躬礼是最普遍的施礼致意方式，一般人们初次见面时的鞠躬礼是30度，告别时是45度，而遇到长辈或重要的交际对象时是90度；妻子送丈夫、晚辈送长辈外出时，弯腰行礼至看不见背影。在国际交往时，一般行握手礼。在较正式的场合，递物和接物都用双手。

初次见面互递名片已成为日本基本的礼仪，否则会被认为是不愿与对方交往。习惯上是右手递上自己的名片，左手接过对方的，如果接过对方的名片再去找自己的名片，会被认为是失礼的。

在一般场合，日本人习惯用“先生”来称呼老师、律师、医生、作家等有身份的人，对其他人则以“桑”相称，正式场合，还可以称其职务，如课长、部长、社长等，女性可称为“女士”或“小姐”。

与日本人交往，除非受到邀请，否则不要登门拜访。若到家里做客，要事先约定时间并按时赴约，一定要记住给他们的妻子或小孩带礼物，如鲜花、点心或糖果等。未经允许不能进入其卧室和厨房，对家中的陈设、电器切勿问其价格。

(二)禁忌

日本人忌讳用4和9的数字，因为日语发音中“4”和“死”相似，

"9"与"苦"相近;还忌讳3个人合影;在颜色上,日本人爱好淡雅,讨厌绿色和紫色;忌荷花、獾、狐狸等图案;喜欢樱花,菊花是日本皇室专用的花卉,民间一般不能赠送;忌讳别人打听工资收入;年轻女性忌讳别人询问她的姓名、年龄以及婚否等;忌讳送梳子,圆珠笔、T恤衫、火柴、广告帽也不宜作为礼品送人。

日本人没有相互敬烟的习惯,若自己吸烟,须征得他人的同意。

日本人忌邮票倒贴。倒贴邮票表示绝交。

日本人在餐桌上使用筷子有八忌:一忌舔筷;二忌迷筷;三忌移筷;四忌扭筷;五忌插筷;六忌掏筷;七忌跨筷;八忌剔筷。

二、韩国

韩国人以其文化悠久为荣,他们讲究礼貌,待客热情,民众普遍都有礼仪教养,敬老爱幼,重视礼尚往来,主要信奉佛教、基督教、天主教等。木槿花是韩国的国花。

(一)交际习俗

韩国人见面时的传统礼节是鞠躬。男子见面时习惯微微鞠躬后再握手,并彼此问候,当晚辈、下属与长辈、上级握手时,后者伸出手来后,前者须以右手握手,随后再将自己的左手轻置于后者的右手之上。这种做法是为了表示自己对对方的特殊尊重。

女人、小孩一般不与人握手,而使用鞠躬或者点头致意。异性相见,一般女性先向男子行鞠躬礼,致以问候。男女同坐时,男子一定坐上座。

一般情况下,韩国人在称呼他人时爱用尊称和敬语,很少会直接叫出对方的名字,如果对方有头衔,在称呼时一定会屡用不止。

在社交场合,韩国人,特别是年轻一代的韩国人大都会讲英语,并且将此视为有教养、受过良好教育的标志之一。被韩国人邀请到家里做客,一定要带上小礼品,最好是包装好的食品。

(二)禁忌

韩国忌讳的数字是"4",韩国楼房没有4层、4号,宴会中没有第4桌,军队里也没有4编号。有些人,特别是年轻人也不喜欢13;韩国人喜欢单数,不喜欢双数;韩国人姓李的很多,忌将李字解释为“十八子李”。

在对韩国和韩国人进行称呼时,不能称“南朝鲜”“南韩”“朝鲜人”,而宜称“韩国”和“韩国人”。韩国人讲面子,不能使用“不”字来直接拒绝,拒绝是不礼貌的。

韩国人忌谈的话题有:政治腐败、经济危机、意识形态、南北分裂、韩美关系、韩日关系等。

在韩国,以木槿花为国花,以松树为国树,以喜鹊为国鸟,以老虎为国兽,对此不要妄加评论。

在韩国,任何场合都不宜大声说话;照相受到严格限制,军事设施、机场、水库、地铁、博物馆及娱乐场所都是禁止拍照的,在空中和高层建筑拍照也在被禁之列。每天下午 5 点,电台播放国歌,人人都要向国旗敬礼,行人必须止步。影剧院放映前都要放国歌,观众必须起立。外国人在上述场合如果表现得过分怠慢,会被认为是对其国家和民族的不敬。

三、英国

英国的全称是大不列颠及北爱尔兰联合王国,英国是一个老牌的经济强国。英国人大多信奉新教,并以新教为国教。玫瑰、月季、蔷薇是英国的国花。

(一)交际习俗

英国人性格守旧、矜持庄重、感情轻易不外露。在社交场合,崇尚“绅士风度”和“淑女风范”,讲究“女士优先”,如为女士拉椅子、为女士开门、请女士先行等。

在日常交往中,英国人讲究仪表,注意穿着。见面时行握手礼,戴帽子的男士应先摘下帽子再行礼。女士穿着较正式的服装时,通常要配一顶帽子。

英国人待人十分客气,“请”“谢谢”“对不起”“你好”“再见”等一类礼貌用语不离口。即使是家人、夫妻、至交之间,也常常使用这些礼貌用语。英国人喜欢别人称呼自己的世袭头衔或荣誉头衔,一般应用

“夫人”“先生”“阁下”“小姐”称呼。在交谈时，英国人奉行“不问他人是非”的信条。在他们看来，家就是“私人城堡”，不经允许不能进入。非工作时间就是“私人时间”，一般不进行公务活动，就餐时不谈公事。

（二）禁忌

英国人忌讳的数字是“13”和“星期五”；讨厌墨绿色；忌黑猫；忌碰撒食盐和打碎玻璃；忌讳用人像作为商品的装潢；忌讳大象、孔雀商标图案；忌打喷嚏，认为是流感；切勿与英国人交叉握手，那样会构成晦气的十字架，也要避免交叉干杯；忌讳送花送双数和13枝，忌讳百合花和菊花。

英国人不喜欢被称为英格兰人，而乐意接受不列颠人的称谓；正式社交场合，不系条纹领带；与他们站着谈话时，不可以把手插入衣袋，坐着谈话时，不能将两腿张得过宽，更不能跷“二郎腿”；不能当着人的面耳语或拍打其肩部，这些都是失礼的表现。和英国人交谈要小心选择话题，不要以政治或宗教倾向作为话题。不要去打听英国人不愿讲的事情。

英国人爱用丘吉尔的著名手势“V”表示成功、胜利的祝福，但此时手心一定要对着对方，如果手背着对方，则是污辱的表示。

四、美国

美国全称为美利坚合众国。美国人主要信奉基督教、天主教。玫瑰花是美国的国花。

（一）交际习俗

美国人热情开朗，说话直率，乐于与人交往，举止不拘礼节，与任何人都能交上朋友，是“自来熟”；与人交往时讲究礼仪，但没有过多的客套，见面时说声“Hello”就算打招呼；讲究效率，不搞形式主义。

在社交场合，美国人一般行握手礼，熟人则施亲吻礼；较熟的朋友直呼其名，以示亲热；不喜欢称官衔，乐于称呼能反映对方成就与地位的学衔、职称，如“博士”“教授”“律师”“医生”“法官”等；经常说“请原谅”等礼貌用语；穿着较随便，只有在正式的社交场合才讲究打扮;崇尚“女士优先”,男士要谦让女士;遵守时间,很少迟到;如果想吸烟,先问对方是否介意;不会主动送名片给别人。

交谈时,美国人经常以手势助兴,与对方保持半米左右的距离;不愿被问及其年龄、收入、所购物品的价格;对妇女不能送香水、衣物和化妆品。

到美国人家里做客,必须先打电话约定,事先未预约而登门是不礼貌的。

(二)禁忌

美国人忌讳的数字是“13”和“星期五”;忌用一根火柴或打火机连续为3个人点烟;不喜欢黑色,偏爱白色和黄色,喜欢蓝色和红色;崇尚白头鹰,将其敬为国鸟;不喜欢蝙蝠,认为它是凶神恶煞的象征;美国人最爱狗,认为它是人类的朋友。

在人际交往中,美国人不提倡送厚礼,但重视礼品的包装,不喜欢随便给人送名片;与美国人打交道时,切记不要迂回曲折,也不要过于自谦,以免他们认为你真的没有能力;看见老人爬楼梯或爬山时,不要随便上前搀扶,不要邀请同性人跳舞。

如果想请美国人吃饭,请记住他们不吃蒜及酸辣食品,不吃肥肉,不喜欢吃形状奇怪的食物,如鸡爪、猪蹄、海参等,不吃动物内脏等;用餐时,不允许发出响声,不允许替他人取菜,不允许吸烟,不允许向他人劝酒,不允许当众宽衣解带,不允许议论令人作呕之事。

美国人认为个人空间不可侵犯,与其相处要保持距离,碰到别人要及时道歉,坐在他人身边应征得对方同意,谈话时不要距离对方太近。

美国人大都喜欢用体态语表达情感,但忌讳盯视别人、冲别人伸舌头、用食指指点交往对象等体态语。

五、俄罗斯

俄罗斯人性格开朗,豪爽大方,集体观念强,主要信奉东正教,此外还有天主教、伊斯兰教、犹太教、新教及佛教等。向日葵是俄罗斯的国花。

(一)交际习俗

俄罗斯人的见面礼是亲吻与拥抱,主动问好是起码的社交礼仪。俄罗斯人的姓名是由本名、父名和姓氏3部分组成,一般应称呼全名。在称谓上,“您”和“你”有不同的界限,“您”用来称呼长辈、上级和客人,以示尊重;而“你”则用来称呼自家人、熟人、朋友、平辈、晚辈和儿童,表示亲切、友好和随意。

俄罗斯人有给宾客献面包和盐的礼仪,这是殷勤招待宾客的表示;俄罗斯人热情好客,上门作客,可将酒、鲜花、艺术品或书籍作为礼品;俄国人喜欢外国货,国外的糖果、烟、酒、服饰都是很好的礼物;如果送花,要送单数,他们认为双数是不吉利的。

俄罗斯男士在交际场合十分注意自己的形象,准时赴约,仪表整洁;特别尊重女性,在社交场合男士要主动为女士开门、帮助脱大衣。在俄罗斯,无论何人,进门必须把大衣、帽子、围脖存放在衣帽间,否则会被视为无礼。

俄罗斯人爱整洁,随便扔东西,会受到众人鄙视。

(二)禁忌

俄国人忌讳的数字是“13”,对“7”却情有独钟;忌食狗肉;初次结识,不要问对方私事;对颜色的喜恶和东方人相似,喜红忌黑,忌送手套和黄颜色的礼品;俄罗斯人忌讳别人送钱,认为送钱是对人格的侮辱;忌讳以历史上的某些有争议的领袖人物作为话题。

俄罗斯人对左右讲究分明,认为左方站着的是凶神,右方站着的是保护神,遇到熟人时,一般不用左手问好;打碎镜子,意味着灵魂毁灭,将有不幸,而打碎杯子、碗、盘、碟则意味着富贵、幸福;忌讳打翻盐罐或将盐撒在地上,认为这是家庭不和的征兆;视兔子和黑猫为不祥之物,如果它们在自己面前跑过,认为将有厄运来临。

延展阅读

1. 周总理的礼仪故事

(1)

1957年国庆节后,周总理去机场送一位外国元首离京。当那位元首的专机腾空起飞后,外国使节、武官的队列依然整齐,并对元首座机行注目礼。而我国政府的几位部长和一位军队的将军却疾步离开了队列。他们有的想往车里钻,有的想去吸烟。周总理目睹这一情况后,当即派人把他们叫回来,一起昂首向在机场上空盘旋的飞机行告别礼。随后,待送走外国的使节和武官,总理特地把中国的送行官员全体留下来,严肃地给大家上了一课:外国元首的座机起飞后绕机场上空盘旋,是表示对东道国的感谢,因此东道国的主人必须等飞机从视线里消失后才能离开,否则,就是礼貌不周。我们是政府的工作人员和军队的干部,我们的举动代表着人民和军队的形象,虽然这只是几分钟的事,但如果我们不加以注意,就很可能因小失大,让国家的形象受损。

(2)

1964年,周总理和陈毅副总理出访亚非14国,在离开加纳时专门举行特别宴会,宴请所有的加纳服务员,那些非洲朋友端着中国贵宾敬的酒时感动得流下了眼泪。一个目光敏锐的西方记者报道说:“这是传奇式的礼遇,中国人巧妙地把友谊传给了非洲的子孙后代。”尽管这只是一场特殊的宴会,却体现了一个泱泱大国总理的风采和气度,饱含着周恩来尊重他人、平等待人的品德和深情。直到20世纪80年代,我国新华社记者深入非洲腹地访问一些偏远、闭塞的部落和村庄时,那里普通的黑皮肤农民还在用当地话对中国客人喊“周恩来”。他们把周恩来当成是新中国的象征,正是周总理在20多年前播撒的友谊种子在非洲偏远地区开花结果!

(3)

敬爱的周总理在世期间结识了许多国家政要,并与其中的大部分人建立了良好的个人关系,柬埔寨前国王西哈努克亲王则是其中一位

“关系密切者”。

1955年4月，亚非会议在印尼万隆召开（也称“万隆会议”），周总理第一次见到西哈努克亲王，当时中柬并未建交，但在会议的第一天，周总理就主动过去与他交谈，后来又专门宴请了他。总理热情赞扬了柬埔寨为维护独立和领土完整所做的斗争，并给予坚决支持。这使西哈努克亲王深为感动。西哈努克亲王在回忆这一段有意义的历史时说：“开会之后，第一个来找我的就是周恩来。”“从最初接触，我就感到周恩来总理显然想在我们两国之间建立牢固的友好关系，他深深触及我的心弦。”“最主要的是我完全为他的礼貌及聪明所折服，他使我感到我的小小的柬埔寨和广大无垠的中国完全平等——同时他和我作为个人也平等。”就是从万隆会议开始，西哈努克亲王与周恩来总理建立了极其亲密的关系，在以后40多年的岁月里，虽经历了无数风风雨雨，但是西哈努克亲王与周总理和中国人民的友谊，一直被世人所称颂。

2. 涉外礼仪中的通用称呼

(1) 以行政职务称。一般是在正式的官方交往中使用：“董事长先生”“部长阁下”，这是称行政职务。

(2) 以技术职称称。见了专家学者，或者学术方面比较有造诣的人士，称学术职称，如“××教授”。

(3) 一般性泛称。也就是所谓的泛尊称，如“先生”“小姐”“夫人”“女士”等。

3. 这里不流行女士优先

如果你听到这样一个忠告：“这里不流行女士优先，所以没必要去帮女士提行李、为女士开门，更不要在拥挤的公交车上给女士让座，否则你会被认为不够尊重女性。”那么，你就到达了北欧，这个世界上男女平等程度最高的地区。

北欧男人往往包容性很强，性格也普遍温和，但女性则一直是较为豪爽与粗犷，一副“谁说女子不如男”的架势。北欧女人的这种特点和这一地区的历史是分不开的。据说在古代，北欧的男人要么出门做工、做生意，要么是去打仗，还有的人甚至当上了海盗。这样一来，把本来甘于平淡生活的女人们逼上了“第一线”，小到家庭琐事，大到农场经营,抛头露面的活儿一件也少不了操心。时间一长,北欧女人便在实干中逐渐顶起了半边天。

更有趣的是,有些人干脆把妇女地位和地理位置联系在一起。据分析,地球上纬度越高的地方女权也往往越强。这大概是因为在气候暖和的地方,往往农业发展较早,父系制的社会观念也就越根深蒂固。另外,越往北走气候条件越差,男人要经常外出寻找生存机会,使女性多了独立自主的空间,这点尤以北极圈内的冰岛最典型。

如今,北欧女性早已在政治、经济、文化各领域"登堂入室"。近年来,挪威首相、冰岛总统、芬兰总统都曾经或正在由女性担任,而北欧各国政府、议会中的女部长、女议员更是占据了半壁江山……"政坛玫瑰",成为北欧人形容这些政界女强人的流行词汇。不过如果把她们看成"穿着裙子的男人",那就大错特错了。以芬兰现任总统塔里娅·哈洛宁为例,她不仅穿着非常女性化,而且讲话时的语气也女人味十足,就像个邻家大姐。刚进入政坛时,哈洛宁还曾因受批评哭鼻子。不过正是这种率真个性使她成为芬兰最受欢迎的女政治家。

(摘自深圳新闻网)

4. 日本的茶道

日本是嗜好饮茶的民族,"茶道"是很盛行的一种独特的社交活动方式。日本最早的"茶道法"是在公元1443~1473年颁布的。到了1586年日本大臣秀吉执政时代,任命千利休为茶道高僧,千利休茶道的基本精神是四规,即"和、敬、清、寂"。只有遵守茶道四规,饮茶的人才能进入沉思宁神的最高境界。

现在的日本茶道,已发展为更加完备和多层讲究的饮茶礼法,其规矩更加复杂,已形成一种传统。

按照"茶道"的传统,茶室多设在有着奇山异石、松柏郁郁的恬静的小花园内,还有一间洗涤茶具用的水屋与茶室相毗邻。另外还有一个曲径相通专供宾客坐待主人邀请的休息室。茶室的入口处,有一扇格子门,来客须躬身进室,意在使人保持谦逊的态度,主人则跪在门前以示欢迎。进入茶室后,宾主相互鞠躬致敬,主人称谢众客的光临,敬茶时用双手托起茶碗,客人接过茶碗,须与额角平齐,然后就饮,饮时要吸气,并徐徐发出吱吱声,表示对茶味的赞赏。一般茶道约在4小时内结束,结束时,主人要跪在茶室门侧送客,客人鞠躬致谢而别。

茶道中的泡茶仪式有7条规则必须遵守,分别是:

(1)茶有浓淡,一般要求要淡;

(2)茶水的温度要按不同的季节变化;

(3)添炭煮茶讲究一定火候;

(4)茶具要讲究,以保持茶的色、香、味;

(5)炉子要0.47米见方;

(6)炉子冬天固定,夏天移动;

(7)茶室必须插花。

(选自张彦、韩欲和:《涉外礼仪》,译林出版社,1998年版)

5. 矢车菊作为德国国花的由来

普鲁士皇帝威廉一世的母亲路易斯王后,在一次内战中被迫离开柏林。逃难途中,车子坏了,她和两个孩子停在路边等待之时,发现路边盛开着蓝色的矢车菊。她就用这种花编成花环,戴在9岁的威廉胸前。后来威廉一世加冕成了德意志皇帝,仍然十分喜爱矢车菊,认为它是吉祥之花。矢车菊也启示人们小心谨慎与虚心学习。

6. 涉外交往名片制作"三不准"

第一,名片不随意涂改。如电话改号了,神州行变成动感地带了,就划掉再写;电话升位了,010改成020。在涉外交往中,强调名片譬如脸面,不能随意涂改。

第二,不提供私宅电话。涉外礼仪讲究保护个人隐私,有教养、有身份的人不向别人索取电话号码、私宅电话等,这是惯例。

第三,名片上一般不提供两个以上的头衔。倘若一个名片上的头衔过多,有三心二意、用心不专、蒙人之嫌,一般有地位、有身份的人,他身上会有好几种名片,对不同的交往对象,强调自己不同身份的时候,使用不同的名片。

7. 注意谦虚适当的场合

同不了解中国国情的外国人接触时,特别要注意以下几个注意谦虚适当的场合。

一是当外国友人赞美自己的相貌、衣饰、手艺时,一定要记住落落大方地道上一声"谢谢",没有必要因此而羞羞答答或客气谦虚。

二是当外国友人称道自己的工作、技术或服务时,同样要大大方方予以认可,千万不要极力对此进行不必要的否认。

三是在涉外交往中,当介绍自我情况时,要敢于并且善于实话实说。

四是当自己同外国友人进行交往应酬时,一旦涉及自己正在忙什么、干什么的时候,无论如何都不要脱口而出,说自己是"瞎忙""混日子""什么正经事都没有干"。说这样的话,有可能被对方看作不务正业之人。

五是当自己身为东道主、设宴款待外国友人时,在上菜肴的过程中,有意识地说明"这是本地最有特色的菜","这是这家菜馆烧得最拿手的菜","这是我们为你特意精心准备的菜"。只有如此,才会令对方感到备受我方的重视。

六是当向外国友人赠送礼品时,既要说明其寓意、特点与用途,也要说明它是为对方精心选择的。不要画蛇添足地说"这件礼品不像样子""实在拿不出手"等类似的话,这种过谦的说法,无疑会大大地降低礼品的分量。

8.花的寓意

鲜花美丽而又有魅力,它使人感受到蓬勃的生机和向上的朝气。送花在国外非常普遍,近年来,在我国也越来越普及。朋友生日、探望病人、迎接贵宾等送上一束鲜花,用花语来述说对生日的祝福、对病人的慰问和对贵宾的欢迎则别具情趣。但由于习俗不同,对花寓意的理解上也有所不同。如郁金香在土耳其被看作是爱情的象征,但德国人却认为它是没有感情的花。白百合花对罗马人来说是美与希望的象征,在波斯人看来则是纯真和贞洁的表示。荷花在中国有"花中君子"之称,在印度、泰国、孟加拉、埃及等国也给予其很高的评价,但在日本却被视为象征祭奠的不祥之物。菊花是日本王室的专用花卉,人们对它极为尊重,而在比利时、意大利和法国人眼中,菊花却与死亡相连,只能在墓地或灵前使用。在法国,康乃馨表示不幸,黄色的花卉表示不忠诚,是不受欢迎的。献花用花不选菊花、杜鹃花、石竹花及其他一些黄色的花等,已成为国际惯例。

9.我国台湾的送礼禁忌

在我国的台湾,人们在礼仪交往、相互馈赠方面有不少规矩和禁忌。这些规矩和禁忌大多是从闽南移植来的,不过受到台湾环境和历史背景的影响,也有其独特的地方特色。

送礼禁忌:

扇子:送扇同“送散”“送扇无相见”。

毛巾:闽南话“巾”与“根”同音,“送巾现断根”。

雨伞:“伞”同“散”,“雨”与“给”也同音。

刀剪:含有一刀两断之意。

鸭子:民间有“鸭死嘴巴硬”“七月半鸭子——不知死期”的俗谚。

粽子、甜果:民间风俗居丧人家过年过节都不吃粽子,不做甜果,如以此送人会被误解视对方为丧家。

鲜花:玫瑰象征爱情,牡丹象征富贵,菊花代表高洁,但黄菊花或白菊花则代表低沉、哀愁、忧伤,不宜送人;郁金香是向女子表达爱情的普通用花;梅花是表达对长辈的崇敬、仰慕之情;莲花代表圣洁、美好又有幸运、长寿的含义,常用做送给走马上任者。

10. 拜访外商的礼仪规范

(1)有约在先。

拜访外商时,切勿未经约定便不邀而至。拜访的时间一般在上午10时或下午4时左右。尽量避免前往其私人居所进行拜访。约定的具体时间通常应当避开节日、假日、用餐时间、过早或过晚的时间及其他一切对方不方便的时间。

(2)守时践约。

按主人提议的时间准时抵达,过早过晚均不礼貌。这不只是为了讲究个人信用,提高办事效率,而且也是对交往对象尊重友好的表现。

(3)进行通报。

在进入对方的办公室或私人居所的正门之前,有必要先向对方进行一下通报,经主人允许后方可进入。无人或未经允许,不得擅自进入。

(4)登门有礼。

当主人开门迎客时,主动向对方问好,互行见面礼节。倘若主人一方不止一人之时,则对对方的问候与行礼,必须在先后顺序上合乎礼仪惯例。

(5)举止有方。

即使所谈事情需要时间很短,也不要站在门口谈话;若主人未邀请入室,可退至门外,进行室外交谈。室内谈话若时间较短,不必坐下,事毕不宜逗留;若谈话时间较长,可在主人邀请后入座。

对主人准备的小吃,不要拒绝,应品尝一下;准备的饮料,尽可能喝掉。无主人的邀请或未经主人的允许,不得随意参观主人的住房和庭院。在主人的带领下参观其住宅,即使最熟悉的朋友也不要去触动除书籍、花草以外的室内摆设或个人用品。

(6)适可而止。

在一般情况下,礼节性拜访,尤其是初次登门拜访,应控制在一刻钟至半小时之内。最长的拜访,通常也不宜超过两个小时。有些重要的拜访,往往需由宾主双方提前议定拜访的时间和长度。在这种情况下,务必要严守约定,绝不单方面延长拜访时间。

(金正昆:《社交礼仪教程》,中国人民大学出版社,2003年版)

11. 法国的社交礼仪

(1)社交礼仪。

与英国人和德国人相比,法国人在待人接物上表现是大不相同的,主要有以下特点:

第一,爱好社交,善于交际。对于法国人来说社交是人生的重要内容,没有社交活动的生活是难以想象的。

第二,诙谐幽默,天性浪漫。他们在人际交往中大都爽朗热情,善于雄辩,高谈阔论,好开玩笑,讨厌不爱讲话的人,对愁眉苦脸者难以接受。受传统文化的影响,法国人不仅爱冒险,而且喜欢浪漫的经历。

第三,渴求自由,纪律较差。在世界上法国人是最著名的"自由主义者"。"自由、平等、博爱"不仅被法国宪法定为本国的国家箴言,而且在国徽上明文写出。他们虽然讲究法制,但是一般纪律性较差,不大喜欢集体行动。与法国人打交道,约会必须事先约定,并且准时赴约,但是也要对他们可能的姗姗来迟事先有所准备。

第四,自尊心强,偏爱"国货"。法国的时装、美食和艺术是世人有口皆碑的,在此影响之下,法国人拥有极强的民族自尊心和民族自豪感,在他们看来,世间的一切都是法国的最棒。与法国人交谈时,如能讲几句法语,一定会使对方热情有加。

第五,骑士风度,尊重妇女。在人际交往中法国人所采取的礼节主要有握手礼、拥抱礼和吻面礼。

(2)服饰礼仪。

法国人对于衣饰的讲究,在世界上是最为有名的。所谓"巴黎式样",在世人耳中即与时尚、流行含意相同。

在正式场合法国人通常要穿西装、套裙或连衣裙,颜色多为蓝色、灰色或黑色,质地则多为纯毛。

出席庆典仪式时一般要穿礼服。男士所穿的多为配以蝴蝶结的燕尾服,或是黑色西装套装;女士所穿的则多为连衣裙式的单色大礼服或小礼服。

对于穿着打扮,法国人认为重在搭配是否得法。在选择发型、手袋、帽子、鞋子、手表、眼镜时,都十分强调要使之与自己的着装相协调相一致。

(3)餐饮礼仪。

作为举世皆知的世界三大烹饪王国之一,法国人十分讲究饮食。在西餐之中,法国菜可以说是最讲究的。

法国人爱吃面食,面包的种类很多;他们大都爱吃奶酪;在肉食方面,他们爱吃牛肉、猪肉、鸡肉、鱼子酱、鹅肝,不吃肥肉、宠物、肝脏之外的动物内脏、无鳞鱼和带刺骨的鱼。

法国人特别善饮,他们几乎餐餐必喝,而且讲究在餐桌上要以不同品种的酒水搭配不同的菜肴;除酒水之外,法国人平时还爱喝生水和咖啡。

法国人用餐时,两手允许放在餐桌上,但却不许将两肘支在桌子上,在放下刀叉时,他们习惯于将其一半放在碟子上,一半放在餐桌上。

(4)习俗禁忌。

法国的国花是鸢尾花。而菊花、牡丹、玫瑰、杜鹃、水仙、金盏花和纸花,一般不宜随意送给法国人。

法国的国鸟是公鸡,他们认为它是勇敢、顽强的化身。

法国的国石是珍珠。

法国人大多喜爱蓝色、白色与红色，他们所忌讳的色彩主要是黄色与墨绿色。

法国人所忌讳的数字是“13”与“星期五”。

在人际交往之中，法国人对礼物十分看重，但又有其特别的讲究。宜选送具有艺术品位和纪念意义的物品，不宜送刀、剑、剪、餐具及明显带有广告标志的物品。

复习思考题

1. 简述涉外礼仪的原则。
2. 如何遵守信守约定原则？
3. 如何做到热情有度？
4. 简述涉外迎送礼仪的基本内容。
5. 简述涉外会见会谈的座位安排。
6. 涉外送礼的“约定俗成”有哪些内容？
7. 简述对“女士优先”的交往原则的理解。
8. 简述日本、韩国、美国、英国、俄罗斯等国的礼俗与禁忌。

案例讨论分析

【案例1】

某公司的王先生年轻肯干，点子又多，很快引起了总经理的注意并拟提拔为营销部经理。为了慎重起见，决定再进行一次考查，恰巧总经理要去省城参加一个商品交易会，需要带两名助手，总经理一是选择了公关部杜经理，一是选择了王先生。王先生自然同样看重这次机会，也想寻机好好表现一下。

出发前，由于司机小王乘火车先行到省安排一些事务，尚未回来，所以，他们临时改为搭乘董事长驾驶的轿车一同前往。上车时，王先生很麻利地打开了前车门，坐在驾车的董事长旁边的位置上，董事长看了他一眼，但王先生并没有在意。

车上路后，董事长驾车很少说话，总经理好像也没有兴致，似在闭目养神。为活跃气氛，王先生寻一个话题："董事长驾车的技术不错，有机会也教教我们，如果都自己会开车，办事效率肯定会更高。"董事长专注地开车，不置可否，其他人均无应和，王先生感到没趣，便也不再说话。一路上，除董事长向总经理询问了几件事，总经理简单地作回答后，车内再也无人说话。到达省城后，王先生悄悄问杜经理：董事长和总经理好像都有点不太高兴？杜经理告诉他原委，他才恍然大悟，"噢，原来如此。"

会后从省城返回，车子改由司机小王驾驶，杜经理由于还有些事要处理，需在省城多住一天，同车返回的还是4人。这次不能再犯类似的错误了，王先生想。于是，他打开前车门，请总经理上车，总经理坚持要与董事长一起坐在后排，王先生诚恳地说："总经理您如果不坐前面，就是不肯原谅来的时候我的失礼之处。"并坚持让总经理坐在前排才肯上车。

回到公司，同事们知道王先生这次是同董事长、总经理一道出差，猜测着肯定提拔他，都纷纷向他祝贺，然而，提拔之事却一直没有人提及。

思考与讨论：请指出王先生的失礼之处。

【案例2】

焦雪梅是一名白领丽人，她机敏漂亮，待人热情，工作出色，因而颇受重用。有一回，焦小姐所在公司派她和几名同事一道，前往东南亚某国洽谈业务。可是，平时向来处事稳重、举止大方的焦小姐，在访问那个国家期间，竟然由于行为不慎而招惹了一场不大不小的麻烦。

事情的大致经过是这样的：焦小姐和她的同事一抵达目的地，就受到了东道主的热烈欢迎。在为他们举行的欢迎宴会上，主人亲自为每一位来自中国的嘉宾递上一杯当地特产的饮料，以示敬意。轮到主人向焦小姐递送饮料之时，一直是"左撇子"的焦小姐不假思索，自然而然地抬起自己的左手去接饮料。见此情景，主人骤然变色，对方没有把那杯饮料递到焦小姐伸过去的左手里，而是非常不高兴将它重重地放在餐桌上，随即理都不理焦小姐就扬长而去了，大家觉得非常纳闷和不解。

思考与讨论:焦小姐的“行为不慎”指的是什么？为什么会由此而招惹了麻烦?

模拟实操训练

【项目1】迎送礼仪

实训目标:掌握涉外迎送的礼仪规范。

实训方法:

(1)8~10人一组,分别扮演有关角色,模仿迎送某外国贸易代表团(具体哪一个国家由学生自定)。模拟接站、见面、送行、合影等具体礼仪。

(2)学生评议,教师总结。

【项目2】会谈会见礼仪

实训目标:掌握涉外会谈会见的礼仪规范。

实训准备:会谈会见的场所布置、茶具、礼品、摄影器材等。

实训方法:

(1)接【项目1】,学生分别扮演有关角色,模拟与某一外贸代表团的会谈会见。

(2)安排好双方的座位。

(3)礼品的赠送(上网搜索相关国家的礼俗与禁忌)。

(4)学生评议,教师总结。

主要参考书目

[1]宋丽萍.礼仪与沟通教程[M].上海:上海财经大学出版社,2006.

[2]时蓉华.现代社会心理学学[M].上海:华东师范大学出版社,2002.

[3]杨丹.人际关系学[M].武汉:武汉大学出版社,2010.

[4]冯兰.人际关系学[M].沈阳:辽宁大学出版社,2005.

[5]郭瑞增.做自己的心理医生[M].天津:天津科学技术出版社,2008.

[6]周向军,高奇.人际关系学[M].济南:山东大学出版社,2010.

[7]李莉.礼仪实用教程[M].北京:中国人民大学出版社,2006.

[8]张卫东,武冬莲.现代商务礼仪[M].北京:电子工业出版社,2010.

[9]王剑,张岩松.现代公关礼仪[M].西安:西安电子科技大学出版社,2009.

[10]王一夫.新人际关系学[M].北京:中国致公出版社,2007.

[11]厉尊.赢在会沟通[M].北京:中国纺织出版社,2004.

[12]李家晔.完美执行之最佳沟通[M].北京:中国时代经济出版社,2005.

[13]岳晓东.练就幽默能力 做最招人待见的人[J].北京青年报:心理解码,2011,409.

[14]梁兆民,张永华.现代实用礼仪教程[M].西安:西北工业大学出版社,2010.

[15]秦启文.公共关系与公关礼仪(第二版)[M].重庆:西南师

范大学出版社,2009.

[16][英]皮斯.身体语言密码[M].王甜甜,等,译.北京:中国城市出版社,2007.

[17]克欧.心灵感觉——自测人生[M].呼和浩特:内蒙古人民出版社,1998.

[18]李蔚,黄鹂.社交谋略与技巧[M].成都:四川大学出版社,1997.

[19]黄希庭,徐凤姝.大学生心理学[M].上海:上海人民出版社,1998.

[20]樊富珉,王建中.当代大学生心理健康教程[M].武汉:武汉大学出版社,2006.

[21]湖北省教育委员会.思想道德修养[M].武汉:武汉大学出版社,1998.

[22]孔燕.微笑成长[M].合肥:安徽人民出版社,2003.

[23]西武.情商管理与人生智慧[M].北京:蓝天出版社,2006.

[24]何伟祥.公关礼仪(第二版)[M].大连:东北财经大学出版社,2010.

[25]管建莉,甄珍,陈家才.现代礼仪基础教程[M].天津:天津大学出版社,2010.

[26]王澜.30 岁生存竞争力:人际关系也是生产力[M].北京:中国华侨出版社,2010.